主编／胡必亮　赵建廷
编委／樊　纲　黄有光
　　　林毅夫

当代华人经济学家文库

张 军自选集

山西出版传媒集团
山西经济出版社

图书在版编目（ＣＩＰ）数据

张军自选集／张军著．—太原：山西经济出版社，
2012.12

（当代华人经济学家文库）

ISBN 978 – 7 – 80767 – 618 – 8

Ⅰ.①张…　Ⅱ.①张…　Ⅲ.①中国经济 – 经济体制
改革 – 文集　Ⅳ.①F 121 – 53

中国版本图书馆 CIP 数据核字（2012）第 292077 号

张军自选集

著　　者：张　军
出 版 人：赵建廷
责任编辑：李慧平
助理责编：侯轶民
装帧设计：陈　婷

出 版 者：山西出版传媒集团·山西经济出版社
社　　址：太原市建设南路 21 号
邮　　编：030012
电　　话：0351 – 4922133（发行中心）
　　　　　0351 – 4922085（综合办）
E – mail：sxjjfx@ 163. com
　　　　　jingjshb@ sxskcb. com
网　　址：www. sxjjcb. com

经 销 者：山西出版传媒集团·山西经济出版社
承 印 者：山西出版传媒集团·山西新华印业有限公司

开　　本：787mm×1092mm　　1/16
印　　张：24
字　　数：368 千字
印　　数：1 – 3 000 册
版　　次：2013 年 1 月　第 1 版
印　　次：2013 年 1 月　第 1 次印刷
书　　号：ISBN 978 – 7 – 80767 – 618 – 8
定　　价：48. 00 元

改革开放以来,中国经济增长、社会转型与政治改革都表现出循序渐进、健康稳步发展的良好势头。工业化、城市化、信息化、全球化等多种力量在同一时期汇聚于中国发展的历史大舞台,为中国的加速发展创造了千载难逢的历史性机遇并直接提供了强劲的动力。中国的和平崛起已经成为新世纪人类历史发展新阶段的重大事件,并引起了全世界的普遍关注。

变革的时代必然产生创新的思想。在中国发生这场伟大的历史性变革过程中,中国大陆经济学家,香港、澳门和台湾经济学家以及旅居海外的华人经济学家共同见证和详细观察了这场具有革命性意义的伟大变迁甚至直接参与其中,根据中国国情并参照国际经验,创立了许多具有重大创新意义的经济学理论。这些经济学理论一方面源于中国改革开放的伟大实践,另一方面也对这一伟大实践起到了重要的理论指导作用。将这些经济学家独立创新的经济学理论梳理清楚,并整理出来,不仅有利于世界经济学界正确认识和理解中国经济学与中国经济学家,也有利于我们从一个侧面深入理解中国在这样一个特殊历史时期的一系列改革开放政策。

20世纪,山西经济出版社曾出版了一套《中国当代经济学家文丛》,收录了国内59位经济学家的选集,在中国经济学界产生了深远的影响。在此基础上,21世纪拟出版一套《当代华人经济学家文库》,收录全球华人中卓有建树的经济学家的代表作。与其他类似的图书相比,这套文库具有三个主要特点:一是强调理论性,即所选文章必须是理论性论文;二是强调独创性,所选论文要求理论观点鲜明,而且必须具有原创性;三是强调规范性,即所选论文的写作方式必须符合经济学研究的基本规范。

从本文库的编辑形式来看,也具有一定的独特性:首先,每篇作者自选的论文后面都有一篇作者的自述短文或本研究领域学术权威(包括相关研究机构、学术报刊等)的评论文章,对该文的研究背景、创新意义及其学术影响做出实事求是的评论,以帮助读者进一步理解文章的学术价值;其次,不论作者创新的理论观点多寡,文章长短,著作厚薄,只要有五万字以上文字即可成书,重在原创性;最后,除文库主编(创意提出者与设计者)外,文库编委会成员皆由入选作者组成,为保证本文库较高的学术水准,每部候选著作都必须经编委会成员全数通过,方可入选。

经过近 30 年的改革开放,中国经济已经基本融入全球经济一体化过程之中。相应地,中国经济学与中国经济学家也正逐步走向世界。我们期待着,曾经产生过许多世界上最优秀的古代思想家的中华民族,也将在新的历史时代产生许多世界上最优秀的现代经济学家。

"人事有代谢,往来成古今。江山留胜迹,我辈复登临。"我们希望,这套文库成为当代华人经济学家贡献给历史和后人的一处独特的学术风景,为构建中国经济学繁荣与发展之大厦起到铺路石的作用。

主　编

2006 年 6 月 10 日

学术小传

张军，复旦大学"当代中国经济"长江学者特聘教授，中国经济研究中心主任，复旦大学发展研究院副院长。他是当今中国有影响的经济学家之一，对中国的经济转型、增长和发展政策有深厚的研究。

他 1963 年生于安徽省，1992 年在复旦大学获得经济学博士学位。1992~1995 年间分别获得"英国文化委员会"(British Council) 和"美中学术交流委员会"(US Committee on Scholarly Communication with China)提供的奖学金，在英国萨塞克斯大学(University of Sussex) 和美国华盛顿州立大学(Washington State University) 从事博士后研究工作。1997 年以来，曾在伦敦经济学院、伦敦大学亚非学院(SOAS)、剑桥大学、牛津大学、哈佛大学、东京都立大学、韩国庆北国立大学、联合国大学经济发展研究院(UNU-WIDER)、加拿大皇后大学和耶鲁大学等从事研究工作。

他是《世界经济文汇》的主编，也是 Economic Systems、Journal of the Asia Pacific Economy、East Asia Policy、China Economic Journal、China Finance Review International 以及《经济学（季刊）》《中国社会科学评论》《经济学报》《改革》《中国金融评论》《社会科学战线》等约 30 种中文期刊的编委或学术委员。

他还是浙江大学、山东大学、西安交通大学、安徽大学、上海大学、江西财经大学等 18 所学校的校聘兼职教授，还曾是韩国庆北国立大学、全南国立大学以及日本青山学院大学的"特聘讲座教授"，是韩国 Uiduk 大学的聘任研究教授以及新加坡国立大学东亚研究所和澳门大学经济系的访问教授。

他用中文和英文在 China Economic Review、The World Economy、Journal of Asian Economics、Economic Systems、Journal of the Asia Pacific Economy、Journal of Chinese Economics and Business Studies 以及《经济研究》《中国社会科学》《经济学（季刊）》等杂志发表了百余篇研究论文,出版专著和译著 40 多种。其中在《经济研究》发表论文超过 20 篇。

他多次获得全国人文社会科学优秀成果奖和上海市哲学社会科学的优秀成果奖。他是第二届蒋学模经济学奖(2002)、第三届张培刚发展经济学优秀成果奖(2010)的获得者以及第五届"黄达－蒙代尔经济学奖"的导师奖获得者。他还于 2009 年分别获得"复旦大学校长奖"和"廖凯原最受欢迎教师奖"。他的研究论文还荣膺《中国金融评论》颁发的 2008 年度最佳论文一等奖。

最新出版的《中国人文社会科学学术影响力报告(2000-2004)》关于经济学作者学术影响分析中,通过《中文社会科学引文索引》(CSSCI)产生的客观数据显示,张军教授在经济学论文引用最多的前 60 位作者中排名第 13 位。前 10 位作者中,有 4 位是领袖人物(邓小平、江泽民、列宁、毛泽东),如不计算 4 位领袖人物,则张军教授位居第 9 位。该报告将经济学研究领域划分成六大领域,张军教授在其所居的中国经济发展与改革领域中位居第 4 位。另外,2009 年,新中国建国 60 周年之际,张军教授入选《影响新中国 60 年经济建设的 100 位经济学家》。

自 序

  2012 年初夏,《当代华人经济学家文库》丛书主编胡必亮先生来上海与我见面,希望我能选编自己的一本论文集,以《张军自选集》为名列入文库系列出版。这个建议让我倍感荣幸,但也诚惶诚恐。自己从事经济研究与教学,是否有资格编撰自选集,好在他的建议得到了丛书编委们的首肯和支持。这给了我勇气,使我能够在最短的时间里编辑出这个自选集来。

  屈指算起来,从 1987 年我发表第一篇学术论文至今,我从事经济研究的时间也有 25 年了。我在《改革、转型与增长》(北京师范大学出版社 2010 年 6 月版)一书的序言中回顾了自己始自研究生阶段的成长历程。作为"60 后"的一分子,我一直说自己仍然是很幸运的,不仅在步入大学时正值中国经济改革开放之初,亲历了过去 30 多年的转型与发展进程,而且也幸运地站入了改革开放之后出现的"新生代"(用张志雄先生曾经定义的这个概念)中国经济学家的行列。以经济学的眼光跟踪、观察和解释中国经济增长与发展中出现的诸多重要现象,是经济学家发挥其特长的难得的机遇,也是中国经济学家得以迅速成长的重要源泉。我一直觉得,我们这一代经济学家似乎对从事和发展一般性的经济理论缺乏兴趣和动力,大概是因为中国经济在转型和发展中呈现出的精彩现象及其多样性着实让你无法放弃。诺贝尔经济学奖获得者、芝加哥大学的经济学家卢卡斯曾经说,一旦你对经济增长产生兴趣,你就再也不能放弃了。其实,你如果对中国经济的转型与发展产生兴趣,你就有没完没了的研究题目,你当然也无法再对单调而枯燥的一般理论问题保持兴趣了。

  当我开始选编本书时,我发现自己的研究真正涉足中国经济改革和发展这个主题,大概是 1997 年之后的事,那一年我出版了《双轨制经济学:中国的经济改革(1978–1992)》(上海三联书店 1997 年版)。不过,15 年来自己的研究兴趣始终没有离开过这个主题。在 1997 年之前,我的兴趣主要还在一般的经济学理论方面,那个时候专攻产业组织理论(特别是"可竞争市场理论")和产权经济学。虽然我在这些理论方面下功夫也是希望能对中国经济改革的目标模式和改革战略的形成有些认识上的帮助,但它们与中国经济本身是没有直接关联的。例如,在1989年到1996年之间我在《经济研究》、《世界经济文汇》、《上海经济研究》以及《经济发展研究》(早已停刊)等发表了多篇涉及从计划经济向市场经济转型(也称为"过渡经济学")这一主题的论文,但它们还仅仅是在一般层面上去讨论改革方式和转型战略,还不是对中国经济改革和发展的直面研究。所以,当我决定选编本书时,我面临一个抉择。如果仅仅选择研究中国经济转型与发展这一主题的论文,那么,在这一约束条件下,我就不得不舍弃那些在1997年之前的论文,尽管我对那时候的某些论文还是非常喜欢的。比如,1994年发表在《经济研究》(第9期)上的《社会主义的政府与企业:从"退出"角度的分析》,以及1995年发表在《世界经济文汇》(第6期)上的《关系:一个初步的经济分析》等,都是自己还满意的文章。最后考虑到这本自选集并不需要一个主线贯穿其中,所以,我决定选择一两篇没有直接讨论中国经济的论文作为我早期研究兴趣的代表作。不过由于全书的篇幅必须限制在10篇论文之内,于是我就选择了我与美国经济学家William Hallagan教授在1996~1998年间就"过渡经济学"合作研究的三篇论文中的一篇(1999年发表于《经济研究》)作为代表,其余9篇论文全部是以中国经济转型与增长为主题的。从论文题目来看,这9篇研究中国经济的论文显然讨论了非常不同的内容,时间跨度很大,涵盖了从2001年到2011年这10年间我的研究兴奋点。这是对我前面提到的我难以割舍的中国问题多样性的一个佐证。

我过去10多年来的研究工作得到了国家自然科学基金、国家社会科学基金、上海市哲学社会科学基金以及来自复旦大学的研究基金(包括"211"和"985"建设项目)的慷慨资助,我深表谢意。我在从事中国经济的研究过程中,我的一届一届的学生们(硕士和博士研究生)始终是我的合作伙伴和研究助理,没有与他们的讨论和来自他们的协助,很多研究工作将难以进行。我要感谢他们。

我还要感谢胡必亮教授的邀请和支持,感谢山西经济出版社的赵建廷社长和李慧平女士的支持和为本书的出版所付出的辛劳。

三年半前在患病住院和康复期间,我得到了第二军医大学长海医院的精心治疗,并得到来自上海市政府和有关部门、复旦大学的领导和我的同事、社会各界朋友以及我的各届学生们的大力支持与关心。他们让我体会到,他人的关爱对于一个病人的信心和康复是多么的重要。

　　我当然要感谢我的父母、岳父母以及兄弟姐妹的默默的理解和支持,感谢我的弟弟张昊的极大付出。我特别要感谢我的太太和儿子,是他们无私和永恒的爱给了我对生活和研究的激情,也给了我坚持到今天的力量。谨以本书献给他们。

张　军

2012 年 10 月 22 日于上海

目录

转轨国家的初始条件、改革速度
与经济增长：新的视角 *

一、引言

在 20 世纪 80 年代末和 90 年代初,东欧、前苏联和蒙古等 26 个转轨国家先后启动了市场化改革的方案。在改革前的整个 80 年代,这些国家的年度实际 GDP 的增长率平均约为 2.9%, 而在改革后的 1990~1997 年这段时间内,它们的平均增长率却变成了–5.7%[1]。从这些国家的改革经验中通常得出的结论是,激进而快速的经济改革往往会导致(至少在短期内)经济状况的恶化,因而渐进主义的缓慢的改革则较为适合于那些具有长期中央计划经济历史的国家。但是,上面的简单数字和结论忽略了这 26 个转轨国家在改革的初始条件和改革速度上的显著差异。在这些国家当中,改革进程的差别非常大,斯洛文尼亚和波兰的经济改革较为迅速且彻底,而在白俄罗斯和乌克兰所观察到的改革的进展则非常缓慢。相应地,它们的实际经济状况也很不一样。例如,斯洛文尼亚在 1990~1997 年间的年平均实际 GDP 增长率为 1.4%,波兰为 4.1%,而白俄罗斯和乌克兰的相应数据则分别为–6.1% 和–13.1%。世界银行曾构造了一组用来衡量这 26 个转轨国家的改革速度的指数,并且发现这些国家的改革速度和经济增长率之间存在着正相关关系[2]。从这一研究中,世界银行得出了这样的结论:在这些转

*　与威廉·哈勒根(William Hallagan)合作,发表于《经济研究》1999 年第 10 期。其英文版作为美国 William Davidson Institute 的 Working paper #280 发表,也被收入了 1999 年 7 月 23~26 日在清华大学举行的 International Conference on Transitional Economies 的论文集。本文系作者合作研究"过渡经济学"的成果之三。先前的成果已先后发表于《经济研究》(1996 年第 1 期)、《复旦学报》(1998 年第 1 期)和 East Asian Review(March 1998)等杂志。作者感谢美国富布赖特基金会和复旦大学对合作研究的支持和资助。文章的一切错误由作者负责。作者也感谢施少华先生在将本文译成中文时所做的努力。

① GDP 增长率数据来自世界银行 1996 年和 1997 年发展报告。

② 该改革速度指数引自德·梅洛等人为世界银行所作的 1996 年发展报告:《从计划到市场》。关于该改革速度指数的更详细信息,请参阅德·梅洛等人的报告中的附录"自由化指数及其构造方法"。

轨国家中,那些在改革开始时具有不利的"初始条件"的国家,即使没有任何经济政策上的变化,它们同样也会势必经历经济水平的下降,但市场化改革越快的国家,经济下降的幅度似乎越小。人们可以以古巴和朝鲜在这段时间内经济状况的下降作为"参照"。

为了更有条理地研究不同国家的改革经验,分析一下"初始条件"和"改革速度"在决定实际经济状况方面的不同影响也许是非常有益的。在现有的经济文献中,有关这方面的争论已逐步分化成两派观点,在这里我们用图1描绘了这两种观点的一个简单的逻辑关系①。

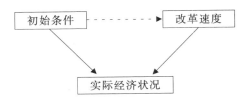

图1　初始条件、改革速度与实际经济状况之间的逻辑关系

在图 1 中,我们用实线箭头表示现有观点的结构,用虚线箭头表示被现有研究忽视的一种可能的逻辑结构。在现有的研究文献当中,一派观点认为,较快的改革速度导致较好的实际经济状况,但由于某些国家改革的初始条件不那么好,快速的经济改革会对经济产生负面影响。他们认为像中国这样的拥有较有利初始条件的国家如果执行更全面彻底的改革政策的话,经济状况将会更好。根据这派观点,渐进式的改革战略纯粹是政治妥协产生的大杂烩,它是寻租活动的结果,并造就了一大批既得利益集团。

第二派观点虽然也认为需要进行市场化改革,但同时又认为在改革的经验中充斥着各种市场失灵的问题,其中包括垄断、信息不对称、产权不明晰及机构不健全等。根据这派观点,最合适的改革战略应是贝叶斯式的,即渐进的、不断修正的。只有当经济中暴露出实际问题时,政策的制定者才应该着手具体解决;在没有问题时,就不要轻易地去制造问题。持这种观点的人认为俄罗斯经济的问题主要是在缺乏有利的初始条件时,由于改革的速度过快而导致的。

---

①　关于这两种观点,在 Sachs 和 Woo(1997)的文章中有详尽的讨论。

因此，这场争论最终可以归结到这样一个基本问题：究竟是什么决定了这些转轨国家间经济状况有如此大的差异？是改革速度还是初始条件？当然最简单的回答是改革速度和初始条件这两者都对该国的实际经济状况有显著的影响。这样一来，这就变成了一个简单的计量经济学的问题，即估计出这两种影响的相对重要程度。一种方法是估计出按方程(1)定义的经验模型中的各项参数。

实际经济状况 $_i = \alpha_0 + \alpha_1 \cdot$ (初始条件) $_i + \alpha_2 \cdot$ (改革速度) $_i + \varepsilon_i$ (1)

应用这种方法的一个例子是世界银行 1996 年度的发展报告：《从计划到市场》。在这份报告中，德·梅洛等人给出了下面这个经验结果：

$$AVGR = -9.1 + 2.6CLI - 0.54PCY - 6.5WAR \quad R^2 = 0.65 \quad (2)$$
$$(5.4) \qquad (4.7) \qquad (1.9) \qquad (4.8)$$

上式是根据 1989~1994 年间 26 个东欧、前苏联和蒙古等国家的数据所得到的回归结果，括弧中的数字为 T 检验值。其中，AVGR：1989~1994 年间年平均实际 GDP 增长率；CLI：累积自由化指数是由世界银行所构造的用来度量经济改革速度的一个指标；PCY：1989 年人均收入；WAR：虚拟变量，在 1989~1994 年期间如果某国经历了"战争"，则 WAR=1。

方程式(2)中的 PCY 在一定程度上代表了某国在改革开始时的初始条件，德·梅洛等人对该变量的系数为负的解释是：1989 年时人均收入(PCY)较高的国家都是较为发达的东欧和前苏联国家，而这些国家的中央计划程度都相当高，而且多数存在着过度工业化的问题，这些都是不利的初始条件。不过这份报告的主要结论不在于此，而是：在考虑到初始条件和战争的因素的影响后，改革速度"对东欧和前苏联许多国家的产出变化有着显著的积极影响"。[①]

本文的主要目的在于证明上面的经验模型的建立是有问题的。我们首先构造了一个简单的博弈理论模型，该模型有助于我们理解"初始条件"的内涵。该模型预示着改革速度是内生决定的，并且是初始条件的函数。本文以这个理论框架作为指导，重新审视了改革速度、初始条件和实际经济状况之间的关系。作为实证，我们同样给出并讨论了一组经验研究数据。

---

① 德·梅洛等人的报告，第 7 页。

二、一个启发性的模型

现有文献中的一些讨论并没有很好地说明哪些初始条件会对改革速度产生影响,更没有指出它们会在哪个方向上产生影响。而我们下面将要讨论的模型则从一些全新的视角讨论了什么样的"初始条件"将会导致较快的市场化改革。

考虑一个简单的具有两个参与人的两阶段博弈。参与人 1 是政府决策制定者,他决定是否实施市场化改革,以及如果实施,具体的改革速度是多少。在这里我们假定政府决策制定者具有"改革派"的偏好。改革派的效用函数只与经济规模(E)有关,并且他们认为较快的经济改革将带来较快的经济增长。也就是说,改革派的效用函数为 $U_R=U_R[E(z)]$,z 为改革速度,满足 $\partial U_R/\partial E>0$,并且改革派预期 $\partial E/\partial z>0$。这就是改革派为什么偏好于推动改革的原因,因为他们认为更快的市场化改革能带动经济的更快增长,而经济的增长是他们唯一感兴趣的东西。

在这个博弈中的第二个经济参与人代表着改革派的对立面,我们称他们为"保守派"。与改革派一样,保守派们对经济增长同样持欢迎态度,而且他们也承认改革能刺激经济增长,但他们不喜欢经济改革对现行的经济生活的冲击与负面影响,这些负面影响包括现有行业的调整、企业的倒闭、失业率的上升等。因此,保守派的效用函数为 $U_0=U_0[E(z),D(z,b)]$,函数 $D(\cdot)$ 表示保守派对改革的负面影响程度的估计,$\partial U_0/\partial D<0$。并且保守派预期 $\partial D/\partial z>0$,$\partial^2 D/\partial^2 z>0$,也就是说,随着经济改革速度的加快,保守派们认为经济改革对经济生活的负面影响将以递增的速率上升。这里的变量 b 表示改革的背景环境,$\partial D/\partial b<0$,即 b 越大,改革的背景环境越好,负面影响越小。例如,如果保守派预期经济改革对穷人、老人和农村地区的人的负面影响较大,而该国的人口大多数是富人、年轻人和城市人的话,则该国的改革背景环境较好。

改革派所面临的问题就是在保守派可以接受的前提下最大化改革速度 z(以及他们预期的经济增长)。如果保守派认为改革对经济生活的负面影响太大,以至于使他们觉得还不如维持原状的话,他们就会联合起来抵制改革,从而使改革派的努力都付诸流水。图 2 给出了这个两阶段博弈的扩展型描述。在图 2 中,改革派执政者先采取行动,在充分意识到在博弈的第 2 阶段保守派将作出合作或抵制决策的情况下，选择合适的改革速度 z。支付是经过标准化了的，当没有改革($z=0$)且没有抵制时，每个参与人的效用水平都是 0。我们假设如果改革派选择改革($z>0$)而保守派决定抵制的话，结果将比"不改/不抵制"的结果还要来得差，即两者的支付都小于 0，这是因为改革和抵制这两种行动本身都是有成本的。如果改革派选择改革($z>0$)而保守派不抵制的话，改革派的支付水平为 $U_R=U_R[E(z)]>0$。

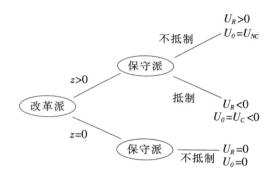

图 2　改革速度(z)的决策的两阶段博弈示意图

这个博弈的均衡解的关键之处是改革派实施改革而保守派决定不抵制时保守派的支付水平。此时，$U_O=U_{NC}=U_O[E(z^*,D(z^*,b)]$，其中 z^* 为改革派选择的改革速度。显然只有当 $U_{NC}>U_C<0$ 时，保守派才会选择不抵制。

因此改革派所要解决的问题就变成了选择满足 $U_{NC}>U_C$ 的最快的改革速度 z。也就是说，在保证得到保守派的支持的前提下，最大化改革速度(及预期的经济增长)。图 3 给出了该问题的一个直观的图示。U_{NC} 曲线反映了保守派对改革速度的递减收益的预期 ($\partial E/\partial z>0$,$\partial^2E/\partial z^2<0$)，和对改革速度的递增负面影响的预期($\partial D/\partial z>0$,$\partial^2D/\partial z^2>0$)。这两种预期决定了图 3 中 U_{NC} 曲线的形状。在图 3 中，z^* 代表在这个博弈中改革派的最优解。按前文的定义，较好的改革背景环境有利于减少改革对经济生活的负面影响($\partial D/\partial b<0$)，因此，如果改革的背景环境较好，在其他条件相同的情况下，保守派的效用水平将较高，这使得改革派能选择更快的改革速度。因此，在给定的假设条件下，我们所观察到的改革速度将是背景环境的一个函数，且满足 $\partial z^*/\partial b>0$。即那些有助于减少预期的经济改革所产生的负面影响的背景环境将导致较快的经济改革。在上面所讨论的模型中,我们假定了政府执政者是"改革派",并具有先行者优势。如果我们假定"保守派"成为执政者的话,结果就会有很大的不同。在后一种情况下,如果"保守派"先采取行动的话,改革的速度将会比改革派当权的情况下要低得多。从图3中可见,此时博弈的解将是"保守派"采取行动选择改革速度$z^{\sim}$。因此,改革速度是改革背景环境和政府决策制定者性质这两者的函数。

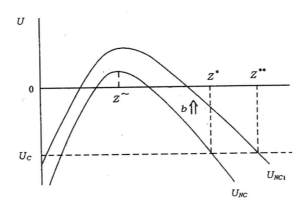

图 3　最优改革速度(z^{*})的选择

三、经验模型的说明

我们在上一节所发展的博弈理论模型给我们提供了一个经验研究的新视角。由于改革本身已成为初始条件的函数,那么根据方程(1)所定义的经验模型所得到的结果就会有很大的误差。改革速度内生模型意味着初始条件决定了一切经济后果;也就是说,在决定实际经济状况的各种因素中,只有初始条件是最根本的。不过我们仍然还将比较两个拥有相同初始条件的国家所具有的与其初始条件不相关的改革速度的离差,并检验这些改革速度的离差对该国实际经济状况的影响。

我们所使用的方法是一种两步骤回归估计法。在第一步,我们先估计出式(3)中的改革速度方程。

改革速度$_i = \beta_0 + \beta_1 \cdot ($初始条件$)_i + v_i$ $\qquad (3)$

由方程(3)中的随机误差项 v_i，我们便可以得到与初始条件不相关的改革速度的离差的估计值 v_i^*。在方程式(4)中，这个估计值 v_i^* 被作为独立的解释变量来使用。

实际经济状况 $_i=\alpha_0+\alpha_1\cdot(初始条件)_i+\alpha_2\cdot(v_i^*)+\varepsilon_i$ (4)

表 1   回归结果

	被解释变量		
	改革速度	经济增长率	
	（1）	（2）	（3）
截距	−17.84** (−2.79)	−100.82** (−3.67)	−37.66** (−1.39)
期望寿命	0.29** (3.25)	1.39** (3.61)	0.29 (0.73)
农业人口比重(%)	−0.01 (−0.38)	−0.01 (−0.09)	0.13 (1.89)
改革派	1.66** (3.87)	—	—
改革速度余值	—	3.93** (4.53)	—
战争	—	−7.97** (−4.29)	−5.23** (−3.04)
改革速度	—	—	3.43** (5.53)
样本空间	26	26	26
调整后的 R^2	0.59	0.63	0.69

说明：括号中的数字为 T 检验值；** 显著性水平 1%。

表 1 给出了方程(3)和方程(4)的估计结果。我们所使用的样本空间为包括东欧、前苏联和蒙古在内的 26 个转轨国家。为了估计式(3)中的改革速度方程。我们使用了两个外部变量来代表改革开始时的初始条件：改革开始时的期望寿命和农业人口占总人口的百分比。我们把期望寿命作为衡量某国人口一般健康水平的大致指标。我们预期人口健康水平较高的国家对经济改革的负面影响的承受力较强，改革的反对意见会较弱，因而改革进程也就可能更快一些。此外，人们一般认为，相对于中央计划体制下建立的工业制造业而言，农业部门对市场化改革的反应要灵敏和迅速得多；因此，一般预期具有较高农业人口

比重的国家在经济改革时也具有较好的初始条件。除了以上两个变量外,我们还引进了一个虚拟变量,"改革派"。该变量的定义是:当改革开始时,政府执政者属于改革派的话,该虚拟变量为1,否则为0。从上文的理论博弈模型中,我们可以得出推论,当参与人1具有改革偏好时,改革速度将会比较快。为了划分哪些国家的政府在改革开始时属于改革派,我们借用了"卡氏政府自由度指数"(Katratnycky's Index of Political Freedom)并(主观地)把前十个政治相对最自由的国家的政府归为"改革派"。在方程(3)的估计中所使用的改革速度是世界银行的"标准化市场自由化指数"。世界银行的研究人员所构造的这组指数度量了其他国家在1989~1994年这6年间的经济改革程度相当于波兰的改革年数[1]。改革速度的回归估计结果支持我们关于改革速度依赖于某些初始条件的假设。特别地,在具有较高的期望寿命和改革派政府的国家中,改革速度较快。但改革速度与农业人口比重的关系不显著。

从改革速度方程中所得到的余值(改革速度余值=实际改革速度−预期改革速度),在方程(4)中被作为独立的解释变量。方程(4)中的被解释变量是1990~1997年间各国的实际GDP的年平均增长率。除了期望寿命和农业人口比重之外,我们又新增加了"战争"这一虚拟变量,如果某国在这段时期内经历了战争,该虚拟变量为1,否则为0(该变量引自德·梅洛等)。回归所得的估计结果支持初始条件显著决定经济状况的假设。回归所得的另一个令人感兴趣的结果是经济改革速度余值对年平均经济增长率的影响。因为改革速度余值代表的是改革速度中与初始条件不相关的部分[2],因此改革速度余值的回归系数的估计值反映的是与初始条件不相关的那部分改革速度对经济变动的影响。从表1看,该系数的估计值为3.93,相当大,并在统计上显著。从26个国家的平均值看,改革速度余值对经济增长的产出弹性大约为1.97。

为了比较我们的两步骤估计法所得到的结果是否与方程(1)所建议的单步法的结果有所不同,我们还使用同一组数据计算了方程(1)的估计值,该结果在表1的第3列给出。从表1的结果可以看出,单步

---

[1] 参见德·梅洛等人的报告,第5页、第6页及附录"自由化指数及其构造方法"。

[2] 改革速度余值与初始条件变量的简单相关函数都接近于0。

法所得的结论是初始条件在统计上不显著。函数的估计值的巨大变化说明回归结果对所用的方法非常敏感。因为结果对方法非常敏感，而我们的理论模型又指出改革速度是初始条件的函数，因此方程(3)和方程(4)所代表的两步骤法是一种更优越的方法。

四、结论

在本文中，我们发展了一个简单的博弈理论框架模型，用以说明在转轨国家中所观察到的经济改革的速度是这些国家在改革开始时的初始条件的函数。特别地，那些能减少和降低经济改革对经济生活的冲击和负面影响的初始条件将有利于政策的制定者制定更迅速的经济改革方案。而且如果政府政策的制定者偏好于做改革派的话，改革速度也会比较高。模型的回归结果支持改革速度内生的假设，并且表明具有较好的初始条件与改革派政府的国家中经济改革的速度相对更迅速一些。

现有的关于改革速度与初始条件对经济增长的影响的经验研究文献在模型的建立上是存在着缺陷的。因为改革速度是初始条件的函数，在建立模型时忽略这一重要关系将会得到错误的估计值和结论。本文所采用的经验研究方法构造了一个与初始条件不相关的改革速度余值，通过使用这一变量，我们发现初始条件和改革速度这两者都对经济增长产生显著影响。特别地，改革速度的上升对经济增长率的正面作用相当的大。

像这个领域内的所有类似的研究一样，本文也存在它自身的一些缺点。我们所使用的样本空间和观测值都非常的少，有几个变量的取值纯粹是主观上的，并且理论模型本身也只是提供了一些可能与初始条件有关的变量的建议。特别是对方程(3)中的解释可能会有各种各样的批评意见，例如我们遗漏了许多重要的初始条件变量。

参考文献：

[1] De Melo, Martha, Denizer, Cevdetm, Gelb, Alan. From plan to market: patterns of transition [R]. Washington, D.C.: The World Bank,

1996.

[2] Sachs, Jeffery, Woo Wing Thye. Understanding China's economic performance [R]. Cambridge: National Bureau of Economic Research, 1997.

[3] World Bank. World Development Report: From Plan to Market [M]. Oxford: Oxford University Press, 1996.

[4] World Bank. World Development Report: The State in a Changing World [M]. Oxford: Oxford University Press, 1997.

自述之一

这篇论文是我在 20 世纪 90 年代研究转轨经济学的论文之一。在那个时候,中国、俄罗斯和东欧的经济转轨出现了非常不同的结果。其中,转轨之后经济增长率的差异非常显著。如何解释转轨经济的增长差异成为关注经济转型的经济学家的一个重要论题。我的这篇论文讨论的就是这个问题,也就是试图去解释转轨之后各国经济增长率的差异是怎么造成的。不过,由于世界银行没有把中国列入转型经济的范畴,因此受数据的局限,我们的研究主要是针对了东欧、前苏联和蒙古等 26 个国家的转轨经验,没有包括中国。

为了解释转轨经济在转轨之后经济增长率的差别,我们构造了一个简单的逻辑框架。这个框架与当时大多数的研究思路有所不同,因为在当时已有的文献里,改革起点(或者初始条件)和改革速度常常是被当作相互独立的变量来处理的。但在我们的框架里,我们将改革速度"内生化"了,把它处理为初始条件的函数。为此,我们利用一个简单的两人两阶段博弈说明了如何决定改革的策略是倾向于激进的还是渐进的改革方案。然后我们利用世界银行提供的 26 个转轨经济的数据首先检验了我们关于改革速度内生化的假说。在此基础上我们构造了一个用初始条件来解释转型经济增长率差别的简单回归模型。今天看起来,我们给出的这个概念框架还是很有意义的,因为随着时间的推移,经济学家发现转型经济的增长差异越来越体现出它们初始条件的差异。而且,忽略了这些经济的初始条件的差异,是很难理解转型经济在转型战略和实施效果上的显著差异的。很高兴,我们的论文在这方面给予了强调。

这篇论文也是我与华盛顿州立大学的 William Hallagan 博士合作的最后一篇论文,在此之前,我们合作了另外两篇关于转型经济学的英文论文,它们分别是《改革起点和改革路径:一个可行的模拟》以及《转轨经济中的过度进入:理论框架及其含义》。他最初是在 1992 年到复旦大学讲学的,参与了"福特班"的教学,我担任他的助教。1994 年他帮助我申请了在美国华盛顿的 "美中学术交流委员会"(Committee on Scholarly Communication with China)的资助,邀请我去华盛顿州立大学经济系访问了 6 个月，在那里我们就中国和俄罗斯的经济转型等问题进行了深入和持续的讨论。我还在此访问期间完成了《双轨制经济学：中国的经济改革 1978–1992》一书初稿的写作。1998 年，他又申请获得美国富布莱特项目的资助再次到了中国，去了兰州大学执教一年。在此期间，他利用假期来上海继续开展我们的合作研究。该论文就是这个期间我们合作完成的，大概写于 1999 年 6 月。它的中文稿以《转型经济的改革起点、改革速度和经济增长》为题发表在《经济研究》1999 年第 10 期上，而英文稿发表在美国密西根大学著名的 William Davidson Institute 的工作论文系列第 280 号上（"Starting Positions, Reform Speed and Economic Outcomes in Transition Economies"，2000，working paper #280, William Davidson Institute）。另外，2001 年 9 月我还在罗纳德·科斯研究所（Ronald Coase Institute）在旧金山举办的一个制度经济学的研讨班上报告过这篇论文并得到了很多建设性的意见和建议。

中国国有部门的利润率变动模式：
1978-1998*

一、导言

中国工业改革的中长期效应之一是工业部门的统计利润率在改革后期呈不断下降的趋势，特别是国有工业部门的财务表现在20世纪90年代以来更加恶化（见图1）。[①]因为部门利润率是"平均利润"，所以从经济理论上说，利润率的持续下降应该主要是因为部门的"边际利润"下降得更快。现有的理论解释主要是遵循经典的工业组织理论的"进入—竞争"假说来说明边际利润的下降趋势的。其基本解释是，20世纪80年代以来非国有企业，特别是乡镇企业的大规模进入使市场竞争大大加剧，竞争必然动摇国有部门的垄断地位，从整体上降低国有工业部门的盈利能力。本文将这一解释称之为"竞争侵蚀利润"的假说。关于这一解释的典型代表，可参见诺顿（Naughton, 1992, 1995）和欣格等（Singh, et al., 1993）著述。[②]

---

* 发表于《经济研究》2001年第3期。本文所依赖的最初研究先后得到了上海市哲学社会科学基金（1999）以及福特基金会/"美中学术交流委员会"（CSCC）"公共政策研究项目基金"（2000）的资助，在此表示感谢。但本文的写作是作者在哈佛大学访问期间完成的。作者也感谢哈佛大学燕京学社访问学者计划（2000-2001）的慷慨资助。在对本文的后期修改中，作者指导的研究生陈诗一担当了研究的助理，做了大量的工作。当然，文章的观点是本文作者的，不代表作者的单位。

① 在图1我们要特别注意到的一点是，国有部门利润率的增长率在20世纪80年代虽然几乎是负的，即利润率保持了持续下降的模式，但是它的变动幅度却非常的小，而在1991年以后，国有部门的利润率水平的变动变得更加剧烈了。这个经验现象可以在本文给出的框架内得到解释。

② 在说明竞争对利润率的影响时，诺顿（Naughton, 1995）使用《中国工业经济统计年鉴》1990年卷提供的38个工业部门的数据，分别计算了1980年和1989年的利润率的标准差和变异系数。欣格、拉塔和肖（Singh, Latha and Xiao, 1993）为了间接地支持"竞争侵蚀利润"的假说，使用了20世纪80年代的省级数据对利润率与非国有部门在工业总产值中所占比重进行了相关分析。他们发现，非国有企业比重较低的地区往往是国有部门利润率较高的地区。我们将在后文再次提及这些研究的文献和结论。

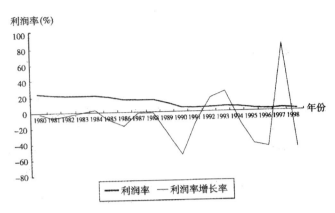

图 1　中国国有工业部门的利润率以及利润率的变动

　　不过,我们进一步观察发现,现有的文献在解释国有部门的利润率下降趋势时忽视了国有部门的亏损变动在统计上对利润率的"侵蚀效应"。因为部门的利润率在统计上是用扣除部门内亏损企业的亏损额以后的净利润来计算的,只观察统计上公布的部门利润率变动必然趋于掩盖部门内"盈利企业"盈利能力的真实变动模式。所以,竞争假说提供的解释不能够对国有部门盈利能力的结构变动提供任何信息。

　　可能正是因为这样,尽管"进入—竞争"假说或"竞争侵蚀利润"假说与中国工业部门利润率的整体下降趋势看起来似乎较为一致,但是这个解释在逻辑上和经验上与我们观察到的国有部门的亏损模式还缺乏更好的一致性。现有的文献很少考虑到,进入和竞争导致工业部门的边际利润下降的一个隐含前提是,部门内的企业在盈利能力方面没有分布(结构性)的变化,竞争所造成的只是部门边际利润的总体性下降。因此,从逻辑上说,竞争假说只能对部门的亏损现象作出"线性"的预测,即亏损与利润呈反向变动的趋势:当竞争导致部门利润率持续下降的时候,竞争也就导致亏损的持续增长。

　　然而,上述推论首先在经验上缺乏很好的支持。正如一些研究(张军,1998;Zhang,2000;卢荻,2000)曾指出的那样,整体看来,国有部门(以及主要的工业行业)的亏损额和亏损企业的比重至少在整个20世纪80年代却是与利润率同时呈下降趋势的。这就是说,国有部门利润率的持续下降在经济自由化的初期阶段并没有伴随企业亏损额和亏损企业数量的增长。例如,从统计数据上看,在1980~1988年间,国有部门的亏损额和亏损企业的比重没有明显的增长趋势，甚至有所下降，但同一时期的利润率却持续下降。事实是，国有部门的亏损与利润率之间的发展方向只是在20世纪80年代末以后才出现正常的反向变动趋势。而上述"竞争侵蚀利润"的假说并没有提供利润率与亏损之间变动方式的任何追加的信息。

　　进一步的分析也使我们发现，"竞争侵蚀利润"假说对国有部门的效率变动也无法提供一个一致的解释。因为竞争在本质上是增进配置效率的，所以"竞争侵蚀利润"的过程应该是一个国有部门的效率不断改善的过程。但是，对国有部门的全要素生产率(TFP)的大量经验研究发现，国有部门的TFP在经历了20世纪80年代的显著增长之后，80年代末期以后有停滞和恶化的趋势。这与"竞争侵蚀利润"假说的效率含义也不完全符合。更重要的是，国有部门90年代的效率变动意味着，80年代末以后的部门利润率恶化应该包含着竞争加强以外的其他信息。

　　本文认为，把中国工业改革以来国有部门利润率的不断下降趋势与国有企业亏损模式的变化联系起来不仅是帮助我们理解国有部门利润率持续下降的一个重要的经验观察，也是所有试图解释中国工业利润率下降模式的努力所不能忽视的一个经验内容。我们的理解是，当统计上用部门盈利企业实现的全部利润额减去该部门亏损企业的亏损额来计算部门利润率的时候，企业亏损比重的增加或企业盈利能力的结构性恶化必然在统计上因为"亏损侵蚀利润"而显著恶化。所以，统计公布的部门利润率的恶化反映的有可能主要是部门盈利能力的结构性变动而未必是总体性(普遍)下降。

　　在本文中，我们首先通过还原部门的真实利润总额来部分矫正国有部门的真实利润率，并以此为基础来检验国有部门的亏损变动在统计上对其利润率下降模式的"侵蚀效应"，从而来观察国有部门盈利能力的结构性变动趋势。通过"还原"国有部门的真实利润，我们计算出了这个"侵蚀效应"的大小以及变化的模式。我们发现，公布的利润率至少在1989年以后有严重低估国有盈利企业盈利能力的倾向。

　　本文的研究证实，整个20世纪80年代中国国有部门利润率的下降主要可以被理解为非国有部门的"进入—竞争"侵蚀利润的结果。在这一时期，得益于迅速的需求扩张与市场规模的超常增长，亏损企业的比重和亏损额趋于下降而不是增加。所以，部门利润率的下降只意味着国有部门盈利能力的总体性下降。因为竞争不仅"侵蚀"利润而且增进效率,所以我们才会观察到整个 20 世纪 80 年代国有部门的利润率下降但效率提高的"发散"模式。但 20 世纪 80 年代末以来,随着需求的移动,市场结构和工业组织的变动(如集中度的提高),国有部门传统的资本形成方式开始暴露出它的体制性问题,从而导致部门盈利能力分布的急剧变化(亏损的恶化便是盈利能力在这一时期出现结构性变动的集中反映)。[①]国有企业亏损的急剧增长必然使得部门加总的利润率显著恶化。因此,我们认为,20 世纪 90 年代以来国有部门利润率更显著地下降则主要归因于亏损国有企业数量的大幅度增长。不断增加的亏损企业不仅"侵蚀"了国有部门的利润,而且不断累积的超额生产能力和大量无效的投资还意味着国有部门的效率也开始由增进变成停滞和下降。我们对国有部门利润率下降模式的这一解释不仅能与改革以来国有部门的效率变动在经验上更加一致,而且还能够更好地解释中国工业的整体财务绩效在 20 世纪 90 年代以后所显示出来的一系列结构性的特征。

本文的结构安排如下:在第二节,我们对国有部门的利润率变动模式提供一个基本的解释框架。然后在第三节通过数据的还原和计算来检验我们的基本解释是否比其他解释与经验观察更吻合。在第四节,我们对本文的假说作出初步的统计检验。第五节进一步讨论我们的解释与一般的竞争假说在效率含义上的差别,并进一步寻求这一差别的经验基础。最后在第六节给出结论性的评注。在本文的附录中,对中国工业统计数据的主要来源提供一个说明。

二、一个解释框架

改革以来,统计上显示的国有部门的利润率在总体上的确是不断下降的,这是一个事实。从理论上说,作为一个整体,国有部门的利润率表现出下降的趋势,说明部门的"边际利润"下降得更快。根据工业组织理论,企业边际利润的下降往往是因为市场变得更具竞争性的结果。例如,当主导企业面临边界企业的进入和竞争时,主导企业的需求

① 对改革以来国有部门的资本形成(capital formation)模式的实证分析也是我们受资助的研究计划的一部分,本文不讨论这个问题。

曲线会变得更加平坦，从而边际利润会显著下降。正如我们（Hallagan and Zhang, 1996）指出的，中国的双轨转型模式所形成的一个典型格局是工业组织理论经典的"主导部门—边界竞争"的翻版。当非国有部门随着乡镇企业的崛起和扩张逐步进入市场以后，国有部门的垄断地位受到了削弱。在现有的研究文献中，这个经典的工业组织理论的范式被认为是理解改革后期国有部门的盈利能力不断恶化的主要原因（Naughton, 1992, 1995），也是现有文献中对国有部门的公布利润率下降模式的几乎唯一的解释。我把这一类的解释称为"竞争侵蚀理论"的假说。

"进入—竞争"假说或"竞争侵蚀利润"假说对中国工业部门利润率的整体下降趋势的理解虽然不失合理性，但它对统计上公布的利润率变动背后的真实信息考虑得并不多。事实是，统计上公布的国有部门的利润率实际上是用该部门的盈利企业实现的利润额减去亏损企业的亏损额以后的利润"净值"来计算的。因此，部门利润率的统计值不断下降在理论上就有可能由两方面的原因导致，它既可能是国有部门盈利能力的总体性的下降所造成的，也可能主要因为部门盈利能力的分布变动，即结构性恶化而造成。但是毫无疑问，在公布的部门利润率数据中，部门盈利能力的结构性变动因素不如总体性的变动因素那么容易识别。

当然，除非能确认国有部门的盈利能力在结构上或分布上并没有发生显著的恶化，从而部门利润率的持续下降就可以主要被理解为部门盈利能力的总体性下降所致，否则，在解释部门利润率下降的现象时，我们就必须考虑部门盈利能力的结构性恶化对部门利润率的影响程度。部门盈利能力的结构性变动和总体性变动可能同时对部门利润率产生影响，也可能在不同的时间上产生相对不同程度的影响，其相对重要性显然是一个需要由经验来甄别的问题。进一步说，一旦我们能在经验上证实国有部门盈利能力的总体性变动是部门利润率下降的主要原因的话，那么，经典的"进入—竞争"的工业组织模型将是一个可行的解释框架。这意味着，"竞争侵蚀利润"假说将是主要的解释性理论。至于国有部门的利润率变动是否包含有盈利能力的结构性恶化的原因，需要我们对国有部门的亏损变动作进一步的观察。

为什么我们倾向于把国有部门的亏损变动理解为国有部门盈利能力的结构性变动呢？这主要是因为，我们的研究（张军，1998）证实，改革以来国有部门亏损额的变动模式主要可以由国有企业的亏损面（即亏损企业占全部企业的比重）来解释，而在同一时期，国有部门按亏损额与工业净产值计算的亏损程度的变动并不特别显著。[①]在我们看来，这是改革以后国有部门的亏损模式所呈现出的最重要的特点，也是理解国有部门亏损变动的最重要的信息。这一信息提示我们，国有部门亏损的变动一定是国有部门的盈利能力在企业上的分布发生了结构性的变动。所以，我们可以将国有亏损企业比重的变动轨迹作为衡量部门盈利能力结构性变化的一个重要信息。

我们的理解是，对一个部门来说，当它的一部分企业出现持续的亏损时，盈利的国有企业比重将随之下降。在这种情况下，除非盈利企业的盈利能力有非常显著的提高，足以在弥补亏损企业的亏损以后还能使部门的边际利润继续增加，否则，亏损企业比重的提高必将减少部门的边际利润。而国有部门盈利能力的结构性恶化一旦被证实，那么我们就必须将盈利能力的结构性恶化对部门利润率的影响考虑在我们对利润率变动模式的解释之中，因为盈利能力的结构性恶化也会从整体上影响部门的利润率。这种影响与盈利能力的总体性下降的差异是，后者是普遍降低企业的边际利润从而降低部门加总的利润率，而前者应主要是通过减少有盈利的企业比重来降低部门的利润率。就是说，在盈利能力出现结构性恶化时，部门利润率的下降将主要是因为部门内的亏损企业的亏损"侵蚀"掉了该部门盈利企业实现的更多的利润。所以，关键的问题是确认和观察国有部门盈利能力的变动模式，主要是总体性变动还是结构性变动，抑或两者共同的变动结果。

正如我们前面指出的那样，由于统计上公布的利润率是部门加总的利润率，所以，从本质上说，公布的部门利润率及其变动趋势只是各种因素综合效应的统计反映结果，它并不能提供任何关于甄别国有部门盈利能力总体性变动和结构性变动的信息。相反，它甚至还会在一定程度上掩盖国有企业在盈利能力方面的结构性变动。因而，统计上公布的国有部门的利润率数据就难以帮助我们确认国有部门盈利能力的结构性变动的效应（如果有的话）。为此，我们首先需要来观察改

---

① 可参见本文图 2。实际上，国有部门亏损模式的这一特征意味着，企业自身的因素，如管理问题、领导班子问题均无法解释国有部门亏损的大幅度增长。所以，亏损发生和增长的这个模式背后应该更多地反映出国有部门的生产能力方面出现的结构性问题。

革以来国有部门的亏损是如何发生变动的。

图 2 改革以来中国国有工业企业的亏损变动模式

在图 2，我们根据《中国统计年鉴》和《中国工业经济统计年鉴》等获得的数据经过计算描绘出了国有部门 1980~1998 年间亏损企业的亏损额和亏损面（即国有亏损企业占全部国有企业的比重）的变动曲线。[①]图 2 显示，整体看来，国有部门（以及主要的工业行业）的亏损额和亏损企业的比重至少在整个 80 年代是没有恶化的。例如，从图 2 上看，大约在 1980~1988 年间，国有部门的亏损额和亏损企业的比重并没有明显的增长。在 1981~1988 年间，国有亏损企业的比重反而有所下降。这与同一时期部门利润率的下降显得并不协调，因为这一时期部门盈利能力的结构改善并没有改善部门的利润率。这就说明，国有部门的利润率在这一时期的下降趋势不太可能是国有部门盈利能力的结构性恶化所造成的。在这个意义上，我们把部门利润率的下降只能理解为部门盈利能力的总体性下降而不是结构恶化的结果。而且，可以理解的是，这个时期盈利能力的整体性下降应该归因于 20 世纪 80 年代非国有部门的"进入—竞争"。因此，国有部门的利润率在这一时期的下降似乎应该理解为正常的回落。

进一步的观察告诉我们，事实上，国有部门的亏损与利润率之间的发展方向只是在 20 世纪 80 年代末以后才出现正常的反向变动趋

---

① 关于图 2 的数据来源，参见本文附录提供的数据说明。

势。在1989年以后,我们看到,国有亏损企业的比重和亏损额均呈现出显著的增长模式,这意味着国有部门内部正在经历着企业盈利能力的分布变动。这显然是一个盈利能力的结构性的恶化。同时提醒我们,在80年代末以后,国有部门的利润率下降在性质上似乎应被看成是结构性的而不是总体性的。由于大量增加的亏损企业在统计上"侵蚀"了国有部门实现的利润,结果导致统计上反映出来的利润率出现急剧的恶化趋势。所以,1989年以后急剧恶化的部门利润率应该主要被理解为国有部门盈利能力出现结构性恶化的统计反映。

以上初步的分析意味着,对于国有部门利润率的总体性变动,"竞争侵蚀利润"可以为我们提供一个基本的解释。或者说,至少"竞争侵蚀利润"的假说与国有部门1989年之前的利润率下降模式在逻辑上表现出更强的一致性。而1989年以后时期,国有企业出现了大规模的亏损,而亏损的显著增长则必然在统计上"侵蚀"国有部门的利润率,所以,国有部门盈利能力的结构性恶化就成为理解国有部门的利润率在1989年以后急剧恶化的重要因素了。当然,对国有部门亏损变动的模式的解释已超出了本文的范围,因为本文的目的并不是解释国有部门的亏损模式,而是解释国有部门利润率的下降模式。不过,有兴趣的读者可以参考我们在先前的研究中对改革以后国有部门的亏损变动提供的理论解释(张军,1998)。

三、数据还原

在本节,我们试图从经验数据上来进一步证实我们的上述判断和解释。众所周知,当我们谈论中国国有工业的利润率及其变动模式的时候,我们所依赖的观察数据以及所观察到的利润率变动并不是单个企业的利润率,而是"部门"意义上的利润率,也就是在部门层面上"加总"起来的企业的利润率。当然,并没有必要把单个的企业"利润率"加总起来得到部门的利润率,实际上只要把整个部门的"利润"加总起来就可以计算部门利润率了。比如,给定了部门的"利润总额",我们就可以用该部门的"资金总额"或"产值",甚至"固定资产净值"来得到相应的部门利润率。在中国的统计出版物中,常常用"资金利税率"和"产值利税率"来定义部门利润率。在本文中,除了在图1和表3我们使用了

"资金利税率"以外，我们还将使用"固定资产净值利润率"来观察利润率的变动模式。实际上，统计显示，所有这些利润（税）率的变动都表现出了一致的模式。

既然一个部门的"利润总额"是我们观察部门利润率变动的基础变量，那么，我们就需要理解部门的这个"利润总额"是怎样发生变动的。首先，我们想指出的是，在中国的工业统计中，作为一个部门意义上的总量概念，"利润总额"其实是"净利润总额"，因为"利润总额"是一个工业部门全部盈利企业的利润减去给定部门的亏损企业的亏损额之后的"净值"。如果对一个企业而言，亏损就是"负利润"，那么企业亏损 1000 万元，它的利润就等于－1000 万元。可是，对于一个部门而言，当它只有一部分企业发生亏损的时候，那么它的部门"利润总额"就不等于它的"亏损"的绝对值了，而是等于该部门的全部盈利企业的利润总额减去亏损企业的亏损总额。由于部门的"利润总额"实际上是一个"差值"（净值），所以，它可以为正，也可以为负。如果它为正，说明该工业部门的盈利企业实现的利润大于它的亏损企业的亏损总量，而如果它为负，说明该部门的亏损企业发生的亏损总额大于该部门盈利企业实现的全部利润。

懂得了"利润总额"的部门含义，我们就不会对中国官方统计出版物中出现的有关数据感到迷惑不解了。我们在表 1 局部复制了《中国工业经济统计年鉴》1993 年卷（国家统计局，1993）的"按行业分组的工业经济主要指标"（分别在第 131 页和第 134 页）提供的采掘工业和食品制造业 1992 年的"利润总额"和"亏损企业亏损额"的部门数据。我们在第 131 页读到，采掘工业 1992 年的"利润总额"为"－66.93 亿元"，亏损企业的亏损额为"154.51 亿元"。请注意，这里的"负利润"并不等于亏损，因为"利润总额"在这里是部门意义上的而不是企业意义上的概念。而这一数据告诉我们的实际信息是，采掘工业在 1992 年实际上实现了 87.58（＝－66.93＋154.51）亿元的利润，但是亏损企业亏损掉了 154.51 亿元，所以部门的利润总额变成了"负"的 66.93 亿元。同样的道理，在第 134 页我们可以读出食品制造业 1992 年的"利润总额"为 16.18 亿元，亏损企业的亏损额为 43.54 亿元。这说明 1992 年食品制造业的盈利企业实际上实现的利润总额为 59.72（＝16.18＋43.54）亿元。

表 1　按行业分组的中国工业经济主要指标
（局部数据的复制，亿元）

行业及年份	亏损企业亏损额	利润总额
采掘工业		
1989	97.21	−16.96
1990	129.62	−61.94
1991	132.37	−50.34
1992	154.51	−66.93
煤炭采选业		
1989	50.55	−26.72
1990	73.82	−55.12
1991	76.58	−55.48
1992	75.23	−45.43
纺织业		
1989	13.00	94.45
1990	46.30	29.85
1991	59.22	−0.43
1992	48.70	13.06
食品制造业		
1989	11.36	50.43
1990	28.08	27.73
1991	24.57	36.74
1992	43.54	16.18

资料来源　国家统计局：《中国工业经济统计年鉴》，北京，中国统计出版社，1993 年，第 131 页和第 134 页。

　　为了从经验上进一步检验国有部门盈利能力的总体性变动和结构性变动在解释部门利润率下降中的相对重要性，让我们现在来"还原"国有部门实际实现的利润。我们已经指出，由于用于计算利润率的"利润总额"实际上是部门的利润"净额"，也就是该部门的盈利企业实现的全部利润减去部门内的亏损企业发生的亏损总额，那么，只要再把这个部门"利润总额"（即净值）与部门的"亏损总额"加总起来，我们实际上就"还原"了部门实现的全部利润的实际数额。可以想象，如果一个部门不存留亏损企业或者持续发生亏损的企业很快就被关闭和重组掉了,那么理所当然,部门的利润率就以部门实现的实际利润为基础来计算了。可是,如果发生和持续发生亏损的企业依然靠各种形式的补贴来维持并继续存留在工业部门中①,那么,在统计上就应该用已扣除亏损企业亏损额的利润总额为基础来计算部门利润率(本文所谓的"公布的利润率"),它是按照利润的净值来计算的部门利润率。之所以要这样计算,是因为,比如尽管部门实现的全部利润为 100 个单位,但部门内的亏损企业发生的亏损为 40 个单位,所以部门加总的利润总额就应该为 60 个单位。

有了"还原"后的利润数据,我们就可以重新计算不扣除亏损额的部门利润率,从而获得矫正后的部门利润率的时间序列数据。有了这些数据的准备,我们就有可能从时间序列上观察和甄别部门盈利能力的结构性变动对部门公布利润率的影响程度。但是,为了真实反映国有盈利企业的利润率变动,除了矫正的实际利润总额以外,我们还需要知道国有盈利企业加总的固定资产净值数据。遗憾的是,在官方统计中,这类数据是不存在的。当然,我们可以估算这一数据。比如,借助于国有部门每年的亏损企业比重的计算数据,我们可以尝试用国有部门内盈利企业占全部国有企业的比重作为"折扣因子",将国有部门全部的固定资产净值按盈利企业的比重进行折算。这样折算的结果自然是非常粗略的,因为它等于假定每个企业的资产规模都是相同的,根本没有考虑到国有企业的盈利能力在企业规模上的非均匀分布。事实上,我们的观察和理解是,盈利的国有企业往往集中在比较大的企业上面(张军,1998)。因此,对国有盈利企业的固定资产净值做上述的大胆折算是有很大风险的。②

基于上述考虑,同时也意识到问题性质的不变性,我们决定不去试图计算国有盈利企业真实的利润率,而是仍然使用整个国有部门

---

① 例如,《中国工业经济统计年鉴》中,几乎所有的工业部门都持续存在着"亏损企业的数量"和"亏损企业的亏损额"这样的统计项目。似乎"亏损企业"已经成为一个正常的"部门"。

② 事实上,作者最初做了这样的"折算",计算出了国有盈利企业加总的利润率,而且发现这样估算出来的利润率似乎并不改变问题的性质,那就是,用矫正的利润数据计算出的利润率没有统计公布的利润率下降得那么快,特别是,1989 年以后,矫正后的利润率高出公布的利润率的"差"显著扩大。

（而不仅仅是国有盈利企业）的固定资产净值作为计算国有盈利企业真实利润率的"分母"的替代值，并观察其变动模式。毫无疑问，用国有盈利企业的真实利润总额和整个国有部门的固定资产净值计算出来的利润率并不是国有盈利企业的真实利润率，所以并不能完全反映出盈利企业的真实盈利能力的变动模式。但是，一旦国有企业的亏损不再从盈利企业实现的全部利润中扣除，尽管有局限，但用上述方法计算出的部门利润率显然有助于反映出国有部门盈利能力的结构性变动对部门利润率的影响趋势。

表 2 给出了我们的计算结果。请注意，该表的前 3 列（即，固定资产净值、利润总额和亏损企业的亏损额）来源于公布出版的官方数据。用官方公布的这个"固定资产净值"和"利润总额"数据，我们计算出了所谓的公布的利润率（第 5 列）。用第 2 列的亏损企业的亏损总额来"还原"的利润数据安排在第 4 列。这个数据显然是国有盈利企业的真实利润。然后我们再使用整个部门的固定资产净值和还原后的这个利润数据重新计算了国有部门的利润率，获得了矫正后的时间序列的部门利润率数据（第 6 列）。有了这些数据的准备，我们就可以来比较矫正前后的部门利润率数据的差异变动模式了。

表 2 的第 5 和第 6 列中，我们分别计算出了公布的部门利润率和矫正后的部门利润率数据。如前所述，两者的差别是，公布的利润率是用利润的"净值"计算出来，也就是在部门盈利企业实现的全部利润中减掉了部门内亏损企业的亏损额。而矫正后的部门利润率是用盈利企业实现的全部实际利润额计算的，也就是在全部的利润中不扣除亏损额。所以，以此计算出来的这两种利润率的"差"可以部分地作为衡量"亏损侵蚀利润"的效应指标来看待（参见表 2 的第 7 列）。当然，如果我们进一步地再把这两个利润率的"差"除以公布的利润率，我们就可以得到亏损变动对公布利润率的"侵蚀效应"（参见表 2 的第 8 列）。

不出所料，表 2 的第 7 列显示出一个我们所期望出现的变动模式。在 1989 年之前，公布的利润率与我们重新调整后的实际利润率之间的判别可以说微不足道，后者比前者高出不到 1 个百分点，相比之下，那时候的部门利润率水平却大都在 16~25 的两位数区间内变动。可是在 1989 年之后的年份里，这两种部门利润率之间的差距迅速扩大，矫正后的部门利润率比公布的部门利润率高出约 4 个百分点。这意味着两者的差距已经相当大了，因为在 1989 年以后，公布的部门利润率平均才只有 3%左右。

表 2　还原后的中国国有部门的利润及其亏损的"侵蚀效应"（1978~1997 年）

年份	固定资产净值(1)	公布的利润总额(2)	亏损企业的亏损额(3)	还原后的利润总额(4)=(2)+(3)	公布的利润率(5)=(2)/(1)	还原后的利润率(6)=[(2)+(3)]/(1)	两种利润率的差距(7)=(3)/(1)	亏损的侵蚀效应(8)=(3)/(2)
1978	2225.7	508.8	42.1	550.9	22.9	24.8	1.9	8.3
1979	2378.6	562.8	36.4	599.2	23.7	25.2	1.5	6.5
1980	2528.0	585.4	34.3	619.7	23.2	24.5	1.4	5.9
1981	2709.3	579.7	46.0	625.7	21.4	23.1	1.7	7.9
1982	2914.0	597.7	47.6	645.3	20.5	22.1	1.6	8.0
1983	3161.0	640.9	32.1	673.0	20.3	21.3	1.0	5.0
1984	3395.5	706.2	26.6	732.8	20.8	21.6	0.8	3.8
1985	3980.8	738.2	32.4	770.6	18.5	19.4	0.8	4.4
1986	4543.8	689.9	54.5	744.4	15.2	16.4	1.2	7.9
1987	5242.4	787.0	61.0	848.0	15.0	16.2	1.2	7.8
1988	6040.4	891.9	81.9	973.8	14.8	16.1	1.4	9.2
1989	7033.2	743.0	180.2	923.2	10.6	13.1	2.6	24.3
1990	8088.3	388.1	348.8	736.9	4.8	9.1	4.3	89.9
1991	9507.2	402.2	367.0	769.2	4.2	8.1	3.9	91.2
1992	10982.7	535.1	369.3	904.4	4.9	8.2	3.4	69.0
1993	13304.4	817.3	452.6	1269.9	6.1	9.5	3.4	55.4
1994	15677.5	829.0	482.6	1311.6	5.3	8.4	3.1	58.2
1995	21363.9	665.6	639.6	1305.2	3.1	6.1	3.0	96.1
1996	23860.7	412.6	790.7	1203.3	1.7	5.0	3.3	191.6
1997	25883.0	427.8	831.0	1258.8	1.7	4.9	3.2	194.2

　　说明：第 7 列的数字实际上等于第 6 列减去第 5 列，即[(2)+(3)]/(1)−(2)/(1)=(3)/(1)；第 8 列的数字实际上等于第 7 列除以第 5 列，即[(3)/(1)]/[(2)/(1)]=(3)/(2)。另外计算所使用的原始数据以及计算出的数据曾在小数点以后保留了两位数，但重新制作本表时对所有数据做了四舍五入。前 4 列的单位为亿元人民币，后 4 列的单位为%。最后 1 列的算术数字本为负，因为是亏损的"侵蚀效应"，亦即亏损额对公布的部门利润率变动的解释率。

　　资料来源：第 1~3 列的原始数据来自《中国统计年鉴》（国家统计局，1998），第461 页。其他均为作者计算出来的数据。

在表 2 第 8 列所计算的亏损对公布的部门利润率的"侵蚀效应"更清楚地显示出了国有部门盈利能力的结构性恶化对部门利润率的"侵蚀"程度。在 1989 年之前,亏损对部门利润率的"侵蚀效应"平均只有 5%左右,上述"侵蚀效应"可以说"微不足道"。而在 1989 年之后,亏损对利润率的影响急剧上升,平均高达 96%以上。在 1996 年和 1997 年,这一效应高达将近 200%,这意味着,如果没有一部分企业发生持续的亏损(即丧失盈利能力),那么,国有部门的利润率将是现在公布的 3 倍。[①]这就在很大程度上证实了我们的判断,1989 年之后国有部门真实的盈利能力远比公布的利润率状况要好得多,只是因为国有部门盈利能力的结构性恶化对部门利润率的"侵蚀效应"在很大程度上掩盖了国有盈利企业或许不错的财务表现罢了。

四、统计检验

首先,众所周知,中国经济在 20 世纪 80 年代经历了需求规模的持续和快速的增长。从理论上说,80 年代是中国放松和改革其集权计划经济体制的初始阶段。主要以微观效率改进为特征的改革政策(重点集中在农户和国有企业方面)逐步将供给体制转变成了以市场力量为主的过渡型体制结构。然而,中国的经济转型遵循的是增量改进式而不是动摇存量的方法。这个方法的总体效应被认为是双重的,它不仅缓释了过去供给的全面短缺,而且提高了居民的实际收入水平及其预期(张军,1997;盛洪主编,1994)。因此,20 世纪 80 年代中国经济的改革时期实际上在经历一场"消费革命",这一点在众多的研究文献里都得到了很高的认同(Naughton, 1994;Lo, 1998)。

面对需求的超常增长,这一时期的供给反应主要是非国有部门的进入和扩张,这已是一个格式化的事实。在这一时期,国有部门的产出

---

① 我们已经指出,因为我们没有办法获得国有盈利企业的固定资产净值的数据,所以还原的利润率在很大程度上是低估国有盈利企业的真实盈利能力的。但这反而意味着,实际的情况只会加强而不是削弱我们在这里的结论。事实上,中国财政部在 2000 年年初公布的一份关于国有资产"家底"的报告中透露的信息的确支持了我们的结论。财政部的统计发现,1998 年,国有盈利企业的平均净资产利润率为 7.3%,而亏损企业的平均净资产利润率为-55.4%,两者相差约 63 个百分点。这是我们在统计出版物之外从官方获得的唯一的额外信息。

仍在继续增长,但非国有部门,特别是乡镇企业的增长速度更快。整个
80年代,乡镇企业的平均增长率约为国有企业的3~4倍。所以,在80
年代我们观察到,乡镇企业的产出在工业总产出中的份额持续攀高。
到1992年,包括城镇集体企业和个体私人企业在内的非国有部门的
产值占全部工业产值的份额已从1978年的1/5上升到1/2(张军,
1997)。非国有部门的进入使国有企业在大多数工业部门的产值份额
也发生类似的变化。份额变化的模式取决于非国有企业进入的程度。
例如,到1990年,非国有企业占纺织部门工业净产值的份额约为
44%,而在黑色金属冶炼业中仅占9%。有意思的是,这一时期尽管非
国有企业大量地进入和扩张,但大多数工业部门却在同一时期经历着
生产"集中度"的下降(张军,1998)。这是一个非常重要的经验观察。我
们对80年代中国工业部门集中度下降的一个解释是,需求的增长速
度显然快于供给以至于市场可以容纳更多的企业,即使是规模不经济
的企业在这个条件下也能盈利。

为了从经验上验证国有企业利润率在80年代的下降主要为非国
有部门的进入和竞争所致,一个简单的经验方法是观察利润率的下降
在重工业部门和轻工业部门下降程度的差异。在统计上很容易测算
出,在80年代,轻工业的利润率下降了将近60%,而重工业的利润率
下降幅度仅为20%。根据"进入—竞争"假说,非国有企业进入程度高
的部门,利润率下降的幅度应该更大些。考虑到非国有企业主要进入
轻工业部门这一事实,上述观察正好验证了"进入—竞争"假说。图3
描述了重工业和轻工业利润率下降的模式。

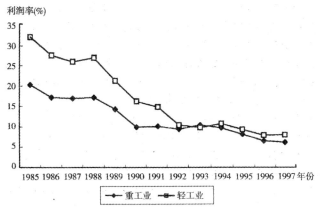

图3　改革以来中国的重工业和轻工业的利润率收敛趋势(1985~1997年)

在已有的研究文献里,也存在着支持"进入—竞争"假说的其他检验方法。例如,我们可以观察和测算这一时期整个工业部门的利润率是否有"均齐化"的趋势。因为在改革之前,中国的工业化政策和集权计划体制具有很强烈的再分配特征,它扭曲了价格,导致国有企业的利润率在工业部门之间的差异巨大。所以,非国有企业的进入和竞争应该能将利润率的部门差异逐步缩小,即逐步实现均齐化。从统计学上说,也就是部门利润率的"标准差"在80年代应该下降。而如果在这个过程中,部门利润率的均值也出现下降趋势,那么,计算出来的部门利润率的"变异系数"也就应该出现下降。

使用《中国工业经济统计年鉴》1990年公布的38个工业部门的数据,诺顿(Naughton,1994)的研究发现,1980年,利润率的标准差和变异系数分别为19.7和0.78,到1985年,分别下降到14.9和0.63,进而在1989年下降到7.4和0.44。变异系数下降了44%,说明利润率的均值在这一期间有显著的下降。欣格、拉塔和肖(Singh,Latha and Xiao,1993)的计量研究提供了另一个尽管是粗略的经验支持。他们使用了80年代中国的省级数据,通过回归分析,发现非国有企业在工业总产值中的份额每增加1%,国有企业的利润率就下降0.29个百分点(见表3)。

表3 "进入—竞争假说"的经验检验(中国的省级数据,1987年)

回归结果	观察值
省级数据	
$PK = 0.01 - 0.29 \times GNS - 0.58 \times SH + e$	
(7.42) (2.51) (5.4)	
括号内数字为 T 统计量	
调整的 R^2=0.49	30

说明:PK 为国有企业的资本利润率;GNS 为非国有企业在工业总产值中的份额;SH 为重工业在工业总产值中的份额。

资料来源:欣格、拉塔和肖(Singh, Latha and Xiao, 1993)。转引自谢千里和欣格编《中国的企业改革》(Jefferson and Singh, 1999)。

回顾现有的经验研究文献,早期对于非国有部门的进入与国有部门利润率下降的相关性从事计量分析的还有杰弗逊、罗斯基和郑

(Jefferson, Rawski and Zheng, 1992)1992 年的论文。另外,杰弗逊和徐(Jefferson and Xu, 1994)1994 年的研究也支持了这一假说。但后来的一些研究开始出现一定的差异与分歧。在我们看来,差异的主要原因是研究涵盖的时间跨度不同。这正是"进入—竞争"假说的解释要点所忽略的。看上去,即使在 20 世纪 90 年代中期,也能观察到非国有企业进入份额大的部门,其利润率往往偏低,但是,为什么这种趋势在 90 年代伴随着亏损的增长,而在 80 年代却伴随着亏损的下降? 所以,一个逻辑一致的经验检验分析不仅要验证乡镇企业的进入程度与国有部门利润率的下降幅度正相关,而且要验证利润率的下降与国有企业的亏损变动也有本文所隐含的相关性。

我们先前在研究中国国有部门的亏损模式的变化时,曾对需求的变动与企业亏损之间的关系做过细致的经验描述 (张军,1998;Zhang, 2000)。研究的基本发现是,正如我们这里的解释所表明的一样,当需求的增长速度回落以后,企业的亏损比重之所以大幅度上升,主要可归咎于工业组织对市场结构变动的缓慢反应。工业组织的重组和组织结构的变化不可能很快,一方面在 20 世纪 80 年代需求高速增长的时候累积起来了大量的资本存量和生产能力;另一方面,也许更重要的是,当产品市场已经高度自由化的时候,资本的形成或投资活动还没有真正"内生化"到企业家的手中。这样就会在需求收缩之后出现企业之间的财务绩效趋于高度"分化"的现象。

从经验上说明这一现象的一个可能的途径是观察 80 年代末期以来中国工业的生产或销售集中度的变动模式。我们在先前关于亏损模式的研究中给出的集中度数据从时间序列上来说是非常零碎和不完全的,这是因为中国并没有公布过工业部门的集中度数据,但是基于不同作者的计算结果,我们也还是发现,许多部门不断下降的集中度在 20 世纪 80 年代末以后却都无一例外地出现了不同程度的上升。另外,作为推论,如果需求的变动在 90 年代可以解释国有部门的亏损模式的话,那么,亏损的程度就应该主要与工业部门有关而与企业的所有制未必相关。这意味着,在同一工业部门,非国有企业的亏损也应该表现出类似的模式。在经验层面上,我们的确发现国有企业和非国有企业在亏损总量上遵循了类似的时间变动模式;而且,通过定义和测算用于衡量同一工业部门不同所有制的亏损程度的"亏损指数",我们验证了上述假说。国有企业总体上并非总是比非国有企业有程度更高的亏损,它取决于企业所在的工业部门的性质。

对需求收缩与亏损增长的理论假说可获得的另一个经验支持是计量检验两者的统计相关关系。由于《中国统计年鉴》(1997)首次公布了1995年对112种工业产品的生产能力利用率的普查数据,从而使这一检验工作变得相对容易了。因为把生产能力利用率下降作为需求收缩的一个替代变量是可以接受的。唯一的难度是,我们需要把这些按"产品"口径统计的生产能力利用率数据小心翼翼地进行分类,归并到40个工业部门中去。基于相同的思路,卢荻(2000)将53种产品归并到相应的工业部门,并利用这些部门的亏损数据,拟合了一个简单的截面回归函数,在这个函数中,亏损指标作为被解释变量,生产能力利用率作为解释变量。他的回归的确发现,生产能力的利用率与亏损的指标之间确实存在着负相关关系,这与我们的理论假说是一致的。它表明,需求的收缩(生产能力利用率的下降)会提高亏损企业的比重和亏损率。

那么,上述国有企业的亏损模式与国有部门的利润率在80年代末以后不断恶化的趋势有什么关系呢?首先,在许多工业部门,面对需求的收缩和工业组织的变动,国有企业的财务绩效开始出现"两极分化":一部分有一定竞争优势的企业获得了利润,成为"盈利企业";另一部分(大部分)企业发生持续的亏损,成为"亏损企业"。由于部门利润总额是该部门的盈利企业的利润总额与亏损企业的亏损总额之差,所以,如果一工业部门的亏损增加,那么在部门层面上就可能会减少该部门的利润总额,除非盈利企业的利润获得足够大的增长,但在需求收缩的外部环境下,后者发生的可能性是相当小的。因此,一个部门的亏损企业数量的增加或亏损额的上升在很大程度上会使该部门的利润额以及利润率趋于恶化。

为了从整体上验证我们在本文提出的理论假说,我们构造了一个两时期的回归模型分别来检验我们的假说。在第一个模型中,被解释变量为利润率(π),解释变量包含非国有企业的产值比重(x_1)和时间虚拟变量(D)。而在第二个模型中,解释变量包含了国有企业的亏损比重(x_1)和时间虚拟变量(D)。包含时间虚拟变量的原因是,按照我们的假说,利润率下降的主要因素在20世纪90年代与在80年代是不同的。为此,我们把1980~1998年分成两个时段:1980~1987年和1988~1998年。虚拟变量D在1980~1987年取0,而在1988~1998年取1。这

样,我们的两时期回归方程就可以写成:

$$\pi=\alpha_{11}+\alpha_{12}D+\beta_{11}x_1+\beta_{12}(Dx_1)$$

$$1980\sim1991:D=0,\pi=\alpha_{11}+\beta_{11}x_1$$

$$1992\sim1998:D=1,\pi=(\alpha_{11}+\alpha_{12})+(\beta_{11}+\beta_{12})x_1$$

然后我们在表4收集了1980~1998年间官方公布的国有企业的利润率(%)、国有企业的亏损比重以及非国有企业的产值比重的时间序列数据。在这里,我们用非国有企业的产值占工业部门总产值的比重来衡量竞争的程度。利用表4的数据,我们对上面的计量方程做了最小二乘法的回归拟合。回归的结果汇总在表5中。

表4 中国国有企业部门的利润率、亏损企业比重
以及非国有企业的产值比重(1980~1998年)

年份	国有企业的利润率	国有企业的亏损比重	非国有企业的产值比重
1980	23.2	19.2	24.0
1981	21.4	22.9	25.2
1982	20.5	20.8	25.6
1983	20.3	12.8	26.6
1984	20.8	10.2	30.9
1985	18.5	9.7	35.1
1986	15.2	13.1	37.3
1987	15.0	13.0	40.3
1988	14.8	10.9	43.2
1989	10.6	16.0	45.9
1990	4.8	27.6	45.4
1991	4.2	25.8	43.8
1992	4.9	23.4	48.5
1993	6.1	28.8	53.1
1994	5.3	30.9	62.7
1995	3.1	33.5	66.0
1996	1.7	37.7	63.7
1997	3.1	46.7	68.4
1998	1.7	42.9	71.7

资料来源:利润率的数据来自于《中国统计年鉴》(国家统计局,1999),其余数据是根据《中国统计年鉴》和《中国工业经济统计年鉴》有关各卷计算得出。

表5　计量结果(被解释变量:π)

	亏损侵蚀利润假说	竞争侵蚀利润假说
α_{11}	14.942 (8.910)	39.049 (11.394)
α_{12}	– –	–25.548 (–2.882)
β_{11}	0.291 (2.574)	–0.659 (–6.970)
β_{12}	–0.612 (–8.180)	0.501 (3.104)
R^2	0.924	0.904
调整后的 R^2	0.914	0.884
SE	2.2972	2.6708
F	97.074	46.825

说明:括号内的数字为 T 统计量。

根据表 5,关于非国有企业的进入或者竞争因素对国有企业部门的利润率的影响,我们可以得到以下结果并由图 4 直观地表示出来:

$$1980\sim1991:\pi=39.049-0.659x_1$$
$$1991\sim1998:\pi=(39.049-25.548)+(-0.659+0.501)x_1$$
$$=13.501-0.158x_1$$

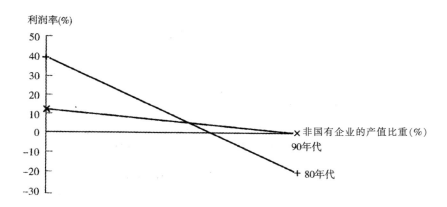

图 4　竞争对利润率的影响(20 世纪 80 年代和 90 年代)

而关于国有企业亏损比重对利润率的影响，我们得到的结果如下，并可以用图 5 直观地表示出来：

1980~1991：$\pi=14.942+0.291x_1$

1991~1998：$\pi=14.942+(0.291-0.612)x_1$

$\qquad\qquad\quad =14.942-0.321x_1$

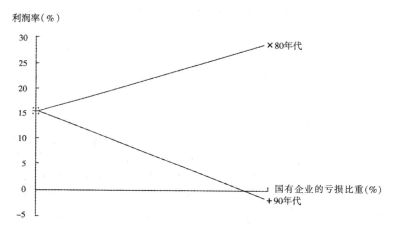

图 5　国有企业的亏损比重与利润率的关系(20 世纪 80 年代和 90 年代)

从图 4 和图 5 我们很清楚地看到，虽然总体上来自非国有企业（特别是乡镇企业）的进入与竞争有助于降低国有企业的利润率,但是,图 4 告诉我们,这一竞争效应在 20 世纪 80 年代对国有企业的利润率的负面影响远比 90 年代大得多。这与我们在本文发展起来的理论假说是相当一致的。而关于国有亏损企业比重对其利润率的"侵蚀"效应,图 5 非常直观地显示出,国有企业的利润率与其亏损企业比重在 80 年代呈现出同向、而在 90 年代则出现反向的变动模式,这与我们的理论假说也是相当一致的。这就再次说明,在 80 年代,由于需求因素的扩张,利润率的下降主要是由于非国有企业的进入和竞争而引起的,属于总体性的下降。而这一时期,由于需求的增长,国有企业的亏损并没有恶化,反而有改善的趋势。但是进入 90 年代,随着超额需求的消失以及生产能力的累积性过剩,企业的亏损日趋暴露并变得不断恶化,于是企业的盈利能力出现了结构性的变化。部门利润率在这一时期的进一步下降主要就是由于亏损企业的增加而引起的。从而在 90 年代开始出现了部门利润率与亏损企业比重的反向变动模式。

五、部门利润率变动模式的效率含义

上述理论分析和经验检验意味着,在 1989 年以前,国有部门盈利能力的变动基本上是总体性的,而 1989 年以后,国有部门的盈利能力发生的则主要是结构性的变动。我们认为,部门盈利能力的总体性下降和结构性恶化所隐含的效率含义是不同的。因此,我们相信,本文对中国国有部门利润率下降模式的解释比一般的"竞争侵蚀利润"的解释提供了更多的信息量。

我们知道,"竞争侵蚀利润"的假说有一个基本的前提,那就是改革前的国有部门的利润率水平在很大程度上是一种由人为垄断维持的"租"。由于市场导向的改革政策以及非国有部门的进入和扩张大大改善了市场的竞争性,国有部门原来的垄断性租金就必然逐步被竞争所"侵蚀"。这是现有文献在解释国有部门的利润率下降趋势时所主要依赖的基本理论框架。显而易见的是,根据经济学的理论,市场竞争性的改善和垄断力量的削弱会改进效率,所以,"竞争侵蚀利润"就意味着效率的提高。因此,这一时期国有部门利润率的下降,从而国有部门盈利能力的总体性削弱从本质上说应该是一个资源配置效率不断增进的过程。

如果可以证实国有部门在这一时期的部门利润率下降总体上是一个效率改进的过程的话,那么就会形成"效率"与"盈利能力"两者发散变动的模式。这个变动模式最初并不为人们所理解,因为在理论上,效率与盈利能力应该是按相同方向变动的。例如,企业生产效率的提高应该会改善企业的盈利能力。因为这个原因,在早期的文献中,当一些研究发现国有部门的全要素生产率(TFP)有明显的增长趋势的时候,人们便把这个效率的改善与盈利能力下降的变动模式称之为"效率与盈利能力的悖论"(例如,World Bank, 1986;等)。而在我们看来,这个"悖论"成立与否,依赖于两者变动过程的性质。如果两者变动的过程是一个"竞争增进"的过程,那么,这个"似是而非"其实就真的"似非而是"了。

但相比之下,国有部门盈利能力的结构性恶化所包含的效率含义并不像总体性变动那么"积极"。因为,如果盈利能力的分布变动导致部门内的一部分企业开始丧失盈利能力,成为持续亏损的企业,那么在部门层面上所观察到的配置效率就会不断恶化而不是改进。我们可以把这个部门效率的恶化理解为部门意义上许多资本形成的无效率和超额的生产能力的累积。不过,在部门内部,有盈利能力的企业所具有的效率变化就有些微妙了。我们的理解是,如果有效生产能力的集中有助于盈利企业实现一定的"规模效应",那么,盈利能力的结构性变动对盈利企业的效率将产生正面的效应,从而有助于改善其配置效率。

在经验上,本节对国有部门盈利能力的两种变动模式的效率含义所作的简单讨论应该可以通过对国有部门效率变动的计量研究的结论来加以初步的检验。要在经验上更加支持我们在本文对国有部门利润率下降模式所作的解释,我们必须观察国有部门的效率在 80 年代末前后的变动模式。"进入—竞争"假说意味着国有部门的效率在80 年代应该是不断改善的。而如果我们能在经验上找到国有部门不断改进的效率在 90 年代以后有显著恶化的趋势,那么,我们的解释与现有的大多数解释的差异就得到了证实。

我们知道,自从陈宽等人(Chen, et al., 1988)公布了他们对 1953~1985 年中国工业的生产力变化模式的开拓性研究以来[1],关于国有部门的效率在改革后时期是否有显著增进的经验研究文献迅速增加。陈宽等人的基本结论是,中国国有部门的全要素生产率在 70 年代末之前基本上没有增长。但发现 1980 年以后 TFP 出现了上升的趋势,TFP 的增长率从 1959~1978 年的平均 0.4%~1.4%上升到 4.8%~5.9%之间(Chen, et al., 1988)。后来的一些计量研究,如道尔拉(Dollar, 1990)、世界银行(World Bank, 1992)、谢千里等人(Jefferson, et al., 1992)、张军扩(1991)和李京文等人(1992)都类似地发现了改革对国有部门效率的增进效应。非常清楚的是,这些研究的数据和时间跨度都集中在 80 年代末之前,它们显然支持了竞争增进效率的假说。

---

[1]　在更早期的研究中,虽然也有个别研究者试图考察中国工业的技术进步对增长的贡献,但因为数据方面的原因,很少有人尝试对中国国有部门的生产函数进行估计,而是用其他资料来估计一个劳动和资本的产出弹性的大致范围,然后用"索洛残差"方法算出 TFP 的增长率来。在陈宽等人以后,使用 Cobb-Douglas 生产函数和超越对数(translog)生产函数进行回归估计的研究显著增加了。

但是，正如我们的解释所期望的那样，吴（Wu，1995）和谢千里等人（1995）于 20 世纪 90 年代中期更细致的研究结论进一步支持了我们的判断：好景不长。国有部门的效率在 80 年代末和 90 年代初以后却又出现了停滞乃至恶化的趋势。

谢千里等人在 1995 年发表的文章中把他们早先对中国工业生产力的估算从 1980~1988 年扩展到了 1980~1992 年。他们发现，与以前一样，在 80 年代，国有部门的 TFP 的增长率呈加速趋势。而到 1988~1992 年，国有部门的 TFP 的增长开始显著下降，增长率从 1984~1988 年的 3.68% 下降到 1.58%，而集体部门的 TFP 在 1988 年以后仍继续加速。

为了更清楚地说明国有部门的效率变动模式，在这里我们使用大琢启二郎、刘德强和村上直树的数据来观察国有部门 TFP 增长率的变动模式。

在最近的研究中，大琢启二郎、刘德强和村上直树（Otsuka, Liu and Murakami, 1998）计算出了 1978~1995 年国有部门的 TFP 指数。对我们的观察目的而言，他们的数据有两个优点：第一，他们使用了官方公布的统计数据而不是样本数据；第二，他们在估计国有部门的固定资本时一致性地使用了陈宽等人（Chen, et al., 1988）的方法以及陈宽等人估计出的资本产出弹性值和劳动产出弹性值来计算 TFP 的增长率。

图 6 给出了国有部门 1978~1995 年全要素生产率的变动模式。与吴和谢千里等人的研究结论基本一致，国有部门的效率在 80 年代末期以后出现了大幅度的恶化趋势，只有 1992~1993 年是个例外，而这个时期正是中国经济超常高涨的例外年份。即使这样，我们仍不难看到，1989 年以后，国有部门的 TFP 经历了大多数年份的下降时期，而且显然比 1989 年之前的 TFP 变动幅度更剧烈了。因此，从整体来看，图 6 所展现的国有部门的 TFP 的变动模式与我们在本节对国有部门盈利能力的总体性和结构性变动的效率含义是相当吻合的。

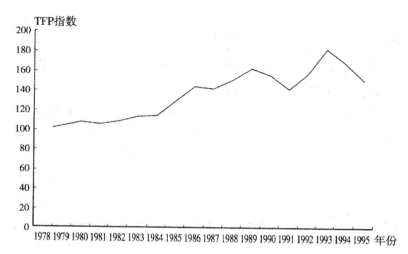

图6　中国国有部门的 TFP 指数变动模式(1978~1995 年)

六、结论性评注

我们认为,对于中国工业改革以后国有部门(其实整个工业经济均如此)利润率出现的恶化趋势,我们缺少的并不是理论,而是对理论的甄别和选择。以上,我们从国有部门的利润率持续下降的经验观察中分离出"竞争侵蚀利润"和"亏损侵蚀利润"两种效应之后,我们自然就知道了,被广泛接受的"竞争假说"其实是有相当局限的,因为它对1989 年之后利润率变动背后的结构性因素无法作出解释。实际上,现有的经验证据也都集中在 20 世纪 90 年代初之前。[①]当然,"亏损侵蚀利润"的假说对 1989 年以后的利润率持续恶化的解释也可以进一步地通过计量分析来验证。[②]

在本文的结论部分,我们想进一步讨论指出的是,我们的研究不仅对改革以来中国国有企业财务绩效的恶化趋势提供了一个逻辑一

[①]　例如,在说明竞争对利润率的影响时,诺顿(Naughton, 1995)用《中国工业经济统计年鉴》1990 年卷提供的 38 个工业部门的数据分别计算的也只是 1980 年和 1989 年的利润率的标准差和差异系数。再比如,欣格、拉塔和肖(Singh, Latha and Xiao, 1993)对利润率与非国有部门在工业总产值中所占比重的相关分析中所使用的省级数据也仅是 80 年代的。

[②]　笔者在另一个研究中提供了更多的计量分析,有兴趣的读者可以向笔者索取。

致的解释,而且该解释还有助于帮助我们认识和澄清有关国有企业改革的其他一些学术争论。例如,人们常常依照改革后国有企业的利润率下降趋势和亏损的恶化来负面评论国有企业的改革。然而,这样看待国有企业改革的一个潜在危险是完全忽视了改革以来国有部门盈利能力的"结构变动",而结构的变化可能正为第二次改革提出了新的任务。

本文的研究揭示,中国国有工业部门在改革以来的利润率下降趋势至少从20世纪80年代来看是属于政府的回落模式,它显示了市场改革的积极效应,因为集权计划体制下的利润扭曲已逐步被体制改革的政策和经济的局部自由化进程所校正。研究同时发现,国有部门的利润率在80年代末以后显现出的进一步恶化的趋势则是国有企业部门的结构变动的一个必然反映。我们在先前提出的理论(张军,1998)指出,由于80年代的需求超常增长掩盖了国有部门生产能力形成中的计划方式,所以当需求因素和市场结构变动以后,国有部门在投资和生产能力的形成方面仍然保留的传统方式便暴露出严重的低效率问题,于是盈利能力趋于出现分化的趋势,从而导致国有工业部门内部一部分企业的亏损出现大规模上升的变动模式,而亏损的增长在"总量上"又必然进一步"侵蚀"国有部门的利润率。因而,20世纪90年代国有工业部门盈利能力的结构性变化是亏损增长、从而利润率进一步恶化的主要原因。但是,由于这一时期利润率的恶化是结构性的,因此,在这里对国有企业改革的评价需要格外的小心,仅仅依照总量上的利润率恶化状况来(负面)评价90年代以来的国有企业改革就难免没有大而化之之嫌了。

事实上,被整体利润率恶化趋势掩盖着的国有部门盈利能力的结构性变动对于我们评价和进一步研究国有企业的改革是一个更为重要的信息。例如,我们可以进一步观察并研究国有盈利企业的效率变动和利润率变动模式,改革是否真的有助于增进一些国有企业的效率和盈利能力,或者说,一些国有企业是否因为改革的原因而变得更加有效率了。如果真是这样,那么,已经成功进行改革的企业,不管是否还被定义为"国有企业",它已是从传统的国有企业改革出来的现代企业了。

比如,《中国工业经济统计年鉴》(1993,1998)提供的1986~1997年间不同企业规模的利润率水平的时间序列数据的确显示,整体来看,在20世纪80年代,大企业与中小企业的利润率水平基本相当,但进入 90 年以后，大企业的利润率与中小企业的利润率有逐步拉开差距的趋势(见表6)。这是很有意思的现象。在中国，大企业当中绝大多数为国有企业，而大多数国有企业又是资本过于密集的企业。[1]从理论上说，资本密集度的提高有抑制利润率增长的效应。因此，表 6 显示的这种利润率的差距是否意味着改革后的国有大企业开始显现出一定的"规模效应"？这显然是另一个需要我们专门解释的问题。

表6 中国工业按企业规模分解的利润率差异(1986~1997 年) (%)

年份	大型企业	中型企业	小型企业
1986	22.25	22.41	17.76
1987	22.60	20.78	17.03
1988	22.12	21.55	18.50
1989	18.30	17.68	14.78
1990	14.18	12.17	9.99
1991	13.72	11.25	10.03
1992	11.15	9.64	8.59
1993	11.88	9.42	8.97
1994	12.60	7.90	8.28
1995	10.57	6.19	6.22
1996	8.98	4.78	5.64
1997	8.51	4.63	5.71

说明:本表与本文图 1 使用的利润率数据一样,均为"资金利税率"。1986 年之前没有公布过按企业规模分解的利润率数据。这里的企业规模系按照国家统计局的定义划分。

资料来源 国家统计局:《中国工业经济统计年鉴》,北京,中国统计出版社,1993,1998。

另外,关于国有部门的效率在改革以后是否有一致的改进,一直是经济学家研究并且产生争论的一个重要论题。现有的研究结果,不管结论有多大的差别,似乎都发现国有工业部门的"生产力"的增长率在 90 年代以后有恶化的征兆。总的来说,在方法论上,大多数的这类

---

[1] 谢千里等人(1995)的研究曾发现,国有部门的资本密集度在 1988 年以后有显著加速的趋势,这意味着国有企业的资本深化也在不断加速。

实证研究都使用了部门层面上的数据来估计总量生产函数及其参数,这样的研究虽然会涵盖国有部门的盈利能力表现出的结构性变动这个事实,但却无法进一步揭示国有部门盈利能力的结构变动方向和可把握的模式。例如,不同规模的企业、不同资本装备的企业在盈利能力方面的差异是怎样造成的。虽然我们在这里还不能够肯定地回答这个问题,但我们指出了研究这个问题的方向,并提供了一些帮助研究这个问题的可能是非常重要的信息。

参考文献:

[1] 国家统计局.中国工业经济统计年鉴[M].北京:中国统计出版社,1993.

[2] 国家统计局.中国统计年鉴[M].北京:中国统计出版社,1993.

[3] 国家统计局.中国工业经济统计年鉴[M].北京:中国统计出版社,1998.

[4] 李京文,郑友敬,杨树庄,龚飞鸿.中国经济增长分析[J].中国社会科学,1992(1):15-36.

[5] 卢荻.中国工业化新论:1979-1999(书稿打印稿).伦敦大学亚非学院经济系.

[6] 盛洪主编.中国的过渡经济学[M].上海:上海三联书店,1994.

[7] 谢千里,罗斯基,郑玉歆.改革以来中国工业生产率变动趋势的估计及其可靠性分析[J].经济研究,1995(12):10-22.

[8] 张军.需求、规模效应与中国国有工业的亏损模式:一个产业组织的分析[J].经济研究,1988(8):11-19.

[9] 张军扩.七五期间经济效益的综合分析[J].经济研究,1991(4):8-17.

[10] 张军.双轨制经济学:中国的经济改革(1978-1992)[M].上海:生活·读书·新知三联书店和上海人民出版社,1997.

[11] Chen K., H. Wang, Y. Zheng, G. Jefferson, T. Rawski. Productivity change in Chinese industry: 1953-1985 [J].Journal of Comparative Economics, 1988,12:570-591.

[12] Dollar D. Economic reform and allocative efficiency in China's state-owned industry [J].Economic Development and Cultural Change,

1990, 39:89-105.

[13] Hallagan W., J. Zhang. Growth in industrial output in post-reform China: dual pricing and fringe competition [J].East Asian Review, 1998, 2（1）:3-26.

[14] Jefferson G., W. Xu. Assessing gains in efficient production among China's industrial enterprises [J].Economic Development and Cultural Change, 1994, 40 :239-266

[15] Jefferson G., T. Rawski, Y. Zheng. Growth, efficiency and convergence in China's state and collective industry [J].Economic Development and Cultural Change, 1992, 40: 239-266.

[16] Jefferson G., T. Rawski, Y. Zheng. Chinese industrial productivity: trends, measurement issues and recent development [J]. Journal of Comparative Economics, 1996, 23:146-180.

[17] Liang J., J. Zhang, N. Murakami. The determinates of profitability in Chinese state manufacturing industry: evidence from the census[R].Tokyo: Tokyo Metropolitan University, 2000.

[18] Naughton B. Implications for the state monopoly over industry and its relaxation [J]. Modern China, 1992, 18(1).

[19] Naughton B. Growing out of the plan: Chinese economic reform 1978-1993 [M]. Cambridge: Cambridge University Press, 1995.

[20] Otsuka K., D. Liu, N. Murakami. Industrial reform in China: past performance and future prospects [M]. Oxford: Oxford University Press, 1998.

[21] Singh I., D. Latha, G. Xiao. Non-state enterprises as an engine of growth: analysis of provincial industrial growth in post-reform China [R]. Washington, D.C: Transition and Macro Adjustment Division, The World Bank, 1993

[22] Wu Y. Productive growth, technological progress, and technical efficiency change in China: a three-sector analysis [J].Journal of Comparative Economics, 1995, 21:207-229

[23] Zhang J. Market size, scale economies, and loss-making in China's post-reform manufacturing industry [J] .East Asian Review, 2000, 4（1）:3-27.

附录 关于中国工业统计数据来源的一个注释

在大多数情况下,我们的研究使用了官方(中国统计出版社)出版的年度序列统计数据资料,它们包括:①《中国工业经济统计年鉴》;②《中国统计年鉴》;③《中国固定资产统计年鉴》和《中国统计摘要》等。另外,由于研究的需要,我们也使用了第三次全国工业普查办公室编辑出版的《中华人民共和国 1995 年第三次全国工业普查资料汇编》(1997)。

就我们的研究而言,实际上《中国统计年鉴》只包含一部分工业方面的统计数据,而较全面的工业统计数据集中在《中国工业经济统计年鉴》中。但是,《中国工业经济统计年鉴》的主要数据是工业部门(行业)和地区工业的数据,缺乏系统的按所有制分类的数据。当然,《中国工业经济统计年鉴》中有国有工业部门的一部分数据,例如关于利润率的数据。但相比之下,《中国统计年鉴》倒能提供按所有制分类的主要工业统计数据,所以,我们常常把《中国统计年鉴》《中国工业经济统计年鉴》配合起来使用。

目前,最早可以获得的中国工业经济的系统统计资料是 1985 年,当时的国家统计局工业交通物资统计司编辑了《中国工业经济统计资料(1949–1984)》,由中国统计出版社于 1985 年 11 月出版,是 32 开本。1986 年国家统计局又编辑出版了一本《中国工业经济统计资料》,这本资料的上篇实际上汇总了 1985 年全国第二次工业普查的初步数据,下篇为历史数据,涵盖了 1949~1985 年的历史统计资料。从 1987 年开始,中国统计局开始每年出版一本工业经济的统计资料,16 开本,定名为《中国工业经济统计年鉴》,出版至今。当然,由于时滞的原因,我们看到的每本年鉴所提供的数据实际上是上一年的数据,因此,如果我们要查阅 1999 年数据,我们就需要查找 2000 年出版的年鉴。

本研究所使用的《中国统计年鉴》,主要是国内的中文卷。在 1994 年之前,《中国统计年鉴》有中文和英文两种版本。有时候,我们发现在一些英文的研究文献中引用的数据页码无法在中文本中查找到,就是由于这个原因造成的。从 1994 年卷开始,不再出版《中国统计年鉴》的英文版，一律改为中英文双语版，这样就可以避免上面谈到的引用出处的混乱。我所看到的最早一本英文版的《中国统计年鉴》(Statistical Year-book of China)是1981年卷，由国家统计局编写，香港Economic Information & Agency Holding Ltd. 出版的。这本年鉴的数据覆盖了1951~1981年间的统计数据。1983年的《中国统计年鉴》英文卷改为香港经济导报社出版。以后的英文版由朗曼出版公司和芝加哥大学出版社出版。另外，我可以获得和使用的最早的中文版《中国统计年鉴》是1983年卷。

我们也参考和部分使用了他人研究中的数据资料，这包括他人研究所基于的抽样调查数据和他人加工的官方数据，如世界银行的调查数据和日本东京都立大学的调查数据等。这些数据反映在世界银行的报告中和一些研究的出版物中。国家统计局工业交通物资统计司编写的研究性出版物，如《大趋势：中国工业现状、诊断与建议》《大趋势：所有制结构的变化》等，其中涉及了对全国第二次(1985年)和第三次(1995年)工业普查资料的一些对比和简单的分析。最后，还有中国社会科学院工业经济研究所近两年编写的每年一本的《中国工业发展报告》等。

1. 关于利润率的数据说明

在中国的官方统计数据中，利润率的数据一般包括按全部资本(固定资本和流动资本)计算的"资金利润率"、按产值计算的"产值利润率"、按固定资产净值计算的"产值利润率"和按固定资产净值计算的"固定资产净值利润率"。当然，后一种利润率的数据(即固定资产净值利润率)较少在官方的统计出版物中出现，不过在普查资料中有这样计算的利润率数据，如《中华人民共和国1995年第三次全国工业普查资料汇编》中提供了这类利润率的数据。当然，官方统计出版物中同时提供的还有按利润与上缴的税收之和计算的"利税率"，也就是"税前利润率"。特别需要指出的是，《中国工业经济统计年鉴》1993年卷提供的1980~1992年的利润率数据多为资金利税率和产值利税率(以下我们仍称为利润率)。不仅如此，1992年以后的资金利税率的数据与1992年之前的数据不完全可比，因为在1993年及以后年份出版的统计数据中，对"资金总额"的统计方式和口径作了调整，改为按"固定资产净值平均余额与流动资金平均余额之和"来计算了。

在我们的研究中，绝大多数关于利润率的数据来自于《中国工业经济统计年鉴》1993年卷，因为1993年卷完整地提供了1985~1992年按国有企业、集体企业、私营企业、联营企业、股份制企业和外商及港澳台投资企业分类的利润率数据以及这8年的"全国总计"的利润率数据。"全国总计"的数据相当于各种所有制部门的利润率的平均值。可是如果我们想要获得1978~1984年间的各种所有制类型的利润率数据则显得有些麻烦了。第一，《中国工业经济统计年鉴》的利润率的时间序列数据最完整的是国有部门的。对于集体部门，它仅提供了1980年和1984年以后的利润率数据，所以我们无法获得1981~1983年的数据。第二，《中国统计年鉴》实际上也是从1984年才开始收入集体部门的利润率指标的，尽管它有国有部门1978年以来的完整的利润率数据。除此之外，其他所有制类型的利润率数据在1985年之前根本不存在。

对于国有企业的年度利润率数据，还有别的获得方法，这取决于研究的需要。例如，我们在研究中还根据《中国统计年鉴》1998年卷提供的固定资产净值数据和利润总额的数据计算出了国有企业1978~1997年20年的利润率数据。这个数据的优点是计算口径的一致性。所以，在不考虑进行不同所有制的"横截面"比较分析时，这个数据对于分析国有企业自身的利润率变动是非常重要的。

至于"全国总计"的利润率数据，除了《中国工业经济统计年鉴》1993年卷提供了1985~1992年的完整序列数据之外，其他年份的数据则要从其他资料中去找。当然，由于1985年之前不存在完整的利润率数据，所以，1978~1984年这7年的"全国总计"利润率数据也不存在。而1992年以后的这个数据可以在《中国统计年鉴》1994~1998年各卷零星找到，所以，通过在《中国统计年鉴》1994年第398页；1995年第402页；1996年第431页；1997年第437页和1998年第459页分别找到1993年、1994年、1995年、1996年和1997年的"全国总计"的利润率数据，我们总算获得了1985~1997年按"全国总计"口径统计的完整的时间序列利润率数据。

关于1985~1997年间重工业和轻工业的利润率数据，主要也是来源于《中国工业经济统计年鉴》1993年卷和1998年卷，唯一的例外是1995年，因为1995年中国政府进行了全国第三次工业普查，所以1996年没有出版反映1995年数据的《中国工业经济统计年鉴》，虽然仍然出版了《中国统计年鉴》。但是，在1997年以后出版的各种统计年鉴中,一般都用普查值作为 1995 年的数据。对于我们的研究来说,如果在《中国工业经济统计年鉴》中无法获得数据,我们也可能使用普查资料来替代 1995 年的年鉴数据,但毫无疑问,两者是有偏差的。但由于研究的需要,我们对第三次工业普查的数据进行了进一步的整理和分析,掌握了一些重要的数据,如合并了一些工业行业,获得了几个重要工业部门的利润率数据。

关于不同企业规模的利润率数据,我们使用了《中国工业经济统计年鉴》1993 年和 1998 年两卷的数据。需要指出的是,《中国工业经济统计年鉴》提供的不同企业规模的利润率数据实际上始自 1986 年,也就是从 1987 年卷开始这类数据才可获得。另外,在第三次工业普查资料中能获得 1995 年的不同企业规模的利润率数据。我们还在国家统计局的其他出版物中获得了 1985 年第二次全国工业普查所汇总的不同企业规模下的利润率的数据资料。

2.关于利润额、亏损额和亏损企业比重的数据说明

我们在研究中还涉及对利润和亏损数据的研究,一方面是为了研究亏损模式的变化,另一方面也是出于研究的需要从而要对利润率的变动模式作出实证的检验。事实上,我们发现,了解国有企业的利润额和亏损额的含义对于理解利润率的变动模式是非常有益的。因此,我们希望在这里稍作评论。

首先,我们对"利润总额"这个数据的含义要有一个了解。我们想指出的是,在中国的统计中,作为一个部门意义上的总量概念,"利润总额"其实是"净利润总额",因为"利润总额"是一个工业部门的全部利润额减去给定部门的亏损企业的亏损总额之后的"净值"。如果对一个企业而言,亏损就是"负利润",那么企业亏损 1000 万元,它的利润就等于–1000 万元。可是,对于一个部门而言,当它只有一部分企业发生亏损的时候,那么它的部门利润总额就不等于它的"亏损"的绝对值了,而是等于该部门的全部的利润总额减去亏损企业的亏损总额。由于部门的利润率实际上是一个"差值"(净值),所以,它可以为正,也可以为负。如果它为正,说明该工业部门实现的利润大于它的亏损企业的亏损总量,而如果它为负,说明该部门的亏损企业发生的亏损总额大于该部门实现的全部利润。

理解了"利润总额"的部门含义,我们就不会对中国官方统计出版物中出现的有关数据感到迷惑不解了。例如,在《中国工业经济统计年

鉴》1993年卷的"按行业分组的工业经济主要指标"中,我们在第131页读到(部分数据复制在表1中),采掘工业1992年的"利润总额"为"-66.93亿元",亏损企业的亏损额为"154.51亿元"(请注意,这里的"负利润"并不等于亏损,因为"利润总额"在这里是部门意义上的而不是企业意义上的概念)。这一数据告诉我们的实际信息是,采掘工业在1992年实际上实现了87.58(=154.51-66.93)亿元的利润,但是亏损企业亏损掉了154.51亿元,所以部门的利润总额变成了"负"的66.93亿元。同样的道理,在第134页我们可以读出食品制造业1992年的"利润总额"为16.18亿元,亏损企业的亏损额为43.54亿元。这说明1992年食品制造业实际上实现的利润总额为59.72(=16.18+43.54)亿元。

按行业分组的工业经济主要指标(局部数据的复制)(亿元)

	亏损企业亏损额	利润总额
采掘工业		
1989	97.21	-16.96
1990	129.62	-61.94
1991	132.37	-50.34
1992	154.51	-66.93
食品制造业		
1989	11.36	50.43
1990	28.08	27.73
1991	24.57	36.74
1992	43.54	16.18

我们要指出的是,对"利润总额"的数据做这样的分析绝不是为了说明部门利润和利润率的官方计算是成问题的。事实上,部门意义上的总量值的确需要这样的"净值",但在研究需要时,比如我们需要知道一个部门内的企业亏损到底对该部门的利润率构成有多大的影响时,了解官方统计中的"利润总额"的含义就变得非常重要了。而我们在本研究中确实研究了这个问题。

亏损额的数据相对较为整齐。就总量数据而言,《中国工业经济统计年鉴》提供了全国乡以及乡以上独立核算工业企业的"亏损企业亏损总额"在1975年以后的年度序列数据。另外,《中国工业经济统计年鉴》同时还提供了不同所有制部门、不同规模的企业以及全部28个工业行业在1980年以后的"亏损企业亏损总额"的部门序列数据。例如,在《中国工业经济统计年鉴》1994年卷中，我们可以找到全部工业行业在1975~1992年的"亏损总额"数据。

要获得国有企业部门的亏损总额的年度数据，可以查阅《中国统计年鉴》。例如，在1998年卷中，我们可以获得国有独立核算工业企业的"亏损企业亏损总额"1978~1997年20年的时间序列数据。可是，要获得按行业和所有制分解的亏损额数据则有些复杂了。首先，按工业部门分解的国有企业亏损总额的截面数据可以在《中国工业经济统计年鉴》中找到。例如，在《中国统计年鉴》1987~1991年各卷中，我们可以获得全部工业行业在1986~1990年各年度的国有企业亏损总量数据。

关于亏损企业的比重，并没有可以直接获得的数据，但是它可以通过对有关数据进行计算而间接地得到。一般来说，就整个工业的加总数据而言，在《中国工业经济统计年鉴》中我们可以获得每年的全国工业企业数和亏损企业数，从而可以求得亏损企业的比重。如果我们要获得按所有制分类的亏损企业比重的时间序列数据，我们也需要做一些计算。一般来说，在《中国工业经济统计年鉴》中，我们可以在"各地区经济主要经济指标"中找到每年的全国工业企业数和亏损企业数等数据，随后可以在"各地区国有经济主要经济指标"中找到国有企业的数量和国有亏损企业的数量，这样就可以计算出每一年中国工业企业的亏损比重和国有企业的亏损比重。例如，在《中国工业经济统计年鉴》1993年卷第90页中，我们可以发现1980~1992年每年的国有企业数量和国有亏损企业的数量等数据。

3.关于净产值和工业增加值的数据

在20世纪80年代出版的《中国工业经济统计年鉴》中，一般都有从1949年开始统计的中国工业的总产值和净产值的序列数据，但是都是按当年价格计算出来的。这个统计数据一直持续到1992年。例如，在《中国工业经济统计资料(1949—1984)》的第41页，我们可以找到1949~1984年每年的工业净产值数据以及工业净产值的指数(以1952年为100)。

除了全国工业的净产值数据以外，《中国工业经济统计年鉴》还提供了按不同所有制和全部工业行业分解的净产值数据。在1993年以后出版的统计资料中，"工业净产值"指标被终止了，取而代之的是工业增加值。但在1993年卷中，可能作为过渡，工业净产值和工业增加值的数据被同时提供了，就是说，工业增加值的数据是从1992年开始的。唯一的例外是《中国工业经济统计年鉴》1986年卷，因为在这一卷中收入了 1985 年的工业普查数据，所以该卷实际上提供了包括 1985 年的全国工业净产值和工业增加值、32 个工业部门以及不同所有制和不同企业规模的工业净产值和工业增加值。总的来说，在 1993 年以后的出版物中，便只有工业增加值而不再有工业净产值的数据了。实际上，在 1993 年以后的统计出版物中，我们可以获得 1992 年以后至今全国工业增加值的数据以及不同所有制和全部工业部门分解的工业增加值的数据。

遗憾的是，尽管在 1993 年之前我们可以获得全国汇总的工业净产值的时间序列数据，但国有企业的工业净产值数据却仅有 1991 年当年的数据，所以，有时候我们需要用工业净产值与总产值的经验比率来估算国有企业部门的工业净产值。当然了，国有企业在 1992 年以来的工业增加值的全部数据还是可得的。

4.关于企业规模的数据

不同企业规模的主要经济指标的数据是不完全的。比较集中的数据资料在《中国工业经济统计年鉴》1988~1993 年的 6 卷当中（当然，《中国工业经济统计资料(1949–1984)》和 1986 年卷中也有一些这方面的数据，但 1993 年以后就不再公布这方面的统计数据了）。

在这 6 卷《中国工业经济统计年鉴》中，每卷都收入了"中国工业的规模经济"的详细数据。首先，这些数据是按固定资产原值、工业总产值、职工人数和利税总额等 4 种定义企业规模的口径来计算的。其次，在每一种定义企业规模的方式下，每一个工业部门（行业）被划分成 6~9 个规模等级。看上去，不同的行业有不同的规模等级，但大多数被划分成了 9 个规模等级。最后，给出它们的数据，这些数据包括企业数、利润总额、利税总额、企业留利、年末固定资产原值、定额流动资金平均余额、工业总产值以及全部职工年平均人数等 8 种。这样一来，每一个规模等级都有 8 个数据指标。由于我们有 4 种定义企业规模的标准，所以，关于企业规模，我们实际上可以获得 32 个数据指标。这意味着，对于每个工业行业中的每个规模等级，我们有 32 个观察数据。如果一个行业被划分成了 9 个规模等级，那么对于每个给定的行业，我们实际上就有 288 个观察值。假定我们的整个工业经济有 32 个行业（行业的数量也会随着划分标准的调整而变动，在统计资料上曾出现过 15~40 个行业的变化范围），那么，对于中国工业的规模经济，我们就有 9216 个统计观察值。

对于企业规模的划分标准，在 1999 年以前是相当复杂的，1999 年以后统一了企业规模的定义，均按年销售收入和利润来划分企业的规模。但是，这并不重要，因为 1993 年以后的统计出版物不再公布"中国工业的规模经济"的数据。所以，如果我们要研究中国工业部门的规模经济，我们往往不得不分析 1993 年之前的数据。而在此之前，不同的工业部门确实有不同的定义和划分企业规模的标准。《中国工业经济统计年鉴》1993 年卷在附录 1（第 463~479 页）中提供了"大中型企业的划分标准"的详细信息，在那里我们可以得到每一个工业部门是按什么样的标准来划分特大型企业和大中小型企业的。

5.数据的可靠性

最后，我们当然也要谈谈作者对中国工业统计数据质量的看法。不得不承认，中国的统计数据及其质量历来是国内外经济学家关注的一个重要问题。对于任何经济领域的研究来说，没有人可以不怀疑统计数据的质量，统计自然会有"误差"，也会有"水分"。问题可能只是一个误差的大小和范围。人们有各种各样的理由来怀疑中国统计数据的可靠性，但同样，人们也有更多的理由来相信中国统计数据的质量在不断改善之中。毫无疑问，正如世界银行在一份关于中国统计数据的研究报告中所认为的那样，改革开放以来，中国在统计的手段和规范性方面获得了显著的改善。当然，对于经济研究而言，数据的绝对质量并不是最重要的问题，最重要的问题是数据的连续性和可比性的程度。这个问题对于我们从事中国经济研究的学者来说有时会显得非常的"讨厌"。不过，这个问题的副产品是，对中国统计数据可靠性的各种猜测以及可能的解释本身可以成为研究中国经济的一个重要的课题。

尽管人们也可以借助于亲自调查取得数据样本，但是，大多数研究还必须依赖中国官方的经常性统计。这不仅是出于经济的考虑，而且也是出于研究工作可以进一步深化所需要依赖的共同基础。我们对使用中国官方统计数据的基本态度是，在看到官方统计存在的许多问题的同时，我们也要看到官方统计的一系列优点，包括可能存在着的偏差的一致性。就实证研究而言，最终的问题是，统计数据毕竟是用来验证理论的。因此，我们需要在理论与数据之间进行一定的权衡。也许，我们根本并不需要相信统计数据是否"真实"，当数据可以帮助我们证实或证伪一个理论假说，抑或可以支持我们的一个逻辑判断时，我们就相信它，而我们相信它是因为我们更相信我们的理论构造。

自述之二

众所周知,20 世纪 90 年代中后期是中国工业部门最为困难的时期,大量的国有企业亏损,给政府财政和社会稳定带来巨大压力和挑战,而国有企业的改革也进入到了关键时期。在这种情况下,针对国有企业的改革思路和方案不可能一拖再拖,必须尽快在中央政府层面达成共识。我大概也就是在这个时期开始对中国的工业改革和增长产生浓厚兴趣的。在我完成了《双轨制经济学》一书(1997 年由上海三联书店出版)之后,很快就转入对工业部门的改革和评价的研究。

拥有了对中国工业部门改革和评价的研究设想,我申请并获得了英国学术院的王宽城奖学金的资助去伦敦经济学院从事 6 个月的研究工作。在伦敦经济学院,我得到亚洲研究中心的 Athar Hussian 教授的支持与协助,开展了对中国国有企业亏损现象的研究,试图寻找出对其亏损模式的合理解释。在 1998 年,我又获得项目资助去了日本的东京都立大学经济学部,与那里的村上直树博士合作研究中国工业部门的利润率差异问题(我们后来合作完成了《中国制造业利润率的决定:来自普查的证据》,发表在《中国社会科学(季刊)》(香港)2000 年冬季号上)。那个时候,村上博士与他的老师大琢启二郎以及刘德强博士刚刚在剑桥大学出版了他们的英文著作《中国的工业改革》。

2000 年秋,我得到哈佛燕京学社的资助来到哈佛大学,继续在中国工业改革这个领域从事研究工作。在哈佛期间,我完成了多篇论文并编辑出版了后来由上海人民出版社和上海三联书店于 2003 年出版的著作《中国的工业改革与经济增长:问题与解释》。这篇论文就是我在哈佛期间在中国工业改革领域里写出的系列论文之一, 写于 2000年的年底。2001 年 4 月,在美国匹兹堡大学经济系专门为我安排的讲座上, 我报告了这篇论文, 得到了与会的经济学家罗斯基(Thomas Rawski)教授等许多同行的评论。中文稿的主要部分发表在《经济研究》2001 年第 3 期,并获得上海市第 6 届哲学社会科学优秀成果论文二等奖。

在哈佛期间,由于研究的需要,我要花很多时间去研究《中国工业经济统计年鉴》。这个年鉴很有用。不过,因为它提供的不是企业层面的微观数据,而是行业的加总数据,所以会掩盖微观层面的一些现象。事实上,我常常发现自己不能完全弄明白工业统计数据中的很多概念。比如说,按行业分类时,什么是"利润率"?什么是"利润总额"?什么是"亏损总额"?出于这样的疑问,我开始对摸清国有企业的盈利状况的变化产生了兴趣。我想从行业加总的数据中试图寻找出国有企业盈利能力分布的基本态势及其变动的方向,也想搞清楚行业层面展现出的国有部门利润率下降趋势与国有企业的亏损现象之间是什么关系。

在这篇论文里,我发现,在总量上,中国的工业统计所报告的每个工业行业的"利润总额"实际上是该行业盈利企业所取得的利润总额与行业内的亏损企业所发生的亏损总额之间的差额。同样,统计上所公布的行业利润率也是根据这个定义来计算的。我认为,这样的统计定义会掩盖许多行业内可能发生的企业盈利能力的分布变动。比如,改革和市场的发展可能使行业内的某些企业的盈利能力大大改善了,但同时让大量的企业失去了盈利能力。生产的集中就可能带来这样的结果。我注意到,在大多数耐用消费品行业就已经出现了这样的市场结构和工业组织的变动。由于在许多行业都存在着长期亏损的企业并且这些亏损企业以各种方式依然存留在行业内,所以,一个行业的整体盈利能力的下降也可能是因为改革和市场化使行业内的企业在盈利能力上发生的显著分化所致。

我在文章中按这种方法复原了 1978~1997 年间中国国有工业部门的真实利润率。复原的结果以及重新计算的行业利润率让我们发现,行业的亏损程度对整个国有企业利润率的影响在 20 世纪 80 年代和 90 年代是不一样的。在 80 年代,统计报告的行业利润率与行业的真实利润率之间的差别并不大,这说明企业的亏损在这个阶段并不显著。而在 90 年代以后,统计报告的行业利润率与行业的真实利润率之间的差别急剧扩大,前者越来越小于后者。这意味着企业的亏损和亏损企业在 20 世纪 90 年代以后发生的概率大大提高。与我在另一篇研究国有企业亏损模式的论文中发现的一样,这反映出中国的工业组织在 90 年代以后逐步形成了对改革和市场结构的变化做出回应的能力。我的这个结论与当时流行的看法是不一样的。当时人们对国有企业的利润率下降和大规模亏损的普遍看法是把这些现象归咎于国有企业的经营和管理不善,而我的论文则把它们的利润率恶化与大规模亏损现象的出现理解为一个行业现象,是改革导致的工业组织和市场结构变化的产物,这与工业组织经济学的视角颇为一致。

顺便要说一下,出于研究和评价中国工业改革绩效的需要,我花了大量的时间去整理中国工业部门的数据,试图厘清数据中可能留存的口径和不一致问题。可以说,这样的工作使我对中国工业经济的数据有了基本的熟悉和掌握,甚至还专门写了一个关于中国工业统计数据的注释。这个注释收入在了我的《中国的工业改革和经济增长》一书中,今天看看还是非常有用的。

增长、资本形成与技术选择：
解释中国经济增长下降的长期因素 *

一、引言

对一个从计划控制的经济向市场经济的转轨过程来说，如何实现并维持经济的增长具有头等重要的意义。以此而论，中国 1984 年以来的工业改革在改善它的供给能力和实现经济的高速增长方面毫无疑问取得了无与伦比的成就。而现有的文献对中国经济高速增长的"机制"主要有两种不同的解释。一种解释认为，中国高速经济增长的发生是中国在改革以来（特别是 20 世纪 80 年代）遵循了"自下而上"的自主式改革策略的结果（Naughton, 1994; McKinnon, 1994; Rawski, 1996; 张军, 1997）。在他们看来，"自下而上"式的改革在本质上是一个学习、改进和创新不断发生的过程，这个过程最显著的特征是用合同去替代了政府控制。著名的例子包括价格和分配的双轨制、生产的责任制和广为流行的所谓的"承包制"安排等。

与着重于体制变化的前一种解释有所不同，另一种观点则强调中国经济增长的"发展"特征，认为改革以来的中国经济实际上是"东亚发展模式"的延伸。成功的农村工业化、外资流入、贸易导向的一揽子政策等这些曾经帮助东亚"四小龙"实现高速经济增长的因素都可以在中国的经济发展过程中找到。从这个意义上来说，中国的高速经济增长不仅是一系列制度创新的结果，还是与东亚新兴工业化经济模式"趋同"的结果（Sachs and Woo, 1994; 林毅夫等, 1994）。毫无疑问，这些侧重点有所不同的解释对于我们来理解原来的计划经济（特别是中国与前苏联）在转轨初期的不同表现是非常重要的理论文献，而当我们面对中国经济时，上述两种解释具有高度的互补性。

* 发表于《经济学（季刊）》2002 年第 2 卷第 1 期。本文的研究得到了教育部"人文社会科学重点研究基地重大项目"（2000）的资助，哈佛大学燕京学社提供的访问学者奖学金（2000~2001）使本文的写作得以在访问期间完成，作者一并表示感谢。施少华在本项目实施的初期担当了研究的助理，作者表示谢意。但文章中存在的错误和缺陷由本文作者负责。

但是,以上这些已有的理论都还只是解释了"为什么增长"而不是对"增长为什么下降"这一问题的回答。对前一个问题的进一步讨论已经留给"过渡经济学"去研究了,而后一个问题目前正在引起经济学家更多的关注。这些年来的经验表明,中国经济继续维持高速增长的难度似乎越来越大。特别是,1994/1995 年以来中国经济的增长速度出现了显著而持续的下降趋势。尽管增长下降的幅度还值得进一步估算[①],但是,如图 1 所示,至少在 20 世纪 80 年代,我们看到的是经济增长的高度循环波动,而这个波动的模式在 90 年代以后发生了显著的变化。

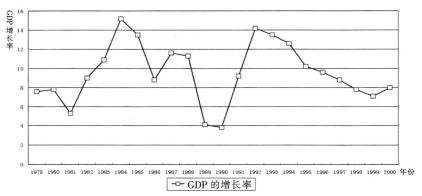

图 1　中国的 GDP 增长率(1979~2000 年)

基于官方提供的增长率数据,我们计算发现,1995 年以来,不仅增长率的均值有所下降了,而且变异系数出现了更显著的下降。在 1979~1994 年,增长率的变异系数为 0.36,而在 1995~2000 年则下降到 0.13。这说明,经济的高度波动可能已被增长率持续下降的趋势所取代。基于这样的观察,我们有理由怀疑,在"短期"的经济不稳定因素背后,1995 年以来经济增长速度的下降很可能反映了某种"长期"(即技术层的)因素的制约作用。

如果我们这样的观察是正确的话,也就是说,某些长期因素在

---

① 本文不打算讨论中国经济增长率的统计问题,有兴趣的读者可以参考现有的研究文献。例如,罗斯基对近年来的经济增长下降有过一系列的研究(www.pitt.edu/~tgrawski/)。他甚至重新考量了 1997/1998 年中国的 GDP 的增长率,将官方的增长率数据下调到了 5.7%以下(Rawski,2000,2001)。另外,对于改革以来中国官方 GDP 增长率数据的可靠性问题,近年来也多有研究文章问世。例如,有的经济学家发现,在 1978~1991 年,中国的 GDP 增长率平均被高估了 1 个百分点,而在 1992~1997 年则被高估了 2.5 个百分点(孟连和王小鲁,2000)。

20世纪90年代中期开始制约了中国经济增长的可持续性，那么，以解释经济(不)稳定性为目标的宏观经济理论对我们解释增长的持续性问题就没有什么帮助了。毫无疑问，中国经济并没有发生衰退，但增长率出现了下降趋势。同样，在宏观层，总需求并没有下降，发生变动的只是需求的增长率。因此，宏观理论(特别是"总需求"概念)对近年来中国经济增长下降趋势的解释能力是非常有限的。不仅如此，"总需求"的变动，特别是近年来被许多经济学家所关注的投资需求增长率的下降其实不过是经济增长下降的结果而不是经济增长下降的原因。

在经济学上，投资既是短期概念(需求概念)也是长期概念(供给概念)。作为短期概念，投资是需求因素，是社会总需求的一个重要构成部分，作为需求的投资的增长在短期影响的是经济(增长)的稳定性。对经济稳定性的讨论属于宏观经济学的范畴。而经济的增长是一个长期的概念。在这里，作为长期意义上的投资具有不同的含义。投资的增长在长期会扩大生产能力，影响经济增长的持续性。可是，投资在影响长期经济增长方面的作用实际上依赖于投资的"效率"和投资推动的技术的进步及其性质。基于这样的概念分类，特别是观察到中国经济在1994/1995年以来所表现出的增长轨迹的变动模式，我们似乎有理由相信中国的经济增长模式已显露出长期性(即增长的持续性)的制约因素，从而以长期的视角(或增长经济学)来审视中国经济增长轨迹的变动是有必要的。而这意味着我们必须对中国经济的增长类型做出实证的分析和讨论。

为了观察并考察改革以来中国经济增长变动的长期因素，我们在本文计算了改革以来中国的实际资本–产出比率的变动模式，而且我们发现，资本–产出比率的增长率与经济增长率之间存在一个清晰的发散变动模式。我们通过分析进一步懂得，这个发散模式所提供的一个重要的信息是，在中国，资本的形成在很大程度上对经济增长的变动是不太敏感的。这不仅反映出政府的力量在资本形成中依然扮演着重要的角色，而且意味着"资本深化"的加速可能是20世纪90年代中期以来中国经济增长持续下降的主要原因。

然后，我们构造了一个简单的理论说明了资本–产出比率变动的主要原因，并在经验上证实了我们的解释的合理性。它也帮助我们认识到，在中国经济增长率呈减速趋势的背后，技术的选择偏差是主要的原因，因为技术选择的偏差加速了资本的深化过程，使资本的边际报酬过快出现了递减趋势。我们的这个发现实际上意味着,中国经济增长在90年代中期以来的持续减速可能是典型的"外延"增长的结果,而不是短期需求波动造成的。短期的需求波动(指需求增长率的变化)应主要理解为经济增长减速的结果而不是原因。

我们知道,一个经济中的资本—劳动比率的变化路径是厂商对生产技术(投资)的选择结果。在一个"标准的市场体系"里,给定了要素的价格和完全竞争的市场结构,厂商对技术的选择是组合成本最小化的"解":要素的比率决定于要素的比价。但是,对一个转轨中的经济来说,它的市场结构的形成在很大程度上取决于它既有的生产部门和新兴部门的进入—竞争的作用方式。具体地说,由于国有部门既有的资本—劳动比率较高,因此,经济的高速增长似乎只有在新兴部门进入到所需资本比较少的工业部门时才能发生。但是,中国的新兴部门的进入者并不是真正的私人所有制企业,而是地方政府兴办或支持的集体所有制企业(特别是乡镇企业)。

而且,与东亚经济工业化进程中的经历不同,乡村企业的进入并没有形成与现有大企业的分工与合作,从而逐步形成有效的工业组织结构,[①]相反,虽然集体部门迅速进入到了国有部门较少涉猎的劳动极其密集的简单制造业部门,但是它同时却很快进入到了国有企业较多涉猎的工业部门。不用说,非国有企业的进入很快演变成了"国有企业"与"集体企业"或者不同层级的政府之间的直接竞争。这种竞争的模式产生了一系列已被现有的经济研究所确认的结果,这包括改革以来市场的分割化和区际之间在制造业部门出现的不断趋同的结构(Young, 2000);乡镇企业的技术选择出现偏差,规模增长过快(陈剑波, 1999);工业部门的投资收益率或盈利能力近10年来持续恶化,大量产品的生产能力的利用率出现下降,亏损企业的比重持续增长(张军, 1998, 2001a;卢荻, 2000)。

本文的结构安排如下:在第二节,我们从经验上观察了改革以来中国的经济增长与资本—产出比率的变动之间所具有的清晰的发散模式,并利用传统的增长核算方法解释了这种发散变动关系。第三节从经验上考察了改革以来中国经济的全要素生产率的变动轨迹。第四节观察并解释了工业部门(特别是乡镇企业部门)的资本深化过程,并在

---

① 关于东亚的工业化进程和对乡村企业的比较分析,参见本文第四节的内容。

第五节分析了转轨中的工业组织的结构和进入—竞争的方式。第六节从统计上检验了资本密集度的上升对工业部门投资收益率的负面影响。最后是本文的结论。

二、经验观察与理论构造

本文主要探求影响中国经济增长变动的"长期因素"是否清晰可见。要观察这样的长期因素,根据(新古典)增长经济学的分析范式,我们可以选择从观察资本–产出比率的总量指标入手。利用"数据附录"的附表 1 提供的数据,我们对 1979~1998 年间中国的实际资本–产出比率及其增长率做了计算(见图 2 和图 3)。如图 3 所显示的那样,我们发现,在 1994/1995 年之前,改革显著改变了计划经济原有的封闭的发展模式,抑制了资本过度积累的速度,廉价的劳动力资源被资本的增长所利用,实现了高速的经济增长。在这一时期,资本–产出比率不但没有上升,反而略有下降(1979~1994 年平均增长率为–0.89%)。但在 1994 年以后,资本–产出比率的确显著而持续地上升了(例如,1995~1998 年间的资本–产出比率平均年增长 1.92%)①。其结果,资本–产出比率更显著上升了。

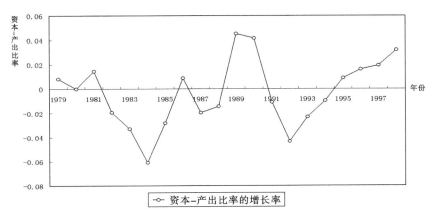

图 2　中国的资本–产出比率的增长率(1979~1998 年)

---

① 我们想提醒的是,根据伊斯特里和费雪尔(Easterly and Fischer, 1994)提供的资料,由于长期外延增长的结果,前苏联的资本–产出率在苏联解体前的 1950~1987 年间平均每年上升大约 2.5%。我们手头未能找到作者的原文,这里转引自我对他们这一研究的部分记录。

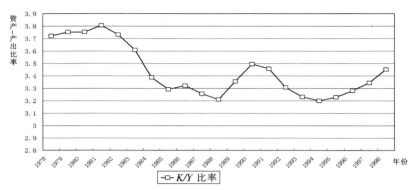

图 3　中国的实际资本–产出比率(1978~1998 年)

为了从整体上解释 1978 年以来中国经济增长的变动趋势，我们先使用 1978~1998 年间的 GDP 的增长率对同一时期的实际资本–产出比率的增长率做了一个回归观察。图 4 给出了两者之间的"散点"分布，直观地显示出了经济增长率与资本–产出比率的负相关关系。我们所估计出的线性趋势方程为：

$$y(经济增长率)=9.4016-100.73x(资本–产出比率的增长率)$$
$$(R^2=0.7715)$$

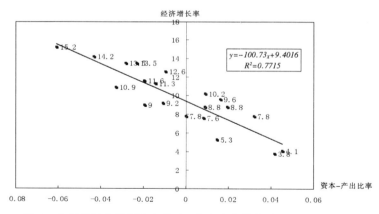

图 4　中国的经济增长率与资本–产出比率的变动(1979~1998 年)

这个简单的经验观察显示，资本–产出比率的变动与经济增长率的变动方向是相反的。这个发散的模式可以通过比较图 1 和图 3 更加直观地显示出来：在经济增长加速的时期，资本–产出比率的变动呈现出减速的趋势；而在资本–产出比率加速增长的时期，经济的增长呈下降的趋势。看起来,我们需要从理论上来解释资本的形成方式与经济增长率的这个有趣的变动模式。

在给出这个变动模式的理论解释之前,我们先来进一步考察一下资本–产出比率的变动与经济增长率之间的这个变动模式对资本形成速度有什么含义。为此,我们再回到"资本–产出比率"的增长率上来。在利用 1978~1998 年中国经济的数据计算"资本–产出比率"的增长率时,我们使用了这样的增长率定义:

$$\left[\frac{\hat{K}}{Y}\right]_t = \frac{K_t/Y_t - K_{t-1}/Y_{t-1}}{K_{t-1}/Y_{t-1}} = \frac{K_t/K_{t-1}}{Y_t/Y_{t-1}} - 1$$

$$= \frac{[(K_t - K_{t-1})/K_{t-1}]+1}{[(Y_t - Y_{t-1})/Y_{t-1}]+1} - 1 = \frac{\hat{K}_t - \hat{Y}_t}{\hat{Y}_t + 1}$$

这里,K 和 Y 分别代表资本存量和产出水平。下标 t 表示即期,$t-1$ 表示前期。符号"^"代表"增长率"。上面的计算公式可以帮助我们来探讨我们所估计出的经济增长率与资本–产出比率增长率之间的那个经验方程对资本形成速度的含义。首先,根据估计方程,我们知道,若 $\hat{Y}$ 上升,则 $(\hat{K}/Y)$ 下降。根据我们定义的资本–产出比率的增长率公式可知,在 $\hat{Y}$ 上升时 $\frac{\hat{K} - \hat{Y}}{\hat{Y}+1}$ 若要下降,那么,$\hat{K}$ 至少不应有上升的压力,即 $\hat{K}$ 可以下降或者不变。其次,同样根据估计方程,我们知道,当 $\hat{Y}$ 下降时 $(\hat{K}/Y)$ 会上升。而依照我们上面给出的资本–产出增长率的定义可知,在 $\hat{Y}$ 下降时 $\frac{\hat{K} - \hat{Y}}{\hat{Y}+1}$ 若要上升,至少 $\hat{K}$ 不应有下降的压力,换句话说,$\hat{K}$ 可以上升或不变。

上述简单的讨论对中国的经济增长变化却有重要的含义。因为资本存量的变动是投资的结果,因此,我们对经济增长率与资本–产出比率的增长率所估计出的方程显然是有理论意义的。粗略地说,相对于经济增长率的变化,资本存量的变动似乎基本是稳定的。也就是说,资本形成的速度对 GDP 增长率的变动是比较迟钝的:当经济增长加速时,资本的形成速度并没有相应地加速,从而资本–产出的比率下降了;而当经济增长下降时,资本的形成并未减速,结果资本–产出的比率上升了。这也是资本－产出比率在经济增长率持续下降时依然可被观察到上升的基本原因。

那么，为什么我们在中国的改革后时期会观察到资本形成的这个时间变动模式呢？为了解释这个模式，我们需要寻求资本－产出比率这个总量指标变动背后的"生产理论"，因为在理论上资本－产出比率的变动应该在微观上反映该经济的"生产方式"的变动。为此，我们求助于索洛(Solow, 1957)以及丹尼森(Dension, 1967)等人后来发展起来的所谓"增长的核算"框架来帮助说明资本－产出比率变动的这个微观基础。首先，给定一个规模报酬不变的科布－道格拉斯结构的生产函数：

$$Y=AK^{\partial}L^{1-\partial} \tag{2.1}$$

其中，以 Y, K, L 分别表示产出、资本存量和劳动，∂ 为资本的产出弹性。另外，假定技术进步为中性，变化率为常量 A。我们从(2.1)式很容易推导出"人均产出"(Y/L)的增长方程。例如，对(2.1)式的两边除以 L，我们可以得到"人均"的总量产出函数：

$$Y/L=A(K/L)^{\partial} \tag{2.2}$$

为了推导出资本－产出比率变动背后的"技术因素"，让我们首先来分解资本－产出比率(K/Y)。我们知道，资本－产出比率(K/Y)实际上可以写成"资本－劳动比率"(K/L)和"人均产出"(Y/L)的商，即：

$$K/Y=(K/L)/(Y/L) \tag{2.3}$$

将此表达式(2.3)代入上面的资本－产出的定义中去，我们就得到了用资本－劳动比率表达的资本－产出比率：

$$K/Y=\frac{1}{A}\left(\frac{K}{L}\right)^{1-\partial} \tag{2.4}$$

现在再对(2.4)式的两边取自然对数并将对数表达式变换成"增长率"的形式(我们还用符号"^"表示增长率，另外把 A 的增长率定义成"全要素生产率"(TFP)的增长率)，我们就会得到一个简单的关于"资本－产出比率"的核算方程：

$$\frac{\hat{K}}{Y}=(1-\alpha)\frac{\hat{K}}{L}-\hat{TFP} \tag{2.5}$$

在新古典生产理论的假设条件下，(2.5)式清楚地表明，资本－产出比率的变动是资本－劳动比率(即人均资本或者称为"资本装备率")变动的贡献和全要素生产率(TFP)的变化率之间的"差"。因此，对我们所关注的中国经济增长问题而言，我们显然需要将注意力放在改革以来资本–劳动比率和"全要素生产率"(TFP)发生变动的时间模式上来。

根据上面的表达式(2.5)，现在就可以给出我们对资本形成相对于经济增长表现出"迟钝"的基本解释。假设投资不断增长，并且假设投资的增长能够持续有效地驱动更多的劳动投入生产过程以至于资本–劳动的比率没有上升的压力，这时候，根据(2.5)式，除非 TFP 在不断恶化，否则，资本–产出的比率并不会随着经济的增长而上升，因为进入资本的增长被劳动的增长所匹配。在这种条件下，我们就可能观察到经济的高速增长并没有伴随着资本–产出比率的显著上升，即使这种增长主要还是依赖要素投入的增长来实现的。对一个资本稀缺而劳动富裕的经济来说，这意味着，只要技术效率(TFP)不断改善，技术的选择不过分朝资本替代劳动的路径偏差，经济的增长仍有更长的持续性。

相反的情况是，技术的选择出现了不断朝资本替代劳动的路径偏差。在这种情况下，投资的增长导致资本–劳动比率的上升，出现了所谓的"资本深化"过程的加速趋势。结果，由于资本的增长持续快于劳动的增长，导致资本的边际回报出现递减趋势，最终导致经济的增长速度下降。在现有的文献里，这正是增长的"外延假说"所针对的情况：一旦出现过快的"资本深化"，或者说经济中的资本密集度持续上升，那么，经济增长的速度就会因为投资的边际回报递减而下降，甚至经济会最终出现衰退。我们猜测，正是因为这个原因，所以我们观察到中国经济在增长减速的情况下反而伴随着资本–产出比率的上升趋势。其实，根据我们的上述解释，这个经验观察背后的因果关系是，过快的"资本积累"导致了资本的边际回报率的持续下降和经济增长的减速。

众所周知，在现有的经济增长的文献里，对"苏联式"增长恶化曾经普遍持有的一种流行的理论是所谓的"外延假说"。"外延假说"的基本命题是，经济增长主要依赖于资本的高速积累，而一旦资本的增长持续快于产出的增长，资本的边际回报率就趋于下降并最终导致产出总量的增长下降和经济的衰退。从理论上说，只要总是有劳动可以和资本搭配，即使技术进步不显著，资本–产出比率也不至于过早、过快地上升，投资的增长还仍将推动经济总量的增长，在这种条件下，要素投入推动的增长应该具有更长的持续性。这就反过来提示我们，除了技术进步(技术效率)方面的因素以外，资本–产出比率的增长加快一定还是资本快于劳动而增长的直接结果。依此而论，中国的情况很可能是,在生产部门,资本-劳动比率在进入 20 世纪 90 年代就开始过快地上升了。

在现有的文献上,"外延假说"对前苏联的增长轨迹作出了较好的解释。长期以来,许多经济学家注意到,尽管前苏联在 20 世纪 50 年代实现了高于世界平均水平的经济增长率,但是"好景不长"。它的经济 60 年代以后迅速恶化,增长率持续下降,最终变成严重的经济衰退。[①] 同样建立在新古典的生产函数理论的基础上, 近 10 年来的一些关于对东亚经济增长的"核算"也进一步发现,"东亚"经济(主要指那些新兴工业化的经济在 20 世纪 50~80 年代)的高速增长也带有显著的"外延"特征,也就是说,从对增长进行"新古典"的核算结果来看,经济的高速增长主要是建立在持续的投资增长基础上的,技术的进步非常缓慢。在这一地区,有的经济甚至没有发现技术进步对经济高速增长的贡献,如新加坡(Young, 1992, 1994; Kim and Lau, 1994)。当然,人们也许会提出的问题是,为什么"东亚"的"外延"增长制造出了"东亚奇迹"? 为什么能持续更长的时间?

在本文,我们不打算进一步评论现有的文献对东亚经济增长源泉的发现和解释。我们甚至愿意在新古典的意义上暂且接受对"东亚"的增长核算的结论。对于上述问题,我们的初步回应是,所谓"东亚"的"外延"增长持续的时间更长其实主要是因为它们在很长的时间内实际上能够充分利用廉价的劳动力。只要劳动力不断地被调动起来,高速的增长是可以依赖投资的增长来实现的。虽然,一些对"东亚"增长的核算工作发现,"东亚"增长中的 TFP 的增长记录并不令人满意[正是这一点被克鲁格曼(Krugman, 1994)拿来与苏联做了对比],但是,认真的分析的确已证实,在高速增长时期,"东亚"的投资收益率一直是比较高的,而且回报率的下降并不是急剧的而只是缓慢的(Radelet and Sachs, 1997)。这说明,在东亚经济的增长中,(我们猜测)资本-劳动的比率很可能实际上并没有像前苏联那样出现急剧的上升。

因此,就增长模式来说,"东亚奇迹"时期的增长与前苏联 20 世纪 60 年代以后的增长在性质上应该是有很大区别的。在前苏联,由于投资决策的性质完全不同,前苏联由计划官僚分配的投资与东亚经济的市场导向的投资所产生的收益率之间存在着显著的不同。不仅前苏联

---

① 张军和韩贤旺(1996)提供了关于苏联经济增长方式的经验研究的文献综述。

的TFP 在 50 年代末以后出现了日益恶化的负增长,而且它的投资收益率在 50 年代之后实际上便急剧下降, 到 60 年代和 70 年代已下降为零(Easterly and Fischer, 1994),而这是在东亚未曾发现的结果。

三、TFP 的变动

为了解释中国经济的资本–产出比率的变动模式, 在讨论了理论的框架之后,我们首先来观察生产部门的技术效率或"全要素生产率"(TFP)的变化,特别是注意观察 90 年代以后的变动趋势。应该说,对技术效率的总体观察并不十分困难,因为在这方面,现有的文献提供了对 20 世纪 80 年代以来中国工业部门(特别是国有工业部门)的技术效率变动的大量经验研究的成果(例如,Chen, et al., 1988; Jefferson, et al., 1992, 1996)。[①]尽管在这些文献中不乏对已有经验估计的批评和针锋相对的争议(这些争论涉及数据的来源和可靠性,涉及研究所遵循的理论及处理数据的方法和技术), 但是已有的这些研究成果无疑在很大程度上改善了我们对中国经济增长中的技术进步或技术效率变动趋势的知识:我们知道了更多而不是更少。

不过,虽说现有的研究对本文的解释努力非常有价值,但考虑到现有的大多数研究主要是分所有制部门进行的,因此,利用现成的数据资料选择对整个经济的全要素生产率的变动做一番总体性的研究还是必要的。为了保持与现有文献的一致性,我们仍使用新古典的理论和技术。同时,为了更清晰地观察中国经济的技术效率的变动趋势,我们希望把观察的时段扩大到 1952~1998 年。与很多研究一样,我们这里假设中国经济的总量生产函数为:

$$Y_t = A e^{\alpha_t t} K_t^{\alpha_K} L_t^{\alpha_L} \tag{3.1}$$

其中 α_K 和 α_L 分别代表资本和劳动的产出弹性。对(3.1)式的两边取自然对数,我们有:

---

① 要了解对改革以来中国工业部门"全要素生产率"变动的经验研究的主要文献,可以参见张军和施少华(2000)所提供的文献综述。另外,在最近出版的著作中,大塚启二郎、刘德强和村上直树(Otuska, et al, 1998;中文版,2000)对国有企业与乡镇企业两大部门的效率变动以及相对效率的对比做了实证研究。实际上,他们著作的第 2 章也同时提供了一部分相关文献的综述。

$$\ln Y_t = \ln A_0 + \alpha_T t + \alpha_K \ln K_t + \alpha_L \ln L_t \tag{3.2}$$

当 $\alpha_K + \alpha_L = 1$，即规模报酬不变时，(3.2)式为：

$$\ln(Y_t/L_t) = \ln A_0 + \alpha_T t + \alpha_K \ln(K_t/L_t) \tag{3.3}$$

为了控制不同时期的一些主要的外生变量（如"文化大革命"或1978年以后中国开始的经济改革政策)对中国经济增长的影响，我们决定使用"虚拟变量"D_i 来表示第 i 个虚拟变量，从而模型（3.2）和（3.3）分别变为：

$$\ln Y_t = \ln A_0 + \alpha_T t + \alpha_K \ln K_t + \alpha_L \ln L_t + \sum \beta_i D_i \tag{3.4}$$

$$\ln(Y_t/L_t) = \ln A_0 + \alpha_T t + \alpha_K \ln(K_t/L_t) + \sum \beta_i D_i \tag{3.5}$$

通过对方程（3.4）和（3.5）的回归拟合，我们可以估计出资本和劳动的产出弹性 α_K 和 α_L，正规化后可以得到：

$$\alpha_K^* = \alpha_K/(\alpha_K + \alpha_L)$$

$$\alpha_L^* = \alpha_L/(\alpha_K + \alpha_L)$$

现在我们可以以将"全要素生产率"或 TFP 定义为：

$$\hat{\text{TFP}}_t = \frac{Y_t}{K_t^{\alpha_K^*} L_t^{\alpha_L^*}}$$

根据这个定义，第 t 年的 TFP 增长率应为：

$$\hat{\text{TFP}}_t = \frac{\text{TFP}_t}{\text{TFP}_{t-i}} - 1$$

而 $t_1 - t_2$ 年间的 TFP 增长率则为：

$$\hat{\text{TFP}}_{t_1 - t_2} = \sqrt[t_2 - t_1]{\text{TFP}_{t_2} / \text{TFP}_{t_1}} - 1$$

为了计算获得 TFP 及其增长率，我们在本文末尾的"数据附录"的附表1中收集了1952~1998年间中国经济的总产出、资本投入和劳动投入的时间序列数据。"数据附录"还进一步给出了对数据来源的详细说明，这里不再重复。在那里，我们使用国内生产总值（GDP）作为衡量总产出的指标，其基础数据取自历年出版的《中国统计年鉴》并按1990年不变价格进行了平减处理。关于劳动投入的数据，按照一般的常规做法，我们采用历年社会劳动者人数作为历年劳动投入量的指标。而资本投入为直接或间接构成生产能力的资本存量，它既包括直接生产和提供各种物质产品和劳务的各种固定资产和流动资产,也包括为生活过程服务的各种服务及福利设施的资产,如住房等。

一般来说,估算按可比价格计算的资本存量最常用的方法通常为:①通过普查或根据一定的假定估算出某一计算基期的全社会资本存量;②取得各年份产业部门的投资数字,并将按当年价格计算的各年投资额分别换算成按可比价格计算的投资额;③按每年投资额中各类资产的投资构成,以专门调查测算的各类资产的平均使用年限(即投入使用到完全报废的时间)为依据,测算出每年资本报废的价值,并予以汇总;④从历年投资额中扣除报废总值,得出各年资本的实际增量;⑤根据上年资本存量加本年资本增量等于本年资本存量的原理,推算出历年资本存量的数字。顺便指出,1952~1990 年的资本数据,我们选择使用了贺菊煌(1992)提供的已做过价格平减的资本存量的估计值,而 1991~1998 年的资本数据是按照他的同样方法估计出来的。

我们对上述数据实施了三个不同的最小二乘法(OSL)的回归。在第一个回归中,我们所使用的回归方程为:

$$\ln Y_t = \ln A_0 + \alpha_t t + \alpha_K \ln K_t + \alpha_L \ln L_t + \beta_1 D_1 + \beta_2 D_2 + \beta_3 D_3 + \beta_4 D_4 + \varepsilon_t$$

其中 D_1、D_2、D_3、D_4 这四个虚拟变量分别代表四个比较特别的时期。D_1 代表 1961~1964 年,由于所谓的"三年自然灾害"和前苏联撤回对华援助的影响,这几年的产出明显较低;D_2 代表 1967~1969 年,这是"文化大革命"的头几年。1978 年之后开始推行的经济改革政策则分成两个阶段分别用 D_3 和 D_4 来代表。之所以把这一阶段分为两部分,是因为 1984 年之前主要是农业的改革,而工业改革实际上是在 1984 年之后开始的。

从回归的结果看,与我们预期的一样,"三年自然灾害"和"文化大革命"都对中国经济产生了负面的影响;而经济改革计划对中国的经济增长产生了显著的正面影响。不过,我们注意到,时间变量 t 的系数为负,表明随着时间的推移,生产的技术水平下降了。但考虑到我们在回归中用了较多的虚拟时间变量,因此,技术进步或者说技术效率的改善可能已经在虚拟变量的系数中反映出来了。另外,第一个回归的最大问题还在于资本和劳动的产出弹性让人难以理解 ($\alpha_K = 0.584$, $\alpha_L = 1.806$),而且显著性水平还特别高。经我们进一步的检验发现,原因可能是在资本和劳动之间存在多重共线性问题。为了避免多重共线性,

我们假定 $\alpha_K+\alpha_L=1$，即生产的规模报酬不变。这样一来，回归方程相应地变为：

$$\ln(Y_t/L_t)=\ln A_0+\alpha_t t+\alpha_K\ln(K_t/L_t)+\beta_1 D_1+\beta_2 D_2+\beta_3 D_3+\beta_4 D_4+\varepsilon_t$$

从第二个回归的结果来看，时间变量 t 的系数与显著性水平均不高。因此，我们决定在解释变量中去掉 t，进行第三个回归。第三个回归的各项数据的指标均相当不错，因此我们这里以第三个回归结果作为最终结果。回归结果汇总在本文的"数据附录"附表 2 中。我们估计出的资本的产出弹性为 $\alpha_K=0.609$，劳动的产出弹性为 $\alpha_L=1-\alpha_K=0.381$。因此，根据定义，第 t 年的全要素生产率或 TFP 为：

$$\mathrm{TFP}_t=\frac{Y_t}{K_t^{0.499}L_t^{0.501}}$$

第 t 年的 TFP 的增长率为：

$$\hat{\mathrm{TFP}}_t=\frac{\mathrm{TFP}_t}{\mathrm{TFP}_{t-1}}-1$$

根据这个公式，同时令 1952 年的 TFP 指数为 100，我们计算出了 1952~1998 年的 TFP 指数及其增长率并描绘在图 5 中。我们发现，1953~1998 年间的平均 TFP 增长率大约为 1.07%，而且与我们预期的一样，改革前的 1953~1978 年间的平均 TFP 增长率大约为 0.4%，TFP 增长对产出增长的贡献仅为大约 6.8%；而改革后的 1979~1998 年间的平均 TFP 增长率则上升到大约 2.81%，TFP 的增长对产出增长的贡献也上升到了大约 31%，[1]这说明经济改革对生产效率的改善起了显著的和积极的影响。[2]但是，全要素生产率的增长率在 1992 年以后就出现了递减趋势。正如图 5 所显示的那样，尽管全要素生产率还在缓慢增长，但是它的增长率在 1992 年以后却在不断下降。

---

① 需要指出的是，我们的这一估计结果与李京文等人（1993）的结果也有着惊人的相似之处。

② 我们还注意到，1977~1988 年，平均 TFP 增长率大约为 4.1%，TFP 增长对产出增长的贡献大约 41.9%，这是中国经济 TFP 增长的黄金时期：在这 12 年中，TFP 一直保持着正增长。

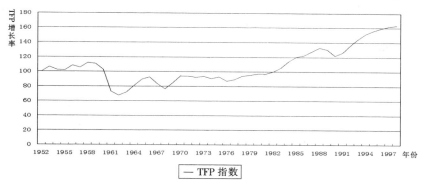

图 5(a)　中国经济的 TFP 指数(1952~1998 年)

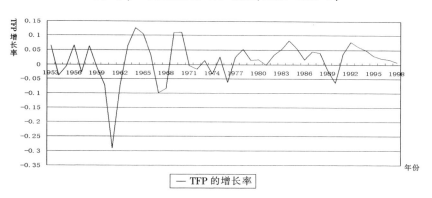

图 5(b)　中国经济的 TFP 增长率(1953~1998 年)

我们的这个结果使我们想到了大琢启二郎、刘德强和村上直树(2000) 对国有部门的 TFP 在 20 世纪 90 年代以后增长减慢的估计结果,同时我们的结果也与谢千里、罗斯基和郑玉歆(1995)对国有和集体工业部门 1988~1992 年间 TFP 增长率下降趋势的估计是相当的一致。他们对这个估计结果的含义曾有过这样的评论:"对于中国工业生产率增长出现减慢趋势的更深层原因也应该引起足够注意,这一趋势是否意味着中国在改革的潜力释放之后最终要像东亚新兴国家和地区曾经历过的那样,走外延增长的道路?其内在必然性如何?这是个值得研究的问题。"

因此,我们有理由相信,在 20 世纪 90 年代以后,生产部门的全要素生产率(TFP)表现出的增长率持续下降对中国经济在这一时期的资本深化加速似乎负有一定的责任。我们不打算在这里详细讨论导致 90

年代以来 TFP 增长率持续下降的主要因素,但是,简单来说,TFP 的增长率下降可以主要由这样几个因素来解释。第一,正如我们在本文第五节将会提到的那样,在中国的工业组织中,"规模效应"并不十分显著。在一些情况下,投资规模大的企业还出现了规模不经济的结果(Murakami, et al., 1994, 1996)。第二,20 世纪 90 年代以后,特别突出的是在1992~1994 年,很多没有效率的投资受到了金融政策的鼓励,大量的信贷被实际上配置到了那些选择不当的项目上去了。这个资本配置的后果会影响到 TFP 的改善。最后,TFP 的增长下降趋势也反映了企业(特别是国有企业和集体企业)内部的机制和治理问题。国有企业制度的改革在 90 年代以后步履艰难,企业的破产和重组并未真正随着市场竞争的加剧而加快其进程,"优胜劣汰"还是特例,尚未成为正常的商业惯例。所有这些都帮助解释了 90 年代以来全要素生产率增长率的下降。

四、资本－劳动比率

利用本文"数据附录"提供的数据,我们很容易观察到中国经济的资本–劳动比率在改革以来的变动轨迹,它在技术层面上反映了资本深化的进程及其速度。为了作出进一步的解释,我们在本节将分析的重点集中在工业生产部门,这是因为工业部门的增长是中国经济总量增长的主要贡献者,工业的增加值(工业 GDP)增长占全部GDP 增长的约 70%。[①]所以,观察工业部门的增长机制对于理解中国经济增长速度在 20 世纪 90 年代中期以来的下降是有典型意义的。具体而言,我们在这里将主要考察国有和乡镇企业两大部门的资本–劳动比率及其企业规模在改革以来的变动。

1.资本–劳动比率的增长

为了观察中国不同所有制工业部门的资本–劳动比率的变动,我们在表 1 利用所获得的官方数据计算并给出了 1980~1996 年国有部门、集体部门和大中型企业部门的资本–劳动比率及其增长率。在计算资本–劳动比率时,我们这里分别使用了官方公布的名义值资本数据

---

① 以 1999 年为例,GDP 增长 7.1%,其中 4.3 个百分点是工业增长的贡献(中国社科院经济所宏观课题组,2000)。所以,观察和解释 GDP 的增长,可以主要关注工业增加值的增长。

和按固定资产价格指数平减的实际值资本数据。[1]显而易见,在1980~1996 年间,特别是 80 年代后期以来,无论是国有企业部门还是集体企业部门都经历了资本-劳动比率的持续而显著的上升趋势。但是,值得注意的是,集体企业部门的资本-劳动比率上升得比国有部门更快,而且无论是按名义值计算的资本-劳动比率还是按实际值计算的资本-劳动比率,结果均为如此。这说明,集体企业部门在 20 世纪80 年代后期以来实际上经历着非常迅速的资本深化过程。考虑到农村的"乡镇企业"是集体部门的主要涵盖对象,这个结果的含义自然就再清楚不过了,那就是说,乡镇企业的资本-劳动比率实际上在快速地上升。

我们的这个观察结果与现有的一些研究也是一致的。例如,陈剑波(1999)的研究也发现,20 世纪 80 年代中后期以来(特别是进入 90 年代),乡镇企业的发展开始表现出了令经济学家不能完全预料的变化和特征,那就是它的技术选择路径开始出现偏差,它的技术变化并没有如正统的理论所期望的那样沿着技术中性或节约资本要素的路径发展,相反,资本的密集度却有不断提高的趋势。如表 2 所示,乡村两级企业在 1978~1996 年间经历了资本-劳动比率以及平均资产规模的显著上升。[2]由于资本的密集度不断提高,乡镇企业的资本-产出率不断上升。几乎从那时开始,乡镇企业在很多方面经历着与国有部门类似的扩张模式和财务绩效(Zhang, 2000)。从正统的发展经济学理论来看,假定其他情况保持不变,那么乡镇企业的效率和发展前景在很大程度上依赖于它的技术选择路径与中国的要素禀赋结构变动的一致性。而长期存在着过剩的劳动力显然又是决定中国经济要素结构的最重要的特征。这意味着,乡镇企业是否将维持其相对的效率并主导中国的制造业经济,实际上取决于它对所谓"适当技术"的理性选择能力。因此,在乡镇企业部门表现出的资本-劳动比率的过快增长将影响中国经济的长期发展和农村工业化的进程。

---

[1] 对这些价格指数的说明以及数据的来源,参见本文最后的"数据附录"。

[2] 表 3 引自陈剑波(1999)。但需要提醒的是,由于作者在他的论文中没有提到数据的来源和对数据的处理方法,所以,陈剑波(1999,表 1)的数据可能是没有进行价格平减的名义值。当然,基于我们在本文表 1 的计算结果可以知道,使用名义值实际上并不影响他的基本结论的有效性。

表 1　中国工业部门资本–劳动比率的增长率(1981~1996 年)

年份	名义值			实际值		
	国有企业	集体企业	大中型企业	国有企业	集体企业	大中型企业
1981	0.8	12.62	−0.01	1.74	5.27	0.33
1982	3.61	6.07	2.62	2.28	9.56	1.67
1983	6.23	10.64	13.45	5.03	10.10	12.06
1984	4.41	7.62	8.07	3.76	4.15	6.99
1985	13.75	14.81	4.74	5.48	4.97	0.78
1986	8.23	12.77	8.34	6.37	7.82	3.34
1987	11.54	15.52	10.25	5.47	8.85	3.76
1988	12.14	18.02	12.06	6.55	11.41	5.58
1989	13.91	19.02	13.52	6.51	12.52	4.38
1990	13.23	14.21	11.78	6.73	10.24	4.50
1991	14.62	12.70	13.80	6.01	6.32	4.08
1992	13.84	15.16	13.04	6.83	7.23	3.10
1993	9.01	20.04	2.22	7.39	11.78	1.25
1994	21.37	31.05	27.56	13.50	19.29	13.21
1995	31.66	8.20	22.89	16.91	21.26	10.83
1996	30.88	23.09	23.65	15.50	13.29	10.45
平均增长率(1981~1996)	13.08	15.10	11.75	7.25	9.06	5.39
平均增长率(1988~1996)	17.85	17.94	15.61	9.55	10.47	6.37

说明:本表的单位为%。计算时仅保留了小数点以后两位,未做四舍五入处理。

资料来源:参见本文的数据附录。

表 2　中国乡村两级企业平均资产规模及资本–劳动比率的变动轨迹(1978~1996 年)

年份	总资产(万元)	劳动力(万人)	企业数(万个)	平均资产规模	资本–劳动比率
1978	276.8	2826.5	152.4	1.82	0.10
1979	358.8	2909.3	148	2.42	0.12
1980	443.2	2999.7	142.4	3.11	0.15
1981	505.01	2969.6	133.7	3.78	0.17
1982	572.88	3112.9	136.2	4.21	0.18
1983	635.48	3234.6	134.6	4.72	0.20
1984	844.36	3848.1	165	5.12	0.22
1985	1179.89	4152.1	156.9	7.52	0.28
1986	1512.97	4391.52	151.74	9.97	0.34
1987	2094.41	4718.23	158.28	13.23	0.44
1988	2775.06	4893.93	159	17.45	0.57
1989	3376.28	4720.1	153.5	22	0.72
1990	4227	4592	146	28.95	0.92
1991	4118	4769	144	18.6	0.86
1992	6841	5176	153	44.7	1.32
1993	10103	5768	168	60.14	1.75
1994	15046	5899	164.1	91.69	2.55
1995	19887	6060	162	122.76	3.28
1996	23337	5628	155	150.56	4.15

资料来源:陈剑波(1999)。

　　在现有的研究文献中,乡镇企业部门被认为是改革以来中国经济中最具"活力"的部门。大量的观察和研究表明,由于接近农村的剩余劳动力,乡镇企业进入并主导了"劳动密集型"的工业部门。这一假说得到了大量经验研究的进一步证实。例如,改革以来,乡镇企业被证明实现了比国有部门更高的"全要素生产力"的增长率,意味着乡镇企业比国有企业具有更高的生产效率(Otsuka, et al., 1998)。毫无疑问,以乡镇企业为代表的农村工业的迅速崛起和扩张是中国经济改革以来所取得的最重要的成果之一。经过 20 年的发展,乡镇企业的增加值已占中国工业增加值的 49%（新华每日电讯，2000/7/8），而对 GDP 增长率的贡献份额也已达 30%。在中国的"非国有部门"中，乡镇企业成为规模最大的制造业部门。不用说，乡镇企业部门在调整中国的工业结构和农村的工业化进程中扮演了重要的角色。

但是，对经济学家来说，乡镇企业部门 20 年来的超常扩张模式也许留给我们更多的还是问题而不是解决问题的答案。在早期，经济学家试图理解乡镇企业高速增长的动力、效率以及效率的源泉。在中期，经济学家格外关注乡镇企业的前景。乡镇企业是否将全面取代国有企业而主导中国的经济成为一个非常重要的问题。在比较的意义上，中国的乡镇企业是否代表着农村工业化的一种新模式？或者中国的乡镇企业仍是东亚经济中的农村小企业的翻版，也都成为理解和解释中国经济长期发展的重要因素。而在过去的 5 年，正在许多地区发生的乡镇企业的产权结构的变换（民营化）虽然引起了更多经济学家的兴趣，但是，这种制度的变革对乡镇企业未来的技术选择和发展模式会产生什么样的影响，目前仍是不清楚的，值得我们进一步去观察。毫无疑问，这是一个重要的问题，我们在这里希望引发经济学家对这个问题的思考以及它对中国经济发展的含义。

除了国有企业部门和集体企业部门之外，在表 1 我们还计算了大中型企业的资本–劳动比率的增长率。结果显示，大中型企业部门的资本–劳动比率的增长率明显低于国有企业和集体企业部门。出现这个结果的一个原因自然是，在改革初期，大中型企业本身已具有相当高的资本–劳动比率并始终保持着与小型企业在资本–劳动比率上的差距。例如，我们在计算中发现，在 1980 年，大中型企业部门的资本–劳动比率几乎是集体企业部门的 7 倍。众所周知，由于计划经济体制和长期执行的重工业优先发展的策略，在大多数工业部门，国有企业不仅规模大而且装备了资本非常密集的技术。

例如，我们按照 1991 年固定资产原值 1 亿元以上为定义的大型企业的数据计算了大型企业在中国制造业中的部门分布。从给定行业的组织结构来看，在石油开采和石油加工、木材采运、烟草加工、化纤、黑色金属和有色金属冶炼、电热等部门，大型企业占有较显著的比重。其中，石油开采和烟草加工部门，大型企业的比重分别占 51.4% 和 15.2%。另一方面，按照本行业的大型企业占全部工业大型企业的比重来看,大型企业又主要分布在机械、纺织、煤炭、化工、建材、黑色和有色金属冶炼、交通运输设备等部门。这意味着,像纺织和机械等这样的部门,虽然中小型企业占了绝对的比重,但是大型企业的绝对数却非常大,分别为 122 家和 186 家。[①]在计划经济体制下,国有企业(特别是大型企业)往往趋于演变成典型的垂直一体化的组织结构。[②]情况常常是,国有大型企业不仅生产某些最终产品,而且还生产零部件和中间产品,所以它们的规模比较大、资本比较密集。

但是,由于集体部门的资本深化速度非常快,所以到 1996 年,集体部门的资本–劳动比率已经上升到大中型企业部门的 1/4 左右。当然,大中型企业的资本–劳动比率仍在增长,不然的话,按照现有的增长模式,集体企业部门在资本–劳动比率上很快就会赶超大中型企业。基于这一观察,我们更加确信,集体企业部门的劳动生产力的持续增长在很大程度上似乎应该是资本迅速深化的结果,尽管我们不否认乡镇企业可能比国有企业更有效率一些。[③]利用官方的数据并按工业产值价格指数进行处理之后,图 6 给出了 1980~1996 年中国工业企业按实际工业净产值计算的劳动生产力曲线。[④]这个以所有制为基础计算出来的劳动生产力的增长曲线显示,集体企业部门的劳动生产力虽然在 80 年代低于国有企业部门,但是从 1992 年开始却超过了国有企业部门。对这个观察的部分解释往往是,集体部门在劳动密集的部门具有显著的比较优势。但是,即使我们相信集体企业部门(主要是乡镇企业)的 TFP 在改革后时期有更显著的增长,我们似乎也不能无视和排除资本–劳动比率的快速上升对劳动生产力增长的"贡献"。至少从图 6 上我们发现,国有部门、集体部门和大中型企业部门的劳动生产力的

---

① 如果将大企业的定义从固定资产原值 1 亿元改为 5000 万元的话,那么纺织和机械行业的大企业数则急剧上升到 471 和 491 家。参见《中国工业经济统计年鉴(1992)》(国家统计局,1992)。

② 在中国,我们俗称这个垂直一体化的结构为"大而全、小而全"。当然,在实际上,这种垂直一体化的结构主要还是典型地出现在国有大企业身上。我们曾经对计划经济体制下的国有企业趋于形成这个垂直一体化结构的逻辑进行过深入分析(张军,1992)。

③ 我们知道,根据新古典的生产函数理论,利用我们第二节的框架可以得出,劳动生产力的增长率可以分解为资本–劳动比率的增长率与 TFP 增长率的加权和。

④ 在计算实际劳动生产力中,我们使用了卢荻(Lo, 1999)提供的工业净产值价格指数。参见本文的数据附录。

差别及其变动模式与表1所显示的它们之间的资本–劳动比率（装备水平）的增长率差别显得十分的吻合。

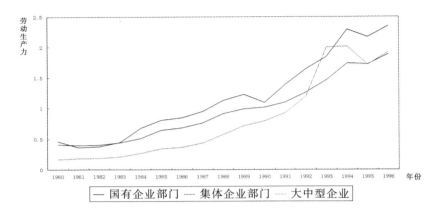

图6　中国工业企业实际劳动生产力的变动轨迹（万元/人·年，1980~1996年）

2.乡镇企业的规模增长

观察中国乡镇企业的规模变动为我们提供了解释资本深化的另一个重要的视角。对很多经济学家来说，乡镇企业于20世纪70年代末在中国的大规模崛起似乎成为对东亚经济发展模式的又一个佐证。的确，以东亚的农村工业化的经验为背景来考察中国的乡镇企业，我们会发现许多"部门"层次上的相似的特征。比如，在80年代初期，许多乡镇企业是通过与紧邻的国有企业建立合作和分包关系而出现的。[①]另外，80年代以来，乡镇企业部门无疑大量进入并主导了劳动密集的生产部门，接近并大量吸纳了农村地区的剩余劳动力，在这些方面都与东亚经济发展和农村的工业化过程有相似的特征。应该说，这些特征在80年代末期之前表现得最为显著。但是在企业层面上，我们却发现，中国的乡镇企业与典型的东亚地区的乡村企业始终存在着巨大的差别。这种差别的最显著结果是，中国乡镇企业的平均规模要比日本和台湾地区的乡村企业大得多。

---

①　例如，世界银行的调查报告(Byrd, 1990)和陈剑波(1999)提供了关于乡镇企业兴起的许多典型的案例。正如他们所指出的那样，在早期，乡镇企业甚至往往是通过与国有企业的某些"个人关系"等非正规途径而建立起来的。

表 3 显示了中国大陆、日本和台湾地区乡村企业的平均职工人数（以企业平均职工人数作为对企业规模的一个衡量指标）的对比。我们看到,日本和台湾地区的乡村企业在规模上比较接近,平均企业规模不到 20 人,远远小于中国大陆的乡镇企业。根据表 3 的数据,在纺织业,中国乡镇企业的平均规模约为日本的 14 倍。表 3 还显示出,日本在纺织和服装等行业的企业规模甚至小于台湾,表明日本小企业的生产专业化程度比台湾高(Otsuka, 1998),这可能是因为,在日本,绝大多数的中小企业都是在与大企业和商社的分包关系下生存下来的(Patrick and Rohlen, 1987)。最后,从表 3 我们进一步发现,台湾的乡村制造业企业的平均规模在下降,而中国大陆的乡镇企业的平均规模却在上升。

的确,中国的乡镇企业在规模上远大于日本和台湾地区的乡村企业。而且,以企业的平均资产规模作为企业规模的指标来衡量,乡村两级企业在 20 世纪 80 年代后期实际上经历了非常显著的规模扩张。在1980~1985 年,乡村两级企业的平均资产规模约为 4 万元,1986~1992年上升到大约 20 万元,而在 1992~1996 年,这个平均的资产规模高达94 万元。[1]在乡镇企业比较发达的江苏省,即使在 80 年代中期,乡镇企业的平均规模几乎是全国平均水平的两倍,而江苏无锡的乡镇企业几乎是全国平均水平的五倍(Byrd and Zhu, 1990)。当然,在村一级或一些经济落后的地区,乡镇企业的规模要小一些。不过,即使在村一级的企业,纺织和机床等行业的平均规模(1985 年分别为 59 人和34 人)也大于日本和台湾地区的同类企业。实际上,在纺织业,按照单位企业的就业人数来衡量,中国村级纺织企业的平均规模(59 人)约为日本的7~8 倍。80 年代中期的一项对 200 家大型乡镇企业的调查显示,样本企业的平均工业产值为 400 万元,平均每个企业的利润为 56 万元,固定资产为 120 万,就业规模达 370 人。[2]

---

[1]　这个数据是根据陈剑波(1999)的表 1 所提供的基本数据计算出来的。

[2]　据 1999 年的资料显示,销售收入在 500 万元以上的乡镇企业有 6.8 万多家,其中大中型乡镇企业有 8000 多家(新华每日电讯,2000 年 7 月 8 日)。

表3　日本、台湾地区和中国大陆的乡村企业的平均规模（按照就业人数衡量）

地区	1971/1976	1981	1991
日本 *			
全部制造业	17.8	15.1	16.6
食品和饮料	12.8	14.3	16.4
纺织	11.0	7.9	8.0
服装	12.9	11.7	12.3
基本金属制品	70.2	47.1	41.9
金属纤维	12.3	9.6	10.7
工程	24.9	17.2	17.0
台湾地区 **			
全部制造业	20.1	18.1	16.6
食品和饮料	8.2	9.4	11.2
纺织	55.7	37.2	23.8
服装	54.9	45.9	26.4
基本金属制品	34.0	25.2	21.6
金属纤维	9.4	7.5	8.2
工程	11.9	10.0	10.7
中国大陆			
全部制造业	–	30.6	43.9
食品和饮料	–	8.3	9.7
纺织	–	82.2	108.1
服装	–	51.5	69.6
基本金属制品	–	60.2	71.2
金属纤维	–	36.5	42.5
工程	–	40.8	48.5
中国江苏 ***	–	87.8	–
江苏无锡 ***	–	119.4	–

　　说明：* 日本的数据为整个制造业而不仅仅指乡村企业；** 这里为台湾地区1976 年的数据。*** 根据伯德和朱（Byrd and Zhu, 1990）提供的 1984 年乡属企业和村属企业的数据按照两类企业的产值比重加权平均计算得出。

　　资料来源：原数据资料的来源为《中国统计年鉴》和《中国工业经济统计年鉴》有关各卷以及实地调查数据。这里江苏和无锡的数据系本文作者根据伯德和朱（Byrd and Zhu, 1990, p.104）提供的数据再计算出来的，其他数据来源于大琢启二郎（Otsuka, 1998,p.457~458）

不过，虽然从东亚经济发展和农村工业化的经验来看，中国的乡镇企业的规模偏大了，可有意思的是，无论是在中国的政府部门还是在一些经济学家那里，乡镇企业的规模常常被指责为"太小"以至于难以发挥规模经济效应。而在东亚的经济发展过程中，被广泛接受的重要经验之一是农村工业化的相对成功，不仅如此，与人们普遍持有的观点相反，在东亚的农村工业化过程中，大量的、分散的中小企业则扮演了极其重要的角色。尤其是，在日本和台湾地区经济发展的早期阶段，农村的小企业成功地利用了过剩的农村劳动力和相对低廉的劳动力价格，对劳动密集型的产品出口作出了非常重要的贡献（Ranis，1995；Chinn，1979）。在理论的发展方面，将充分利用和发挥农村廉价劳动力的比较优势作为东亚经济实现农村工业化的成功战略也几乎达成了共识（Mead，1984）。

显然，中国乡镇企业的规模问题并没有得到真正的理解。一般而言，那些认为乡镇企业的规模偏小的观点主要基于的理由是，乡镇企业的发展受到了资本市场不完全的制约，缺乏充足的资本和更新的技术限制了乡镇企业的规模扩张。这个假说的含义是，乡镇企业的规模将会随着资本市场的改善而进一步扩大。在东亚经济的农村工业化过程中，这个类似的问题也经常被提出来：乡村企业的规模是否被金融市场的缺陷而制约了？而另一种观点则坚持认为，东亚的乡村企业所以比较小，不是因为金融市场的缺陷，而是因为（城乡的或大型企业与小型企业之间的）分工和市场专业化关系高度发展的结果。其中，乡村企业与城市大企业之间的"分包制"被认为是这个专业化关系的典型机制（Hayami，1998）。

事实上，分散的小型企业的确能在现代的经济发展过程中存在并对经济增长作出贡献。传统上，人们认为农村的工业往往是家庭的手工业，使用原始的技术来生产就地消费的一些商品。[①]这种手工作业的生产方式无法对现代的经济发展作出贡献。不过，正如有的学者所强调的那样，传统的家庭工业只要能与现代的生产方式相结合，它就可能具有推动经济增长的潜力（Ranis and Stewart，1993）。这一点成为理解东亚农村工业化成功经验的关键。大量的研究都指出，"分包制"

---

① 在发展经济学的文献中，农村工业生产的这种简单的和传统的产品被称为 "Z-商品"。可参见哈米尔和雷斯尼克（Hymer and Resnick，1969）。

(sub-contracting)的引入和发展是东亚地区向农村工业引入现代生产方式的最典型的渠道,借助于"分包制",农村的小企业和城市的大工业建立了有效的分工和专业化的工业组织结构,从而解决了农村地区所匮乏的资本、技术和销售系统等制约因素(Watanabe, 1970; Mead, 1984; Hayami, 1998)。

基于这样的解释,乡村企业的规模小就不仅不是非效率的源泉,而且蕴藏了效率和经济增长的潜力,这也使之成为经济发展和农村工业化的"东亚模式"的重要内涵。置于这个理论框架内,中国乡镇企业的规模与东亚经验的差异似乎就可能用专业化的不同程度来解释了。正如大琢启二郎所解释的那样:"中国的乡村企业为什么这么大?与在社会主义的体制下建立起来的巨大的、垂直一体化的国有企业不同,乡镇企业相对比较年轻,而且可以自由从事市场交易。在我们的分析框架内,企业规模偏大的一个最合理的解释是市场交易的低效率和企业间交易协调的微弱。"的确,在发展中的经济里,金融市场的缺陷显然是存在的。但是,正由于存在正规金融市场的缺陷,所以非正规的金融市场(民间金融)得到了发展,而且从东亚的经验来看,乡村企业的发展的确主要依赖了非正规金融的发展。实际上,"分包制"也应该被理解为一种回应金融市场缺陷的金融制度。无论怎样,金融市场不完全所导致的也许是最重要的结果是,乡村企业选择了少用资本的技术,大量需要劳动高度密集型的产品的生产。换句话说,对乡村企业的规模变动的讨论应该与其技术的选择和要素的密集度联系在一起。

因此,如果企业规模的变动(扩大)并不改变要素的密集度(提高资本-劳动比率),那么我们似乎就不应该批评企业规模的扩大。不仅如此,似乎只有在这种情况下,规模效应(规模经济)才真正可能成为改善生产效率的一个源泉。有的计量研究曾发现,在劳动密集的部门,市场(需求)的扩大常常有助于改善企业的全要素生产率而未必显著改变要素的密集度,这种效率的改善往往是典型地通过规模经济而达到的(Dollar and Sokoloff, 1990)。相反,假如企业规模的增长伴随了资本密集度的提高,那么我们要关注的问题就不再是企业的规模是否得当,而应该是企业的技术选择是否合理。[①]所以,对中国乡镇企业规模偏大的解释理所当然地应该与乡镇企业部门所经历的要素密集度的显著上升联系在一起。另外,我们也不否认市场的分工和专业化的程度不高可能是导致中国的乡镇企业规模相对偏大的另一个因素,但即使如此,仍然需要回答的问题是,是什么因素决定了这种过低的专业化的水平?为什么在中国的农村工业化进程中没有能够维持那些能不断提高专业化水平的制度因素(比如"分包制")?这显然需要我们从市场结构和工业组织的形成过程中寻求解释的途径。

五、古典竞争与过度投资

在本节,我们希望为乡镇企业部门快速上升的资本-劳动比率提供一个解释。我们认为,决定乡镇企业资本深化进程的主要因素实际上在很大程度上也为整个工业部门(包括国有企业在内)的资本-劳动比率的变动模式提供了解释的思路。在此,我们首先想指出的是,乡镇企业的资本-劳动比率的快速上升并不是主要因为乡镇企业面临的劳动力价格上升过快。事实上,正如有的研究所发现的那样,乡镇企业的工资总额在 1978~1984 年均增长速度为 18.43%,而在 1985~1990 为 15%,同期乡镇企业的人均工资年平均增长速度分别为 4.27% 和 12.52%。而如果扣除物价增长的因素,后者的增长水平实际上是下降的(陈剑波,1999)。

另外,关于乡镇企业的实际工资水平是否出现过快的增长,可以通过考察农村劳动力在地区间是否有正常的流动来加以回答。我们注意到,大塚启二郎等人(2000,中文版,第 9 章)根据上海、济宁、沈阳和大连 4 个城市郊区的乡镇企业在 1990 和 1995 年的样本数据对乡镇企业的工资决定函数做了正规的统计拟合。从理论上说,考察乡镇企业实际工资水平的增长趋势的关键是观察劳动力跨地区的流动模式,

---

① 张军(2001b)对中国工业的企业规模和规模经济问题做了理论的讨论和经验的检验工作。在那里,我们发现,中国的大型企业部门表现出的较高的利润率似乎并不是实现规模经济的结果,而更可能是一种"部门效应"。因为那些工业部门集中了中国经济中最熟练的劳动力和工程技术人员,从而比中小型企业具有更高的学习和消化技术的能力。

因为如果乡镇企业较发达的地区倾向于采取排斥或歧视外来劳动力的政策，那么这将导致乡镇企业的工资水平过快的增长。为此，他们提出了一个不同的假说，认为由于乡镇企业的竞争比较激烈，会使得那些歧视外来劳动力的乡镇企业无法生存，因而，只要劳动力在地区间能够流动，乡镇企业的工资不太可能有过快的增长。他们发现，人均固定资产对外来劳动力的比率有正的显著影响，这就意味着，劳动力的流动明显地缩小了由乡镇企业的不同发展水平所引起的潜在的地区间工资的差距。

如果农村劳动力的工资水平没有出现过快的增长，那么，乡镇企业持续上升的资本–劳动比率就主要不是对劳动力价格的理性反应，而是一个需要从工业组织或市场结构的角度来解释的问题。为此，我们曾发展了一个简单的"过度进入"的概念框架来解释转轨中的工业组织的结构特征（Hallagan and Zhang, 1998; 张军和哈勒根，1998）。我们模型的含义是，由于特定的财产制度和需求环境，特别是地方政府的介入，乡镇企业向工业部门的进入遵循了"古典竞争"的特征，从而导致过度进入和不断升级的投资。根据这一解释，不断提高的资本密集度主要不是劳动力实际价格的上升或上升过快的结果，而是乡镇企业部门过度投资和过度进入的产物。

在我们看来，乡镇企业的上述进入方式决定着它的资本形成方式。而乡镇企业趋于出现过度的进入并非如一般认为的那样是因为信贷市场不完全，而是因为信贷市场受到了政府的干预。但在其他新兴的市场经济中，由于资本市场不完全，新兴部门的进入不仅十分缓慢，而且常常表现为企业的规模偏小。在东亚的农村工业化进程中，同样由于资本市场不完全，农村企业不仅规模小，而且典型地选择了与城市大工业的"分包"关系来回应资本的短缺问题。在这些情况下，农村小企业的发展持续地吸纳着剩余劳动力和推动着工业化的进程。相比之下，中国的乡镇企业却"过早"地走上了选择资本密集技术的路径，对剩余劳动力的吸纳能力不断下降。

回顾历史，在中国农村工业发展的早期阶段（20世纪50~70年代），乡镇企业（当时被称为"社队企业"）的发展和技术的选择路径明显地带有"东亚"的农村工业化的特征。例如，陈剑波（1999，第35页）对中国乡镇企业的早期发展和技术获得的方式做了这样的描述："在50年代乡村工业开始发展时，中国农村几乎还没有近代工业技术，主要以农村传统的手工业技术为主。60年代的中后期，随着农业机械化的推行，一些地区陆续创办了一些农机具修配企业和其他一些企业，此时一些机械加工技术开始逐步进入乡村企业之中。进入70年代，相随于中央政府积极推行农业机械化的要求，一批简易工作母机开始进入农村普遍建立的农机具修造企业。在此阶段，以农机具修造为基础的乡镇机械工业雏形由此形成。同时为了满足农业生产及农民生活的需要，部分有条件的地区开始兴办一批小型设备和技术，同时靠近城市的部分农村地区通过一种类似'分包合同'的方式在与城市大工业产品进行配套生产过程中，获得了城市工业的技术人才的指导和部分技术设备。"

甚至在20世纪70年代后期到80年代中期之前，乡镇企业的技术来源还主要是依赖于国有企业的非正规途径而获得的。国有企业淘汰的设备以及来自于国有企业的工程技术人员成为乡镇企业获得技术的重要来源。因此，乡镇企业实际上选择了劳动高度密集的产品的生产。典型的情况是，乡镇企业与国有企业不同，它往往不是生产许多产品，而是集中单个产品的生产，大多数产品的生产是向城市国有企业分包来的（Naughton, 1995, p.155；陶友之，1988）。然而，这种分包关系并没有演变为稳定的分工和合作的契约关系。不仅如此，在一些乡镇企业发达的地区，乡镇企业试图减少和摆脱对国有企业依赖的动机非常强烈。据江苏省社会科学院的调查发现，在无锡乡镇企业的工业总产值中，向城市国有企业的分包所占的比重在1981年超过了70%，而在1985年下降到了21%。[①]

事实上，在20世纪80年代中后期，作为政策，虽然政府鼓励乡镇企业与国有企业进行广泛的所谓"横向联合"，但是这个努力并未得到乡镇企业的积极响应，最后以失败而告终。[②]而如果没有与国有部门之

---

① 这一数字是从世界银行的研究出版物中间接得到的。参见波德和林青松主编的英文版《中国的乡村工业：结构、发展与改革》（Byrd and Lin, 1990）第5章"市场关系与工业结构"的有关论述（尤其是第97页）。

② 复旦大学经济研究中心在1987年组织了对上海地区的国有企业与外地乡镇企业的"横向联合"的大型调查，为我们了解乡镇企业与国有企业之间进行联合的复杂动机和方式提供了大量值得认真分析的信息。参见这一调查的研究报告《企业改革与发展新路：上海工业企业横向联合调查报告集》（复旦大学经济研究中心，1988）。

间形成特定的分工和合作的稳定契约关系,那么,乡镇企业的进入在事实上就成为国有企业的竞争对手。我们认为,认识到乡镇企业与国有企业两大部门的这个进入—竞争关系对于解释乡镇企业部门快速的资本深化是非常重要的。为国有企业与乡镇企业的竞争方式提供任何理论的解释并不是本文的目的,相反,我们希望为这个竞争方式提供一些经验的描述以帮助说明乡镇企业的资本–劳动比率快速上升的基本原因。

为了描述这种竞争方式,首先我们必须指出,乡镇企业的大规模进入并不能简单地和孤立地用乡镇企业较之国有企业的"比较优势"来解释。由于在20世纪80年代初期,计划经济体制下的种种扭曲还存在,乡镇企业的进入既可能是因为它们有较之国有企业的所谓"比较优势",也可能是对要素和产品市场上现存的一些经济扭曲的理性反应。具体而言,在一些国有部门留下的未被满足的需求场合,乡镇企业的进入有助于矫正过于重工业化的产业结构和产品结构。在这些劳动非常密集的生产领域,乡镇企业的确发挥了它们在利用廉价劳动力方面的比较优势。

而在另外一些场合,如纺织业,乡镇企业的进入则更可能是因为被扭曲的高利润环境所吸引,而且它们的进入实际上争夺了国有企业的产出和利润。世界银行出版的中国企业改革的研究报告(Byrd,1992)提供了反映20世纪80年代中国工业组织结构特征的一些背景资料。例如,中国的纺织行业典型地表现出了多种所有制和不同规模的企业并存的组织格局。尽管有大量的国有大型企业,但80年代初,在17100家纺织企业中,有2/3的企业为地方小型企业,仅有1/3隶属于纺织工业部和地方政府的纺织工业局。这当中,国有企业为3261家,城市集体企业2314家,国有与集体联营以及与香港企业合资的有66家(Sabin,1987,p.231)。[①]但是,在这种情况下,乡镇企业的进入是

[①] 从分部门来看,1990年乡镇企业进入黑色金属和有色金属冶炼及压延加工行业的企业数量分别为5648和3839家,进入交通运输设备制造业和电子及通讯设备制造业的企业数量分别为7603和3506家。在钢铁工业这个规模报酬递增并以国有大企业为主导的部门,乡镇企业也占有相当的比重。这些乡镇企业主要生产最终产品(钢材)。《中国统计年鉴(1995)》(国家统计局,1995)显示,1994年生产钢铁的乡镇企业达到17455个,它们提供了钢铁工业总产值的26%。

否在总体上提高了经济的效率，似乎是不能肯定的。不仅如此，由于过度的进入和竞争，该部门的盈利能力实际上恶化了。诺顿（Naughton，1995，p.159）曾经分析了乡镇企业进入纺织业的情况。[①]他发现，由于乡镇企业过度使用了劳动力，其生产并不比国有企业更有效率。因此他也倾向于认为，在一些制造业部门，乡镇企业的进入和增长实际上可能恶化了社会福利的水平。

对于前一种情况，虽然乡镇企业发挥了比较优势，但是由于乡镇企业之间的竞争非常激烈，而且更重要的是，由乡镇企业的社区产权的性质所决定，这种竞争往往带有典型的"新古典调整"的特征：一个新的市场机会将迅速诱导大量的模仿者进入，价格和边际利润随之下降，直至市场饱和，利润趋于为零，出现均衡（Byrd and Zhu，1991）。这种竞争虽然会导致效率的一次性改善，但由此形成的工业组织则毫无疑问缺乏持续的和动态的改进机制（如创新、重组、稳定的买卖关系和信誉等）。在与国有企业直接竞争的场合，由于国有企业部门，特别是大中型企业部门的资本装备水平比较高，所以乡镇企业必然面临如何能跨越较高的市场进入壁垒的问题。这就意味着，乡镇企业与国有企业的直面竞争实际上就是乡镇企业不断缩小（和赶超）与国有企业装备水平（即资本-劳动比率）差距的过程。这可以从乡镇企业新建项目的固定资产的平均规模和每个项目的投资总额的增长速度中得到部分的证明。1986年，乡村企业新建项目固定资产的平均投资规模为17.51万元，平均每个项目的投资规模为17.21万元，而到1992年则分别为42.83万元和26.19万元，比1986年分别增长144.6%和51.65%。[②]

乡镇企业能够实现快速的资本深化自然又得益于地方政府在信贷上的支持。在现有的文献中，地方社区政府与乡镇企业的关系常常被解释为乡镇企业的一个效率源泉（Weitzman and Xu, 1996; Nee, 1994），这主要是因为他们看到了地方政府的介入降低了乡镇企业在进入市场中的过高的交易成本。但所忽视的问题是，地方政府的介入干预了信贷市场，帮助乡镇企业形成了一种特定的预期，导致了普遍

---

① 哈勒根和张军（Hallagan and Zhang, 1996）发展起来的关于"过度进入"的福利分析的理论模型讨论了这种过度进入的福利后果。最近杨格（Young, 2000）关于中国区域生产结构趋同问题的统计分析似乎也支持了这样的观点。

② 这个数据来自于陈剑波（1999）。

的过度进入和过度投资(过度生产能力)的形成。而面对过度的进入，地方政府和乡镇企业又往往进一步选择提高装备水平作为竞争的策略，因为地方政府干预了信贷市场使得资本的取得比现有生产能力的组织重构更容易。因此可以说，地方政府的全面介入既是乡镇企业高速扩张的原因，也为乡镇企业增长的持续性施加了技术层的约束条件。

六、收益率变动的时间模式

改革以来中国工业部门利润率的持续下降已是众所周知。不过，问题是，虽然工业部门的利润率在 20 世纪 80 年代的下降在改革后时期具有正常回落的成分，但是，90 年代以来持续的恶化显然已不为"正常回落"所解释了。我们进一步的观察发现，中国工业企业的亏损比重和亏损额只是在 1989/1990 年以后才急剧而持续地增长（张军，1998）。我们在图 7 给出了国有部门的亏损变动的时间轨迹，[①]为了更突出亏损在 1988/1989 年以后的急剧增长特征，我们这里使用了国有部门的利润额减亏损额的"剩余"作为观察的曲线。不难看出，这个"剩余"在 1988/1989 年以后急速下降了，到 1995 年，这个"剩余"已持续为负。以上这些观察都似乎说明，投资回报率的恶化事实上存在着一个显明的时间模式。

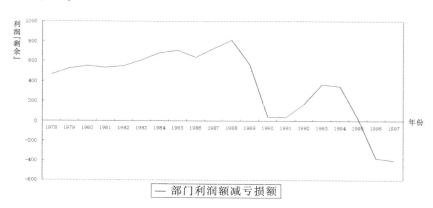

图 7　中国国有部门的利润"剩余"变动曲线(1978~1997 年)

---

①　实际上，整个工业部门发生亏损的时间模式与国有部门是基本相似的，参见张军（1998）。

解释这个时间模式的关键显然不在于竞争的力量本身。在理论上,竞争的压力可以改善而不应恶化企业的盈利能力。但是,竞争对盈利能力改善的正面效应只有在"成熟的市场结构"中才真正存在(Hallagan and Zhang, 1998),而对于一个转型中的经济来说,市场的高度分散化和地方政府的过度干预(包括对信贷的直接干预)易于形成"过度进入"的工业组织结构。在这里,我们想发展的基本假说是,从更深层来看,20世纪90年代以来的制造业部门的利润率的持续恶化反映了制造业部门中存在的过度竞争、过度投资和生产能力的累积性闲置等严重的低效率结果,换句话说,中国工业部门利润率的持续而显著的恶化模式主要是过度进入和过度投资的结果。因此,所有这些结果都应该有助于解释投资回报率的持续恶化。

要在统计上找到支持我们这个假说的经验证据,我们需要做一些简单的推论。我们这里集中考察两个可检验的命题:一是,中国工业部门的资本-劳动比率的上升将对部门利润率产生显著的负面影响。我们得出这个命题的一个基本依据是,过度竞争将导致中国工业部门的资本-劳动比率快速上升,从而加快资本的深化过程。对这个命题的统计检验可以通过估计有待解释的部门利润率函数来进行。如果我们能在统计上发现资本-劳动比率的上升对部门利润率有显著的负面影响,我们就可以将这个结果视为对我们假说的经验支持。第二个可检验的命题是,中国工业生产能力的累积和闲置在总体上限制了工业企业盈利能力的改善。得出这个命题的基本理论依据是,生产能力的闲置是过度投资和过度竞争的结果,而亏损企业的持续增长则"侵蚀"和恶化了中国工业部门的利润率(张军,2001a)。

我们在表4报告并汇总了国有部门、乡镇企业部门和全部工业部门的利润率函数的分别估计结果。[①]其中,国有部门和乡镇企业部门的估计结果(1)和(2)来自于大塚启二郎、刘德强和村上直树(中文版,2000,第8章),而全部工业部门(样本)的利润率估计结果(5)来自于作者的另一项研究(Liang, Zhang and Murakami, 2000)。在估计部门利润率函数中,主要考虑的解释变量分别是资本-劳动的比率、企业的投资规模以及乡镇企业的进入份额等。根据我们对中国经济增长下降性

---

① 关于数据的来源,参见本文的数据附录。

质的解释,我们期望在统计上发现,①资本–劳动比率的上升对部门利润率有显著的负面效应;②乡镇企业的持续进入争夺了国有企业的利润,使部门利润率恶化;③企业的投资规模对利润率没有显著的"规模效应"。对于国有部门和乡镇企业部门,回归使用的利润率估计函数为

$$\prod_{it}=\alpha_{it}+\sum\alpha_{ij}D_{ij}+\beta_1(K/L)_{it}+\beta_2(K)_{it}+\gamma(X)_{it}+\varepsilon_{it} \qquad (6.1)$$

这里,$\prod_{it}$ 为利润率,D 为工业部门的特征,K/L 为资本–劳动比率,K 为企业投资规模,X 代表乡镇企业的进入份额,ε 是误差项,假定它符合正态分布。统计检验使用了 1987~1992 年 6 年的 39 个工业部门的"面板数据"(即 $t=6$,$i=39$),样本数为 234 个。估计结果(3)和(4)使用滞后一年的乡镇企业的份额,数据样本减少为 195 个。

表 4　中国工业利润率函数的固定效应估计

	国有企业 (1)	乡镇企业 (2)	国有企业 (3)	乡镇企业 (4)	全部工业 (5)
1987–199 数据:					
乡镇企业份额(当年)	−0.41** (−4.59)	0.19* (1.94)	−	−	−
乡镇企业份额(上年)	−	−	−0.22* (−2.27)	0.17 (1.45)	−
资本–劳动比率 (国有企业)	−0.19** (−3.55)	−	−0.02 (−0.28)	−	−
资本–劳动比率 (乡镇企业)	−	−0.58* (−2.25)	−	−0.93** (−3.55)	−
企业规模(国有企业)	0.15 (0.83)	−	0.16 (0.74)	−	−
企业规模(乡镇企业)	−	30.83* (2.13)	−	38.13** (2.74)	−
1995 普查数据:					
Ln(资本–劳动比率)	−	−	−	−	−0.013** (2.73)
Ln(资本存量)	−	−	−	−	0.007* (2.57)

说明:括号内的数字为 T 统计量。* 为 5% 的显著性水平,** 为 1% 的显著性水平。

资料来源:1987~1992 年的回归结果来自于大琢启二郎、刘德强和村上直树(2000,中文版,第 249 页)。1995 年普查数据的回归结果取自梁坚、张军和村上直树(Liang, Zhang and Murakami, 2000)。

另外,全部工业样本混合的利润率估计函数使用了下列形式:

$$\prod_{ij}=b_i+b_1\ln(K/L_{ij})+b_2\ln(K_{ij})+b_3\text{ENG}_{ij}+$$

$$b_4\text{EXP}_{ij}+b_5\text{WEL}_{ij}+b_6\text{SDY}+b_7\text{TDY}+u \qquad (6.2)$$

其中 $\prod_{ij}$ 是第 i 个四位数工业和第 j 种所有制类型的利润率(%),K/L_{ij} 是资本–劳动比率,K_{ij} 是固定资产投资规模,ENG_{ij} 是行业的工程技术人员的比重(%),EXP_{ij} 是出口比重(%),WEL_{ij} 是福利支付比重(%)。SDY 是国有企业的虚拟变量,TDY 是乡镇企业的虚拟变量。b_i 是与第 i 个四位数工业有关的常数项,该值在不同所有制类型企业间保持不变,但在不同的四位数工业部门间却是不同的。$b_h(h=1\cdots7)$ 是系数,u 是误差项。要指出的是,我们在估计全部工业的利润率函数中使用了第三次全国工业普查(1995 年)所提供的"截面"样本数据(样本数是 1266①)。事实上,如果我们在截面上能够发现部门利润率与部门的资本–劳动比率之间存在着统计显著的负相关性,那么,这个经验结果对我们的理论假说也不失为一个有意义的经验支持。

为了突出我们所期望的估计结果,我们在表 4 只选择性地给出了与我们的问题有关的变量的估计系数。根据回归结果(1)和(2),我们发现,资本–劳动比率的上升和乡镇企业的份额的增加对国有部门的利润率有着显著的负面影响(其系数均为负并且它们的 T 统计量的绝对值都非常高)。考虑到回归结果(1)和(2)是使用 1987~1992 年的"面板数据"的估计结果,因而我们有理由相信,国有部门的利润率在这段时间的下降可以用其资本–劳动比率的上升以及乡镇企业的进入来解释。不仅如此,根据回归结果(2),乡镇企业部门的资本–劳动比率的上升也同样降低了乡镇企业的盈利能力。为了避免联立方程偏差问题,(3)和(4)是改用滞后一年的乡镇企业份额重新做出回归的结果,但其结果与回归结果(1)和(2)基本上没有大的变化,而且,对乡镇企业部门来说,资本–劳动比率和企业投资规模的显著性反而都显著改善了。

表 4 中的第 5 列(即(5))是使用第 3 次工业普查所提供的截面数据对利润率函数(2)所做的回归结果。这里我们省去了对其他变量的

---

① 严格来说,我们模型中的几乎所有解释变量都不是外生变量,而是内生变量。然而由于缺乏合适的变量定义,很难构造联立模型。我们只能假设这些变量是预先决定和/或制度性决定的。

回归结果的讨论，仅仅给出了资本–劳动比率和固定资产规模的系数的估计值。

与我们预期的一样，资本–劳动比率的上升对工业部门的利润率产生了显著的负面影响，而固定资产的投资规模对利润率也几乎没有什么正面的效应，1%的资本存量的增加值导致了仅仅0.007%的利润率的增加。这个结果实际上与回归结果（1）和（3）基本相同。不过，我们注意到，在回归结果（2）和（4）中，乡镇企业的规模系数为正并且非常大，似乎令人费解。①

一个可能的解释是，回归使用了仅包含少量解释变量的非常简单的方程，数据还比较粗糙。另一个可能性是，尽管乡镇企业部门的企业平均规模较大，但是由于资本市场高度不完全，大型的乡镇企业比小型乡镇企业在资本的获得上还是更有优势。

在讨论生产能力的闲置对工业部门盈利能力的影响之前，我们有必要简单地讨论一下近年来中国资本形成的变动特征，因为生产能力的累积性闲置是资本形成持续扩张的产物。

我们从统计上发现，在90年代以来，不仅每年的资本形成率依然维持GDP的35%~40%之间，而且年均增长速度也显著高于GDP。②尤其值得注意的是，在90年代以后，在资本形成的增长中，存货增加所占的比重却在存在着下降趋势。在表5我们给出了1995~1999年中国GDP的构成份额以及各构成部分对GDP增长率的贡献。

我们注意到，在中国的GDP总量中，相对而言，存货增加的比重本身不仅非常的小，而且存货增加占GDP的比重在持续地下降。例如，在1995~1999年中，存货增加占GDP的比重分别为6%、5.1%、3.8%、2.4和1.2%。

---

① 还有一个可能性，因为资本存量是名义值，所以，乡镇企业的规模系数的估计值为正，在一定程度上也反映了较新的和较贵的机器具有较高的质量这一事实。

② 所以，如果将中国经济增长速度近年来的持续下降归咎于总需求（其中消费需求和投资需求占90%以上）的下降，显然是缺乏经验基础的，在理论上也存在着概念的混乱。

表5　中国的 GDP 的构成份额及其贡献（1995~1999 年）

	1995	1996	1997	1998	1999
最终消费	58.1 (6.2)	59.2 (6.3)	58.8 (4.4)	58.7 (5.4)	60.3 (6.8)
资本形成	34.2 (2.9)	33.6 (2.9)	33.8 (2.8)	37.4 (2.1)	37.0 (2.0)
存货增加	6.0 (1.0)	5.1 (−0.06)	3.8 (−0.8)	2.4 (−2.6)	1.2 (−1.9)
净出口	1.7 (0.4)	2.1 (0.45)	3.6 (1.5)	3.9 (0.3)	2.7 (−1.7)
GDP	100 (10.5)	100 (9.6)	100 (8.8)	100 (7.8)	100 (7.1)

　　说明:本表的单位为%。GDP 一行括号内的数据为 GDP 的增长率。其余括号内的数据为各构成份额对 GDP 增长率的贡献。我们对"贡献"的计算方法是,先计算出各构成项目每年对 GDP 的边际值,然后分别去乘以 GDP 在当年的增长率。全部数据进行了四舍五入处理。

　　资料来源　国家统计局:《中国统计年鉴》(2001),北京,中国统计出版社,2000,第 5~66 页。

　　这是非常有意思的现象,当资本形成持续高速增长的时候,而存货增加却在下降而不是相应地增长。这说明,资本的形成主要依赖于固定资产投资的持续增长而不是存货投资的增加。换句话说,一方面在不断形成新增的生产能力,另一方面,现有的生产能力的利用率在下降之中。在这种情况下,固定资产投资更快的增长势必会不断被累积成闲置的生产能力。这包括企业的开工率低、引进设备的投产率小、新建建筑物的闲置率高等。几乎可以断言,闲置的生产能力的快速积累迅速成为 90 年代以来中国工业增长所面临的最严重的体制性问题。顺便指出,1995 年的第 3 次全国工业普查获取的 112 种工业产品的生产能力的利用率数据揭示了工业经济中以往的过度投资累积起来的过剩生产能力的现状。

　　由于生产能力数据方面的缺陷和制约,要对中国工业部门的亏损模式与过剩生产能力的相关性作出系统的统计检验是有难度的。但是,作为一个简单和局部的分析,我们可以参考卢荻的研究结论(卢荻,2000)。在 1995 年进行的对全国工业的第 3 次普查(国家统计局,1997)出版物中,卢荻尝试将 112 种工业产品中的 53 种产品的生产能力利用率的数据分类并归并到了反映亏损状况的行业分类数据之中,从而使单变量的相关分析变得可能。在这里,他使用了 3 个衡量行业亏损程度的指标,它们分别是亏损面、亏损率(1)和亏损率(2),其中,亏损面是亏损企业单位数与全部工业企业数的比率,亏损率(1)是亏损额与固定资产净值的比率,而亏损率(2)是亏损额与工业净产值的比率。然后他将给定行业的生产能力利用率作为解释变量,回归了生产能力利用率与 3 个亏损指标之间的相关性。他的回归结果显示在表6 中。很显然,对于 3 个亏损指标而言,生产能力的利用率的系数都分别为负,而且统计上均为显著。这意味着,3 个亏损指标均在很大程度上被过剩的生产能力水平所解释了。

表 6 亏损变动与生产能力利用率的变动:回归分析(1995 年)

	被解释变量		
	亏损企业的比重	亏损率(1)	亏损率(2)
解释变量			
常数	38.496** (10.523)	10.192** (8.406)	16.729** (5.369)
生产能力利用率	−0.166** (−2.950)	−0.087** (−4.661)	−0.112* (−2.342)
调整后的 R²	0.129	0.285	0.0794
观察值	53	53	53

说明:亏损率(1)=亏损额/固定资产净值;亏损率(2)=亏损额/工业净产值。括号内的数字为 T 统计量。* 和 ** 分别为 5% 和 1% 的显著性。

资料来源:卢荻(2000)。

七、结 论

尽管中国经济在过去 20 年维持了世界上最高的平均增长率,但是 20 世纪 90 年代中期以来,经济的增长轨迹似乎改变了 80 年代的周期波动的特征而出现持续的递减趋势。一些经济学家对经济增长率的重新估计甚至认为,1997/1998 年以后,经济的实际增长率要比官方公布的数据低得多。实际上,只要简单地把时间推到高速增长的 1992~1994 年,我们就能够清晰地观察到经济增长率在此之后的持续下降模式,而在 1995 年之前,经济的增长则是剧烈波动的。这样一个经验的观察有理由把我们的注意力转移到中国经济增长过程中的技术层 (长期性)问题。

正如我们所强调的那样,我们并不否认要素投入的增长是中国经济增长的主要源泉,问题是,一个劳动力供给如此充裕的经济,为什么经济的增长这么快就已步履艰难?本文发现,从增长的技术层来说,这个问题的答案主要在于资本-劳动比率上升得过快了,从而使得投资的收益率在 20 世纪 90 年代以后出现了持续和显著的恶化趋势。虽然改革以来企业的技术效率或生产效率(TFP)有了显著的改善,但是投资的效率却在 90 年代以后下降得更加严重,工业部门的盈利能力以及不断增长的企业亏损在 90 年代以后戏剧性地出现了恶化趋势 (张军,2001a)。所以,中国经济增长率在 90 年代中期以来的持续下降在逻辑上应该是一个资本深化速度过快和投资收益出现递减的结果,而不应解释为短期的总需求不足的问题。不仅如此,依照我们的解释逻辑,1995 年以来总需求的增长下降只不过是经济增长下降的结果而不是经济增长下降的原因。

本文发现, 中国经济在经历了 20 世纪 80 年代的增长和1992~1994 年的超常规增长之后,资本形成中所累积的一系列低效率问题就开始显露端倪。导致这个结果出现的主要原因是那个众所周知的过度投资和过度竞争的混合型转轨体制。由于过度的投资和过度的竞争,企业的技术选择显示出资本替代劳动的偏差, 使技术路径逐步偏离了要素的自然结构,资本-劳动比率持续上升,加快了资本的深化过程,导致了投资收益率的持续而显著的恶化。在这个问题上,我们的这个解释与杨格最近对中国经济改革的认真的评价在逻辑上也是一致的。在最近的研究中,杨格(Young, 2000)从统计上证实,中国的工业部门在改革以来逐步显现出了区际间的趋同结构,地区间生产能力的重复和区际竞争严重威胁了中国工业部门的盈利能力,导致地区间的生产模式越来越偏离了其比较优势。他发现,这个偏差在 20 世纪 90 年代以后反而更加严重了。

我们的研究揭示了在我们经济增长过程中的一个重要的体制性扭曲,它的存在导致了过度投资和区际间的过度竞争。在典型的集权计划经济里,要素的价格被严重扭曲以"创造"更多人为的工业租金来补贴工业化和城市化。在转轨经济中,对要素(主要是资源和资金)的计划控制被放松了,取而代之的是地方政府的控制。同样,地方政府深受捕捉租金的激励驱动,竞相发展利润率高的制造业。资本的形成不断提高资本–劳动的比率。从融资方面来讲,虽然改革以来的投资体制发生了很大的变化,但是这种变化并没有伴随真正的资本(所有权)市场的迅速发育。投资体制的改革使财政资金变成了信贷资金,投资的集中决策由分散决策替代了,但是,因为还没有形成有效的资本的所有权制度,资本还没有真正变成稀缺的要素,信贷资金的使用还在很大程度上受到政府的干预。在这种金融体制下,对资金的过度使用还相当的普遍,这可以从中国工业企业(无论是国有企业还是乡镇企业)普遍具有的高负债比率中略见一斑。

毫无疑问,工业部门的盈利能力的持续恶化以及严重威胁投资收益率的资本形成体制和金融制度将是中国经济未来高速增长的严重制约因素。它们的存在及其作用也使得中国维持一贯高速经济增长的代价会变得越来越大,因为在目前的体制下,大量无效率的资本一旦形成,就会进一步强化金融资源的无效分配,而在短期,对投资的鼓励甚至有可能进一步加强长期制约因素的形成,这些问题都将对增长的持续性产生负面的影响。

数据附录

本文研究所依赖的原始数据主要来源于现有的两个研究。它们分别是张军和施少华(2000)的实证研究以及卢荻(Lo,1999)的研究。张军和施少华的研究主要依赖了中国经济 1952~1998 年间产出、资本和劳动力的总量统计数据。其中产出和劳动力人数的总量数据取自历年来的《中国统计年鉴》,并且产出(GDP,单位为亿元)均按照1990 年的不变价格做了换算。1952~1990 的资本数据来自于贺菊煌(1992)对中国资产存量规模的估计研究,而且我们按照他的方法并根据 1992~1998 年各年的全社会固定资产投资总额推算出了 1992~1998 年各年度的资本存量。

在计算按所有制口径划分的资本–劳动比率时,我们分别计算了该比率的名义值和实际值。在计算实际值时,我们使用了卢荻(Lo,1999)在《对中国国有工业企业绩效的再评价:1980–1996》一文中提供的数据。

在这个总量数据中,资本存量和劳动力均按国有部门、集体部门和大中型部门做了细分。其中资本的数据按照资本的价格指数做了平减。1980~1991 年的资本的价格指数来自于谢千里等人 (Jefferson, et al., 1996) 的研究,而 1992~1998 的资本价格指数则是作者根据资本的价格指数与出厂前的工业产出价格指数之间的稳定关系而推算出来的。将名义值换算成实际值的方法如下:第一,$\Delta K_t = K_t - K_{t-1}$;第二,$\Delta K'_t = \Delta K_t / P_K$;第三,$K'_t = K'_{t-1} + \Delta K'_t$,其中 K 为名义值,而 K' 为实际值,P_K 为资本的价格指数。

附表 1　中国经济的资本–产出比率(1978~1998 年)

年份	K	Y	K/Y 比率	K/Y 增长率
1978	24501	6584.4	3.721068	–
1979	26574	7083.1	3.751747	0.008245
1980	28654	7637.6	3.751702	−1.2E−05
1981	30596	8038.5	3.806183	0.014522
1982	32717	8766.2	3.732176	−0.01944
1983	35076	9718.8	3.609088	−0.03298
1984	37936	11192.4	3.389443	−0.06086
1985	41828	12699.6	3.293647	−0.02826
1986	45937	13824	3.322989	0.008909
1987	50254	15424.7	3.258021	−0.01955
1988	55119	17165.1	3.211109	−0.0144
1989	59955	17862.1	3.356548	0.045293
1990	64850	18547.9	3.496353	0.041651
1991	70045	20253.2	3.458466	−0.01084
1992	76553	23137.1	3.308669	−0.04331
1993	84872	26258.1	3.232222	−0.02311
1994	94695	29583.1	3.200983	−0.00966
1995	105590	32690.9	3.229951	0.00905
1996	117585	35825	3.282205	0.016178
1997	130420	38978.9	3.345913	0.01941
1998	145089	42019.3	3.452913	0.031979

附表 2　中国工业的资本-劳动比率（1980~1996 年）

年份	资本（名义值，单位为亿元）			资本（实际值，亿元）			劳动力（万人）			名义资本-劳动比率			实际资本-劳动比率		
	soe	coe	lme	soe	coe	lme	soe	coe	lme	soe	coe	lme	soe	coe	lme
1980	2567	268	1946	2473	256	1873	3179	1688	1854	0.807487	0.158768	1.049622	0.777918	0.151659	1.010248
1981	2709	336	2081	2634	300	2010	3328	1879	1983	0.814002	0.178819	1.04942	0.791466	0.159659	1.013616
1982	2914	386	2252	2797	356	2155	3455	2035	2091	0.843415	0.189681	1.076997	0.809551	0.174939	1.030607
1983	3161	438	2461	3000	402	2326	3528	2087	2014	0.895975	0.209871	1.221946	0.85034	0.192621	1.154916
1984	3396	510	2673	3203	453	2501	3630	2258	2024	0.935537	0.225864	1.320652	0.882369	0.20062	1.235672
1985	4026	660	3004	3521	536	2705	3783	2545	2172	1.064235	0.259332	1.383057	0.930743	0.210609	1.245396
1986	4544	823	3445	3906	639	2959	3945	2814	2299	1.151838	0.292466	1.498478	0.990114	0.227079	1.287081
1987	5242	1017	4033	4261	744	3260	4080	3010	2441	1.284804	0.337874	1.652192	1.044363	0.247176	1.335518
1988	6040	1241	4736	4665	857	3607	4192	3112	2558	1.44084	0.398779	1.851446	1.112834	0.275386	1.410086
1989	7033	1478	5700	5079	965	3992	4285	3114	2712	1.641307	0.474631	2.10177	1.185298	0.309891	1.471976
1990	8088	1674	6731	5506	1055	4407	4352	3088	2865	1.858456	0.542098	2.349389	1.265165	0.341645	1.53822
1991	9507	1919	8155	5986	1141	4883	4463	3141	3050	2.130181	0.610952	2.67377	1.34125	0.36326	1.600984
1992	10983	2236	9968	6490	1238	5444	4529	3178	3298	2.425039	0.703587	3.022438	1.432987	0.389553	1.650697
1993	11881	2729	10990	6916	1407	5945	4494	3231	3557	2.643747	0.84463	3.089682	1.538941	0.435469	1.671352
1994	13673	3520	14217	7443	1652	6825	4261	3180	3607	3.208871	1.106918	3.941503	1.746773	0.519497	1.892154
1995	17474	4294	18848	8447	1902	8160	4136	3585	3891	4.224855	1.197768	4.843999	2.042311	0.530544	2.097147
1996	22141	5075	23888	9445	2069	9238	4004	3442	3988	5.52972	1.474433	5.98997	2.358891	0.601104	2.316449

说明：soe 为国有企业部门；coe 为集体企业部门；lme 为大中型企业部门。

参考文献:

[1] 陈剑波. 市场经济演进中乡镇企业的技术获得与技术选择[J].经济研究,1999(4):36-41.

[2] 第 3 次全国工业普查办公室. 中华人民共和国 1995 年第 3 次全国工业普查资料汇编[M].北京:中国统计出版社,1997.

[3] 大琢启二郎,刘德强,村上直树.中国的工业改革[M].上海:上海人民出版社和上海三联书店,2000.

[4] 复旦大学经济研究中心.企业改革与发展新路[M].上海:复旦大学出版社,1988.

[5] 国家统计局.中国统计年鉴[M].北京:中国统计出版社,2002.

[6] 贺菊煌.我国资产的估算[J].数量经济与技术经济研究,1992(8).

[7] 卢荻,郑毓盛.中国工业企业财务业绩恶化趋势的现实及理论解释[J].经济研究,2000(7).

[8] 林毅夫,蔡昉,李周.中国的奇迹:发展战略与经济改革[M].上海:上海三联书店,1994.

[9] 李京文,郑友敬,杨树庄,龚飞鸿.中国经济增长分析[J].中国社会科学,1992(1):15-36.

[10] 孟连,王小鲁.对中国经济增长统计数据可信度的估计[J].经济研究,2000(10).

[11] 每日新华电讯,2000-07-08.

[12] 盛洪主编.中国的过渡经济学[M].上海:上海三联书店,1995.

[13] 谢千里,罗斯基,郑玉歆.改革以来中国工业生产率变动趋势的估计及其可靠性分析[J].经济研究,1995(12):10-22.

[14] 陶友之.苏南模式与致富之道[M].上海:上海社会科学出版社,1988.

[15] 中国社会科学院宏观课题组.核算性扭曲、结构性通缩与制度性障碍——当前中国宏观经济分析[J].经济研究,2000(9):9-15.

[16] 张军.信息费用、有限理性与计划约简:关于中国计划经济结构的分析[J].经济发展研究,1992(2):1-14.

[17] 张军.双轨制经济学:中国的经济改革 1978-1992[M]. 上海:上海人民出版社和上海三联书店,1997.

[18] 张军,哈勒根.转轨经济中的过度进入:关于重复建设的经济分析[J].复旦学报,1998(1):21-16.

[19] 张军.需求、规模效应与中国国有工业的亏损模式[J].经济研究,1998(8):11-19.

[20] 张军.改革、转型与增长:观察与解释[M].北京:北京师范大学出版社,2010.

[21] 张军,施少华.中国经济的全要素生产率的变动:1952-1998[J].世界经济文汇,2003(2).

[22] 张军.中国国有工业部门利润率的变动模式:1980-1998[J].经济研究,2001(3):19-28.

[23] A. Young. A tale of two Cities: factor accumulation and technical change in Hong Kong and Singapore [R]. Cambridge: National Bureau of Economic Research, 1992

[24] A. Young. The razor's edge: distortions and incremental reform in the people's republic of China [R]. Cambridge: National Bureau of Economic Research, 2000.

[25] D. Chinn. Rural poverty and the structure of farm household income in developing countries: evidence from Taiwan [J].Economic Development and Cultural Change, 1979, 27(2):283-301.

[26] D. Dollar, K. Sokoloff. Patterns of Productivity Growth in South Korean Manufacturing Industries: 1963-1979 [J].Journal of Development Economics, 1990, 33: 309-327.

[27] D. Lo. Reappraising the performance of China's state -owned industrial enterprises: 1980-1996 [J]. Cambridge Journal of Economics, 1999(23):693-718.

[28] D. Mead. Of contracts and subcontracts: small firms in vertically disintegrated production/distribution systems in LDCs[J]. World Development, 1984, 12(11/12):1095-1106

[29] E. Dension. Why Growth Rates Differ [M].Washington, D.C.: Brookings Institute, 1967.

[30] G. Jefferson, T. Rawski. Enterprise Reform in Chinese Industry [J].Journal of Economic Perspectives, 1994, 8:47-70.

[31] G. Jefferson, T. Rawski, Y. Zheng. Chinese industrial produc-

tivity: trends, measurement issues and recent development [J]. Journal of Comparative Economics, 1996, 23:146–180.

[32] G. Jefferson, T. Rawski Y. Zheng. Growth, efficiency, and convergence in China's state and collective industry [J].Economic Development and Cultural Change, 1992, 40: 239–266.

[33] G. Ranis. Another look at the East Asian miracle [J]. World Bank Economic Review, 1995, 9(3): 509–534.

[34] G. Ranis, F. Stewart. Rural nonagricultural activities in development: theory and application [J]. Journal of Development Economics, 1993, 40(1): 75–101.

[35] J. Liang, J. Zhang, N. Murakami. The determinates of profitabi lity in Chinese state manufacturing industry: evidence from the census[R]. Tokyo: Tokyo Metropolitan University, 2000.

[36] J. Sachs and W. Woo. Structural factors in the economic re forms of China, Eastern Europe and the Former Soviet Union [J]. Economic Policy, 1994,4.

[37] B. Naughton. Growing out of the plan: Chinese economic reform 1978–1993 [M]. Cambridge: Cambridge University Press, 1995.

[38] J. Zhang. Market size, scale economies, and the pattern of loss-making in China's industry: 1978–1997 [J].East Asian Review, 2000, 3: 1–27.

[39] K Chen, H. Wang, Y. Zheng, G. Jefferson, T. Rawski. Productivity change in Chinese industry: 1953–1985 [J].Journal of Comparative Economics, 1988, 12:570–591.

[40] K. Otsuka. Rural Industrialization in East Asia. International Conference on the Institutional Foundation of Economic Development in East Asia[C].Tokyo, 1996.

[41] L. Lau, J. Kim. The Sources of Growth of the East Asian Newly Industrialized Countries [J]. Journal of the Japanese and International Economies, 1992.

[42] M. Weitzman, C. Xu. Chinese township–village enterprises as vaguely defined cooperatives[J]. Journal of Comparative Economics, 1996, 18:121–145.

[43] N. Murakami, D. Liu, K. Otsuka. Market reform, division of labor and increasing advantage of small scale enterprises: the case of machine tool industry in China [J]. Journal of Comparative Economics, 1996, 23:256–277.

[44] N. Murakami, D. Liu, K. Otsuka. Technical and allocative efficiency among socialist enterprises: the case of the garment industry in China [J]. Journal of Comparative Economics, 1994, 19:410–433.

[45] Patrick, H. T. Rohlen, Thomas. Small Scale Family Enterprises [R]. New York: Center on Japanese Economy and Business, Graduate School of Business, Columbia University, 1986.

[46] R. Mckinnon. Gradual versus rapid liberalization in socialist economies: the problem of macroeconomic control [R].The World Bank: Proceedings of the World Bank Annual Conference on Development Economics, 1994.

[47] R.Solow. Technical change and the aggregate production function [J].Review of Economics and Statistics, 1957, 39(3):312–320.

[48] S. Hymer, S. Resnick. A model of an agrarian economy [J]. American Economic Review, 1969, 59(4): 493–506.

[49] S. Radelet and J. Sachs. Asia's reemergence [J].Foreign Affairs, 1997,(11/12):44–59.

[50] S. Watanabe. Entrepreneurship in small enterprises in Japanese manufacturing [J]. International Labor Review, 1979, 102(6):531–576.

[51] V. Nee. Organizational dynamics of market transition: hybrid form, property rights, and mixed economy in China [J].Administrative Science Quarterly, 1992,37(1).

[52] W. Byrd. Chinese industrial firms under reform [M].Oxford: Oxford University Press, 1992.

[53] W. Byrd and Q. Lin. China's rural industry: structure, development and reform [M].Oxford: Oxford University Press, 1990.

[54] W. Hallagan and J. Zhang. Excessive entry in transitional economies. manuscript, 1998.

[55] Y. Hayami. Toward the rural–based development of commerce and industry: selected experiences from East Asia [R].Washington D.C.: The World Bank, 1998.

自述之三

　　这是一篇讨论中国经济增长模式的论文。尽管中国在 1993 年成功控制了恶性通货膨胀和实现了经济软着陆之后保持了其后多年快速的增长,但在 20 世纪 90 年代末,很多经济学家都注意到了一个现象,那就是,尽管投资率持续上升,但经济增长率却表现出了持续回落的迹象。这个现象很容易让经济学家想到"资本深化"(capital deepening)过快可能是造成产出增长放慢的主要原因。由于过快的资本深化很容易造成全要素生产率(TFP)的减速,因此,估算和观察投资效率和全要素生产率随时间变化的模式,是有可能很好地解释产出变化的原因的。这就是该论文的基本思想。

　　为了达到这个目的,我在这篇论文里使用了索洛(Robert Solow)的新古典增长经济学的概念框架。在这个概念框架里,资本的过快增长会导致产出增长出现下降的趋势。在中国,尽管劳动力的供给过剩,但是却始终存在着过度的资本需求而不是劳动需求,使得中国经济增长的技术路径很容易偏离少用资本和多用劳动的最佳线路。在总量上,这样的技术偏差很可能导致了资本–产出比(capital–labor ratio)在过去 10 年来的过快上升。于是,我在论文里首先度量了改革以来中国经济的资本–产出比,并对其时间变动模式做了经验的分析。在分解资本–产出比的框架内,我还进一步考察了全要素生产率以及资本密度(资本–劳动比)发生变动的时间模式。结果发现,20 世纪 90 年代后期出现的过度的资本深化导致了中国经济增长的技术路径的明显偏差,全要素生产率的增长出现减速,从而引起产出增长的下降趋势。

　　最近经济学家对这几年中国经济增长减速的问题又有诸多讨论和解释,这些讨论似乎让我有种时间倒流的感觉。我回头翻阅本论文,仍觉得这是一个并不过时的思路与解释框架。当年中国经济的增长减速一度引起经济学家的悲观情绪,我也在其中。我清楚记得,大多数经济学家在各种涉及中国经济的会议上都对资本过度深化和全要素生产率增长减速的问题表现出高度关注,对中国经济增长的前景甚是悲观。但是,进入新世纪没有几年,中国经济依然又回到了高速增长的轨道,重新延续了高速增长的趋势。可以断定,这是全要素生产率的减速趋势得以纠正的结果。只是,如果这一判断是对的,那么,中国何以做得到这一点,倒是需要经济学家去很好解释的。

　　这篇论文写出来之后曾提交中国经济学年会,并得到了北京大学中国经济研究中心的姚洋教授的欣赏。他建议我应该提交《经济学(季刊)》发表。最终,文章在北京大学中国经济研究中心的《经济学(季刊)》第 1 期第 2 卷(2002 年)上正式发表并曾经获得《经济学(季刊)》最佳论文奖的提名。

　　该文也是我在哈佛大学燕京学社访问研究期间 (2000 年 9 月~2001 年 9 月)写出来的,不过,在此之前,我曾从不同的视角改写过这篇论文,形成了另外两个比较简洁的版本。第一个版本是《理解中国的资本形成与经济增长》,发表在了《世界经济文汇》2002 年第 1 期上。第 2 个版本是《资本形成、工业化与经济增长:中国的转轨特征》。这后一版本实际上是为 2002 年 4 月在杭州举行的国际会议 "经济转轨与制度变迁"而准备的,并应邀在这个会议上报告过。当年 6 月又在武汉大学主办的国际会议"发展经济学与中国经济发展"上再次报告。最后,这第 2 个版本的论文经修改在《经济研究》2002 年第 6 期上正式发表。该文发表后在多年里成为引用最为广泛的论文之一,而它与《增长、资本形成与技术选择:解释中国经济增长近来下降的长期因素》一起也成了我的论文当中被引次数最多的之一。

投资、投资效率与中国的经济增长 *

一、引言

自 20 世纪 80 年代以来,中国已经持续了长达 20 年的高速经济增长。这不仅在所有转型经济中是独一无二的,而且超过了东亚"四小龙"在高速增长时期(20 世纪 60~80 年代)的增长记录。但是,在进入 90 年代特别是中后期以来,增长率却出现了持续下降的趋势(参见图 1)。于是,中国能否继续保持高速经济增长的动力并维持它的增长格式,开始受到现有经济研究文献越来越多的关注(例如,张军 2002a,b; Rawski, 2002; Qin and Song, 2002)。

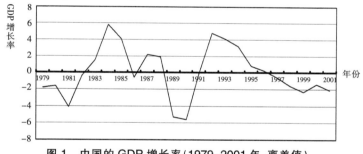

图 1　中国的 GDP 增长率(1979~2001 年,离差值)

　　*　发表于美国 Journal of Asian Economics, 14(2003):713~734。本文完成于作者在韩国庆北国立大学执教期间(2002 年 9~12 月)。写作本文的最初动机是来自两方面。一是想为我的另外两篇讨论中国的资本形成与经济增长模式的论文(张军,2002a,b)提供一个"脚注"。那两篇论文主要研究中国改革以来的经济增长模式。而这一篇论文则侧重于对投资效率变动的分析,并通过揭示投资总量的一些特征来更好地理解中国经济增长的性质与源泉。二是有感于 2002 年 6 月我在哈佛大学商学院看到的陶和吴(Toh and Ng, 2002)发表的一篇关于东亚经济和新加坡的投资效率的论文。他们的这篇论文让我直接产生了专门去著文讨论中国的投资效率的欲望。另外,美国匹兹堡大学的罗斯基教授(Rawski, 2002)最近也有一个关于投资与中国经济增长的简短评论,并且在给作者的邮件中罗斯基教授特别提到,尽管有少数的研究论文出现了,但是总体来说,投资对中国经济增长的约束尚未引起(西方的)经济学家足够的注意。本文无疑是在这个问题上的一个初步的尝试,希望将有更多的讨论加入进来。该研究的结果归属于由我负责的国家社会科学基金资助的研究项目 "资本形成与中国的经济增长"(2002)。我指导的研究生陈诗一在数据的收集和处理方面为我提供了热情的支持,在此表示谢意。不用说,文责自负。

尽管中国是一个体制转轨的经济,但是它的经济增长在很大程度上却类似于新兴工业化战略的模式,并可定义为工业化推动型的(张军,2002b)。中国曾经有超过70%(现在为63%左右)的人口在农村,但是,与东亚的新兴工业化经济体类似,中国的经济增长依赖的却不是农业部门(只有80年代初期是个例外),而是工业部门,尤其是制造业的扩张。工业的增加值已经占到GDP的45%左右,而来自农业部门的贡献只有10%,而且这个份额还在下降之中。这就是说,中国的经济增长事实上是一个由制造业部门而不是农业部门驱动的。

因为制造业的这个角色,同样与东亚经济的发展经历相类似的还包含贸易部门在经济增长中的极其重要性。尽管东亚经济在接受外商直接投资方面表现出与在中国的不同的模式,但是在出口促进和贸易扩张上,中国与东亚经济却有着很大的相似性。今天,出口和外商直接投资对中国的经济增长越来越扮演着举足轻重的角色[1]。但是,出口贸

---

[1] 但是,在很多研究文献里,贸易的增长对中国经济增长的贡献却常常被严重地低估了。这个谬误的产生导源于国民收入核算恒等式中的"净出口"项目。"净出口"是出口与进口的差,等于贸易的余额。这个余额在总体上只占中国GDP的1%~2%,因此,要核算它对经济增长的贡献的话,那么"净出口"不仅微不足道,而且在经济出现贸易逆差时还会在实际上降低GDP的增长率。因为这个道理,大多数研究都一致地认为,在中国所实现的高速经济增长中,贸易的增长几乎可以忽略不计。有的研究结论甚至是,在中国20年的经济增长中,出口并不是主要的推动力,中国的经济增长主要是内需拉动的。特别是1997年东亚金融动荡之后,关于中国经济的"内向性"的判断事实上已成为"共识"。因为总消费和总投资占了中国GDP的90%,就说中国经济是一个内需为主的经济,增长主要为"内需"而推动,似乎该是一个常识,但不幸的是,这个常识却可能导致一个谬误。

应该不难想象,消费、投资、进口和出口之间都存在着相互的关联性。而且对中国这样一个以制造业为主的经济而言,进口和出口对经济其他部门的贡献往往可能更大一些。从理论上说,如果我们在没能确认出口对构成GDP的其他支出项目的影响力度之前就简单地从GDP的恒等式来直接计算"净出口"对经济增长的贡献,自然就等于忽略了出口对其他支出项目的"间接贡献"的大小。因此,利用国民收入恒等式来直接计算净出口对GDP的贡献是有会严重低估贸易对中国经济增长的重要性的嫌疑。正确的估计方法之一是,要首先估计出出口对消费、投资和进口的影响,然后再去估计出出口对GDP的贡献大小。而这就需要经济学家真正去做研究了。

我注意到,这个问题已经引起中国经济学家的注意,而且开始有人利用类似的方法来重新估计出中国的出口对GDP的贡献份额。例如,林毅夫和李永军(2002)最近的研究就是先估计出口对消费、投资和进口的积极影响,之后再对出口增长可以拉动GDP增长的贡献大小进行估计。他们的结果发现,平均而言,出口增长10%就可以拉动1%的GDP增长率。卢荻(Lo,1999)则研究了进口对中国经济增长的贡献。虽然我们还需要更多的实证研究来确定出口和进口对中国经济增长的贡献到底有多大,但新的结论似乎跟我们的直觉更贴近了一些。

易与外商直接投资的重要性均是与中国的经济增长主要依赖制造业部门的这个事实相联系着的。众所周知,中国的出口80%为来料加工和制成品的出口,其中一多半来自于外商资本在中国的投资企业。在中国的直接投资中,外商资本大多数集中在制造业部门。

如果以上的理解是正确的话,那么,作为一个转型中的经济体,中国的经济所依赖的增长机制与早些时候的东亚经济似乎就没有什么特别的不同,都是依赖快速的工业化推动着经济的高速增长。需要指出的只是,作为一个大国经济,与东亚经济增长机制的这个相似性在中国是以不断增长的区域极端化(即工业化不断朝东部和南部沿海集聚)过程而表现出来的。换句话说,中国经济与"东亚奇迹"在增长模式上表现出来的地理特征是不同的[①]。

因此,从整体上说,关于经济增长与工业化的大量文献(例如,Young, 1993; Lau and Kim, 1992; Kim and Lau, 1996)虽然主要针对了东亚经济,但对我们解释中国经济增长的发生机制并关注增长的可持续性都是至关重要的[②]。在理论上,工业化类型的增长模式接近于新古典的增长模式。较高的储蓄率和快速的资本形成成为经济增长的主要源泉。但是,随着资本密度的提高,资本的边际生产率将出现递减,从而降低经济增长的速度。

对于中国这样一个劳动力供给过剩的经济,工业化的进程应该能维持更长的时间。只要资本的形成能够吸引并匹配更多的劳动,中国经济离开增长的"稳态"还将有相当长的时间,经济增长的空间还会很大。但是,我们的经验观察表明,过去的10年,中国经济的资本密度却发生了显著而快速的上升。这对于一个劳动力供给过剩的经济而言,

---

①　值得指出的是,中国经济增长在地理上的差异是近年来经济学家关注的重大问题之一,也出现了不少研究文献(如魏后凯,1997;刘树成等,1994; Demurger, et al., 2001; Liu, et al., 1999)。

②　杨格(Young, 1993)在《来自东亚新兴工业化经济的经验教训:一个不同的观点》一文中对东亚经济的增长模式提供了一个简洁而技术性的处理方法,他的结论更加直截了当:"东亚新兴工业化国家的最重要的特征并不在于他们的制造业具有不寻常的生产率的高速增长,而是在于他们成功地扩张了制造业的投资和就业,因此才享有'工业化'的头衔"。而克鲁格曼(Krugman, 1994)则用非技术性的语言评论了"东亚奇迹"的增长模式,是一篇俏皮的文章。费利普(Felipe, 1999)为我们提供了一个关于东亚经济增长和效率变动的非常漂亮的文献综述。

是难以理解的,因为,资本密度的显著上升通常只是在经济的发展接近于实现充分就业之后才可能出现的现象。而中国的经济中存在着几乎无限供给的劳动力资源,应该是一个常识。可见,这个提前出现的"资本深化"现象的背后是有体制上的原因的。而根据我们的理解,这是一个需要在中国的投资体制中才能得到较好解释的现象。

中国的投资体制的特征以及对中国资本形成的效率的影响是需要专门研究的问题。不过,正如我们在另一项研究中指出的那样,中国经济的资本形成是由地方政府的局部增长目标决定并在一个非一体化的经济环境中相互竞争的结果(张军,2002a)。这样的投资体制造成了改革以来中国地方经济的投资结构和经济的部门结构更加趋同而不是相反(Young, 2000)。总量的投资远远高于在一体化的市场体制下的最优均衡值(Qin and Song, 2002)。由于过度投资,大量的资本沉淀在生产能力过剩(从而盈利能力恶化)的领域,使得中国的资本生产率这些年来出现了持续而显著的下降趋势。过度的投资同时也减弱了经济增长吸纳劳动力的能力(袁志刚主编,2002),制约着经济的高速增长。

尽管有不少的文献揭示了中国投资体制的上述问题,不过,在现有的文献里,对改革以来中国的投资效率的变动以及资本形成的一些总量特征(如资本形成率、投资的部门结构和所有制结构等)还缺乏系统的经验考察。本文的目的就是集中讨论中国的投资效率的变动以及与资本形成的那些总量特征之间的关系。我们希望通过这样的研究,进一步揭示出投资的低效率对中国经济增长可能产生的抑制作用。

本文简单地由以下五个部分构成。除了引言之外,在第二节我们来观察和讨论资本生产率的变动模式。然后,在第三节分析资本密度的上升。第四节讨论资本形成的一些总量特征。最后是本文的基本结论和含义。

二、投资效率与"边际资本－产出比率(ICOR)"

我们知道,资本相对于产出增长的速度表现为资本的边际效率或者资本的边际生产率。因此,观察资本生产率变动的一个量标就是观察"资本－产出"比率的增长率。依据索洛(Solow,1957)发展出来的关于

增长核算学的一个简单分解方法,在不变的规模报酬、外生的技术进步和竞争市场的假设下,产出的增长率可以分解成:

$$g_Y=\alpha g_L+(1-\alpha)g_K+e$$

其中,g_Y, g_L 和 g_K 分别是产出、劳动和资本的增长率。α 是劳动的产出弹性,e 为索洛残差,或者称为全要素生产率(TFP)的增长率。在我们这里,它可以反映或者捕捉技术或动态效率的变化。经过变换,我们就可以得到资本-产出比率增长率的表达式:

$$g_K-g_Y=\alpha(g_K-g_L)-e$$

或者

$$g(K/Y)=\alpha g(K/L)-g(TFP)$$

此式表明,在新古典生产理论的假设条件下,资本-产出比率的变动是资本-劳动比率(即人均资本或者称为"资本装备率")变动与全要素生产率(TFP)的变化率之间的"净效应"的结果。如果资本-劳动比率或要素的密集度保持不变,那么,全要素生产率的增长将全部转化为资本-产出比率的下降。由于资本-产出比率的倒数就是资本的生产率,所以,只要要素的密集度不变,资本的生产率变动等价于技术进步或者效率的改善。可是,如果在这个过程中要素的密集度不断提高,那么,资本-产出比率(从而资本的生产率,但变动的方向相反)的变动就只能取决于要素密集度变动与全要素生产率变动的净效应了。

在现有的文献里,资本的边际效率常常用"边际资本-产出比率"(Incremental Capital-Output Ratio, 简称 ICOR)来衡量。而且边际资本-产出比率是一个更容易计算的指标。因为根据定义,资本的边际生产率是资本存量的边际产量(dY/dK),即产出的增量与资本存量变动的比率。因为资本存量的变动(dK)等于投资流量(I),因此,在总量上,资本的边际生产率又可以用 GDP 的增量与投资的比率($dGDP/I$)来表示。显然,边际资本-产出比率(ICOR)是资本的边际生产率($dGDP/I$)的倒数:

$$ICOR=I/dGDP$$

从理论上说,投资效率的提高将趋于保持资本与产出的同步变动,因而无论是用资本-产出比率,还是使用这个边际资本-产出比率(ICOR),它们的增长率都会变得非常小,或者接近于零。例如,布兰查德和费希尔(中文版,1998,p.4–5)在分析了美国经济从 1874~1984 年间的资本-产出比率的变动时也特别提到:"现有对资本的度量表明,资本与产出大体以相同的速度增长,所以, g_y-g_x (即资本的增长率与产出的增长率之差——引者注)接近于零……产出-资本比率的相对不变性蕴涵了一个正的索洛余值,大体等于劳动份额乘以劳动生产率的增长率。"

当然,这些量标还常常与经济增长的方式或者经济发展的战略选择有关。例如,杨格(Young,1993)在其论文中粗略地比较了东亚经济与其他经济地区的增长方式,他发现:"在 1960~1985 年间,每一个新兴工业化经济都经历了投资占 GDP 比率的显著上升。在 1960~1980 年,台湾的 I/GDP 比率上升了 1 倍,韩国上升了 2 倍,而新加坡则上升了 3 倍……这个比率的上升并不是世界经济的典型特征,因为在其他经济里,I/GDP 比率是不变的或者下降的,只有表现非凡的亚洲地区是个例外。"

另外,克鲁格(Krueger, 1984, p.147)在她的论文《比较优势与发展政策:20 年之后》中也特别提到:"国家之间在边际资本-产出比率(I-CORs)上的巨大差异表明,不同的贸易政策下存在着要么是要素的比例、要么是效率上的显著差别。在 1960~1973 年间,韩国、新加坡和台湾的边际资本-产出比率在 1.7~2.5 之间, 与智利和印度的 5.5 和 5.7 形成了鲜明的对照(参见 Balassa, 1978b 的详细讨论)。当巴西转变了其贸易战略之后, 它的边际资本-产出比率从 1960~1966 年间的 3.8 下降到了 1966~1973 年间的 2.1。尽管这些比率的变化可能存在着许多的原因,但是要素比例的差别以及出口商采用适当的要素密集度来扩张生产的能力无疑是最重要的原因。"

根据这个定义,我们在表 1 计算出了 1980~2000 年中国的边际资本-产出比率,并将 5 年移动平均的 ICOR 的变动模式描绘在图 2 中。图 2 非常清晰地显示,改革以来,中国的边际资本-产出比率在维持了 10 多年的几乎常量之后,从 1994 年开始急剧上升了,意味着投资的边际效率在 1994 年以后显著恶化了。这个结果与我们直接计算的资本-产出比率在同一时间范围内的变动模式是一致的(张军,2002a)。考虑到中国的经济增长与投资之间的高度相关性,并对照图 1 给出的中国 GDP 的增长率变动曲线,我们应该不难看出,中国经济增长的下降似乎应主要归因于投资效率急剧恶化的结果。

表 1　中国的边际资本-产出比率(ICOR)

年份	GDP 增量(亿元)	全社会固定资本投资(亿元)	ICOR	ICOR(5 年移动平均)
1980	479.6	910.9	1.9	
1981	344.6	961	2.79	
1982	432.3	1230.4	2.85	2.25
1983	639.8	1430.1	2.24	2.16
1984	1236.5	1832.9	1.48	2.1
1985	1793.4	2543.2	1.42	1.96
1986	1237.8	3120.6	2.52	1.83
1987	1760.3	3791.7	2.15	1.98
1988	2965.8	4753.8	1.6	2.25
1989	1980.9	4410.4	2.23	2.11
1990	1638.7	4517	2.76	2
1991	3069.9	5594.5	1.82	2.01
1992	5020.3	8080.1	1.61	1.85
1993	7996.3	13072.3	1.63	1.64
1994	12125	17042.1	1.41	1.76
1995	11718.7	20019.3	1.71	2.2
1996	9406.5	22913.5	2.44	3.33
1997	6578	24941.1	3.79	4.66
1998	3882.6	28406.2	7.32	5.21
1999	3722.3	29854.7	8.02	
2000	7336.1	32917.7	4.49	

说明:ICOR=全社会固定资本投资/GDP 的增量,即"资本边际生产率"的倒数,ICOR 越大,投资的效率越低。

资料来源　国家统计局:《中国统计年鉴(2001)》,北京,中国统计出版社,2001。

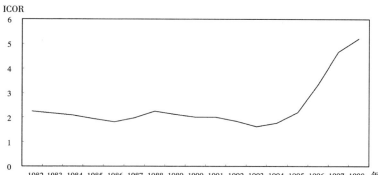

图 2　中国 ICOR(5 年移动平均)

因为资本–产出比率(K/Y)等于资本的产出弹性与边际资本–产出比率(ICOR)的乘积①,所以,图2显示的边际资本–产出比率的变动模式同时也意味着资本–产出比率的类似变动轨迹。我们曾经在"增长核算学"(Growth Accounting)的框架里[那里把全要素生产率(TFP)视为外生的独立变量]讨论了资本–产出比率的上升原因,并把这个原因归结于资本–劳动比率(K/L)的上升和(或者)全要素生产率(TFP)增长率的下降两个方面的综合结果(张军,2002)。而且,我们确实在经验上估计发现,全要素生产率(TFP)的增长率在1992年以后出现了持续递减的趋势(张军和施少华,2000),并且工业部门所计算的资本–劳动比率的增长率也大约在1993~1994年开始急剧上升了(见张军,2002,表1和表2)。

不过,我们也注意到,全要素生产率的变动也可能与资本密度的变动本身存在着非线性的相关关系。现在我们基于大川(Ohkawa, 1984)以及陶和吴(Toh and Ng, 2002)的类似论点,考虑到全要素生产率的变动与资本–劳动比率变动的这个非线性关系,将全要素生产率的变动直接处理为资本–劳动比率变动的"二次函数"。根据陶和吴(Toh and Ng, 2002),我们将全要素生产率(TFP)变动定义成资本–劳动比率(K/L)变动的下列"二次函数":

$$g(\text{TFP})=\alpha_0+\alpha_1 g(K/L)+\alpha_2[g(K/L)]^2$$

参数α_0是不能用资本–劳动比率(K/L)的变动来解释的全要素生产率$g(\text{TFP})$的变动部分,而根据陶和吴,我们期待着α_1为正,α_2而为负。这意味着,当资本–劳动比率(K/L)增长到一定临界水平之后,全要素生产率的增长率$g(\text{TFP})$将开始下降。$g(K/L)$的临界值可以通过解出全要素生产率增长率$g(\text{TFP})$的最大值而得到:令$g(\text{TFP})$对$g(K/L)$的一阶导数为零,我们得到$g(K/L)$的临界值X^*为:

$$X^*=-\alpha_1/(2\alpha_2)$$

然后,可以解出$g(\text{TFP})$的最大值Y^*。

我们利用张军和施少华(2000)给出的1978~1998年的基本统计数据并补充了1998~2000年连续三年的数据,拟合了上面的二次函

---

① 提示:这是因为资本的产出弹性($1-\alpha$)等于资本的边际产出(dY/dK)与平均产出之(Y/K)比率。而资本的边际产出(dY/dK)等于边际资本–产出比率($dK/dY = I/dY$)的倒数。

数,得到了参数 α_0、α_1 和 α_2 估计值并计算出了 $g(K/L)$ 的临界值(X^*)与相应的 $g(\mathrm{TFP})$ 的最大值(Y^*)。我们将这个拟合结果汇总在表 2 里。拟合优度相当令人满意,参数值 α_2 为负,$g(K/L)$ 的临界值(X^*)为 6.814,$g(\mathrm{TFP})$ 的最大值(Y^*)为 4.494。我们可以将这个二次函数的经验结果描绘在图 3 中。

表 2　二次方程的回归

	α_0	α_1	α_2
系数估计值	1.141	0.984	−0.0722
系数标准误	1.281	0.229	0.025
T 统计量	0.891	4.297	−2.86
X^*	6.814	−	−
Y^*	4.494	−	−

注:二次方程为 $g(\mathrm{TFP})=\alpha_0+\alpha_1 g\left(\dfrac{K}{L}\right)+\alpha_2\left[g\left(\dfrac{K}{L}\right)\right]^2$

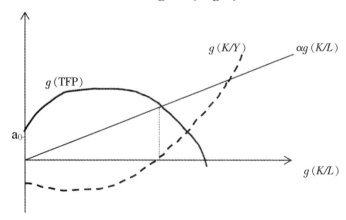

图 3　$g(K/L)$ 与 $g(\mathrm{TFP})$ 的"二次函数"关系

我们前面提到过,根据增长的核算学,资本–产出比率的增长率 $g(K/L)$ 可以分解成:

$$g(K/L)=\alpha g(K/L)-g(\mathrm{TFP})$$

其中 α 是劳动的产出弹性。而现在因为全要素生产率的增长率 $g(\mathrm{TFP})$ 是资本–劳动比率增长率 $g(K/L)$ 的二次函数,因此,$g(\mathrm{TFP})$ 可以由这个二次函数来替换,得到用 $g(K/L)$ 表示的资本–产出比率的增长率 $g(K/L)$ 的表达式:

$$g(K/L)=-\alpha_0+(\alpha-\alpha_1)g(K/L)-\alpha_2[g(K/L)]^2$$

为了得到 $g(K/L)$ 的变动对 $g(K/Y)$ 的正的影响,令 $g(K/Y)$ 对 $g(K/L)$ 的一阶导数大于零,从而得到:

$$g(K/L)>(\alpha_1-\alpha)/(2|\alpha_2|)$$

例如,根据我们拟合的经验结果,我们已经知道参数 α_1 和 α_2 分别为 0.984 和 -0.0722,使用同样的数据我们拟合的 α 为 1-0.619=0.381(见张军和施少华,2000)。这样,当 $g(K/L)$ 大约大于 4% 时,资本-劳动比率(K/L)的上升就将导致资本-产出比率增长率 $g(K/Y)$ 的上升了。因为资本-产出比率(K/Y)是资本的产出弹性($1-\alpha$)与边际资本-产出比率(ICOR)的乘积,所以,资本-劳动比率的增长率 $g(K/L)$ 过快实际上也就成为引起边际资本-产出比率(ICOR)上升或者投资效率显著下降的主要原因了。

对于资本密集度的增长率 $g(K/L)$ 与全要素生产率增长率 $g(TFP)$ 之间的这个"二次关系",一种可能的解释是,在经济发展的初期,随着对生产能力和基础设施进行持续的和大量的投资,资本-劳动比率必将加速提高,出现资本的深化现象。在这个阶段上,全要素生产率(TFP)的增长将趋于缓慢。随着生产设施和基础设施的基础投资的完成,资本-劳动比率的增长将逐步减慢,从而全要素生产率的增长开始加快。[1]但是,中国改革后时期的经济增长阶段似乎并没有遵循这个"发展的周期",可能因为在改革开放之前中国已经经历了将近 30 年的计划经济和重工业化的发展阶段。而从我们在第三节计算的中国工业部门的资本-劳动比率的增长率来看,资本-劳动比率的加速上升发生在 20 世纪 90 年代以后而不是在 80 年代(张军,2002a),而且,接下来我们将分析说明,90 年代以后的资本深化看上去更是投资体制本身的问题而不像经济发展阶段的周期反映。

三、资本密度变动的证据

在改革后时期,中国经济的资本密集度发生显著上升的时间的确

---

[1] 例如,陶和吴(Toh and Ng, 2002)就是基于这样的假说对新加坡的全要素生产率的变动模式做了解释。他还提到,这个发展周期的思想在大川(Ohkawa, 1984)那里也有类似的表述。

也是在 20 世纪 80 年代末期和 90 年代以后。这首先可以从我们计算出的整个经济的实际资本–劳动比率的变动模式得到证实,见图 4。这里使用的是张军和施少华(2000)整理的 1978~1998 年间的资本和劳动力的总量数据。对于资本存量的数据,首先,1978~1990 年的数据来自于贺菊煌(1992)对中国资产存量规模的估计研究,而且为了保持一致性,我们按照他的方法并根据 1991~1998 年各年度的全社会固定资产投资总额进一步推算出了 1991~1998 年各年度的资本存量数据。关于数据的详细说明,参见张军和施少华(2000)。

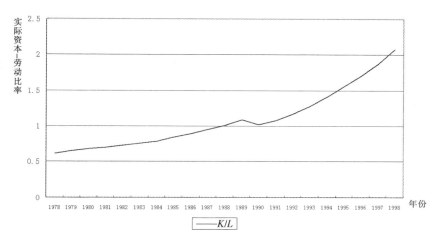

图 4　中国经济的实际资本–劳动比率(1978~1998 年)

　　为了进一步观察资本密集度的变化模式,我们还计算了改革以来国有企业部门和集体企业(特别是乡镇企业)部门的实际资本–劳动比率。图 5 描绘出了我们计算的 1980~1998 年间国有企业部门的实际资本–劳动比率的变动模式。在计算国有企业的资本–劳动比率时,我们没有特别去估计生产性和非生产性劳动力的相对比重,因为我们关注的焦点是资本–劳动比率的变动模式, 而使用全部的劳动力数量显然只会加强我们的观察结论。另外,与很多研究一样,我们在这里也使用了固定资产净值作为资本存量。固定资产净值的数据是原始投资的积累额减去累计的折旧。由于中国目前所公布的所有固定资产数据都没有使用不变价格平减过,因此,我们必须使用下面的方法来估计固定资产净值的实际值。

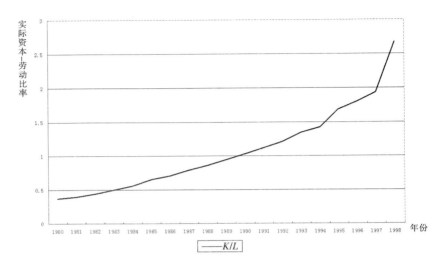

图5　中国国有企业的实际资本–劳动比率（1980~1998 年）

　　我们是用以下方法计算 1980~1998 年的固定资产净值的（取1990 年不变价）：①由现有统计得到每年新增固定资产净值；②用固定资产价格指数（R_k）去平减每年新增固定资产净值；③将历年平减过的新增固定资产累加起来。假定 1980 年以前投资品的价格是稳定的，这样 1980 年年末的固定资产净值可以作为我们估算的初始值。1990 年不变价的固定资产净值，即平减后的固定资产净值 DNF_t 可用下式进行估算：

$$DNF_t = NF_{80} + \sum_t = (NF_t - NF_{t-1})/P_k$$

　　这里 NF_{80} 为 1980 年年底固定资产净值，NF_t，NF_{t-1} 分别为 t 年和 $t-1$ 年的固定资产净值。P_k 为 t 年固定资产价格平减指数。本文采用谢千里等人（Jefferson, et al., 1996）估算的 1980~1992 年的固定资本价格指数，1993 年到 1998 年的数据为《中国统计年鉴》1993 年后各期提供的固定资产投资价格指数，由于也是采用建筑安装平减指数和设备购置平减指数的加权平均计算方法，因此与谢千里等人的数据是一致的。

　　在计算集体企业部门的实际资本–劳动比率时，我们使用了卢荻（Lo,1999）在《对中国国有工业企业绩效的再评价：1980–1996》一文中提供的集体企业部门的有关资本存量和劳动力的数据，但数据只到

1986 年为止。其中资本的数据也是扣除折旧以后的固定资产净值数据,并按照类似的方法利用资本的价格指数对固定资本净值做了平减。同样,1980~1991 年的资本的价格指数来自于谢千里等人(Jefferson, et al., 1996),而 1992~1996 的资本品价格指数则是作者根据资本的价格指数与出厂前的工业产出价格指数之间的稳定关系而推算出来的。在这里我们将计算的结果描述在图 6 中。我们看到,集体工业部门的资本-劳动比率的增长趋势还是非常显著的。

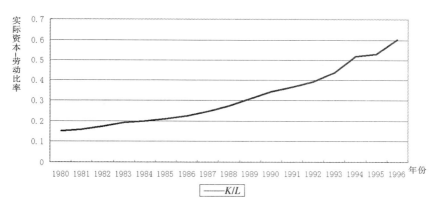

图 6　中国集体企业部门不断上升的实际资本-劳动比率(1980~1996 年)

我们在一项关于乡镇企业的研究中,也曾计算了乡镇企业的实际资本-劳动比率及其增长率(1980~2000 年)[①],见图 7。我们发现,乡镇企业的资本-劳动比率在 20 世纪 80 年代经历了稳定的模式之后于90年代开始出现了持续的上升趋势,这与陈剑波(1999)的研究是完全吻合的。陈剑波(1999)的研究发现,80 年代中后期以来(特别是进入90年代), 乡镇企业的发展开始表现出了令经济学家不能完全预料的变化和特征,那就是它的技术选择路径开始出现偏差,它的技术变化并没有如正统的理论所期望的那样沿着技术中性或节约资本要素的路径发展,相反,资本的密集度却有不断提高的趋势。正如我们已经提到的,在陈剑波的数据里,乡村两级企业在 1978~1996 年间经历了资本-劳动比率以及平均资产规模的显著上升。

---

①　参见张军、施少华和陈诗一(2002)。我们在这里使用的资本数据为平减固定资产原值后的数据,当然这只会影响资本-劳动比率的绝对值而不影响其变动的模式。

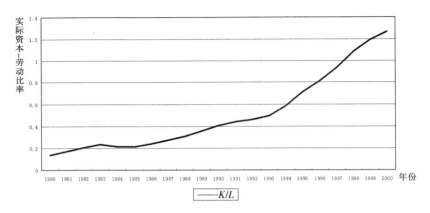

图 7　中国乡镇企业不断上升的实际资本−劳动比率（1980~2000 年）

　　显而易见,20 世纪 80 年代后期以来,无论是国有企业部门还是集体企业部门都经历了资本−劳动比率的持续而显著的上升趋势。而且,正如我们(张军,2002a)曾经指出的那样,已有的研究发现,乡镇企业的资本−劳动比率的快速上升并不主要是因为乡镇企业面临的劳动力价格上升过快 (陈剑波,1999;大琢启二郎等人,2000,中文版,第 9章),而是一个"过度进入"和"过度竞争"的结果。我们的进一步解释是,由于特定的财产制度和需求环境,特别是地方政府的介入,乡镇企业向工业部门的进入遵循了"古典竞争"的特征,从而导致过度进入和不断升级的投资。根据这一解释,不断提高的资本密集度主要不是劳动力实际价格的上升或上升过快的结果,而是乡镇企业部门过度投资的产物。

　　总之,在中国经济改革的头 10 年,即整个 80 年代,中国的资本−劳动比率的增长率基本上经历了适度的下降趋势,而资本密度的上升是从 20 世纪 80 年代末和 90 年代初开始加速的。所以,大体上,1989/1990 年似乎是中国经济增长的一个转折点。因为,在 1989 年之前,从工业部门来说,资本−劳动比率或资本密集度的变化并不显著。而且,也就是在 20 世纪 90 年代以后我们才观察到资本−产出比率的增长率加速提高了(张军,2002a,b)。事实上,在 1989~2001 年间,中国的固定资产投资的增长率一直比 GDP 的增长率高出差不多 4 个百分点。这显然是不能长期维持的增长方式。[1]

四、过度投资的一些总量特征

我们(张军,2002a)曾经强调,资本-劳动比率由基本稳定到加速上升的转变在很大程度上是反映了改革后的中国经济依然存在着过度投资的体制因素。这种因素在转轨初期对于促进经济的部门结构的转变和迅速增加总供给的能力起到了重要的作用。但是,随着时间的推移,过度投资的倾向便开始显现出来,生产能力过度的积累和闲置越来越成为经济持续高速增长的制约因素。接下来,我们将从资本形成的速度、制造业的比重以及公共投资的份额等几个重要方面来从总体上理解形成过度投资的体制的特征。

(1)投资率。我们首先来考察资本形成速度的变动格式。表3给出了1978~2000年间按不同口径计算出来的中国的资本形成率, 即投资占GDP的比重。在这里,我们首先按"全社会固定资产投资额"口径计算出了中国的投资率(即投资率1)[2]。这是中国特有的统计口径。同时,我们也使用按支出法计算的GDP及其"资本形成总额"的构成计算了另外两个标准的投资率的概念。因为在支出法计算的GDP里面,资本形成总额包括固定资本的形成和存货的增加两部分,因此,我们分别给出了资本形成率和固定资本形成率(即投资率2和投资率3)两个定义的计算结果,而两者的差就是存货增加占GDP的比率。

我们将中国的固定资产投资率(1)和(3)在1980~2000年的时间序列描绘在图8中。尽管在1989~1991年的3年有显著的下降,但总体模式上看,固定资产的投资率则经历了持续上升的趋势。尤其是,在过去的10年,固定资产的投资率平均高达36%。这个数字远远高于香港和台湾两个地区从20世纪60年代以来的投资率,后者的固定资产

---

① 秦朵和宋海岩(Qin and Song, 2002)最近的一项研究也进一步证实了中国在过去10年的经济增长主要由过度的投资需求所推动, 而资本形成的过快增长导致了投资效率的损失。他们利用1989~2000年中国省级的投资数据测算了投资的过度需求以及投资效率的损失。显然,过度的投资需求和投资的效率损失对中国经济增长的下降负有责任。

② 根据《中国统计年鉴》的定义:全社会固定资产投资统计的范围包括: 基本建设投资,更新改造投资,房地产开发投资,国有其他固定资产投资,集体固定资产投资(含城镇和农村),私人建房投资(含城镇工矿区和农村)等。

投资率在 1966~1998 年间分别为 25.4% 和 23.7%（Toh and Ng,2002）。但与新加坡（20 世纪 60 年代以来）、韩国、泰国和马来西亚（20 世纪 70 年代后）的投资率几乎相当。例如,新加坡在 1966~1998 年 22 年里的

表 3　改革以来中国的资本形成率（1978~2000 年）

年份	GDP	全社会固定资产投资额	投资率 1	支出法GDP	其中:资本形成总额	投资率 2	其中:固定资本形成总额	投资率 3
1978	–	–	–	3605.6	1377.9	38.2	1073.9	29.78
1979	4038.2	–	–	4074	1474.2	36.2	1151.2	28.26
1980	4517.8	910.9	20.16	4551.3	1590	34.9	1318	28.96
1981	4862.4	961	19.76	4901.4	1581	32.3	1253	25.56
1982	5294.7	1230.4	23.24	5489.2	1760.2	32.1	1493.2	27.2
1983	5934.5	1430.1	24.1	6076.3	2005	33	1709	28.13
1984	7171	1832.9	25.56	7164.4	2468.6	34.5	2125.6	29.67
1985	8964.4	2543.2	28.37	8792.1	3386	38.5	2641	30.04
1986	10202.2	3120.6	30.59	10132.8	3846	38	3098	30.57
1987	11962.5	3791.7	31.7	11784.7	4322	36.7	3742	31.75
1988	14928.3	4753.8	31.84	14704	5495	37.4	4624	31.45
1989	16909.2	4410.4	26.08	16466	6095	37	4339	26.35
1990	18547.9	4517	24.35	18319.5	6444	35.2	4732	25.83
1991	21617.8	5594.5	25.88	21280.4	7517	35.3	5940	27.91
1992	26638.1	8080.1	30.33	25863.7	9636	37.3	8317	32.16
1993	34634.4	13072.3	37.74	34500.7	14998	43.5	12980	37.62
1994	46759.4	17042.1	36.45	46690.7	19260.6	41.3	16856.3	36.1
1995	58478.1	20019.3	34.23	58510.5	23877	40.8	20300.5	34.7
1996	67884.6	22913.5	33.75	68330.4	26867.2	39.3	23336.1	34.15
1997	74462.6	24941.1	33.49	74894.2	28457.6	38	25154.2	33.59
1998	78345.2	28406.2	36.26	79003.3	29545.9	37.4	27630.8	34.97
1999	82067.5	29854.7	36.38	82673.1	30701.6	37.1	29475.5	35.65
2000	89403.6	32917.7	36.82	89112.5	32255	36.2	32623.8	36.61

说明:投资率 1=全社会固定资产投资额/GDP*100%。同时我们还给出了支出法计算的 GDP 以及其中所含的资本形成总额,而资本形成总额又分为固定资本形成总额和存货增加,因此,我们分别按资本形成总额和固定资本形成总额又计算了相应的投资率 2 和 3。投资额的单位皆为亿元,投资率为%。

资料来源　国家统计局:《中国统计年鉴(2001)》,北京,中国统计出版社,2001。

平均固定资产投资率为 35.4%，在东亚"四小龙"里可谓是最高的。[①]

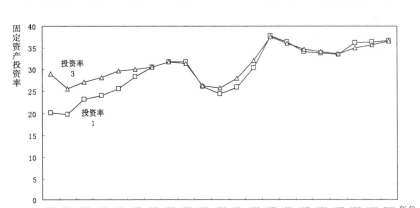

图 8　中国的固定资产投资率（1980~2000 年）

接下来我们再来看存货投资的变动。存货增加占 GDP 的比率可以通过计算表 3 给出的投资率 2 和 3 之间的差来得到。我们把这个结果展示在图 9 中。我们对比图 8 和图 9 可以知道，虽然固定资本的投资率在持续上升之中，但是存货投资率从 1995 年以来却显著而持续地下降了。通常，存货投资反映的是现有生产能力的利用程度，一般而言，存货投资增加反映的是现有生产能力（资本存量）利用率的提高，而存货投资的下降则给出了过剩生产能力的存在或者现有资本存量的闲置信息。值得关注的是，在 1994 年以来存货投资持续下降的同时，固定资本的投资却还在继续增长。换句话说，虽然现有的生产能力的利用率在不断下降，但是新的生产能力还在不断形成和扩大之中。

那么，中国这么高的固定资产投资率是否包含着较大比重的房屋投资呢？换句话说，房屋建设投资的增长在多大的程度上可以解释中国所经历的这么高的投资率呢？正如我们提到的那样，陶和吴（Toh and Ng, 2002）在解释新加坡 20 世纪 70~80 年代中期过高的投资率的时候，特别强调了新加坡的房屋建设投资所占的比重。在他们提供的

---

①　在 1981~1985 年，新加坡的固定资产投资率更是高达 46%，这可能与新加坡当时的基本建设投资的高速增长有关。按照陶和吴（Toh and Ng, 2002）的说法，有多于一半的投资是在住宅和厂房建设上面。

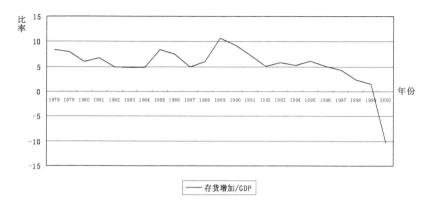

图 9　中国的存货增加/GDP 的比率变动(1978~2000 年)

数据里,新加坡的高投资率,尤其是 1981~1985 年的投资高涨,房屋建设投资其实占了相当大的份额。[1]那么,在每年的固定资产投资中,中国的房屋建设投资究竟占有多大的比重呢?

因为缺乏直接获得建房投资的时间序列数据的途径和来源,我们是没有房屋建设投资的统计数据可以直接引用的,只能从《中国统计年鉴》和/或《中国固定资产投资年鉴》等出版物中间接地测算出来。在查阅了《中国统计年鉴》、《中国投资年鉴》、《中国固定资产投资统计年鉴》、《中国财政年鉴》等之后,我们发现,《中国统计年鉴》中主要给出了基本建设和更新改造投资中的房屋建筑、城乡个人建房的竣工面积和住宅竣工面积等 3 类时间序列数据,而后 3 个"年鉴"则基本上是《中国统计年鉴》的复制,因此必须利用这些数据进行必要的计算才能得到有关房屋建设投资的数据。

在《中国统计年鉴》中,全社会固定资产投资统计的范围包括:基本建设投资,更新改造投资,房地产开发投资,国有其他固定资产投资,集体固定资产投资(含城镇和农村),私人建房投资(含城镇工矿区和农村)。这样,将上述各个部分的房屋建设投资加总应该就构成了全社会房屋建设的投资总额。具体而言,全社会房屋建设投资额的数据可以这样迂回计算得到:从各期统计年鉴中摘录其所对应的全社会房屋

---

①　例如,作者提到,1981~1985 年的投资率急剧上升,有一半是由建筑工程的投资扩张导致的。房地产市场的繁荣以及政府公房计划都拉升了新加坡固定资本投资率(Toh and Ng, 2002, p.54–55)。

建筑面积数据(表4),将这个房屋建筑面积乘以房屋造价(元/每平方米),见表5。最后,我们利用加权法计算出全社会建房投资额的数据(the investment of housing);同样道理可计算其所包括的住宅建房投资额的数据(the investment of residential housing)。

表4 中国全社会房屋建筑面积(1985~2000年)

年份	全社会竣工房屋建筑面积(万平方米)		农村个人竣工房屋建筑面积(万平方米)		农村个人竣工房屋建筑面积占全社会的比例		城镇竣工房屋建筑面积占全社会的比例		农村房屋建筑面积(亿平方米)
	总计(1)	其中:住宅(2)	总计(3)	其中:住宅(4)	总计(5)	其中:住宅(6)	总计(7)	其中:住宅(8)	(9)
1985	122084	90972	78973	69542	0.65	0.76	0.35	0.24	7.22
1986	151184	117667	103225	94468	0.68	0.8	0.32	0.2	9.84
1987	141963	107697	96477	85524	0.68	0.79	0.32	0.21	8.84
1988	135943	104801	89092	80799	0.66	0.77	0.34	0.23	8.45
1989	105749	83197	71026	66134	0.67	0.79	0.33	0.21	6.76
1990	107793	86289	71136	67812	0.66	0.79	0.34	0.21	6.91
1991	119107	94002	79501	74193	0.67	0.79	0.33	0.21	7.54
1992	114800	85017	65338	60442	0.57	0.71	0.43	0.29	6.19
1993	122021	76779	56012	46129	0.46	0.6	0.54	0.4	4.81
1994	136550	97510	65390	57646	0.48	0.59	0.52	0.41	6.18
1995	145600	107433	73522	66230	0.5	0.62	0.5	0.38	6.99
1996	161988.98	121932.92	87277	79531	0.54	0.65	0.46	0.35	8.28
1997	166057.13	121100.96	85888	77287	0.52	0.64	0.48	0.36	8.06
1998	170904.75	127571.61	83864	77031	0.49	0.6	0.51	0.4	7.99
1999	187357.07	139305.93	83244	76758	0.44	0.55	0.56	0.45	8.34
2000	181974.44	134528.83	81270	75515	0.45	0.56	0.55	0.44	7.97

说明:表中(5)=(3)/(1),(6)=(4)/(2),(7)=1-(5),(8)=1-(6)。

资料来源:第1、2列数据分别摘自《中国统计年鉴》各期:2001年第157页6-1节、1999年第183页6-1节、1998年第185页6-1节、1997年第149页5-1节、1996年第139页5-1节、1995年第137页5-1节、1993年第145页5-1节、1991年第143页5-1节、1989年第477页10-1节、1988年第559页10-1节;第3、4列数据摘自《中国统计年鉴》2001年6-34节;5-8列计算所得;第9列摘自《中国统计年鉴》2001年10-27节。

表 5　房屋造价和个人住宅建房的造价

年份	城镇和工矿区个人建房						农村个人建房	
	竣工房屋建筑面积（万平方米）		竣工房屋价值（万元）		竣工房屋造价（元／平方米）		竣工房屋造价（元／平方米）	
	总计（1）	其中：住宅（2）	总计（3）	其中：住宅（4）	总计(5)=(3)/(1)	其中：住宅(6)=(4)/(2)	总计（7）	其中：住宅（8）
1985	7081.36	6306.80	567917	493872	80.2	78.31	44	45
1986	8115.37	7234.80	745623	654192	91.88	90.42	49	41
1987	9120.19	8294.36	1005133	899614	110.21	108.46	63	57
1988	10526.83	9433.15	1568475	1401141	149	148.53	83	72
1989	8565.38	7822.55	1402278	1260234	163.71	161.1	112	97
1990	7180.55	6492.93	1247034	1103317	173.67	169.93	109	96
1991	7554.40	6808.24	1403230	1250861	185.75	183.73	115	102
1992	9673.43	8586.22	2164663	1897651	223.77	221.01	143	112
1993	11463.44	9812.95	3385002	2804212	295.29	285.77	181	165
1994	14098.18	12268.36	4513203	3870038	320.13	315.45	201	174
1995	15194.84	13333.90	5523894	4770290	363.54	357.76	233	204
1996	16556.86	14518.78	6552198	5629097	395.74	387.71	258	222
1997	17570.24	15165.03	7041112	5938633	400.74	391.6	280	245
1998	20781.49	18227.39	8485630	7272165	408.33	398.97	286	248
1999	21830.37	19246.43	9175357	7818281	420.3	406.22	229	234
2000	21763.53	18929.01	9529931	8120255	437.89	428.98	242	245

　　资料来源：第 1–4 列的数据摘自《中国统计年鉴》(2001 年)6–33 节；5–6 列数据计算所得；7–8 列数据摘自《中国统计年鉴》(2001 年)6–34 节。

　　全社会房屋建筑面积可以分为城镇和农村两大部分，其中农村占大部分的比例，农村又主要由农村个人建房所代表(这由表 4 第 3 列和第 9 列的比较可看出)。而城镇和农村的建房造价是不同的，我们已知或可以求出城镇和农村的每平方米造价(见表 5，我们只能得到城乡个人建房的造价，农村平均造价使用其个人建房造价的数据几乎完全一致，而城镇平均造价以城镇个人建房的造价来代替也应是合理的)，再利用城镇和农村在总房屋建筑面积中的各自比例作为其造价对应的权数,这样就可以求出全社会房屋建筑面积的平均每平方米造价:全社会房屋建筑面积×平均造价=房屋建设投资额;而全社会房屋建筑面积所含的住宅部分的投资(即住宅房屋投资)可根据同样的方法求出;前者−后者=非住宅房屋投资。表6给出了我们按照上述方法测算所得的建房投资以及它所包含的住宅与非住宅房屋投资额。

表6　中国的建房投资(包括住宅和非住宅建房)

年份	全社会房屋建设总计平均造价(元/平方米)(1)	其中:住宅平均造价(元/平方米)(2)	建房投资(亿元)(3)	住宅建房投资(亿元)(4)	非住宅建房投资(亿元)(5)
1985	56.67	52.99	691.85	482.06	209.79
1986	62.72	50.88	948.23	598.69	349.54
1987	78.11	67.81	1108.87	730.29	378.58
1988	105.44	89.6	1433.38	939.02	494.37
1989	129.06	110.46	1364.8	918.99	445.8
1990	130.99	111.53	1411.98	962.38	449.6
1991	138.35	119.16	1647.85	1120.13	527.72
1992	177.73	143.61	2040.34	1220.93	819.41
1993	242.72	213.31	2961.69	1637.77	1323.92
1994	262.95	231.99	3590.58	2262.13	1328.45
1995	298.27	262.43	4342.81	2819.36	1523.45
1996	321.36	280	5205.68	3414.12	1791.56
1997	337.96	297.78	5612.07	3606.14	2005.92
1998	348.39	308.39	5954.15	3934.18	2019.97
1999	336.13	311.5	6297.63	4339.38	1958.25
2000	349.74	325.95	6364.37	4384.97	1979.41

说明:第(1)列=表2(5)×表1(7)+表2(7)×表1(5);第(2)列=表2(6)×表1(8)+表2(8)×表1(6);第(3)列=(1)×表2(1)÷10000;第(4)列=(2)×表2(2)÷1000;第(5)列=(3)−(4)。

利用表6提供的建房投资额与表3提供的全社会固定资产投资额,很容易计算出建房投资占全社会固定资产投资的比重。我们的计算发现,这个比重在改革后的头10年反而更高一些,约为30%,而在

20 世纪 90 年代以来，这个比重却在下降之中，到 90 年代后期，建房投资只占全社会固定资产投资的 20%左右。如果转换成占 GDP 的比重，那么，在 90 年代以来，建房投资平均只占 GDP 的 6~7 个百分点，远远低于新加坡在 1966~1998 年的数字，后者的建房投资占 GDP 的比重平均为 14.4%。[①]因此，与新加坡不同，建房投资看起来并不是解释资本形成过快的主要因素，显然也不足以解释在 90 年代中期以后不断显现出来的"资本深化"的征兆。

（2）制造业的比重。我们相信，自从中国的工业改革以来，制造业的扩张一直是固定资产投资增长的主要原因。从 GDP 的部门结构能粗略地说明制造业在改革后时期所扮演的重要角色。依照我们计算出的 1978~2000 年工业和建筑业分别占 GDP 的份额变动模式可以看出，改革以来，由于农业改革的成功（1978~1985 年），在 1980~1992 年间，工业部门占 GDP 的份额虽然略有下降，但是，该份额在 1993 年之后却又重新上升，表明制造业部门的扩张在进入 90 年代以后显著加速了。而建筑业占 GDP 的份额则处于不断上升之中，见图 10。工业占GDP 的份额超过 40%，是与韩国、新加坡等东亚经济的发展经历非常相似的。

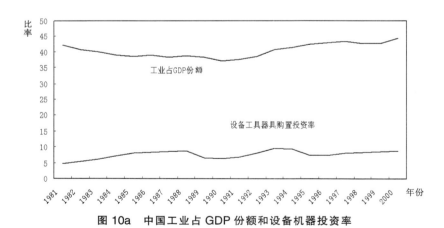

图 10a　中国工业占 GDP 份额和设备机器投资率

---

① 中国的建房投资占 GDP 的比重也低于中国香港，与台湾地区接近。香港在 1966~1998 年的这个比重平均为 12.6%，而台湾为 6.8%。新加坡、香港和台湾的房屋建设投资占 GDP 的比重数据来自陶和吴（Toh and Ng, 2002, table 1）。

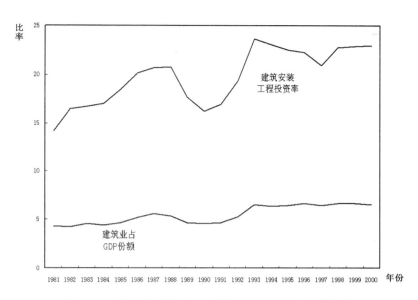

图 10b　中国建筑业占 GDP 份额和建筑安装工程投资率

　　工业部门的重要性也可以在投资支出的类别上反映出来。在表 7
中,我们把固定资产的投资按照其构成做了分解并计算得到了各构成
部分的相应投资率。我们看到,在固定资产投资中,建筑安装和设备工
具器具的购置始终占了绝对的比重,这必将不断改善工业部门(特别
是制造业)的装备水平。相对而言,香港的建筑安装和设备购置占 GDP
的比重在东亚经济中是最低的,大概因为在香港的经济中,服务业的
发展一直快于其他东亚经济国家和地区的缘故。

　　毫无疑问,工业部门中,制造业占绝对份额。在表 8 中,我们还计算
出了制造业投资在 1981 年、1998 年和 2000 年 3 个年份的部门结构的
变动特征。出于分析的目的,我们把制造业分成了 11 大类。我们的计算
结果发现,改革以来,计划经济体制下的主要制造业部门的投资占整个
制造业的比重显著下降了,它们是纺织业、普通机械设备制造和被定义
在"其他制造业"中的那些传统部门。但是,其余的 9 大类制造业部门的
投资比重都出现迅速的上升,上升幅度最大的制造业包括:电子产品和
器材、交通运输设备制造、金属冶炼和基本金属制品等。食品、饮料和烟
草以及橡胶和塑料制品业的投资份额也有了相当幅度的增长。从现在的

制造业的投资结构来看,化学及化学制品、电子及其电器机械、基本金属等已经成为中国在制造业中投资份额最高的部门了。显而易见的是,大多数投资高速增长的制造业都包含着较高的装备水平或者资本密集度。

表7　中国固定资产投资的构成(1981~2000年)

年份	全社会固定资产投资(亿元)	其中(按构成分解):			投资率1(%)	其中(按构成分解):		
		建筑安装工程	设备工具器具购置	其他费用		建筑安装工程	设备工具器具购置	其他费用
1981	961	689.83	223.64	47.54	19.76	14.19	4.6	0.98
1982	1230.4	871.12	291.41	67.87	23.24	16.45	5.5	1.28
1983	1430.1	993.32	358.31	78.43	24.1	16.74	6.04	1.32
1984	1832.9	1217.58	509.23	106.06	25.56	16.98	7.1	1.48
1985	2543.2	1655.46	718.08	169.65	28.37	18.47	8.01	1.89
1986	3120.6	2059.66	851.95	208.99	30.59	20.19	8.35	2.05
1987	3791.7	2475.65	1038.78	277.26	31.7	20.7	8.68	2.32
1988	4753.8	3099.66	1305.37	348.77	31.84	20.76	8.74	2.34
1989	4410.4	2994.59	1115.81	300.00	26.08	17.71	6.6	1.77
1990	4517	3008.72	1165.54	342.74	24.35	16.22	6.28	1.85
1991	5594.5	3647.68	1460.19	486.63	25.88	16.87	6.75	2.25
1992	8080.1	5163.37	2125.14	791.58	30.33	19.38	7.98	2.97
1993	13072.3	8201.21	3315.92	1555.18	37.74	23.68	9.57	4.49
1994	17042.1	10786.52	4328.26	1928.08	36.45	23.07	9.26	4.12
1995	20019.3	13173.33	4262.46	2583.48	34.23	22.53	7.29	4.42
1996	22913.5	15109.29	4925.98	2878.28	33.75	22.26	7.26	4.24
1997	24941.1	15614.03	6044.84	3282.25	33.49	20.97	8.12	4.41
1998	28406.2	17874.53	6528.53	4003.10	36.26	22.82	8.33	5.11
1999	29854.7	18795.93	7053.04	4005.74	36.38	22.9	8.59	4.88
2000	32917.7	20536.26	7785.62	4595.85	36.82	22.97	8.71	5.14
1981~2000					30.35	19.79	7.59	2.97

说明:1981~2000年的平均投资率为算术平均数。

资料来源　国家统计局:《中国统计年鉴(2001)》,北京,中国统计出版社,2001。

表 8 中国制造业部门的投资结构:部门分解数据

		2000				1998				1981	
		基本建设投资额	更新改造投资额	合计	构成(%)	基本建设投资额	更新改造投资额	合计	构成(%)	基本建设投资额	构成(%)
制造业		1175.11	2104.15	3279.26	100.00	1484.08	1797.3	3281.38	100	216.01	100
电子与电器	电气机械及器材制造业	29.19	79.09			34.62	71.37				
	电子及通信设备制造业	214.80	147.52			178.05	76.6				
	仪器仪表及文化办公用机械制造业	9.21	10.55			7.39	8.02				
	合计	253.20	237.16	490.36	14.95	220.06	155.99	376.05	11.46	5.06	2.34
化学与化学制品	化学原料及化学制品制造业	172.18	274.67			201.91	280.32				
	医药制造业	42.42	91.20			30.22	52.01				
	化学纤维制造业	11.79	34.94			53.02	20.01				
	合计	226.39	400.81	627.20	19.13	285.15	352.34	637.49	19.43	16.34	7.56
交通运输设备	交通运输设备制造业	107.56	178.90	286.46	8.74	186.66	150.05	336.71	10.26	2.6	1.2
机械与设备	普通机械制造业	31.18	61.08			27.83	67.45				

		2000				1998				1981	
		基本建设投资额	更新改造投资额	合计	构成(%)	基本建设投资额	更新改造投资额	合计	构成(%)	基本建设投资额	构成(%)
制造业		1175.11	2104.15	3279.26	100.00	1484.08	1797.3	3281.38	100	216.01	100
机械与设备	专用设备制造业	29.93	43.10			23.42	47.1				
	合计	61.11	104.17	165.28	5.04	51.25	114.55	165.8	5.05	15.53	7.19
金属制品	金属制品业	17.28	29.20	46.48	1.42	19.18	21.62	40.8	1.24	1.2	0.56
石油加工与炼焦	石油加工及炼焦业	32.79	129.91	162.70	4.96	137.84	105.03	242.87	7.4	8.21	3.8
橡胶与塑料制品	橡胶制品业	8.40	20.86			11.61	29.5				
	塑料制品业	27.70	38.96			17.15	30.97				
	非金属矿物制品业	61.42	112.18			70.67	103.9				
	合计	97.52	172.00	269.52	8.22	99.43	164.37	263.8	8.04	2.68	1.24
基础金属	黑色金属冶炼及压延加工业	50.85	269.11			155.95	242.99				
	有色金属冶炼及压延加工业	39.76	82.00			24.35	61.3				
	合计	90.61	351.11	441.72	13.47	180.3	304.29	484.59	14.77	21.51	9.96
食品、饮料和烟草	食品加工业	32.43	43.95			33.09	49.93				

续表二

		2000				1998				1981	
		基本建设投资额	更新改造投资额	合计	构成(%)	基本建设投资额	更新改造投资额	合计	构成(%)	基本建设投资额	构成(%)
制造业		1175.11	2104.15	3279.26	100.00	1484.08	1797.3	3281.38	100	216.01	100
食品、饮料和烟草	食品制造业	37.57	47.75			26.99	28.09				
	饮料制造业	26.27	82.52			25.23	84.14				
	烟草加工业	18.23	45.24			8.95	69.23				
	合计	114.50	219.47	448.47	13.68	94.26	231.39	325.65	9.92	9.26	4.27
纺织	纺织业	29.57	107.86			23.13	61.97				
	服装及纤维制品制造业	17.67	17.28			10	12.27				
	合计	47.25	125.14	172.39	5.26	33.13	74.24	107.37	3.27	19.86	9.19
其他	皮革毛皮羽绒及其制品业	12.18	4.54			8.89	4.58				
	木材加工及竹藤棕草制品业	8.22	15.15			9.58	13.96				
	家具制造业	7.15	5.55			8.07	4.05				
	造纸及纸制品业	39.54	79.91			117.02	58.44				

		2000				1998				1981	
		基本建设投资额	更新改造投资额	合计	构成(%)	基本建设投资额	更新改造投资额	合计	构成(%)	基本建设投资额	构成(%)
制造业		1175.11	2104.15	3279.26	100.00	1484.08	1797.3	3281.38	100	216.01	100
其他	印刷业、记录媒介的复制	13.05	22.85			15.47	18.05				
	文教体育用品制造业	2.66	3.66			0.97	2.53				
	其他制造业	44.11	24.60			16.84	22.64				
	合计	126.92	156.27	285.89	8.72	176.84	124.25	301.09	9.18	113.76	52.66

说明:绝对值的单位为亿元。

资料来源:1998 年的数据来自《中国统计年鉴》1999 年第 203、210页,合计与构成均为作者的计算值;1981 年的数据主要根据《中国统计年鉴》1981 年第 301~304 页基本建设投资数据并按照同样的分类计算而得,但该年制造业基本建设投资的总额来自《中国投资年鉴》2001年第 529 页,该年制造业更新改造投资额为92.20亿元。

(3)公共投资的份额。在中国现有的统计项目下,固定资产投资的统计数据是按照"经济类型""管理渠道""资金来源"和"构成"来分类的。一个众所周知的事实是,如果从"经济类型"和"资金来源"的角度来切割固定资产投资的总量数据,那么,毫无疑问,非国有性质的投资(指"个体经济"的投资和"其他投资"[①]两类的和)以及在全社会固定资产投资中的份额显著上升了。另外,从资金来源的口径来看,不用说,

---

① "其他投资"是指联营经济、股份制经济、外商投资经济、港澳台投资经济以及国有、集体和个人经济以外的其他经济成分。

国家预算内投资的比重大幅度下降了。①但是,国有经济和集体经济的投资率却并没有显著下降。

表 9 给出了按照所有制性质或经济类型划分的投资者的结构变动状况。其中,在计算"私人投资率"时,我们合并了在个体经济投资和其他投资两项投资额的数据。因此,"私人投资率"应该反映出了非国有部门的主要投资额的变动趋势。

值得注意的是,国有经济和集体经济的投资率并没有下降,基本维持了它们在全社会固定资产投资中的份额。只是大约在 1993 年以后,随着外资的迅速增长,私人投资率显著上升了,它几乎是 20 世纪80 年代的 2 倍。但是,在全社会固定资产投资率当中,国有经济的投资率在 1980~2000 年这 20 年平均依然占 61.25%,集体经济的投资占14% 左右。而在私人投资当中,过去这几年,个体投资平均占 40%,以外商直接投资(FDI)流入的较高年份 1996 年为例,外资(含港澳台投资)占全社会固定投资总量的 12%,约为 2747 亿元左右,这也只占到私人投资的 40% 弱。

因此,综合起来考虑,在全社会固定资产的投资中,真正的"私人"投资(外资与个体经济投资之和)所占份额应该就不超过 20% 了。因为1980~2000 年中国的全社会固定资产投资率(即全社会固定资产投资总量占 GDP 的比重)平均为 29.86%,这就意味着,在中国,公共投资(其中国有部门的投资和受到政府直接干预的集体部门的投资占了更大的比重)占 GDP 的比重至今仍然高达 24%,远远高于新加坡和台湾在 1966~1998 年的平均值(两者分别为 9.1% 和 10.6%)。②

① 例如,按资金来源分解的话,1998 年,在基本建设投资总额中,国家预算内资金只占10% 左右;而在 4516.75 亿元的更新改造投资中,国家预算内资金仅有 61 亿元。参见《中国统计年鉴 2001》(国家统计局,2001,6-6 节)。

② 根据陶和吴(Toh and Ng, 2002, table 4)提供的数据,香港在同一时期的公共投资率比较低,仅为 3.7%。

表 9   1980~2000 年国有、集体和私人的投资率

年份	国有经济投资额	集体经济投资额	个体经济投资额	其他投资	私人投资额	全社会固定资产投资率	其中:		
							国有经济投资率	集体经济投资率	私人投资率
1980	745.9	46	119	–	119	20.16	16.51	1.02	2.63
1981	667.5	115.2	178.3	–	178.3	19.76	13.73	2.37	3.66
1982	845.3	174.3	210.8	–	210.8	23.24	15.97	3.29	3.98
1983	952	156.3	321.8	–	321.8	24.1	16.04	2.63	5.42
1984	1185.2	238.7	409	–	409	25.56	16.53	3.33	5.7
1985	1680.5	327.5	535.2	–	535.2	28.37	18.75	3.65	5.97
1986	2079.4	391.8	649.4	–	649.4	30.59	20.38	3.84	6.37
1987	2448.8	547	795.9	–	795.9	31.7	20.47	4.57	6.65
1988	3020	711.7	1022.1	–	1022.1	31.84	20.23	4.77	6.85
1989	2808.2	570	1032.2	–	1032.2	26.08	16.61	3.37	6.1
1990	2986.3	529.5	1001.2	–	1001.2	24.35	16.1	2.85	5.4
1991	3713.8	697.8	1182.9	–	1182.9	25.88	17.18	3.23	5.47
1992	5498.7	1359.4	1222	–	1222	30.33	20.64	5.1	4.59
1993	7925.9	2317.3	1476.2	1352.9	2829.1	37.74	22.88	6.69	8.17
1994	9615	2758.9	1970.6	2697.6	4668.2	36.45	20.56	5.9	9.98
1995	10898.2	3289.4	2560.2	3271.5	5831.7	34.23	18.64	5.63	9.97
1996	12006.2	3651.5	3211.2	4044.6	7255.8	33.75	17.69	5.38	10.69
1997	13091.7	3850.9	3429.4	4569.1	7998.5	33.49	17.58	5.17	10.74
1998	15369.3	4192.2	3744.4	5100.3	8844.7	36.26	19.62	5.35	11.29
1999	15947.8	4338.6	4195.7	5372.7	9568.4	36.38	19.43	5.29	11.66
2000	16504.4	4801.5	4709.4	6902.5	11611.9	36.82	18.46	5.37	12.99
1980~2000						29.86	18.29	4.23	7.34
构成						100%	61.25%	14.17%	24.58%

说明：投资额的单位为亿元,投资率的单位为%。本表按经济类型把全社会固定资本投资分为国有经济、集体经济、个体经济和其他经济(包括联营经济、股份制经济、外商投资经济、港澳台投资经济等国有、集体和个体经济以外的经济成分)的投资。这里的"私人投资"为个体经济与其他经济的投资总和。

资料来源   国家统计局:《中国统计年鉴 2001》,(6-2 节),北京,中国统计出版社,2001。

因此,尽管私人投资、包括外商直接投资(FDI)的份额有了显著的增长,但是,中国的固定资产投资当中,公共的投资依然居主导地位。事实上,如果没有这么高的公共投资率,我们就难以解释在最近的10年,尽管私人投资的比重显著上升了,但是中国经济的投资效率在总体上却反而急剧恶化了。因此,这么高的公共投资的比重似乎就基本解释了过度投资背后的体制原因。而且,应该不难想象,即使是"私人投资",也有相当的部分依然受到政府的各种干预。

五、初步的结论以及含义

在本文,我们研究了中国的投资效率及其变动的模式。与我们已有的研究结论类似,我们再一次证实,投资的效率在经历了改革以后10年的改善之后急剧转变为不断下降的模式,而投资效率的下降显然是近年来中国经济增长下降的主要原因。同时,中国金融部门的不良资产的严重性以及现有研究所发现的中国经济增长的就业弹性的下降[1],应该都可以从过度投资和投资效率恶化的问题中找到相应的解释。

一般来说,从整体上来考虑,与东亚经济不同的是,中国在达到劳动力供给短缺之前将经历相当长的劳动力过剩的时期,这意味着工业化将在相当长的时间里决定着中国这样的经济实现长期增长的能力。但是,增长的持续性不仅取决于要素的供给能力,重要的是取决于有效配置要素的能力。因此,从体制上说,要实现持久的高速经济增长,需要用资本去替代更多的劳动力,需要投资创造更多的就业机会。因此,在中长期,投资的选择和投资的效率是实现持续经济增长的最重要的决定因素。金融体制的功能也是帮助筛选到有效率的投资项目和改善投资的效率,所以,对持续的经济增长来说,有效的金融体系和投

---

① 众所周知,在银行部门累积起来的不良资产的规模(国际上当前的估计值为7000亿美元,约占中国GDP的60%强,不过,中国人民银行的行长助理则公开纠正了这个估计,认为中国四大专业银行的不良贷款比例为28%)正在成为中国金融部门面临的最严重的问题之一。而过高的不良贷款的累积实质上反映了中国投资决策体制本身的问题。另外,近年来,中国经济增长吸纳劳动力的能力在下降中,这已经引起了劳动经济学家的关注。可参见刘学工、刘军(1995)以及袁志刚(主编,2002)对这个问题的讨论。

资的选择决策比要素本身更为关键。

众所周知，改革开放以来，中国的投资体制的变化主要是在融资方式上，由过去的单一政府财政融资转变到了信贷和所谓自筹资金为主的多元化方式。但是，在投资项目的选择和投资决策等一些在很大程度上决定投资收益率的问题上，却始终没有进行彻底的改革。中国的投资体制是在计划经济时期形成的，而在改革以来，投资的决策机制更加行政分散了，它几乎完全建立在地方政府的自主增长目标的基础上，资本的配置和工业化进程建立在相互分割的、而不是一体化的"古典竞争"的环境中[①]。不仅在公共基础设施的投资决策上，而且在"私人领域"投资决策的几乎所有阶段上，政府的偏好和影响都直接决定着投资项目的选择。局部化的投资选择和决策典型地造成大量的投资没有真正产生收益，重复建设、相似的生产能力被不断累积和闲置、建筑物空置等，所有这些后果在中国的媒体上经常被曝光，已众所周知。

在那些研究中国的投资决定的文献上，人们也发现，由于投资体制的原因造成过度投资，中国的总量投资不仅明显偏离了市场理想的最优水平，而且缺乏短期调整的能力。例如，孙（Sun, 1998）、宋等（Song, et al., 2001）以及秦和宋（Qin and Song, 2002）最近的研究从经验上都证实，中国的短期总量投资对长期投资总量不均衡的调整速度极其缓慢，造成大起大落，使中国的投资出现显著的效率损失。而罗斯基（Rawski, 2002）在最近的评论中则从投资波动的视角（见表7）更形象地描述了中国的投资体制给投资造成的效率损失："中国经济表现出大幅度的季节波动的寻常模式……季节波动在中国远远比在周边的东亚经济更剧烈。中国的 GDP 经常在第 1 季度下降 25% 以上而又在每年的最后 3 个月猛涨 20%。熟悉计划经济的人都知道，这个行为模式在市场体系里并不会出现。例如，追索到 1875 年，数字显示，美国经济的季度 GDP 波动幅度仅在 9% 上下。在中国，与改革前的计划体制一样，季节性的产出摆动主要是投资支出的波动造成的……在每年的 3 月份，中国的立法，人大会批准投资和信贷的年度计划。在随后的 4

---

① 所谓"古典竞争"是指依赖自由进入或者生产者数量的增加来实现零利润均衡的调整过程，这个过程虽然实现了静态效率，但缺乏持续的动态效率的改进机制，因而不利于经济的增长。参见张军（2002a）。

月,政府决定这些决策的执行。到 5 月,详细的计划开始抵达基层。在这个进度表下,贷款承诺和项目支出在前两个季度缓慢,导致一个与改革前几十年相差无几的投资支出的季节模式。"

作为一个从计划体制向市场体制转型的经济来说,20 年来中国经济增长的道路的确是值得进一步研究和总结的。在改革初期的增长中,农业部门的制度变革是重要的解释变量[1],而在过去的 10 年,增长的来源与巨额的外商直接投资(FDI)的流入和由此实现的贸易促进则密切相关[2]。但是,从国内的资本分配来看,银行大量的金融资源被说服给了有政府(包括中央政府和各级地方政府)背景或者受政府支持的国有部门的投资项目,这些项目或者是对大型重点企业的基本建设和更新改造,或者是新建大中型项目等,或者用于其他的非营利项目。私人企业部门始终难以获得金融的支持。在这个从体制上歧视私人部门的发展的格局下,资本的分配结构严重偏斜在政府主办的和国有企业部门,资本投资创造就业的能力就无法提高,因而投资的效率不断恶化的趋势也难以扭转。

本来,增长率的下降提醒我们,私人部门在投资体制和金融体制上被过度地抑制已经开始阻碍了增长的持续性。但是,1998 年以后,主流的认识却把中国经济的问题定义成了总需求不足,结果扩张的财政政策被采纳。财政的扩张不仅无法改变金融资源向国有部门的偏斜问题,反而将政府依靠不断增加的赤字来实现的支出增加投向了并不产生显著收益的大量的基础设施和重大的工程项目,从而进一步牺牲了投资的效率,这个短期的支出增加也为政府的财政增添了一个沉重的包袱[3]。

中国的改革后增长似乎到了一个十字路口,因为中国从要素的供给能力来判断将有相当长的高速增长的潜力,但从体制的扭曲来看,中国似乎已经走上过度工业化的发展道路了。这深刻地暴露出了中国经

---

① 参见林毅夫(Lin, 1992)。

② 关于 FDI、贸易增长与中国经济增长的关系,可参见姚和张(Yao and Zhang, 2003)以及林毅夫和李永军(2002)等。

③ 1998 年以来,政府财政赤字从占 GDP 不到 1%急剧上升到 3%左右,而且政府的支出增加几乎完全是用政府的债务来支持的,每年的净国债(国债发行额减去还本付息的余额)与当年的财政赤字几乎相当。

济有效配置要素的能力的缺陷。从未来的前景来说,鼓励和扩大私人经济部门,真正给予私人企业家充分接近金融资源的机会至关重要。只有私人部门的发展才能让企业家来决定资本的分配,这当然就需要真正改革现行的与国有部门相匹配的金融体制和银行部门的体制。中国的投资体制和金融部门的改革一直被延误和滞后了,但最终却又到了这些体制改革的关键时候了。

参考文献:

[1] 奥利维尔·布兰查德和斯坦利·费希尔.宏观经济学(高级教程)[M].北京:经济科学出版社,1998.

[2] 陈剑波.市场经济演进中乡镇企业的技术获得与技术选择[J].经济研究,1999(4):36—41.

[3] 大琢启二郎,刘德强,村上直树.中国的工业改革[M].上海:上海人民出版社和生活·读书·新知三联书店,2000.

[4] 国家统计局.中国统计年鉴[M].北京:中国统计出版社,2001.

[5] 贺菊煌.我国资产的估算[J].数量经济与技术经济研究,1992(8).

[6] 林毅夫,蔡昉,李周.中国的奇迹:发展战略与经济改革[M].上海:生活·读书·新知三联书店,1994.

[7] 林毅夫,李永军.出口与中国的经济增长:需求导向的分析[R].北京:北京大学中国经济研究中心,2002.

[8] 刘树成,李强,薛天栋.中国地区经济发展研究[M].北京:中国统计出版社,1994.

[9] 刘学工,刘军.中国经济增长对劳动力的吸纳能力是否在减弱[J].中国劳动科学,1995(12).

[10] 魏后凯主编.中国地区发展——经济增长、制度变迁与地区差异[M].北京:经济管理出版社,1997.

[11] 袁志刚主编.中国就业报告[M].北京:经济科学出版社,2002.

[12] 张军.增长、资本形成与技术选择:解释中国经济增长下降的长期因素[J].经济学(季刊),2002a,1(2):301—338.

[13] 张军.资本形成、工业化与中国的经济增长:中国的转轨特征[J].经济研究,2002(7).

[14] 张军，施少华. 中国经济的全要素生产率的变动：1952-1998 [J].世界经济文汇，2003(2).

[15] 张军,施少华,陈诗一.中国的工业改革与效率变化：方法、数据、文献和现有的结果[J].经济学(季刊),2003,3(1)：1-38.

[16] A. Krueger. Comparative Advantage and Development Policy 20 Years Later [M]//M. Syrquin, L. Tayor, L. Westphal. Economic Structure and Performance essays in honor of Hollis B. Chenery. Amsterdam: Academic Press, 1984.

[17] A. Liu, S. Yao, Z. Zhang. Economic growth and structural changes in employment and investments in China: 1985-1994 [J]. Economic Planning, 1999,32:171-190.

[18] A. Young. Lessons from the East Asian NICs: a contrarian view [R]. Cambridge: National Bureau of Economic Research, 1994.

[19] A. Young. The razor's edge: distortions and incremental reform in the people's republic of China[R]. Cambridge: National Bureau of Economic Research, 2000.

[20] D. Qin, H. Song. Excess Investment Demand and Efficiency Loss during Reforms: The Case of Provincial-level Fixed-asset Investment in China [J]. China Economic Quarterly, 2003(3).

[21] D. Lo. Reappraising the performance of China's state-owned industrial enterprises: 1980-1996 [J]. Cambridge Journal of Economics, 1999, 23:693-718.

[22] G. Jefferson, T. Rawski, Y. Zheng. Chinese industrial producti vity: trends, measurement issues and recent development [J]. Journal of Comparative Economics, 1996, 23:146-180.

[23] H. Song, Z. Liu, P. Jiang. Analyzing the determinants of China's aggregate investment in the reform period [J].China Economic Review, 2001, 12:227-242.

[24] J. Felipe. Total factor productivity growth in East Asia: a critical survey [J].The Journal of Development Studies, 1999, 35(4):1-41.

[25] J. Kim, L. Lau. The sources of Asian Pacific economic growth [J]. The Canadian Journal of Economics, 1996, 29 (2):448-454.

[26] K. Ohkawa. Capital output ratios and the "residuals": issues of

development planning [R].International development Center of Japan, 1984.

[27] L. Lau, J. Kim. The sources of growth of the East Asian newly industrialized countries [J]. Journal of the Japanese and International E-conomies, 1992.

[28] M. Toh, W. Ng. Efficiency of investment in Asian economies: has Singapore over-invested [J].Journal of Asian Economics, 2002, 13: 52-71.

[29] P. Krugman. The Myth of Asia's Miracle [J]. Foreign Affairs, 1994, (11/12): 62-78.

[30] R. Solow. Technical change and the aggregate production func-tion [J].Review of Economics and Statistics, 1957, 39(3):312-320.

[31] S. Demurger, J.Sachs, W. Woo, S. Bao, G. Chang, A. Mellinger. Geography, economic policy and regional development in China [R]. Cambridge: National Bureau of Economic Research, 2002.

[32] S. Yao, Z. Zhang. Openness and Economic Performance: A Comparative Study of China and the Asian NIEs [J]. Journal of Chinese Economic and Business Studies, 2003, 1(1).

[33] T. Rawski. Will investment behavior constrain China's growth [J].China Economic Review, 2002,13(4):361-372.

[34] X. Sun. Estimating investment function based on cointegration: the case of China [J].Journal of Comparative Economics, 1998, 26:175-191.

当代华人

自述之四

　　这篇论文与上一篇论文在主题上高度关联。本文的重点是刻画和分析中国经济在资本形成和投资效率上面的一些特征，它包括投资率的变化、投资在部门间的分配结构和不同所有制下的投资份额的细分特征，在此基础上论文还讨论了宏观层面上投资效率的变化及其原因。在我的阅读范围内，这是国内第一篇系统刻画和分析中国的投资结构、模式和演进特征的经济学论文。

　　在这篇论文里，我计算了中国经济的年度"边际资本–产出比率(I-COR)"，这是衡量投资效率的重要指标。通常情况下，如果投资是有效率的，或者没有经历过快的资本深化过程，ICOR 将保持基本稳定的上升。我们的计算发现，ICOR 在 1994 年之前呈现出了这个特征，但是之后(到文章考察的 2000 年)开始急剧上升了。这表明投资的效率在此期间显著恶化了。然后我构造了一个解释 ICOR 上升的简单的模型，在这个模型里，我充分考虑了全要素生产率与资本密集度变化之间可能存在的"二次函数"关系。之所以考虑这个二次函数关系，是因为，从长期来说，全要素生产率应该会随着资本深化速度的正常化而主导产出增长。也就是说，全要素生产率与资本深化之间的关系取决于经济发展的阶段和发展的速度。而且我认为，这个想法在理论上是站得住脚的。我用中国的数据拟合了这个关系，发现了这个二次关系的存在。在这个简单的理论模型里，由于可以用资本密集度的变化来解释全要素生产率的变化，因此，解释 ICOR 的唯一变量就变成资本的密集度(即资本–劳动比)的变化速度了。我的论文提供了证明资本密集度在这个时期加速上升的大量统计证据。所以，我的结论显而易见，在文章考察的这个时期，资本密集度的加速上升是过度投资的结果，对长期产出增长的持续性构成了威胁。这个结论的一个推论和含义是，如果过度投资的倾向得到抑制，资本密集度的增长趋于正常，中国经济的增速就会加快。现在看起来，那个时间投资效率的恶化和资本密集度的急剧上升可能与当时的鼓励基础设施和基建投资的政策有关。事实证明，进入新世纪之后没有几年，随着政策的调整，令人担忧的过度投资和增长减速问题得到了纠正，使得中国经济在过去的 10 年能够再续快速增长的记录。

这篇论文的初稿是我在韩国庆北国立大学执教期间（2002年9~12月）写成的，尚未在刊物上公开发表之前就被收入了我的著作《中国的工业改革与经济增长》（上海三联书店和上海人民出版社2003年版）一书。也因为这个原因，这篇论文就没有真正在中文杂志正式发表，但是基于这个中文论文我很快写出了一个英文版提交给了美国的Journal of Asian Economics，并最终发表于该杂志2003年第14卷（第713~734页）上。不过，这个论文的英文版比中文版更简洁一些，并且由于篇幅所限，我在英文版中删掉了一些内容，包括计量分析的内容。

2005年，香港岭南学院的何乐生（Lok Sang）教授来信邀请我为他和Robert Ash编辑的一部纪念郭益耀教授荣休的论文集"China Hong Kong and the World Economy: Studies on Globalization" 撰写一章，"Investment, Investment Efficiency and Economic Growth in China" 被收入其中，该书2006年由Palgrave Macmillan出版。另一个英文的版本以"Investment-Growth Nexus in China: A Comparative Perspective"为题被收入了Yoshinori Shimizu主编的 "Economic Dynamism of Asia in the New Millennium: From the Asian Crisis to A New Stage of Growth"一书，该书2007年由The World Scientific出版公司出版。

中国省级资本存量的估计及其应用(1952-2004)*

一、引言

构建物质资本存量数据对分析中国生产率变化和经济增长至关重要。之前的研究运用行业或产业数据对全国水平的资本积累进行了估算。从 20 世纪 90 年代后期开始,随着对区域或省级增长模式、生产率变迁、收入不平等和金融深化问题等的研究持续升温,研究者对省级物质资本存量的构建付出了极大的努力。近些年,运用省级面板数据进行研究的数量不断增加(比如 Ezaki and Sun, 1999; Young, 2000; Wu, 2004, 2007; Li, 2003; Zheng and Hu, 2006; Holz, 2006a)。但是,由于采用方法论不同、数据来源也有所差异,导致对全国物质资本存量估算结果各异[①]。

例如,一些研究采用永续盘存法(PIM),但是其他的一些比如 Ezaki and Sun(1999)运用增长核算公式构建中国全国水平和省级资本存量[②]。Li(2003)采用 GDP 数据和金融资源来生成全国和省级资本存量水平。Holz(2006a)在建筑或设备完全报废前没有扣除折旧[③]。

---

* 本文原文为英文,题目为"Estimation of China's Provincial Capital Stock Series (1952–2004) with Application",发表于 Journal of Chinese Economic and Business Studies, 2008, 6 (2):177–196。中文稿由黄博翻译。

① 这些工作包括了 Zhang(1991), He(1992), Chow(1993), Jefferson, et al. (1996), Hu and Khan(1997), Wang and Hu(1999), Wang and Fan (2000), Young(2000), Wang and Yao (2001); Zhang (2002), Huang (2002), Chow and Li (2002), Song, et al.(2003), Li and Tang (2003), He, et al.(2003), Zhang and Zhang (2003), Zhang, et al.(2003), Li (2003), Gong and Xie (2004), Wu(2004, 2007), Zheng and Hu(2006), and Holz(2006a)。

② 他们方法的精髓,在于同时确定资本存量水平以及全要素生产率(TFP)的增长。而资本存量水平是通过给定一个 TFP 的增长率,然后通过循环计算得出。

③ 我们注意到近期在 Holz 和 Chow(Holz,2006a,2006b;Chow,2006)之间有一个关于中国资本存量水平的争论。但是这个争论更多的是说明性的,因为它仅仅修正了中国统计方法中的几处小细节。

在本文,我们吸取已有文献的精华,运用中国官方统计数据对省级物质资本存量数据进行了标准化的构建[①]。数据来源主要是《中国国内生产总值核算历史资料(1952–1995)》和《新中国五十年统计资料汇编》。以上两者分别由国家统计局在 1997 和 1999 年编纂。Xu(2002)对 1986~1998 年,1988~1997 年和 1994~1995 年各阶段的数据进行了修正[②]。

本文分为六个部分:第二部分,我们介绍永续盘存法(PIM)及其他技术细节。第三部分,我们构建一个资本价格指数并决定折旧率。第四部分报告估算结果以及与其他研究的比较。第五部分,我们运用资本存量数据估计省级生产率变化,阐明空间模式。第六部分作结论。

二、方法论准备

1.永续盘存法(Perpetual Inventory Method, PIM)

本文采用的估算和构建资本存量的方法论是永续盘存法(Goldsmith, 1951)。由于中国 1949 年以后没有进行过大规模的资产普查,所以我们在本文中采用的是在估计一个基准年(1952 年)后运用永续盘存法按不变价格计算各省区市的资本存量[③]。

理论上,采用相对效率几何递减模型,资本存量的估算可以写作:

$$K_{it}=K_{it-1}(1-\delta_{it})+I_{it} \tag{1}$$

其中 i 指第 i 个省区市,t 指第 t 年。运用该方法我们需要构建每个省份的以下各项(时间一致):①各省每年固定资本投资;②资本价格指数;③各省资本折旧率;④基年省级资本存量。1993 年之前,中国官方数据没有包括投资品的价格指数,也没有折旧率。因此我们需要构建投资品价格指数和资本折旧率。

---

① Wu(2004)也使用了永续盘存法构建中国 30 个省份的资本存量。但是他所研究的时段为 1900 年至 2000 年。他假定 1900 年的初始资本存量为 0,并且所有区域的折旧率为 7%。在他最新的研究中,对于不同的地区他采用了不同的折旧率(Wu,2007)。

② 在海外从事中国经济研究最重要的统计来自于 Hsueh, et al.(1993,1999),他们提供了省级数据。但他们忽视了 Historic Data of China National Accounting for Gross Domestic Products:1952–1995 和 A fifty Years Statistical Compendium for New China 中的数据。

③ Chow(1993)考察了土地资源,但是我们没有。

2.投资品隐含价格指数

为了构建 1952 年以来整个阶段的投资品隐含价格指数,我们参阅了《中国国内生产总值核算历史资料(1952–1995)》。该书提供了固定资本形成额的时间序列及其全国和省级水平的指数。利用这些数据,我们可以计算不变价格下固定资本形成额的投资品隐含价格指数。

固定资产投资额包括三部分:建筑安装工程投资完成额(设为 q_1)、设备及工具购置投资完成额(设为 q_2)、其他费用投资完成额(设为 q_3)。用 P_{it} 表示这三种资本品在 t 时刻的价格($i=1,2,3$),则在此价格下的固定资本形成额总额为:

$$X_t = \sum_{i=1}^{3} q_{i,t} p_{i,t}$$

其中 $t=1952, \cdots\cdots, 2000$。

则固定资本形成总额指数(1952=1)为:

$$Y_t = \frac{\sum_{i=1}^{3} q_{i,t} p_{i,1952}}{\sum_{i=1}^{3} q_{i,1952} p_{i,1952}}$$

其中 $t=1952, \cdots\cdots, 2000$。

投资品隐含价格指数(1952=1)为:

$$Z_t = \frac{\sum_{i=1}^{3} q_{i,t} p_{i,t}}{\sum_{i=1}^{3} q_{i,t} p_{i,1952}}$$

其中 $t=1952, \cdots\cdots, 2000$。

则假定三类资本品的价格在各年的变动幅度都比较接近,即

$$p_{1,t} \approx p_{2,t} \approx p_{3,t} = p_t \text{ 那么}, Y_t \approx \frac{\sum_{i=1}^{3} q_{it}}{\sum_{i=1}^{3} q_{i,1952}},$$

$$Z_t \approx \frac{p_t \sum_{i=1}^{3} q_{i,t}}{p_{1952} \sum_{i=1}^{3} q_{i,t}} = \frac{p_t}{p_{1952}}$$

因此,

$$\frac{X_t}{X_{1952}} = \frac{\sum\limits_{i=1}^{3} q_{i,t} p_{i,t}}{\sum\limits_{i=1}^{3} q_{i,1952} p_{i,1952}} \approx \frac{p_t \sum\limits_{i=1}^{3} q_{i,t}}{p_{1952} \sum\limits_{i=1}^{3} q_{i,1952}} = Z_t * Y_t$$

所以,我们要求的投资品隐含价格指数为:

$$Z_t = \frac{X_t / Y_t}{X_{1952}}$$

将其变形即为固定资本形成总额指数:

$$Y_t = \frac{X_t / Z_t}{X_{1952}}$$

运用同样的方法我们可以得到固定资本形成额的环比隐含价格指数(前一年=1)。

3.资本折旧率

本文使用以下公式计算折旧率

$$d_\tau = (1-\delta)^\tau$$

其中 d_τ 代表资本品的相对效率,即新的资本品相对于旧资本品的边际效率。δ 代表折旧率或者重置率,在此时间区间内保持不变。τ 表示时期。假定相对效率符合几何递减,则每年的重置率均匀分布。

严格地说,δ 是资本折旧率但并非重置率。重置率衡量的是生产的保养和恢复能力。Jorgensen(2001)和 Huang et al.(2002)解释道,只有当资本品的相对效率呈几何递减时,重置率才等于折旧率。除了 Huang et al.(2002),大多数已有研究对于两者并不区分。

大多数已有研究中的折旧率忽视了资本存量效率递减的模式,从而导致了估计结果的差异[①]。即使我们直接引用《中国统计年鉴》中的固定资产折旧值,该问题仍然存在[②],因为年鉴中也假定折旧值是基于折旧率而非重置率而计算得来的。本文中,我们与 Huang et al.(2002)一致,假定资本品的相对效率呈几何递减。

---

① 永续盘存法中资本边际效率递减的解释主要有三种:①直线折旧法;②某期忽然失效法;③几何递减法。它们分别对应的是:①每期效率线性递减;②折旧最后一期效率完全损失;③效率几何递减(Jorgensen,2001)。

② 中国自 1994 年开始公布年度资本折旧数据。

三、数据

1.固定资产投资

《中国统计年鉴》中有关于固定资产投资的许多定义和分类。首先是"资本积累",是在物质产品平衡体系(MPS)下计算的,该体系存在于国民经济核算体系(SNA)之前。1993年之后,资本积累数据不可得。早期对于中国资本存量的估计经常采用资本积累代替固定资产投资,例如 Zhang (1991),He (1992),Chow (1993)。另外一派研究则使用官方数据中的"全社会固定资产投资"作为替代,如 Wang and Fan (2000)。第三派研究,即最近的研究,则使用《中国统计年鉴》中的"总资本形成"或"总固定资产形成"作为替代。

资本积累是指在一年之内,国民收入使用额中用于社会扩大再生产和非生产性建设以及增加社会生产性和非生产性储备的总额。积累的物质形态可以看做是一年内生产性部门和非生产性部门新增加的固定资产和流动资产之和[①]。

需要注意的是固定资产磨损价值从积累当中扣除了,因此积累近似等于投资减去折旧,或者说净投资额。这也解释了1993年以前的研究用资本积累代替总投资的原因。1993年以后,中国终止提供资本积累的统计数据。

根据 Xu (2002)的研究,之后的资本形成总额实际上包括资本积累和折旧两部分。

全社会固定资产投资额是中国投资统计特有的指标,指的是建设和固定资产购置的总价值。可以将之细分为资本建设、更新和改造、房地产及其他。我们注意到,在中国两种核算方法 MPS 和 SNA 当中都可以找到全社会固定资产投资的数据。这些统计数据通过国家统计报告系统自下而上收集。全社会固定资产投资额数据比较全面和一致,它是国家统计局(NBS)构建固定资本形成额数据的基础(Xu, 2002; Wang and Yao, 2001)。这也解释了为什么固定资本形成额和全社会固定资本投资额在中国改革后时期会如此相似。如图1所示,固定资本形成额(图中称为投资率3)和全社会固定资产投资额(称为投资率1)确实很接近。

---

① 因此,资本累积可以根据其最终用途划分为生产性的和非生产性的两部分。

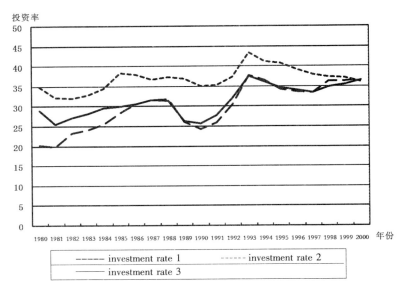

投资率

| 50 |
| 45 |
| 40 |
| 35 |
| 30 |
| 25 |
| 20 |
| 15 |
| 10 |
| 5 |
| 0 |

1980 1981 1982 1983 1984 1985 1986 1987 1988 1989 1990 1991 1992 1993 1994 1995 1996 1997 1998 1999 2000 年份

------ investment rate 1   ------ investment rate 2
———— investment rate 3

图 1　中国的投资率(投资占 GDP 的百分比,1980–2000)

说明：投资率 1=全社会固定资产投资/GDP×100%；投资率 2=总资本形成额/GDP×100%；投资率 3=固定资本形成额/GDP×100%。

资料来源：《中国统计年鉴》(NBS,2004)。

基于以上的讨论,在估计省级资本存量时我们使用固定资本形成额,而不是总资本形成。我们排除了存货变动,因为发展中经济体的存货变动放在残差项中将被更好地理解。例如 Young (2002)指出,发展中经济体（存货）的真实改变并没有反应在资本存量当中。另外,如 Song (2003)指出的,虽然存货变动对企业来讲越来越重要,但是中国的存货变动并不能与现有文献中传统定义的存货相对应。基于这个考虑,将国有部门未出售、积压的产品当做生产性的资本存量存在着概念上的错误。

2.资本的平减价格指数

在 SNA 系统下,Xu(2002)指出,计算不变价格下的固定资本形成额运用的是"固定资产投资价格指数"。《中国统计年鉴》(SYC)披露了固定资产投资价格指数如何构建的信息。据此,固定资产投资价格指数是全社会固定资产投资三个组成部分价格指数的加权平均,即建筑安装工程投资完成额、设备及工具购置投资完成额、其他费用投资完成额。表1列出了 1981~2000 年固定资产投资三部分的份额。

表 1　中国全社会固定资产投资分解(1981~2000 年)

年份	全社会固定资产投资(亿元)	其中:			投资率(%)	其中:		
		建筑安装工程	设备工具器具购置	其他		建筑安装工程	设备工具器具购置	其他
1981	961	689.83	223.64	47.54	19.76	14.19	4.6	0.98
1982	1230.4	871.12	291.41	67.87	23.24	16.45	5.5	1.28
1983	1430.1	993.32	358.31	78.43	24.1	16.74	6.04	1.32
1984	1832.9	1217.58	509.23	106.06	25.56	16.98	7.1	1.48
1985	2543.2	1655.46	718.08	169.65	28.37	18.47	8.01	1.89
1986	3120.6	2059.66	851.95	208.99	30.59	20.19	8.35	2.05
1987	3791.7	2475.65	1038.78	277.26	31.7	20.7	8.68	2.32
1988	4753.8	3099.66	1305.37	348.77	31.84	20.76	8.74	2.34
1989	4410.4	2994.59	1115.81	300.00	26.08	17.71	6.6	1.77
1990	4517	3008.72	1165.54	342.74	24.35	16.22	6.28	1.85
1991	5594.5	3647.68	1460.19	486.63	25.88	16.87	6.75	2.25
1992	8080.1	5163.37	2125.14	791.58	30.33	19.38	7.98	2.97
1993	13072.3	8201.21	3315.92	1555.18	37.74	23.68	9.57	4.49
1994	17042.1	10786.52	4328.26	1928.08	36.45	23.07	9.26	4.12
1995	20019.3	13173.33	4262.46	2583.48	34.23	22.53	7.29	4.42
1996	22913.5	15109.29	4925.98	2878.28	33.75	22.26	7.26	4.24
1997	24941.1	15614.03	6044.84	3282.25	33.49	20.97	8.12	4.41
1998	28406.2	17874.53	6528.53	4003.10	36.26	22.82	8.33	5.11
1999	29854.7	18795.93	7053.04	4005.74	36.38	22.9	8.59	4.88
2000	32917.7	20536.26	7785.62	4595.85	36.82	22.97	8.71	5.14
1981~2000					30.35	19.79	7.59	2.97

说明:1981~2000 年的投资率是算术平均值。

资料来源　国家统计局:《中国统计年鉴(2001)》,北京,中国统计出版社,2001。

1993 年以后固定资产投资的价格指数才变得可得，而且只有 1991 年之后的时间序列数据。因此过去几十年的研究大多数是构建固定投资价格指数的代理变量。例如，对于 1952~1977 年，大部分研究都借用 Chow（1993）估计的积累隐含价格指数（the implicit deflator for accumulation），或者并不考虑这一时期的价格变动因素。在 1978 年之后，Hu and Khan（1997）以及 Song, et al.（2003）用全国建筑材料价格指数来代替；Jefferson, et al.（1996）采用建筑安装平减价格指数和设备安装购置平减价格指数的加权平均来计算；Young（2000）构造了一个隐含的固定资本形成额价格指数，把它作为 GDP 平减指数和其他构成 GDP 各部分的平减指数的一个残差；Huang, et al.（2002）直接利用零售物价指数替代。Zhang and Zhang（2003）则直接采用上海市的这一指数作为全国的相应指数[①]。

这些早期的研究构造的资本平减价格指数序列对估计中国加总生产函数和增长核算至关重要。《中国国内生产总值核算历史资料（1952–1995）》的出版，使我们能够获得包括每个省份现在价格固定资本形成额年度数据和省级固定资本形成指数在内的数据集（1952=1 和前一年=1）。

使用这个数据集，运用第二部分介绍的公式，我们可以很容易算出每个省份 1952~1995 年固定资本形成额的隐含价格指数[②]。1995 年之后的平减价格指数序列直接从《中国统计年鉴》中获得[③]。结果显示各个省份的资本平减价格指数不尽相同，如表 2 所示。大部分省份的平减价格指数变动比三大直辖市要大。北京的固定资本形成平减价格指数变动比云南和四川在改革前后都要小得多。全国的资本平减价格指数用同样方法获得。图 2 描绘了 1952 年以来全国固定资本形成额平减价格指数的演变趋势。

[①]　幸运的是，《上海统计年鉴》（2001）提供了自 1952 年以来一系列固定资本形成及其指数。这些数据使我们能够在某些假设下推算全国范围的资本品的平减价格指数。

[②]　基于这个来源，Wang and Yao（2001）、He, et al.（2003）和 Gong and Xie（2004）都构建了 1952~1995 年的平减价格指数。

[③]　我们采用了 NBS 的方法。我们将计算出的 1991~1995 年的通货紧缩率与《中国统计年鉴》中的数据对比，两者基本一致。

表2 各省资本的平减价格指数(1952=1)

省份	1978	1985	1990	1995	2000	2004
北京	0.761	0.760	0.761	1.260	1.430	1.539
天津	0.747	0.937	1.453	2.686	2.720	2.971
河北	1.113	1.534	1.923	3.068	3.180	3.459
山西	1.011	1.236	1.994	1.906	2.035	2.252
内蒙古	1.005	1.146	1.482	2.337	2.591	2.841
辽宁	1.642	2.138	3.132	5.631	6.068	6.592
吉林	1.092	1.437	2.049	3.498	3.949	4.251
黑龙江	0.962	1.231	2.068	4.416	4.783	5.154
上海	0.691	0.827	1.260	2.363	2.450	2.705
江苏	1.327	1.464	1.660	3.018	3.021	3.532
浙江	1.118	1.326	1.819	3.705	3.590	3.971
安徽	1.720	2.286	3.231	8.445	8.924	9.854
福建	1.005	1.390	3.023	5.771	5.909	6.146
江西	1.681	1.675	1.997	3.870	4.238	5.324
山东	0.874	1.164	1.887	2.591	2.713	3.075
河南	0.942	1.326	1.643	2.918	3.105	3.517
湖北	1.315	1.483	2.860	4.333	4.679	5.118
湖南	0.811	0.997	2.192	4.050	4.567	5.033
广东	1.080	1.631	2.331	3.734	3.823	4.154
广西	1.066	1.580	3.131	3.691	3.734	4.068
海南	1	1.388	2.569	4.829	4.568	4.094
四川	0.721	0.941	1.722	3.067	3.248	3.616
贵州	0.977	1.121	1.980	4.065	4.414	4.764
云南	2.978	5.331	6.683	11.892	13.448	14.99
西藏	0.764	0.806	1.333	2.798	3.390	3.804
陕西	0.731	0.812	1.099	1.424	1.605	1.761
甘肃	1.394	1.790	1.870	3.842	4.103	4.454
青海	1	1	1.045	1.922	2.078	2.441
宁夏	1.223	1.542	2.519	4.044	4.714	5.171
新疆	0.863	1.243	1.605	3.290	3.751	4.165

资料来源:本文作者。

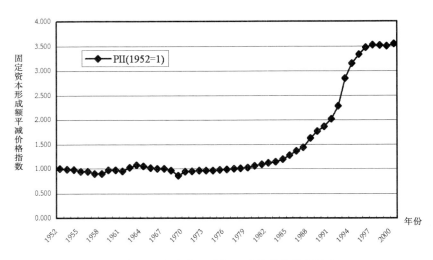

图2　中国固定资本形成额平减价格指数的演变

3.折旧率

在已有的研究中,选择折旧率是估计资本存量的必要步骤。Perkins (1998), Woo (1998), Wang and Fan (2000), 和 Wang and Yao (2001) 均采用5%的折旧率, 但是 Young (2000) 采用 6%。Hall and Jones (1999) 在估算 127 个国家的资本存量时也采用了 6%的折旧率。Gong and Xie (2004)则对于所有中国的省份采用 10%的折旧率。在构建改革后时期中国每年各省的折旧率时,Song,et al. (2003)对全国折旧率加入了一个 GDP 的年增长率,因为他们相信经济增长较快的省份应该具有较高的折旧率。

根据 Huang, et al. (2002),我们采用我国法定残值率来代表资本品的相对效率,即 3%~5%。出于简化的考虑,我们采用中间值 4%。以下计算中以此作为折旧率。这表明,当资本品寿命终止的时候,它们的相对效率仅为新的资本品的 4%。之前提到过, 固定资本由三部分组成:建筑安装工程投资完成额、设备及工具购置投资完成额、其他费用投资完成额。而这三类资产存在明显的寿命差异,所以我们分别就它们各自的寿命期计算折旧率然后加权平均。

对于使用寿命,Huang, et al. (2002)参考比较了各类方法,最后估计中国制造业的建筑和设备的寿命期分别是 40 年和 16 年。考虑到我们在本文中试图估计的是各个省全部的资本品,并且制造业中的资本品通常折旧最快,因此假定每个省固定资本三个组成部分的寿命期不同是合理的。即假定各省全部建筑、设备和其他类型的投资的平均寿命分别为 45 年、20 年和 25 年,从而三者的折旧率分别为 6.9%、14.9%和 12.1%。

为计算固定资本形成额的折旧率,我们需要知道组成固定资本形成额的三部分所占的比重。遗憾的是,《中国统计年鉴》并没有提供这方面省级数据,直到近些年《中国统计年鉴》才公布了这三个组成部分的省级统计数据。因此,我们需要首先计算全国水平的这三部分权重,并进一步假定各省份的该权重约等于全国水平。还要假定各省份之间权重相同。根据我们的计算,各个部分占资本形成额的比重,1952~2004年的平均值分别为建筑安装工程投资完成额 63%,设备及工具购置投资完成额 29%,其他费用投资完成额 8%。因此,在资本品的相对效率呈几何递减的模式下,我们计算得到了各省固定资本形成总额的折旧率为 9.6%[①]。

4.其他数据问题

(1)基年物质资本存量。Zhang (1991)和 He, et al.(2003)接受 Perkins (1998)对中国 1953 年资本产出比为 3 的假设,倒推 1952 年的资本存量为 2000 亿元左右(1952 年价格)。Chow (1993)推算出1952 年中国非农业部门的资本存量为 582.67 亿元,并估计农业资本存量为 450 亿元,土地的价值为 720 亿元。从而合计的资本存量为 1750 亿元(1952年价格),如果除以中国 1953 年的 GDP679 亿元,那么 Chow 估计出的资本产出比为 2.58。很多最近的研究,如 Wang and Yao(2001),Li and Tang (2003)都采用这个隐含资本产出比。其他1952 年资本存量的估计包括 He (1992),508 亿元(1952 年价格)。Hu and Khan (1997)以及Song (2003)估计中国 1958 年的资本存量为2352 亿元(1978 年价格),由此推算的 1952 年资本存量为 509 亿元(1952 年价格)。

在已有文献中还有另外一种估计初始资本存量的方法。Hall and Jones (1999)在估计 1960 年许多国家的资本存量时,采用 1960 年的投资比上 1960~1970 年各国投资增长的几何平均数加上折旧率后的比值。Young (2000)运用了同样的方法,根据他的估算,1952 年中国的

---

① 我们清楚地意识到这篇文章的方法可能会忽略不同省份折旧率的差异。但是由于数据的缺乏,我们不得不忽略省际间的差异。

资本存量大约为 815 亿元（1952 年价格）。他的结果与 Zhang and Zhang（2003）类似。由于中国 1952 年的资本形成额为 87 亿元，可以推断出 Young（2000）采用了 10% 的比例作为分母。我们沿用该种方法，即用 1952 年各省的固定资本形成额除以 10% 得到 1952 年各省的资本存量[①]。

（2）缺失数据的处理。首先，《中国国内生产总值核算历史资料（1952–1995）》只提供了 1989 年以后天津市的固定资本形成指数，从而无法计算天津市 1952~1988 年的固定资产投资价格指数（以下简称 IPI）。Gong and Xie（2004）主要依据天津市区的商品零售价格指数（以下简称 RPI）估计 IPI，但未说明具体方法。我们用 1989 年到 2000 年北京市的 IPI，河北省的 IPI 和天津市的 RPI 分别对这些年份的天津市 IPI 进行 OLS 回归，发现天津市的 RPI 的拟合度最高（Adjusted–R^2= 99.88%）。

所以我们可以在 1952~1988 年，采用天津市的 RPI 代替天津市的 IPI，其中 1978 年以前采用的是 0.985*RPI，理由是这一中央计划经济时期政府对资本品的价格控制可能比零售商品更为严格。我们的估计结果显示，天津市的 IPI 变动趋势与同样作为直辖市的上海比较相似。

第二，江西缺乏所有 1952~1978 年的固定资本形成数据，但并不缺少指数。广东缺少 1952~1977 年的投资数据及其指数，《中国统计年鉴》也未能提供 1996~2000 年广东的 IPI。Gong and Xie（2004）的做法是"按照积累占国民收入的比例，乘以 1.3，即资本形成占 GDP 支出的比重高于前者的程度，再乘以江西每年的 GDP，以得到资本形成的估计值。假定固定资产投资占固定资本形成的比例一定，则 1978~1980 年的比例为 0.86，以此值乘以 1952~1977 年的资本形成估计值，得到固定资产投资的估计值。广东按照江西的做法估算投资数据，且按照商品零售价格指数进行平减。"

这种做法很有用，但是未免失之于偏误。假定资本形成占 GDP 比重和固定资产形成在资本形成总额的份额随时间不变都是不合理的。我们采用的估计方法是，用江西 1979~2000 年和广东 1978~2000 年各

---

① 正如 Young（2000）指出的那样，如果我们以 1952 年为基期，估算 1978 年之后中国的省级资本存量，那么 26 年的跨度将会使初始资本存量不显著，那么，何种方法更好就没有讨论价值了。

自的基本建设投资对其固定资本形成总额做不包含截距项的 OLS 回归，拟合度分别为 99.44% 和 99.03%。然后利用回归得到的系数和 1952~1977 年两省各自的基本建设投资数值估算这些年份它们各自的固定资本形成总额。这样做的理由是，基本建设投资是企业、事业、行政单位以扩大生产能力或工程效益为主要目的的新建、扩建工程及有关活动(《中国统计年鉴》)，它是构成全社会固定资产投资的主要部分。我们认为固定资本形成总额和基本建设投资之间的关系更多体现了物理因素而非经济因素，从而尽量避免了不同时期经济结构的变动对估计带来的影响。对于 1952~1977 年广东的 IPI，我们直接采用广东的 RPI 代替，1996~2000 年广东的 IPI 用地理和经济水平都较为接近的福建的 IPI 代替。

第三，海南缺少 1952~1977 年的固定资本形成总额数据和1952~1992 年的指数，西藏则缺少 1952~1990 年的固定资本形成总额和除 1991~1995 年以外的其他年份的指数。所以大部分研究在估算资本存量时都会忽略这两个省。不过在本文中，我们仍试图进行估算。具体的做法是，对于海南的固定资本形成总额，用 1952~1977 年的基本建设投资直接代替，理由是基本建设投资是海南省各个投资数据中最长的一列，而且直到 20 世纪 80 年代中期，它和固定资本形成总额在数值上非常接近。对于海南的固定资本投资价格指数，由于各类价格指数在 1952~1977 年均不可得，所以这些年份直接采用 1，1978~2000 年直接采用海南的 RPI 代替，这样得到的价格上涨趋势和全国的趋势接近。对于西藏的固定资本形成总额，1978~1991 年直接采用西藏的全社会固定资产投资，因为这列数据在此后年份中。

四、估计结果及发现

表 3 给出了以 1952 年价格估算的 1952~2004 年中国省级资本存量[1]。作为参考，我们注意到由全国数据直接估算的资本存量额比各省

---

[1] 我们可以将估算延至 2005 年和 2006 年。但我们却没有那样做，因为在 2005 年进行的全国经济普查将会修改 2005 年的统计数据，并且会影响到某些 2005 年之前以及之后的数据，所以表 3 中的数据在统计上是一致的。

加总的资本存量要略大,除了2000年。例如,1998年各省加总的资本存量额为人民币41963亿元(1952年价格),而直接由全国数据估算的资本存量为46223亿元。

表3　各省资本存量的估计值(代表性年份,年末值)

单位:亿元人民币

年份	1952	1960	1970	1978	1985	1990	1995	2000	2004
北京	18	72	83	148	443	1296	2522	4924	8063
天津	13	36	45	147	324	494	812	1414	1955
河北	52	114	120	255	424	664	1345	2982	4606
山西	22	96	96	185	301	444	792	1579	3205
内蒙古	9	50	53	82	188	303	600	950	2037
辽宁	86	174	141	171	289	514	891	1294	2005
吉林	19	51	58	99	189	305	538	854	1350
黑龙江	42	96	93	159	398	600	803	1203	1659
上海	23	79	94	242	641	1184	2305	4410	6279
江苏	51	76	88	163	501	1157	2618	5176	8699
浙江	30	59	79	139	294	590	1392	3007	6118
安徽	24	49	41	66	142	254	362	604	914
福建	9	40	37	68	159	273	494	1063	1563
江西	19	45	56	91	168	253	433	774	537
山东	57	122	152	348	766	1336	2646	5414	9563
河南	49	119	143	268	522	859	1458	2777	4259
湖北	12	45	58	131	197	295	534	1108	2094
湖南	12	65	96	190	328	492	723	1253	1975
广东	20	84	93	204	470	855	2156	4206	6956
广西	20	54	73	130	172	220	460	912	1415
海南	2	7	10	17	41	78	201	279	380
四川	63	177	293	558	919	1210	1742	3157	4215

续表

年份	1952	1960	1970	1978	1985	1990	1995	2000	2004
贵州	3	27	58	104	175	238	303	517	883
云南	8	17	22	25	30	37	71	126	444
西藏	7	49	80	197	347	612	820	1253	2764
陕西	48	139	162	228	277	414	597	1046	1998
甘肃	3	19	20	31	50	71	96	180	335
青海	3	4	4	9	22	39	71	106	192
宁夏	4	9	18	41	58	80	112	174	317
新疆	20	41	48	77	181	296	614	979	1468
加总	748	2015	2414	4573	9016	15463	28511	53721	88248

说明:"加总"指把各省各年资本存量数值加总后得到的全国数值;为保持数据一致性,1996年后重庆的数据并入四川。个别省份少数年份数值缺失,采用相关指标前后年份的数值滑动平均代替。

资料来源:本文作者。

省级资本存量数据估计结果显示,北京在1949年中华人民共和国成立后的第一个十年内经历了资本积累的快速增长,上海在"文化大革命"(1966~1976年)期间积累了更高的物质资本。广东和江苏物质资本积累最快的时段是1990~1995年,即这两个省份开始开放外商直接投资并同时经历快速的工业化进程的时段。虽然各省有所不同,但是几乎所有省份在改革后阶段都经历了资本积累的快速增长,尤其是20世纪90年代中期以后。

表3显示中国的三个直辖市,北京、上海和天津,资本存量的增长路径存在差异。1978年以前,这三个城市的资本存量水平大致相似,体现了同等重要的经济地位。但是如图3所示,1978年改革开放之后,尤其是20世纪80年代中期以后,北京和上海加快了资本积累进程,将天津远远甩在身后。北京在20世纪90年代中期以后资本积累的加速程度大大超过了上海。这三座城市迥异的资本积累路径可以帮助解释

它们自 20 世纪 80 年代中期以后不同的经济表现①。

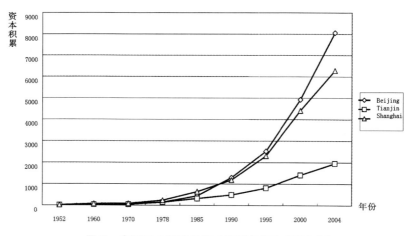

图 3　中国三大城市的资本积累(1952~2004 年)

　　为了和其他已有文献进行比较,我们构建了 1952~2004 年中国全国水平的资本存量。估计的结果在图 4 中显示,同时与其他研究的结果进行比较。与其他现有中国资本存量数据估计相比,本文的资本存量估计略小。主要原因是:首先,由于缺乏资本品的平减指数,大部分之前对中国资本存量的估计都没有将资本"平减"正确。中国的资本品价格上涨很快,尤其是在改革后时期。大多数研究低估了资本品平减指数的变动。Zhang and Zhang (2003)采用上海的固定资产投资价格指数代替全国的,但是结果显示他们对于资本存量的估计存在向上的偏误,因为如表 2 所示,三大直辖市的价格指数恰是全国各省区市中最低的。

　　第二,大部分之前的研究所选用的折旧率和积累率都不适用于永续盘存法。这就解释了为什么 He (1992)和 Chow(1993)估计的资本存量水平会高于我们的结果。虽然我们的结果和 Wang and Fan(2000)相似,但使用的方法论是不同的。Wang and Fan(2000)并没有提供他们

---

　　① 当然,北京自 1980 年、尤其是 90 年代中期以来迅速的资本积累主要取决于其为中国首都的特殊地位,并且很大程度上受政策的影响。相反,上海能够迅速积累资本是由于其在中国重要的经济地位。

是如何构建资本品平减指数的。该研究中采用的是 5% 的折旧率,但是他们假定总有一定百分比的固定资产投资是浪费的,所以对固定资本投资的折旧要大于 5%。这就是为什么我们得到的结果如此接近。

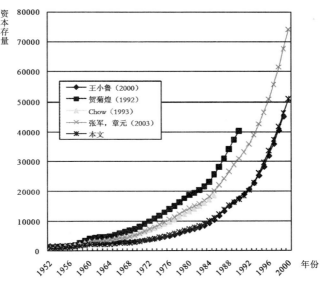

图 4　各种估算结果的比较

五、刻画中国生产率变化的空间格局

作为我们估计的省级资本存量的应用,本部分我们重新估计了 1978 年以后,中国各省区全要素生产率(TFP)的增长率。本文并没有仅仅进行简单的标准增长核算,而是采用一种新的技术来估测 TFP 的增长,即将 TFP 的变化分解为技术变迁(TC)、技术效率变动(TEC)和要素重置效率。这种技术的优点是它可以帮助我们确定和追溯改革后时期中国区域生产率变动的空间格局。我们对于省级资本存量估计的另一个用途体现在 Bai, Hsieh and Qian (2006)关于中国资本回报的文章当中。

根据 Kumbhakar (2000),我们运用随机前沿生产函数模型来估测中国各省、各区域全要素生产率(TFP)的增长率。我们从一个一般生产模型入手:

$$y_{it}=f(x_{jt},t)\exp(-u_{it}) \tag{1}$$

其中 y_{it} 是中国在第 t 期 $(t=1,\cdots,\mathrm{T})$ 第 i 个省的产出 $(i=1,\cdots,\mathrm{N})$。x_{jt} 是第 j 种产出向量，t 是时间趋势，u_{it} 则衡量了生产的无效率，即现有技术和最有效生产前沿间的距离。根据 Battese and Coelli(1992),我们假定

$$u_{it}=u_i\exp[-\eta(t-\mathrm{T})]$$

$$\hat{v}_{it}=N(0,\sigma_v^2)$$

由于在生产函数 (1) 中包含时间趋势项，我们根据 Kumbhakar (2000),对(1)关于 t 求导,得到如下结果:

$$\frac{\partial\ln y_{it}}{\partial t}=\mathrm{TC}_{it}+\mathrm{TEC}_{it}$$

其中技术变迁(TC)定义为

$$\mathrm{TC}_{it}=\frac{\partial\ln f(x_{jt},t)}{\partial t}$$

技术效率变动(TEC)定义为

$$\mathrm{TEC}_{it}=\frac{\partial\ln[\exp(-u_{it})]}{\partial t}$$

TFP 变动则定义为

$$\hat{\mathrm{TFP}}=\hat{y}-\sum_j s_j\hat{x}_j$$

$$s_j=w_j{}^*x_j/\mathrm{C}$$

$$\mathrm{C}=\sum_j w_j{}^*x_j$$

w_j 是投入品 x_j 的价格,s_j 是投入品 x_j 的收入份额。对等式(1)求导,我们可以将 TFP 变动分解为以下三部分:

$$\hat{\mathrm{TFP}}=\mathrm{TC}+\mathrm{TEC}+\sum_j(\varepsilon_j-s_j)\hat{x}_j$$

其中 $s_j=\dfrac{\partial\ln f(x_{jt},t)}{\partial\ln x_j}$。引入并定义 $\lambda_j=\varepsilon_j/\sum_j\varepsilon_j$,我们得到最终的等式:

$$\hat{\mathrm{TFP}}=\mathrm{TC}+\mathrm{TEC}+(\mathrm{RTS}-1)\sum_j\lambda_j\hat{x}_j+\sum_j(\lambda_j-s_j)\hat{x}_j \tag{2}$$

等式(2)说明 TFP 的变动是技术变迁(TC)、技术效率变动(TEC)、

规模效应和重置效率之和。以下我们将根据本文对省级资本存量的估计以及其他经济社会统计数据来估算等式(2)。

除了省级资本存量数据,估计等式(2)的其他数据集均来自复旦大学中国经济研究中心(CCES)。该数据集覆盖了中国 30 个省区直辖市 1978~2004 年的数据。为了全面显示中国各区域 TFP 增长的空间变动模式,我们将 30 个省区直辖市分为三个区域,即东部、中部和西部①。

为估算等式(2),各省产出使用隐含 GDP 平减指数调整后的 GDP 值。我们使用各省总就业率来衡量劳动投入。由于统计数据不可得,计算 s_j 时,我们对城市和农村人口使用平均的人均收入,之后分别乘以城市和农村人口。为粗略衡量总劳动成本 w_j,我们使用总投入成本 C 的代理变量,即资本存量的实际值加上劳动成本。

图 5 完全展示了中国省级 TFP 增长的估计结果。为了显示各区域 TFP 增长的空间变化模式,图 6 描绘了 TFP 的增长及其三个区域的估计结果。我们发现:

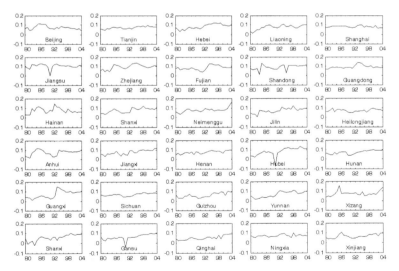

图 5　中国各省的 TFP 增长轨迹 (1979~2004 年)

①　东部地区包括了 11 个省及直辖市:北京,天津,河北,辽宁,上海,江苏,浙江,福建,山东,广东和海南。中部地区包括了 10 个省份:山西,内蒙古,吉林,黑龙江,安徽,江西,河南,湖北,湖南和广西。西部地区包括 9 个省份:四川,贵州,云南,西藏,陕西,甘肃,青海,辽宁和新疆。

（1）中国三大区域的TFP增长并没有明显聚合。东部省份远远比其他两个有生产力。

（2）20世纪90年代末期以来，在经历了90年代的略微下降之后，区域生产率，尤其是东部和中部，经历了回升。

（3）虽然规模效应在整个时期基本为负，它对于生产率变动的负效应是递减的，如图6所示。

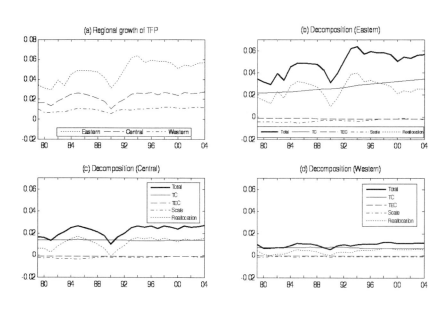

图6 TFP增长的区域差异及其分解

（4）基于各区域TFP变动分解的结果，我们得出技术变迁和重置效率是导致区域生产率增长差异的主要原因。东部地区高的生产率和效率主要是由于技术进步效应和更高的要素流动性。

这些对于中国区域生产率变动的结论并没有和已有类似文献不相容，但是它提供了理解中国改革后时期生产率变动空间差异决定因素的一个新的视角。

六、结论

基于最新的官方统计数据,我们讨论了构建中国各省资本存量所牵涉的方法论和数据问题,诸如初始资本存量、资本平减价格指数、折旧率、统计错误和缺失数据等。运用永续盘存法(PIM),我们得到了1952~2004 年中国 30 个省的资本存量数据。各省资本存量的加总比其他研究得到的结果要小一些,这可能是因为其他研究低估了资本平减指数。但是我们这种统计构建的优点就在于运用它可以更容易地更新估算到最近的官方统计数据。

像其他研究一样,我们的估算也存在一些不足。其中一个是我们假定了各省资本形成的折旧率是一样的。但是目前中国已有的数据并不允许估算省级固定资本形成额三个成分的权重。省级固定资本形成额的缺陷可以由新的数据信息来弥补。

参考文献:

[1] Bai C., Hsieh C., Qian Y. The Return to Capital in China [R]. Cambridge: National Bureau of Economic Research, 2006.

[2] Battese G.E., Coelli T.J. Frontier Production Functions, Technical Efficiency and Panel Data: With Application to Paddy Farmers in India [J]. Journal of Productivity Analysis, 1992, 3: 153–169.

[3] Chow G. C. New Capital Estimates for China: Comments [J]. China Economic Review, 2006, 17 (2): 186–192.

[4] Chow G. C., Li, K. W. China's Economic Growth: 1952–2010 [J]. Economic Development and Cultural Change 2002, 15 (1): 247–256.

[5] Chow G. C. Capital Formation and Economic Growth in China [J]. Quarterly Journal of Economics, 1993,114: 243–266.

[6] Ezaki M, Sun, L. Growth Accounting in China for National, Regional, and Provincial Economies: 1981–1995 [J]. Asian Economic Journal, 1999, 13 (1): 39–71.

[7] Goldsmith R. A Perpetual Inventory of National Wealth, Studies

in Income and Wealth [R]. Cambridge: National Bureau of Economic Research, 1961.

[8] Gong L, Xie D. Analysis of Factors Mobility and Variation of Marginal Productivity in China [J]. Jingji Yanjiu (Journal of Economic Research), 2004,1.

[9] Hall R. E., Jones C. I. Why Do Some Countries Produce So Much More Output Per Worker Than Others [J]. The Quarterly Journal of Economics, 1999, 114(1): 83–116.

[10] He F, Chen R, He Lin. Estimation and Correlation Analysis of Capital Stock in China [J]. Jingji Xuejia (Economist), 2003, 5.

[11] He J. Estimation of Assets in China [J]. Shuliang Jingji yu Jishu Jingji Yanjiu (Studies on Quantitative and Technological Economics), 1992, 8.

[12] Holz C. A. New Capital Estimates for China[J]. China Economic Review, 2006, 17(2): 142–185.

[13] Holz C. A. Response to Gregory C. Chow's "New Capital Estimates for China: Comments"[J]. China Economic Review, 2006, 17 (2): 193–197.

[14] Hsueh Tien –tung, Qiang Li, eds. China's National Income: 1952–1995 [M]. Boulder: Westview Press, 1999.

[15] Hsueh Tien –tung, Qiang Li, Shucheng Liu, eds. China's Provincial Statistics: 1949–1989 [M]. Boulder: Westview Press, 1993.

[16] Hu Z., Khan M. S. Why is China Growing So Fast [R]. Washington, D.C. : The International Monetary Fund, 1997.

[17] Huang Y, Ren R, Liu X. Perpetual Inventory Approach to Capital Stock in Chinese Manufacturing [J]. Jingjixue Jikan(China Economic Quarterly), 2002, 1(2).

[18] Jefferson G. et al. Chinese Industrial Productivity: Trends, Measurement Issues and Recent Development [J]. Journal of Comparative Economics, 1996, 23: 146–189.

[19] Jorgensen Dale. Productivity (Volume 1), Chinese translation [M]. Beijing: China Development Press, 2001.

[20] Kumbhakar S.C. Estimation and Decomposition of Productivity

Change When Production Is Not Efficient: A Panel Data Approach [J]. Econometric Reviews, 2000, 19: 425–460.

[21] Li K. W. China's Capital and Productivity Measurement Using Financial Resources [R]. New Haven: Economic Growth Center, Yale University. 2003.

[22] Li Z., Tang G. Capital Formation and Adjustment of Capital Stock: Analysis of China during Transition [J]. Jingji Yanjiu(Journal of Economic Research), 2003, 2.

[23] National Bureau of Statistics. Historic Data of China National Accounting for Gross Domestic Products: 1952–1995 [M]. Dalian: Northeast Finance and Economics Press, 1997.

[24] National Bureau of Statistics. A 50 Years Statistical Compendium for New China [M]. Beijing: China Statistical Press, 1999.

[25] National Bureau of Statistics. Statistical Yearbook of China [M]. Beijing: China Statistical Press, 2005.

[26] Perkins D. H. Reforming China's Economic System [J]. Journal of Economic Literature, 1998, 26 (2): 601–645.

[27] Song H., Liu Z., Jiang P. Analysis of Determinants of Aggregate Investment in Post –Reform China [J]. Shjie Jingji Wenhui (World Economic Papers), 2003, 1.

[28] Wang Shaoguang, Hu Angang. The Political Economy of Uneven Development: The Case of China [M]. N.Y.: M.E.Sharpe, 1999.

[29] Wang Xiaolu, G. Fan. Sustainability of Chinese Economy [M]. Beijing: Economic Science Press, 2000.

[30] Wang Y, Yao Y. Sources of China's Economic Growth, 1952–99: Incorporating Human Capital Accumulation [R]. Washington, D.C:The World Bank Working, 2001.

[31] Woo W. T. TFPs in China: The Primary Role of Labor Reallocation from Rural Sector [J]. Jingji Yanjiu(Journal of Economic Research), 1998, 3.

[32] Wu Y. The Role of Productivity in China's Growth: New Estimates. Journal of Chinese Economic and Business Studies, 2008, 6 (2): 141–156.

经济学家
文库

[33] Wu Yanrui. China's Economic Growth: A Miracle with Chinese Characteristics [M]. London and New York: Routledge Curzon Press Limited, 2004.

[34] Xu X. China's National Accounts [J]. Jingjixue Jikan(China Economic Quarterly) 2002, 2(1).

[35] Young A. Gold into Base Metals: Productivity Growth in the People's Republic of China during the Reform Period [R]. Cambridge: National Bureau of Economic Research, 2000.

[36] Zhang J. Systemic Analysis of Economic Efficiency during the 5th FiveYear Plan [J]. Jingji Yanjiu (Journal of Economic Research), 1991, 4.

[37] Zhang J. Long–Run Factors Explaining Growth Declining in China [J]. Jingjixue Jikan(China Economic Quarterly) ,2002,1(2).

[38] Zhang J. Investment, Investment Efficiency and Economic Growth in China [J]. Journal of Asian Economics, 2003, 14: 713–734.

[39] Zhang J., Zhang Y. Reexamination of Methods of Capital Stock Estimation [J]. Jingji Yanjiu(Journal of Economic Research), 2003(7).

[40] Zhang J., Shi S., Chen S. Industrial Reform and Productivity Change [J]. Jingjixue Jikan(China Economic Quarterly), 2003, 3(1).

[41] Zhang J., Hu A. An Empirical Analysis of Provincial Productivity in China: 1979–2001 [J]. Journal of Chinese Economic and Business Studies 2006, 4(3): 221–239.

自述之五

　　构建资本存量数据对估算生产函数、测算全要素增长率以及进行增长核算都至关重要。但是已有的研究由于采用方法论不同、数据来源也有所差异,导致对全国物质资本存量估算结果各异。这篇文章依照中国国内生产总值(GDP)历史数据的几次系统性补充和调整,运用永续盘存法(Perpetual Inventory Method, PIM)对中国省级层面的资本存量数据进行了一致的和可比较的估计。不仅如此,本文实际上也提供了构建中国 30 个省 1952~2004 年物质资本存量水平的标准化方法。这样的工作在中国应该还是首次。虽然存在一些不足,但是这种统计估算的优点在于运用它可以更容易地去更新数据。事实上,在 2004 年之后,我们还将各省资本存量的估计结果扩展到了 2010 年。另外,利用各省的资本存量的数据,该文还估算了各地全要素生产率的增长格局,描述了中国改革开放之后各省经济增长的空间分布模式。

　　这篇文章的原文为英文,题目为"Estimation of China's Provincial Capital Stock Series (1952–2004) with Application", 2008 年发表于英国 Journal of Chinese Economic and Business Studies 的第 6 卷第 2 期(第 177~196 页)上。这里的中文稿由我的学生黄博翻译。需要指出的是,本文所依赖的基本核算框架和基础核算结果来源于在此之前我与我的学生吴桂英和张吉鹏合作的论文《中国省级资本存量的再估计》,发表于《经济研究》2004 年第 8 期。在资本存量的估算方面,我还有另外的论文,比如我与我的学生章元博士合作的论文《关于中国资本存量的另一种测度方法》,也发表于《经济研究》2003 年第 7 期。

　　由于这些论文估计了 1952 年以来中国各省物质资本存量,与其他省级经济发展数据一起构成了一个面板数据库,为国内外学者拟合中国的总量生产函数和从事经济增长与发展的经验实证研究提供了方便,因此,该数据序列得到了国内外经济学家的极其广泛的引用。特别是那篇发表于《经济研究》的论文《中国省级资本存量的再估计》(与吴桂英和张吉鹏合作)自发表以来已经成为《经济研究》发表的论文中引用最为频繁的文献之一,也是我的论文中被引次数最多的论文。根据几年前的《中国期刊全文数据库》的统计显示,被引用次数就超过了1300 次。

结构变化、生产率增长与中国的工业转型 *

一、引言

Kuznet(1979)曾经指出，"没有各种要素在不同经济部门之间的充分流动，获得人均产出的高增长率是不可能的。"而中国似乎提供了一个很好的研究范例。自从 1978 年改革开放以来，中国经济突飞猛进，表现异常出色。1978~2006 年间，中国的 GDP 以每年 9.8% 的速度增长并且比以前更加稳健。而这自然与中国经济转型过程中持续的要素重置和伴随的结构变化紧密相关。

结构变化是增长和生产率提高的重要源泉的假说可以追溯到 Lewis 关于二元经济的古典模型(Lewis, 1954)，它同时也是 Maddison 增长核算文献的核心观点 (Maddison, 1987)。Chenery, et al.(1986)和 Syrquin(1995)在经济增长和发展经济学理论研究中广泛使用了要素重置效应这个概念，他们指出这种效应是增长表现的关键因素。而 Lucas(1993)和 Verspagen(1993)分别从供给面和需求面提出的工业发展模型中都强调了结构变化对生产率提高的重要影响。Harberge (1998)形象地将经济增长过程描述为两种过程，一种称为蘑菇效应，指要素不断地从低生产率行业配置到高生产率行业，导致行业间的生产率表现出显著的差异；另一种称为酵母过程，指所有行业受相同的宏观经济基本面因素影响而表现出共同的发展趋势。许多研究者发现要素重置和结构变化对经济增长有着显著为正的影响 (Young, 1995; Nelson and Pack, 1999; Berthelemy, 2001; Akkemik, 2005; Calderon, et al., 2007)。另一些研究则发现这种效应不存在或很小 (Timmer and Szirmai, 2000; Caselli, 2005)。其中，Timmer and Szirmai (2000)在解释亚洲四小龙制造业结构变化对生产率增长影响的时候，将这种正向效

　　* 　与陈诗一和 Gary Jefferson 合作。英文版发表于美国 China Economic Review, 22 (2011)：133–150 上；中文版发表于《经济研究》2009 年第 7 期首篇。作者感谢国家自然科学基金(70873022)、上海市浦江人才计划、上海市重点学科建设项目(B101)和复旦大学 985 国家哲学社会科学创新基地"中国经济国际竞争力研究"课题对本研究的资助！文责自负。

应称为结构红利(Structural Bonus)假定,这一术语此后被广泛使用。

回到中国案例,新中国成立后,中国选择了优先发展重工业的赶超战略,这造成了严重的二元经济结构和巨大的要素配置扭曲,比如超过80%的投资都投入了重工业,而80%的劳动力却聚集在农业(Wu and Yao, 2003; Fisher–Vanden and Jefferson, 2008)。改革开放后,中国的结构改革则卓有成效。如图1所示,第一产业劳动力所占份额从1952年的83.5%下降到2006年的42.6%,第三产业就业份额则经历一个稳步上升的过程,这与转型经济文献中关于结构转型特征的描述相一致。中国第二产业的劳动力份额从1952年的7.4%一路上升到2006年25.2%的峰值,与工业化国家驼峰形劳动力就业占比的经验相比,说明中国的工业化仍处在初级阶段,还有足够的空间吸纳更多劳动力和继续发展劳动密集型行业。与此结构改革相对应,中国工业增加值所占份额在赶超战略下从1952年很低的17.6%一直上升到1978年很高的44.1%,自此以后就保持在40%左右;而第一产业产出份额持续下降到2006年的11.7%,第三产业产出份额则在改革开放之后急剧增长。

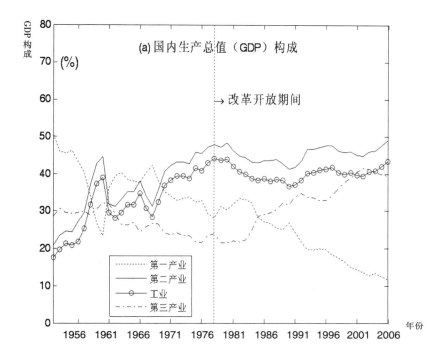

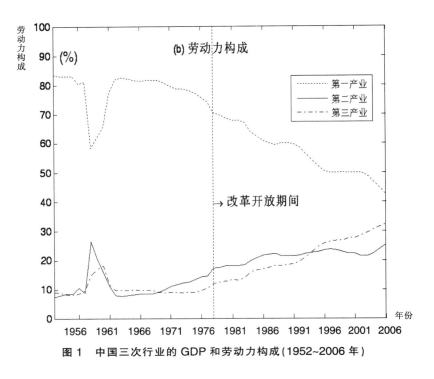

图1　中国三次行业的 GDP 和劳动力构成（1952~2006 年）

　　许多学者已经从三次产业的角度研究了要素重置和结构变化对增长和生产率的影响（Fan, et al, 2003; Fleisher and Yang, 2003; Heckman, 2005; Au and Henderson, 2006; Bhaumik and Estrin, 2007; Bosworth and Collins, 2008; Gong and Lin, 2008）。这些研究忽略了工业内部行业间的要素流动，显然，在工业内部也存在着要素流动的限制，因此，不同行业的要素重置也可以推动工业生产率提高和工业增长。中国正处在工业化过程之中，工业是中国经济的核心，工业改革的历程基本上可以反映中国经济转轨的全貌，因此本文集中于研究中国工业的结构改革，并评估这种结构改革对中国工业过去增长和未来可持续发展的影响。中国工业的结构改革包括要素市场中投资和劳动力结构的合理配置、从重工业到轻工业的比较优势战略转变、国有工业和民营企业间的所有制结构变迁、从小型企业到大中型企业的规模化经营以及内资和外资工业企业的消长变化等。这种工业的结构改革必然导致要素在工业行业间的重新配置，并最终影响到中国工业整体的增长表现。

中国工业改革可以粗略地分为 3 个时期,即 1978~1992 年的试验期、1992~2001 年的实质性改革期和 2001 年以来的反思和调整期。图 2 描述了中国工业改革的一些大概性的结构变化。20 世纪 80 年代以

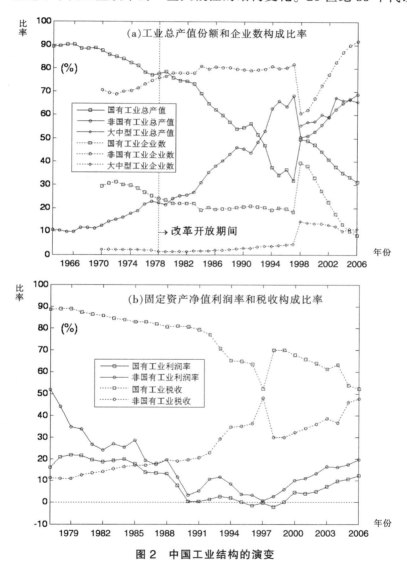

图 2　中国工业结构的演变

说明:图中某些变量序列在 1998 年处的跃变是由于统计口径前后不一致所致(1997 年前统计口径为乡及乡以上独立核算工业企业;1998 年后为国有和非国有工业规模以上企业)。

来,以乡镇企业、私营企业和外资企业为代表的非国有工业主要在轻工业部门的各个行业中得到了快速发展,使得中国第二产业的就业份额从1977年的14.8%上升到1992年的21.7%(图1b),非国有工业总产值占整个工业总产值的比重改革以后增长很快,1993年首次超过了国有工业(图2a)。这体现了中国工业的发展战略已经从改革前的赶超战略转向发展劳动密集型的轻工业。由于20世纪80年代以来的国企改革仅仅停留在转换经营机制层面,再加上大量企业冗员的存在、拨改贷政策造成的企业高资产负债率、政府摊派和社会性功能等一系列负担等,造成了大批国有企业的严重财务危机。以至于整个国有部门在1996年出现了净亏损(图2b)。于是,中国政府从1997年开始实行抓大放小、以建立现代企业制度为目标的国企改革。图2显示,国企数量1998年以后骤减,其占工业企业总数的比重从1998年的39.2%下降到2001年的27.3%。超过70%的小型国企在这三年内实现了民营化。2000年年底前,国家宣布84%的国企建立了现代企业制度,国企亏损数也由1998年的65994家下降到4799家,约70%的国企开始盈利,净利润达到2300亿元。在国企改革的同时,非国有工业企业依然迸发出勃勃生机,其总产值和上缴税收份额持续上升,利润率也一直高于国有企业(图2)。非国有工业不仅吸纳了大量的国企下岗员工,而且以其资本支持了国企抓大放小的股份制改革,成为这一阶段工业结构改革的主要推动力。1994年实行的以分税制为特征的财税体制改革和1993年左右工业产品价格的完全放开及全国统一产品市场的形成也为这一阶段的工业改革创造了条件。前20年的工业改革使得中国工业得到了持续高速增长,生产率水平不断提高,但是结构改革依然任重道远,比如要素市场发展仍然滞后、国企改革也到了攻坚阶段。特别是2001年以来,以高能耗、高污染为特征的重化工业化现象在中国工业发展中再次出现,导致学界的激烈争论。另外,其他国家的发展经验也告诉我们,当转型经济体人均GDP达到1000美元时(比如中国的情形),社会矛盾会加重,有时甚至很尖锐。为此新世纪以来,中国政府对工业发展进行了反思和调整。比如2002年十六大首次提出走中国特色新型工业化道路和可持续发展战略。在此基础上,十六届三中全会提出科学发展观的思想,四中全会提出构建社会主义和谐社会等。图2也显示了这一阶段中国工业的结构变化。大中型企业的数量略微下降到企业总数的10%,但是其总产值份额却从2000年的

57.2%上升到2006年的65.6%,这说明了小型企业没有得到很好的发展,工业集中度在提高。中国工业企业的利润率在20世纪90年代后期几乎为0或者为负,而到了2006年,国有和非国有工业企业利润率分别达到了12.3%和19.7%。除了直接支持国企股份制改革外,非国有企业还为国家创造了大量财富,其税收份额从2001年的三分之一增加到2006年的将近一半,不久将会超过国有企业。非国有企业的数量和产量也一直在增加。到2006年年底,私营企业和外资企业总产值份额分别为37.2%和31.6%,国有工业企业占31.2%,呈现出三驾马车的发展格局。

与中国工业改革相关的文献较多地研究了20世纪90年代所有制改革对工业增长的影响。Li(1997)是仅有的几篇评估80年代中国工业改革有效性的文章,他发现当时的要素配置效率、要素边际生产率以及TFP都有惊人的增长。虽然学者们承认要素重置和结构变化对工业增长的重要性,但很少有人对这种贡献进行定量分析。基于此,我们使用整个改革阶段38个两位数行业的投入产出面板数据来量化结构变化和要素重置的影响。这不同于使用工业总量数据的分析,因为总量数据不能揭示行业发展变化模式。本文也没有使用企业层面的数据,这是因为可得的企业数据只有1998年后的,不足以捕捉整个工业改革阶段的变化模式。我们采用Battese and Coelli(1992)和Kumbhakar(2000)提出的随机前沿生产函数方法来估计和分解中国工业分行业全要素生产率(TFP),其中,要素重置效率是本文主要的分析对象。这种分解方法不同于传统的对劳动生产率进行分解的份额转移(shift-share)方法,后者在结构效应文献中被大量使用,如Timmer and Szirmai (2000)、Kumar and Russell(2002)、Akkemik (2005)、李小平和卢现祥(2007)。

本文结构安排如下:第二节介绍随机前沿超越对数生产函数模型。第三节描述本文使用的二位数工业行业投入产出面板数据。第四节分析所估计的工业分行业全要素生产率及其分解要素配置效率在不同时期和不同行业间的变化模式。第五节讨论要素配置效率的影响因素。第六节是结论部分。

二、模型

分行业随机前沿生产函数设定如下:

$$Y_{it} = f(X_{it}, t)e^{-u_{it}}e^{\varepsilon_{it}} \tag{1}$$

其中,$i = 1, 2 \cdots, 38$ 代表 38 个二位数行业,$t = 1, 2 \cdots, 27$ 代表 1980~2006 年。Y_{it} 为工业增加值,投入要素 X_{it} 包括资本存量和劳动。随机干扰项 ε_{it} 以指数形式进入模型,假定服从白噪声的正态分布。$f(\cdot)$ 为前沿生产函数。不考虑随机干扰项,实际产出 Y_{it} 与生产前沿 $f(\cdot)$ 之比即 $e^{-u_{it}}$ 刻画了工业生产的技术效率(TE)。若 $u_{it} \geq 0$,则 TE 取值区间为 (0,1],因此,我们通常假定 u_{it} 服从截断(原点右边)正态分布。$TE_{it} = 1$ 表示行业位于生产前沿上,生产是有效率的;$TE_{it} < 1$ 代表生产无效率。

根据 Kumbhakar(2000)的方法,对(1)两边取对数,对时间 t 取一阶导数,两边同除以 Y,得到

$$\frac{\partial \ln Y_{it}}{\partial t} = \frac{\partial \ln f(X_{it}, t)}{\partial t} + \sum_{j=1}^{2} \frac{\partial \ln f(X_{it}, t)}{\partial \ln X_{itj}} \cdot \frac{\partial \ln X_{itj}}{\partial t} + \frac{\partial \ln e^{-u_{it}}}{\partial t} \tag{2}$$

其中,$j = 1, 2$ 对应资本与劳动,$\partial \ln f(X_{it}, t)/\partial \ln X_{itj}$ 为要素 j 的产出弹性,记为 α_{ijt}。用字母上端的"^"代表该变量增长率,则 $\hat{Y}_{it} = \partial \ln Y_{it}/\partial t$ 和 $\hat{X}_{itj} = \partial \ln X_{itj}/\partial t$。定义技术进步(TC)为 $TC_{it} = \partial \ln f(X_{it}, t)/\partial t$,技术效率变化(TEC)为 $TEC_{it} = \partial \ln TE_{it}/\partial t = -\partial u_{it}/\partial t$,则(2)式可以重写为

$$\hat{Y}_{it} = TC_{it} + \sum_{j=1}^{2} \alpha_{itj} \hat{X}_{itj} + TEC_{it} \tag{3}$$

传统的全要素生产率(TFP)增长率定义为

$$\hat{TFP}_{it} = \hat{Y}_{it} - \sum_{j=1}^{2} s_{ijt} \hat{X}_{itj} \tag{4}$$

其中,$s_{ij} = w_{itj} X_{itj} / \sum_{j=1}^{2} w_{itj} X_{itj}$,$w_{ijt}$ 表示 t 时刻行业 i 内要素 j 的价格,因此,s_{ijt} 表示 t 时刻要素 j 的实际成本占 i 行业总成本的份额,我们用它作为构建全要素的权重,加总之和为 1。将公式(3)带入(4)得到

$$\hat{TFP}_{it} = TC_{it} + TEC_{it} + (RTS_{it} - 1) \sum_{j=1}^{2} \lambda_{itj} \hat{X}_{itj} + \sum_{j=1}^{2} (\lambda_{itj} - s_{itj}) \hat{X}_{itj} \tag{5}$$

其中,$RTS_{it} = \sum_{j=1}^{2} \alpha_{itj}$ 表示行业的规模报酬,即所有要素产出弹性之和,$\lambda_{itj} = \alpha_{itj}/RTS_{it}$ 代表要素 j 的最优边际产出份额,等于它在不变规模报酬下的产出弹性。如果规模报酬不变,公式(5)右边第三项将能够刻画由于工业行业规模经济导致的生产率改进,称为规模效率变化

（SEC）。

在理想的市场经济条件下（即完全竞争和企业利润最大化），要素的市场价格可以完全反映它的边际产值，即 $w_{ij}=pf_{ij}$，则最优产出份额等于实际成本份额（$\lambda_{ij}=s_{ij}$），因此，可以将成本份额用边际成本份额代替。但是像中国这样的转型经济，要素市场的不完善以及要素配置的无效率使上述条件无法成立，实际要素配置与最优状态相差甚远的情况普遍存在。这种扭曲也有有利的一面，它使中国工业通过要素重置提高生产率的空间比一些成熟经济体的空间要大。因此(5)右边第四项在中国这样的国家是有意义的，可以用它刻画配置效率改进带来的生产率变化。文献中通常将这一项称为要素配置效率变化（FAEC）。在仅有资本和劳动两种投入的情况下，FAEC包括了劳动重置效率和资本重置效率，且 $\lambda_{iK}-s_{iK}=-(\lambda_{iL}-s_{iL})$，因此，FAEC最终取决于这两种投入增长率的相对幅度。如果两种要素重置效率的和较大，说明要素重置对生产率增长有着实在的影响。因此，我们用FAEC来反映1978年工业改革以来的行业结构调整效应，即结构改变和要素重置对工业生产率进而对工业增长的影响。

由公式(5)可知，TFP增长率可以分解为4部分，即技术进步、技术效率、规模效应和要素重置效应的变化率。

$$\widehat{TFP}_{it}=TC_{it}+TEC_{it}+SEC_{it}+FAEC_{it} \tag{6}$$

为得到不同行业不同时点的参数估计量，本文在估算时采用了更为灵活的超越对数形式的分行业随机前沿生产函数，即

$$\ln Y_{it}=\beta_o+\beta_t\,t+\frac{1}{2}\beta_{tt}\,t^2+\beta_K\ln K_{it}+\beta_L\ln L_{it}+\frac{1}{2}\beta_{KK}(\ln K_{it})^2+\frac{1}{2}\beta_{LL}(\ln L_{it})^2$$
$$+\beta_{KL}\ln K_{it}\ln L_{it}+\beta_{tK}t\ln K_{it}+\beta_{tL}t\ln L_{it}-u_{it}+\varepsilon_{it} \tag{7}$$

这里，K 和 L 表示资本存量和劳动。本文采用如 Battese and Coelli (1992)所述的假定：

$$u_{it}=u_i\,e^{-\eta t}\sim N(\mu,\sigma_u^2),\ \varepsilon_{it}\sim N(0,\sigma_\varepsilon^2),\ \mathrm{cov}(u_{it},\varepsilon_{it})=0 \tag{8}$$

公式(7)中的参数 η 和 β 需要估计。根据所得的参数估计量，可以计算相应的统计量，比如资本和劳动的产出弹性计算公式为：

$$\alpha_{itK}=\beta_K+\beta_{KK}\ln K_{it}+\beta_{KL}\ln L_{it}+\beta_{tK}t \tag{9-1}$$
$$\alpha_{itL}=\beta_L+\beta_{KL}\ln K_{it}+\beta_{LL}\ln L_{it}+\beta_{tL}t \tag{9-2}$$

技术进步和技术效率变化率的计算公式为：

$$TC_{it}=\beta_t+\beta_{tt}t+\beta_{tK}\ln K_{it}+\beta_{tL}\ln L_{it} \tag{10}$$

$$TEC_{it} = \eta u_i e^{-\eta t} = \eta u_{it} \qquad (11)$$

基于同样的道理，RTS_{it}，λ_{ij}，SEC_{it} 和 $FAEC_{it}$ 也可以计算出来。

三、数据

本文研究两位数行业结构变化对工业生产率和增长的影响。采取与陈诗一(2009)相同的行业归并、数据调整和工业统计口径调整原则，本文同样构造了 38 个两位数行业 1980~2006 年期间的投入产出面板数据[①]，其序号、代码和名称见表1。

表1 中国工业两位数行业代码、名称以及按 2004 年资本劳动比由低到高排序

序号	两位数代码	工业分行业全称	排序	序号	两位数代码	工业分行业全称	排序
1	6	煤炭采选业	8	20	26	化学原料及化学制品制造业	28
2	7	石油和天然气开采业	37	21	27	医药制造业	13
3	8	黑色金属矿采选业	23	22	28	化学纤维制造业	35
4	9	有色金属矿采选业	10	23	29	橡胶制品业	21
5	10	非金属矿采选业	29	24	30	塑料制品业	25
6		木材及竹材采运业	2	25	31	非金属矿物制品业	27
7	13	农副食品工业	22	26	32	黑色金属冶炼及压延加工业	33
8	14	食品制造业	17	27	33	有色金属冶炼及压延加工业	26
9	15	饮料制造业	18	28	34	金属制品业	20
10	16	烟草加工业	32	29	35	通用设备制造业	14
11	17	纺织业	11	30	36	专用设备制造业	7
12	18	服装业	1	31	37	交通运输设备制造业	15
13	19	皮羽制品业	3	32	39	电气机械及器材制造业	9
14	20	木材加工业	24	33	40	计算机、电子与通信设备制造业	16
15	21	家具制造业	12	34	41	仪器仪表制造业	5
16	22	造纸及纸制品业	34	35	44	电力热力生产和供应业	38
17	23	印刷业	19	36	45	燃气生产和供应业	31
18	24	文教体育用品制造业	4	37	46	水的生产和供应业	30
19	25	石油加工及炼焦业	36	38	11,42,43	其他工业	6

① 原始数据摘自历年《中国统计年鉴》和《中国工业经济统计年鉴》，以及《新中国五十五年统计资料汇编》、1996 年《中华人民共和国 1995 年第三次全国工业普查资料摘要》、1986 年第二次全国工业普查《中国工业经济统计资料》、2004 年《中国经济普查年鉴》、2004~2006 年《中国劳动统计年鉴》、2007 年《2007 中国城市(镇)生活与价格年鉴》等。

生产率并不直接可得。研究结构红利的传统方法是从劳动生产率角度分析要素在行业间的流动,这种方法的优点是简单易行,但是也有不足之处。在存在其他投入要素的情况下,劳动生产率并不是生产率的全面度量,可能会出现遗漏和偏误,因为有时并不清楚到底是生产率真正提高了还是失业率下降了。更有效的办法是度量基于所有投入要素的全要素生产率(TFP),即需要估计生产函数。由于本文仅仅考虑了资本(K)和劳动(L)两种投入要素,所以工业分行业产出应该使用工业增加值(Y)指标。其中,劳动投入的数据与陈诗一(2009)完全一样,但是资本存量的核算和工业产出的计算有所不同,现分别简单介绍如下。

(一)工业增加值

为了与1994年我国财税制度的根本性改革想衔接,从1995年开始,工业统计指标体系和指标含义都有了较大的调整。比如,工业总产值、工业中间投入等指标均按不含增值税的价格计算,工业净产值改为工业增加值,应交增值税单独加到工业增加值中。从相关年份《中国统计年鉴》和《中国工业经济统计年鉴》中,可以获得1992年后的工业分行业当年价工业增加值和1992年前的工业净产值。其中,1985年、1992年工业增加值和工业净产值是同时提供的。因此,本文主要基于对应的工业净产值来构造1991年前分行业工业增加值数据。根据统计年鉴的定义:工业增加值包括折旧、大修理基金和非物质生产部门的劳务费,工业净产值则不包括;工业增加值不包括企业对非物质生产部门的支付如利息支出等,而工业净产值是包括的。即:

工业增加值=工业净产值+支付给非物质生产的费用−利息支出+固定资产折旧+大修理基金

其中,各行业支付给非物质生产的费用、利息支出和大修理基金难以获得,但是很幸运,统计年鉴恰好提供了我们所需要的1991年前的分行业各年折旧数据而不需要另外去进行估算[①]。因此,我们事实上计算1991年前当年价工业增加值的公式为:

工业净产值+提取的折旧基金=工业增加值

1986年第二次全国工业普查《工业经济统计资料》第21页提供了

[①] 1980年、1985~1987年本年折旧数据由1990年《中国工业经济统计年鉴》提供,1988~1991年分行业本年折旧由1989~1992年《中国统计年鉴》提供。缺省数据通过线性插值。

1985 年分行业工业净产值、提取的折旧基金和工业增加值数据,完全满足上述计算公式。这样计算分行业工业增加值的方法比有些文献把工业增加值与工业净产值简单等同的处理相对精确(陈勇和李小平,2006)。最后我们把统一调整了口径的工业分行业增加值利用 2007 年《中国城市(镇)生活与价格年鉴》提供的工业分行业工业品出厂价格指数进行平减,由此获得了 1990 年为基年的 1980~2006 年的可比价工业分行业增加值数据。

(二)资本存量

本文也遵循永续盘存法来估算中国工业分行业的资本存量,具体步骤如下:

1.计算折旧率 δ

1992 年《中国工业经济统计年鉴》已经提供了 1980 年、1985~1991 年工业分行业固定资产折旧率数据。2002~2007 年度该年鉴则提供了 2001~2006 年规模以上工业分行业的各年折旧和固定资产原值。1992~2000 年的固定资产原值和净值数据也可以获得。利用累计折旧、当年折旧、固定资产原值和净值所隐含的下列内在关系可以近似求得折旧率。1981~1984 年缺省折旧率就近补齐。

$$cd_t=ovfa_t-nvfa_t\,;CD_t=cd_t-cd_{t-1}\,;\delta_t=CD_t\,/ovfa_{t-1}$$

其中,cd 代表累计折旧,$ovfa$ 代表固定资产原值,$nvfa$ 为固定资产净值,CD 代表当年折旧,下标 t 和 $t-1$ 分别代表当期和前期。

2.计算每年新增投资

$$inv_t=ovfa_t-ovfa_{t-1}\,;I_t=inv_t\,/P_{K,t}$$

其中,inv 代表当年价总投资,I 代表平减后的 1990 年价格水平的可比价总投资。这里 1990 年后固定资产投资价格指数 P_K 由《中国统计年鉴》提供,1989 年前摘自张军等(2003)。

3.确定 1980 年的初始资本存量

现有 1980 年工业分行业乡及乡以上独立核算固定资产净值数据,首先利用该年工业总产值中乡及乡以上部分占全部口径的比例,换算成全部工业口径的固定资产净值,其次,根据固定资产投资价格指数,再进一步换算成以 1990 年为基年的可比价固定资产净值,以作为 1980 年的起始资本存量。

4.按照永续盘存法估算资本存量

$$K_t=I_t+(1-\delta_t)K_{t-1}$$

其中，K 代表资本存量，I 为可比价新增总投资，δ 为折旧率。t 和 $t=1$ 仍然代表当期和前期。

Hoffmann (1958)和 Chenery, et al. (1986)的研究表明，工业化的标准路径应该是从轻工业向重工业的相对重要性的转移过程，就像改革开放后中国工业改革所经历的那样。轻工业在工业化早期阶段比较重要，其本质是劳动密集型的，具有较低的资本劳动比(K/L)；而重工业的发展主要在工业化的中后期，它是资本密集型的，具有较高的资本劳动比(K/L)。因此，我们根据 2004 年工业各行业的资本劳动比(K/L)从低往高排列（各行业的排序也见表 1），将 38 个行业分为轻重工业两组。即前一半较低 K/L 值的行业构成轻工业组，后一半较高 K/L 值的行业为重工业组。这样分组的目的之一在于我们有时候只想快速地看一看要素重置对工业增长的影响是否在轻重工业组中有所不同，这是因为各行业模式相差很大，每次都放在一起研究不太容易看清结构红利的真实面貌。另一个好处是我们可以借助这样的分组来研究改革以来发展劳动密集型轻工业战略的表现，并与 1978 年以前重工业优先的赶超战略进行对比。

表 2 列示了按轻重工业分组的变量的描述性统计量，从中可以大致看出这两组间的区别。该表传达的主要信息是高 K/L 组的资本存量均值大致是低 K/L 组的两倍，但高 K/L 组的工业增加值和劳动力人数却比低 K/L 组要低。拥有最高工业增加值的行业并不在高 K/L 组，而是新型高科技行业（属轻工业），即计算机、电子与通信设备制造业，它在 2006 年的增加值达到 11517 亿元，在整个改革阶段增加值年均增长达 27%。高 K/L 组的电力、热力的生产和供应业拥有最高的资本存

表 2　本文主要变量的描述性统计分析 (1980~2006 年)

变量	均值	标准差	最小值	最大值
低 K/L 组				
工业增加值(亿元)	424.32	884.84	13.09	11517.00
资本存量(亿元)	583.64	637.39	13.49	3194.00
劳动(万人)	165.13	148.14	15.00	756.00
高 K/L 组				
工业增加值(亿元)	327.30	397.60	6.71	2835.70
资本存量(亿元)	1001.80	1616.90	12.52	15607.00
劳动(万人)	106.21	98.66	7.00	456.10

量(即 2006 年的 15607 亿元)。高 K/L 组资本存量的变化较大,而劳动和产出的变化较小。由于轻工业内部较多的劳动转移以及重工业内部较多的资本转移,这两个组的生产率都应该会有所提高。但是,统计数据显示重工业组的生产率应该比轻工业组的要低。

四、中国工业化过程中结构红利的存在性和重要性分析

表 3 报告了中国工业分行业随机前沿超越对数生产函数的参数估计值及其真实概率大小。整个面板数据的最大似然估计(MLE)结果良好。10 个主要参数中只有 3 个参数在 10% 的显著性水平上不显著(没有加粗)。γ 值高达 0.9103,这说明行业差异可以解释工业增长总变化的绝对多数比例。Wald 统计量为 1462.96,说明模型在总体上是显著的。MLE 的最大似然估计值为 -308.3179。注意:在计算相关统计量时,不显著的参数 β_t, β_{KL}, β_{KK} 设定为 0。

表 3 分行业随机前沿超越对数生产函数估计结果

解释变量	系数	标准差	Z 统计量	p 值
常数项	**2.9416**	0.4565	6.44	0.000
t	0.0096	0.0241	0.40	0.691
$(1/2)t^2$	**0.0095**	0.0009	10.91	0.000
$\ln K$	**0.8061**	0.2104	3.83	0.000
$\ln L$	**−0.6260**	0.2019	−3.10	0.002
$\ln K \ln L$	−0.0177	0.0605	−0.29	0.770
$(1/2)(\ln K)^2$	−0.0039	0.0716	−0.06	0.956
$(1/2)(\ln L)^2$	**0.1405**	0.0752	1.87	0.062
$t \ln K$	**−0.0214**	0.0064	−3.34	0.001
$t \ln L$	**0.0181**	0.0058	3.12	0.002
μ	**1.6810**	0.3058	5.50	0.000
η	**−0.0283**	0.0031	−9.04	0.000
σ_u^2	**0.9087**	0.3107	2.92	0.003
σ_ε^2	**0.0895**	0.0040	22.22	0.000
γ	**0.9103**	0.0282	32.27	0.000
总体显著性检验	Wald(9)=**1462.96**			0.0000
最大似然估计的对数似然函数值:		−308.3179		

表 4 报告了工业改革 3 个子阶段和整个期间增长核算基于所有行业的平均结果,包括工业增加值、资本存量、劳动、TFP 及其 4 个分解部分的增长率以及各自的贡献份额大小。图 3 和图 4 则绘制了整个改革开放期间轻重工业组和工业全行业层次所估计的 TFP 增长率和累计 TFP 水平的变化趋势。

表 4　中国工业增长核算和全要素生产率分解

时　期	产出增长	资本	劳动	TFP 增长	TFP 增长分解			
					TC	TEC	SEC	FAEC
1981~1991	0.09	0.04	0.03	0.02	0.03	−0.03	−0.03	0.04
	100	51	30	19	40	−33	−30	42
1992~2000	0.12	0.03	−0.03	0.09	0.11	−0.04	−0.01	0.03
	100	26	−22	75	88	−30	−7	23
2001~2006	0.17	0.0.3	0.00	0.10	0.16	−0.05	−0.01	−0.01
	100	20	2	60	97	−27	−6	−3
1981~2006	0.12	0.04	0.00	0.06	0.09	−0.04	−0.02	0.02
	100	32	2	53	76	−30	−13	20

说明：每个时期第一行代表各自增长率，第二行代表各自的贡献份额（单位:%）。其中:TFP 增长等于其四个分解成分的数值加总;而资本、劳动和 TFP 增长的加总不等于产出增长，这是因为这里的 TFP 增长是由其四个分解成分加总而成，而不是根据传统索洛残差来计算。

很显然,大规模的工业结构改革已经成功实现了工业的持续高速增长和生产率的全面提高。整个改革阶段工业全行业的增加值和所估计的 TFP 年均增长率分别达到了 12% 和 6%。在 1981~1991 年的第一个改革阶段,TFP 增长率为每年 2%，对产出增长的贡献率为 19%(同期产出年均增长为 9%)。其余 81% 的工业增长是由要素投入贡献的,其中,资本和劳动各占 51% 和 30%。生产率增长落后于投入增长的事实表明，中国工业在改革早期仍处在粗放型增长阶段，这与 20 世纪 60~70 年代东亚其他国家的发展经验相一致，即投入积累比生产率增长在经济起飞阶段更加重要 (Lucas, 1993; Young, 1995; Berthelemy, 2001)。后两个改革阶段中,中国工业的增长模式已经逐步实现了向集约型增长转变,平均生产率增长高达 9%~10%,超过了要素投入中增长最快的资本积累(3%),由此可见中国工业增长总体上已经走上了可持续发展的道路。TFP 增长分解为 4 个部分即:技术进步增长(TC)、技术效率变化 (TEC)、规模效率变化 (SEC) 和要素配置效率变化

(FAEC)。如表4所示,在改革早期阶段,要素配置效率变化(FAEC)对TFP增长起主导作用,其对工业增长的贡献份额达到42%。1992年以后,要素配置效率(FAEC)对TFP增长的贡献下降,但仍一直处于第二位,仅次于技术进步增长(TC)。整个改革阶段,从低生产率行业向高生产率行业流动的要素重置带来了年均2%的产出增长,对产出增长和TFP增长的平均贡献率分别为20%和38%。可见,显著的要素配置效应(即所谓结构红利)在中国工业结构改革中是存在的,这也是本研究的重点。

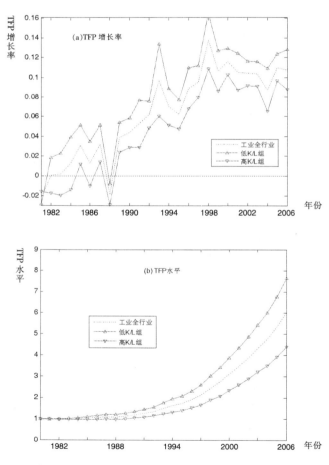

图3　中国工业 TFP 增长率和累积 TFP 水平(1980~2006年)

基于 38 个行业的增长核算结果[①]也显示出轻工业的重要性,比如服装业、家具制造业、文教体育用品制造业和高新技术行业(如计算机、电子及通信设备制造业、交通运输设备制造业和医药制造业),它们的产出、生产率和要素配置效率都增长很快。增长较慢的行业几乎全部集中在重工业组,如石油和天然气开采业、石油加工及炼焦业、水和电力、热力的生产和供应业等,这些行业产出增长低于平均水平,TFP 增长和要素配置效率增长缓慢甚至为负值。生产率及其分解的不同行业特征可以浓缩为低和高资本劳动比(K/L)两组的特征,并在图 3和图 4 中分别表示出来。我们发现,具有较低资本劳动比的轻工业组别相对于重化工业组别拥有较高的生产率增长、生产率水平、技术进步增长、技术效率变化和要素配置效率增长。因此,中国工业改革过程中存在着如 Harberger(1998)所述的蘑菇效应,即具体行业效应。整个工业层次的酵母效应也在图形中显现出来,即轻重工业两组还与工业全行业显示出相似的发展轨迹。也就是说,除了行业的异质性外,一些经济基本面因素(比如共同的宏观政策和外部经济环境)几乎同时影响着所有而不是一部分工业行业,因此,促成了所有行业的生产率进步。就像 Nelson and Pack (1999)在东亚经济研究中发现的一样,中国工业全行业的生产率及其分解(图 3 和图 4 的虚线表示)似乎更多地受到了轻工业组中高新技术行业的影响。

对应于工业结构改革的不同阶段,中国工业 TFP 的增长在1981~2000 年间波动非常大,在新世纪后变得比较平稳。这与 Li(1997)揭示的中国工业企业 20 世纪 80 年代的特征,张军等(2003)、Sun and Tong (2003)、Yusuf, et al. (2005)、Dong, et al. (2006)、Jefferson and Su (2006)、Wan and Yuce(2007)和郑京海等(2007)描述的 20 世纪90 年代特征以及 Bai, et al. (2008)研究的 1998~2005 年间的特征相符。如图 4 所示,技术进步(TC)是唯一对 TFP 增长的贡献不断上升且平均贡献超过要素配置效率(FAEC)的部分。Mukherjee and Zhang(2007)将此称为自适应创新模式,即通过广泛吸纳 FDI 和建立外资企业,中国从发达国家引进了先进技术和知识,这是中国工业改革成功的关键。Fisher–Vanden and Jefferson(2008)也指出过去 25 年中国的科技创新激励已经由国家主导下放到企业、研究机构和大学主导,技术市场也

---

① 为节省空间,报告该结果的表格省略。

在迅速发展。但是技术效率和规模效率的负增长又一定程度上抵消了TC和FAEC对TFP增长的贡献，好在它们的绝对值比较小。我们发现，2000年以后，重工业组的技术效率不断恶化，但是规模效率的改善超过了轻工业组。总体来看，整个改革期间中国工业的规模报酬(RTS)是递减的，图4c中1998~2002年间暂时出现的正效应主要是由于同期劳动力的负增长而不是递增的规模报酬造成的。涂正革和肖耿(2005)、李胜文和李大胜(2008)同样发现了规模报酬递减的现象，这也许可以由中国工业生产过程中要素自由配置受阻和无法达到最优投入组合(如轻工业中资本不足、重工业中熟练工稀缺)来解释。

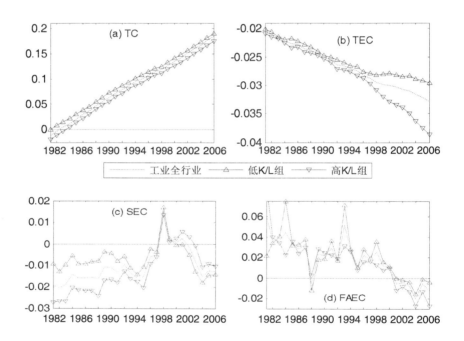

图4　中国工业TFP增长率分解(1980~2006年)

显然，没有要素的大幅度重置，TFP增长是不可能持续的，中国工业改革过程中确实存在着结构红利而且至关重要。图4d绘制了所估计的配置效率(FAEC)在整个改革区间的变化趋势，即由结构变化和要素重置所带来的生产率增长。在1981~1991年期间，新的改革开放政策和对劳动管制的放松(比如农业劳动力至少可以转移到乡镇企业中)使得受制约的生产要素释放出巨大的生产能量。这导致了非常显著的要素配置效率(FAEC)的提高,其年均增幅达 4%,对工业产出增长的贡献份额也高达 42%,这克服了工业改革初期技术进步增长极低、TEC 和 SEC 为负的不利局面,有力地推动了工业改革初期的TFP增长。在工业改革第二阶段,由于工业产品价格的完全放开、大规模的国有企业民营化以及出口导向型发展战略的实施,由要素重置所带来的结构红利(FAEC)虽然变小了,但年均增幅仍然达到 3%,对生产率增长和工业增长的贡献仍然为正。同期,技术进步也在不断增长之中。

从 2001 年开始,要素市场发展的极端滞后和似是而非的产业政策的弊端逐渐暴露出来。产业重组倾向于高附加值行业、重工业化重新抬头以及产业的多样化使得推动发展具有比较优势的劳动密集型制造业(如纺织业)的努力有所减弱,转而鼓励要素流向高业绩、高利润的行业(像电子和电器制造业、采矿业和非金属制造业),甚至从工业流向服务业(如图 1 所示)。由此,行业结构调整和就业之间的矛盾日益加剧,因为高科技行业和重工业并没有办法吸收更多的劳动力。而曾经吸收大量劳动力的劳动密集型行业却每况愈下,而且面临着发展的两难局面,长期以来恶劣的生产环境使得这些行业不容易招收到足够的工人,出现了民工荒,而如果提高工资或改善工作环境的话,这些行业立即会丧失劳动力成本低廉的比较优势。劳动规制的加强也部分加重了这种矛盾,许多小厂倒闭,工人失业,大批农民工打道回府。所有这些因素造成了负的配置效率变化(该期间年均变化率为-1%),阻滞了一直处于上升趋势的中国工业生产率的增长。

先前的研究通常强调要素流动对生产率增长的正的作用,即结构红利效应,而本文最大的发现却是 2001 年以后这种结构红利的逆转。要素重置对 TFP 增长贡献率的下降趋势已有文献记载。Dowrick and Gemmel (1991)发现劳动重置的收益会随着这个国家经济发展水平的增加而下降,而且在他们的样本区间(即 20 世纪 90 年代),许多发展中国家由劳动重置引起的生产率增长仍然非常高,这与发达国家的情况完全不同。Berthelemy(2001)指出一个国家通过实施正确的结构调整政策而带来的生产率改善会随着经济趋于有效的宏观管理均衡点而消失。如果缺乏合适的把要素扭曲和浪费维持在可能的最低值的结构调整政策的话,通过结构变化带来 TFP 增长是不可能的。Fan, et al. (2003)也指出一旦经济结构(比如农业、工业和服务业的份额)达到新的均衡以后，行业调整对经济增长曾经带来的巨大影响将会不可避免地出现下降。

五、工业改革是如何影响结构红利效应的？

根据公式(5)右端第四项所给出的 FAEC 的定义，图 4d 中所显示的结构红利的变化模式可以用图 5 来大概地说明。估计结果显示劳动的最优边际产值的平均份额 λ_L 在样本区间持续增长，而资本的该份额 λ_K 却对称地下降，这表明中国工业存在着资本的过度投资和劳动的投入不足。而实际劳动成本份额 S_L 较高且缓慢增长(从 1981 年的 55%缓慢增加到 2000 年的 65%)，与此对应，资本成本份额 S_K 在此区间中较低且缓慢下降，这表明行业间还是存在着消长变化，即从资本密集型行业向劳动密集型行业的转化。投入要素的最优产出份额和实际成本额的差异反映了劳动和资本要素的配置扭曲程度，如图 5 所示。而两种份额的不同的相对变化趋势又使得这种配置扭曲在前两个改革阶段呈收敛趋势。2001 年以后，劳动成本份额开始下降，2006 年已经下降到48%，而资本成本份额开始上升，直到 2006 年的 52%。这种实际投入与最优产出间的偏离导致要素配置向完全相反的方向扭曲。

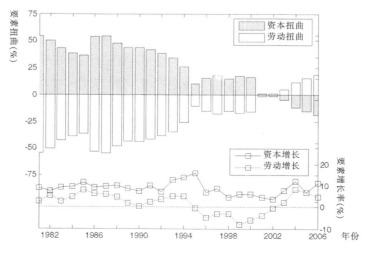

图 5　中国工业全行业水平的要素扭曲分析(1980~2006 年)

根据公式(5)中 FAEC 的定义,由于劳动和资本的扭曲幅度相同且方向相反,因此,要素配置效率的模式最终实际上是由超过劳动增长的资本增长所决定的 (同样可见图 5)。Dessus, et al. (1995) 和 Akkemik (2005) 指出,在台湾和新加坡,劳动的重置效应要高于资本的重置效应,因为对于台湾和新加坡来说,劳动相对稀缺更为重要。对中国大陆来说,情况正好相反[①]。Qin and Song (2008)发现计划经济伴随的资本过度投资(即所谓的投资饥渴)在当今中国仍然存在。Zhang (2003)也指出,相对于劳动来说,中国固定资产总投资增长过快。再考察图 5 的劳动增长,20 世纪 90 年代中后期开始,抓大放小和减员增效的国企改革导致中国工业的劳动增长大幅下降。Frazier(2006)研究显示, 国有工业企业职工人数从 1995 年的 4400 万人下降到 2002 年年末的 1550 万人,降幅达 65%。集体所有制企业经历了相似的下降,从 1995 年的 1490 万人下降到 2002 年的 380 万人。而同期民营和外资企业新吸纳 1380 万职工,远远不能解决国有和集体企业 3960 万失业者的问题。而劳动规制的加强和金融危机又造成了新一轮的失业潮。

我们并不惊讶从 2000 年前的一个失衡转向 2001 年后的另一个失衡所造成的要素配置效应由正向负的转变。虽然总体上看,劳动成本份额下降,资本成本份额上升,但在行业内部,重工业组的劳动份额从 1999 年的 43%下降到 2006 年的 39%, 而资本份额从 1980 年的 56%上升到 2006 年的 67%,轻工业组的情况与此相反。2001 年后重工业组中要素使用与比较优势的严重背离导致它的要素配置效率比轻工业组更加恶化,这也解释了第三个阶段重工业组的 FAEC 为什么比轻工业组要低。

既然要素配置效率(FAEC)在中国工业增长和生产率提高中扮演着如此重要的角色,我们需要进一步来研究这个结构改革和工业增长的桥梁变量 FAEC。如何通过要素重置和结构改革来解释结构红利的酵母效应?什么因素导致了不同行业(或者轻重工业)间结构红利的蘑菇效应?正如图 4d 所示,低 K/L 组的要素配置效率总是比高 K/L 组的

---

① 在中国,劳动力是相对富裕的。另外,劳动规制的增强一方面会增加劳动要素的实际投入成本,另一方面又会降低劳动就业率。前者有利于校正劳动扭曲,提高劳动配置效率,改善 TFP;而后者则会降低劳动重置对 FAEC 和 TFP 增长的贡献率。

要高,纵使两组配置效率变化趋势相似。我们需要找出导致这种工业整体效应和不同行业效应的影响因素。表5报告了要素配置效率(即结构红利)FAEC对其决定因素的回归分析结果,我们基于Hausman检验选择使用随机效应面板模型来进行估计。

表5　要素重置效率(FAEC)的决定因素分析

影响因素	模型1(1981~2006)			模型2(1995~2006)		
	系　数	标准差	p值	系　数	标准差	p值
常数项	**5.4830**	0.8780	0.000	**6.0496**	0.7563	0.000
行业特征						
YLC	**−0.0226**	0.0061	0.000	−0.0070	0.0057	0.223
1nE	**−0.9166**	0.1211	0.000	**−0.8563**	0.1029	0.000
PTRV	**0.0265**	0.0129	0.041	−0.0073	0.0124	0.554
结构变量						
KLC	**0.3394**	0.0120	0.000	**0.1390**	0.0115	0.000
D1*KLC	**−0.3460**	0.0332	0.000	**−0.2197**	0.0215	0.000
D2*KLC	0.0034	0.0149	0.821	**0.0264**	0.0150	0.078
DI*D2*KLC	0.0775	0.0507	0.127	**0.0787**	0.0316	0.013
SOYC				**−0.0326**	0.0094	0.001
D2*SOYC				**0.0249**	0.0117	0.033
LMYC				**0.0233**	0.0080	0.003
D2*LMYC				**−0.0290**	0.0089	0.001
FAC				0.0012	0.0048	0.797
D3*FAC				−0.0016	0.0049	0.746
总体显著性检验	Wald(7)=**1863**		0.0000	Wald(13)=**584**		0.0000
豪斯曼检验	Wald(7)=7.98		0.3343	Wald(13)=15.33		0.2871
样本容量		988			456	

　　根据数据的可得性,回归分两个时间段进行,即1981~2006年(模型1)和1995~2006年(模型2)。被解释变量为FAEC(百分比形式)。解释变量介绍如下。资本劳动比变化(KLC)代表要素市场中投资与劳动力结构的改革,它是解释两个模型中结构红利的重要结构变量。它同时也是个体特征变量,可以反映行业的要素资源禀赋。时间虚拟变量D1(2001~2006年区间设为1,其他时段为0)及其与结构变量的交互项旨在捕捉结构红利的时间变化模式。在模型2中,除了KLC外,我们还引入了另外三个结构变量——SOYC (国有工业总产值增长率)、

LMYC(大中型企业工业总产值增长率)和FAC(外资资产变化率)——来试图描述所有制、规模和外资结构变动引起的要素重置对生产率增长的影响。为获得稳健的估计,我们控制了一些行业特征变量。既然中国工业通常描述为高增长、高投资、高能源消耗和低效益,我们选择人均产出增长率(YLC)、能源消耗的自然对数(lnE)和工业总产值利税率(PTRV)作为控制变量。两个虚拟变量——D2(低K/L组为1,高K/L组为0)和D3(低技术效率组(TE<0.45)为1,其他为0)——以及它们和KLC、SOYC、LMYC和FAC的交互项被用来捕捉结构红利的行业异质蘑菇效应。除了虚拟变量和lnE外,所有解释变量的单位也是百分数。表5显示,绝大多数变量至少在10%水平下显著(用粗体字标出)。Wald统计量显示两个模型在总体上都是显著的。

Kumar and Russell(2002)检验了人均产出对生产率的影响,受之启发,我们分析人均产出变化(YLC)对由要素重置所引致的生产率变化FAEC的影响。两个模型的该项系数都为负,其中模型1的系数是显著的,这意味着随着工业发展水平的提高,要素配置效率是不断下降的,这与Dowrick and Gemmel(1991)的结论相似。以上结果与经济收敛理论一致,该理论认为随着经济发展水平的提高,通过结构调整来推动经济增长的空间会越来越小(Kumar, 2006)。高能源消耗显著地降低了要素配置效率——能源消耗每增长1个百分点,FAEC将下降0.86~0.92个百分点。中国资本密集型的重工业通常能源消耗较高,由此导致其要素配置效率低于轻工业组,这与图4d的发现是一致的。模型1中PTRV的系数表明高利润行业(如非国有工业)确实具有预期的较高且显著的要素配置效率;模型2中的该系数为负但是不显著。

控制了这些行业特征之后,我们发现在重工业组中,资本劳动比变化率(KLC)(两模型共同的结构变量)1个百分点的增加将分别引起模型1和模型2中要素配置效率0.34和0.14个百分点的显著增长。后者数值较低可能是因为模型2中包含了更多的结构变量因而分摊了结构红利的原因。2001年后,模型1和2中的结构效应都下降为负值,分别为−0.0066(0.3394−0.3460)和−0.0807(0.1390−0.2197)个百分点。轻工业组中,由K/L变化引起的结构红利在1995~2006年和1981~2006年期间分别比重工业组高0.0264%和0.0034%。这表明轻工业组相对于重工业组的结构红利优势在改革第一阶段小于第二阶段,这由图4d中轻重工业组FAEC曲线在第一个阶段靠得更近也可以看出来。2001年后,模型1揭示轻工业组KLC对FAEC的影响比重工业组高0.0775%,模型2中显著高0.0787%。这从统计上证明了在整个改革开放期间所有行业的要素配置效率都随着资本深化而下降的酵母效应——与李胜文和李大胜(2008)结果相似——以及不同行业间由于资本和劳动的重新配置而导致的蘑菇效应的存在。

资本劳动比的变化率在此被当做中国工业投资与劳动力结构失衡的代理变量,这种失衡是要素市场发展滞后的典型特征。正是人均资本的快速增长而非保持恒常比例,才使得劳动生产率的增长并不能导致TFP的同步增长,正如回归中负的YLC系数所揭示的那样。Fisher-Vanden and Jefferson(2008)发现工业资本生产率经过长期的下降后在20世纪90年代后期呈现上升趋势,但这似乎并不能治好投资饥渴症,相反,这种至今还存在的过度投资趋势进一步恶化了要素配置效率。Qin and Song(2008)将这种要素配置效率的恶化归咎于不完善的资本市场、不平衡的投资结构和结构调整刚性等。他们认为政策导向的投资冲动行为仍然普遍存在,企业仍能从银行系统获得"软贷款",不完善的资本市场仍然可能导致金融资源的不合理配置(比如投资结构严重倾斜于国有部门)。Gong and Lin(2008)指出,相对于大部分的OECD(经济合作与发展组织)国家,中国投资的主要融资渠道还是贷款。政府通过国有银行系统发放廉价易得的贷款是中国转轨经济的重要特征。它反映了政府除了需求管理以外,用货币政策刺激经济增长的强烈意图。Li and Xia(2008)指出中国的国有要素配置体系仍然控制了非常广泛的要素资源(如银行贷款形式的资本、补贴和土地等)。中国的国有银行事实上一直扮演着为国有企业提供贷款的角色。由于缺乏非国有金融机构的有效竞争,国家垄断的金融行业势必对国有企业更加倾斜,增加业已存在的金融资源配置的不平等。Fung, et al.(2006)的研究指出,1998~2002年期间,超过一半的资本投向了国有企业,但是国有企业并没有取得与其投资相匹配的产出。

所有制结构变量SOYC的估计系数也是显著的。重工业组中国企总产值1个百分点的增长会降低要素配置效率0.033个百分点,但轻工业组中的国企总产值1个百分点的增长仅降低FAEC值0.0077(0.0326-0.0249)个百分点。总体来说,20世纪90年代中后期国企民营化改革确实改善了要素配置效率,这也从另一个侧面说明了政府的管理实践从"攫取之手"向"帮助之手"的转变,Wan and Yuce(2007)的研究也发现了这一点。以上发现在 Li （1997）、Sun and Tong（2003）、Dong，et al.（2006）、Jefferson and Su（2006）、Bai，et al. （2008）等的研究中都有所提及。他们指出中国的所有制改革提高了（劳动）生产率。国有企业在很大程度上是牺牲了国有资产效率（代理人问题的存在）才得以存活的，因此，所有制改革对于提高激励和绩效是非常关键的。然而，在不同的工业组之间，资本密集型的重工业组的 SOYC 产出份额从 1994~2003 年期间的 60%增加到 2006 年的 70%，这导致了如今重工业组要素配置效率的恶化。这主要是基于重工业组缺乏足够的竞争，要素的重置过程不是完全有效的。为确保长期可持续的高速工业增长，大型国有工业企业的重组将是下一轮改革的重心。2001 年后轻工业组国企产出的下降提高了 FAEC，由此导致轻重工业两组间要素配置效率的不同表现。

产业集聚是产业组织理论的核心，大中型企业的发展将提高产业集中度。重工业组中 LMYC 变化率显著正的系数表明资本密集型组的产业集中度提高可以减轻导致规模报酬递减的要素自由流动限制，从而提高要素配置效率。Timmer and Szirmai （2000）指出，少数快速发展的拥有技术活力行业的不断专业化可以使生产率提高，这支持了结构红利假说。轻工业组 LMYC 变化率 1 个百分点的增长会减少 0.0057（0.0290−0.0233）个百分点的要素配置效率，这意味着劳动密集行业组的产业集中并不能克服要素配置的局限，但中小企业间的充分竞争也许可以。

Timmer and Szirmai （2000）将经济的自由化作为另外一个支持结构红利假说的理由。除了民营企业外，外资企业（包括台湾、香港、澳门企业）在中国改革开放以后，获得了巨大的发展。虽然并不显著，但外资资产变化率（FAC）正的系数表明进入高效率行业的外资对提高要素配置效率有利，但进入低效率行业资本的结论相反。正如 Yusuf，et al. （2005）指出的，诸如所有制、规模和扩大外资的行业结构改革加快了要素间的合理配置，由此带来了相应的生产率提高，并导致了行业间的生产率增长差异。以上 FAEC 的决定因素回归结果从统计上证明了本文第四部分所发现的结构红利（酵母和蘑菇）效应。

六、结论

本文运用整个改革开放期间（1980~2006年）38个两位数行业面板数据检验了结构改革对于中国工业增长的影响。我们运用随机前沿生产函数模型及其分解方法度量了中国工业分行业的全要素生产率增长和要素配置效率的变化。我们同时运用随机效应面板数据模型分析了要素配置效率(即结构红利)的决定因素。由此得到的基本结论和政策建议报告如下。

(1)1978年改革开放后，中国工业发展战略由此前的重工业优先转向发展能够反映比较优势的劳动密集型轻工业。这带来了中国工业的高速发展和生产率的不断提高,也使得中国工业的增长模型由改革第一阶段的粗放型增长向着后面两阶段的集约型增长转变，因此,中国的工业增长已经走上了可持续发展的轨道。

(2)要素投入从直接和间接两个渠道影响工业增长,直接渠道是通过数量效应(如资本积累)对产出造成影响,间接渠道则是通过要素从低生产率行业向高生产率行业的流动推动生产率提高来影响增长,这是一种效率效应。增长核算显示,要素配置效率对中国工业增长起到了非常重要的作用。技术进步和资本积累对工业增长的贡献平均来看比要素配置效率要大,而劳动投入、技术效率和规模效应的贡献则小于要素配置效率。我们发现要素配置效率变化随时间不断下降,特别是2000年以后。

(3)要素配置效率源自1978年改革开放后的工业结构改革。Timmer and Szirmai (2000)将这种正的要素配置效率称为结构红利。我们发现结构红利在中国工业改革中确实存在，既体现出共同趋势,也表现出行业个体特征(即酵母和蘑菇效应)。随机效应面板模型回归结果显示投资和劳动结构、所有制结构、规模结构和外资结构等工业结构改革对前两个阶段的结构红利都有显著的解释力,也说明了2001年以后要素配置效率的恶化。

参考文献:

[1] 陈诗一.能源消耗、二氧化碳排放与中国工业的可持续发展[J].经济研究,2009:(4).

[2] 陈勇,李小平.中国工业行业的面板数据构造及资本深化评估:1985-2003[J].数量经济技术经济研究,2006(10).

[3] 李胜文,李大胜.中国工业全要素生产率的波动:1986-2005——基于细分行业的三投入随机前沿生产函数分析[J].数量经济技术经济研究,2008(5).

[4] 李小平,卢现祥.中国制造业的结构变动和生产率增长[J].世界经济,2007(5).

[5] 涂正革,肖耿.中国的工业生产力革命——用随机前沿生产模型对中国大中型工业企业全要素生产率增长的分解及分析[J].经济研究,2005(3).

[6] 张军,施少华,陈诗一.中国的工业改革与效率变化——方法、数据、文献和现有的结果[J].经济学(季刊),2003,3(1).

[7] Akkemik K. Ali. Labor Productivity and Inter–Sectoral Reallocation of Labor in Singapore (1965–2002) [J].Forum of International Development Studies, 2005, 30(9).

[8] Au Chun–Chung, J. Vernon Henderson. How migration restrictions limit agglomeration and productivity in China [J].Journal of Development Economics, 2006, 80: 350–388.

[9] Bai Chong–En, Jiangyong Lu, Zhigang Tao. How does privatization work in China [J].Journal of Comparative Economics, 2009.

[10] Battese G.E., T. J. Coelli. Frontier Production Functions, Technical Efficiency and Panel Data : With Application to Paddy Farmers in India [J].Journal of Productivity Analysis, 1992, 3:153–169.

[11] Berthelemy Jean–Claude. The Role of Capital Accumulation, Adjustment and Structural Change·for Economic Take –Off Empirical Evidence from African Growth Episodes [J].World Development, 2001, 29:323–343.

[12] Bhaumik Sumon Kumar, Saul Estrin. How transition paths differ:

Enterprise performance in Russia and China [J].Journal of Development Economics, 2007, 82(2)——:374-392.

[13] Bosworth Barry, Susan M. Collins. Accounting for Growth: Comparing China and India [J].Journal of Economic Perspectives, 2008, 22(1):45-66.

[14] Calderon Cesar, Alberto Chong, Gianmarco Leon. Institutional enforcement, labor -market rigidities, and economic performance [J]. Emerging Markets Review, 2007, 8(1):38-49.

[15] Caselli Francesco. Accounting for cross-country income diffe-rences [M]//Aghion Phillipe, Durlauf Steven N. Handbook of Economic Growth. Amsterdam: North Holland, 2005.

[16] Chenery H.B., S. Robinson, M. Syrquin. Industrialization and Growth: A Comparative Study [M].New York: Oxford University Press, 1986.

[17] Dessus S., Shea J-D., Shi M.-S. Chinese Taipei: The origins of the economic miracle[R]. Paris: OECD, Development Center, Long-Term Growth Series, 1995.

[18] Dong Xiao-yuan, Louis Putterman, Bulent Unel. Privatization and firm performance: A comparison between rural and urban enterprises in China [J].Journal of Comparative Economics, 2006, 34(3):608-633.

[19] Dowrick S., N. Gemmel. Industrialization, Catching-Up and E-conomic Growth: a Comparative Study Across the World's Capitalist E-conomies [J].The Economic Journal, 1991, 101:263-275.

[20] Fan Shenggen, Xiaobo Zhang, Sherman Robinson. Structural Change and Economic Growth in China [J].Review of Development Eco-nomics, 2003, 7 (3):360-377.

[21] Fisher-Vanden Karen, Gary H. Jefferson. Technology diversity and development: Evidence from China's industrial enterprises [J].Journal of Comparative Economics, 2008, 36(4):658-672.

[22] Fleisher Belton M., Dennis T. Yang. Labor laws and regulations in China [J].China Economic Review, 2003, 14(4):426-433.

[23] Frazier Mark W. State-sector shrinkage and workforce reduc-tion in China, European [J].Journal of Political Economy, 2006, 22(2):

435–451.

[24] Fung H.G., Kummer D., Shen J. China's privatization reforms [J].Chinese Economy, 2006,39(2):5–25.

[25] Gong Gang, Justin Yifu Lin. Deflationary expansion: An over-shooting perspective to the recent business cycle in China, China Economic Review [J].2008, 19(1):1–17.

[26] Harberger A.C. A Vision of the Growth Process [J].American Economic Review, 1998, 88(1):1–32.

[27] Heckman James J. China's human capital investment [J].China Economic Review, 2005, 16(1):50–70.

[28] Hoffmann W.G. The Growth of Industrial Economies, translated from German by W.H. Henderson and W.H. Chaloner [M].Manchester: Manchester University Press, 1958.

[29] Jefferson Gary H., Jian Su. Privatization and restructuring in China: Evidence from shareholding ownership, 1995–2001 [J].Journal of Comparative Economics, 2006, 34(1):146–166.

[30] Kumar Subodh, Russell Robert. Technological Change, Technological Catch up, and Capital Deepening: Relative Contributions to Growth and Convergence [J].American Economic Review, 2002, 92(3): 527–548.

[31] Kumar Surender. Environmentally sensitive productivity growth: A global analysis using Malmquist–Luenberger index [J].Ecological Economics, 2006, 56(2):280–293.

[32] Kumbhakar S.C. Estimation and Decomposition of Productivity Change when Production Is Not Efficient: A Panel Data Approach [J]. Econometric Reviews, 2000, 19, 425–460.

[33] Kuznets S. Growth and Structural Shifts [M]//W. Galenson. Economic Growth and Structural Change in Taiwan: The Postwar Experience of the Republic of China. New York: Cornell University Press, 1979:5–131.

[34] Lewis W.A. Economic Development with Unlimited Supplies of Labors [J].Manchester School of Economics and Social Studies, 1954, 22: 139–191.

[35] Li Shaomin, Jun Xia. The Roles and Performance of State Firms and Non-State Firms in China's Economic Transition [J].World Development, 2008, 36(1):39-54.

[36] Li Wei. The Impact of Economic Reform on the Performance of Chinese State Enterprises: 1980-1989 [J].The Journal of Political Economy, 1997, 105(5): 1080-1106.

[37] Lucas R.E. Making A Miracle [J]. Econometrica, 1993, 61:251-272.

[38] Maddison A. Growth and Slowdown in Advanced Capitalist E conomies: Techniques of Quantitative Assessment [J]. Journal of Economic Literature, 1987, 25:649-698.

[39] Mukherjee Anit, Xiaobo Zhang. Rural Industrialization in China and India: Role of Policies and Institutions [J]. World Development, 2007, 35(10):1621-1634.

[40] Nelson R.R., H. Pack. The Asian Miracle and Modern Growth Theory [J]. The Economic Journal, 1999, 109(457): 416-436.

[41] Qin Duo, Haiyan Song. Sources of investment inefficiency: The case of fixed-asset investment in China [J]. Journal of Development Economics, 2009, 90, (1): 94-105.

[42] Sun Q., Tong W. China share issue privatization: the extent of its success [J]. Journal of Financial Economics, 2003, 70:83-222.

[43] Syrquin Moshe. Patterns of Structural Change. [M]// H. Chenery,T. N.Srinivasan. Handbook of Development Economics. Amsterdam: North Holland, 1995, 1:203-273.

[44] Timmer Marcel P., A. Szirmai. Productivity Growth in Asian Manufacturing: The Structural Bonus Hypothesis Examined [J].Structural Change and Economic Dynamics, 2000, 11: 371-392.

[45] Verspagen B. Uneven Growth between Interdependent E-conomies: an Evolutionary View on Technology Gaps [J].Trade and Growth, 1993.

[46] Wan Jiayong, Ayse Yuce. Listing regulations in China and their effect on the performance of IPOs and SOEs [J].Research in International Business and Finance, 2007, 21(3):366-378.

[47] Wu Zhongmin and Yao Shujie. Intermigration and intramigration in China: A theoretical and empirical analysis [J].China Economic Review, 2003, 14(4):371-385.

[48] Young A. The tyranny of numbers: Confronting the statistical realities of the East Asian growth experience [J].Quarterly Journal of Economics, 1995, 110:641-680.

[49] Yusuf Shahid, Nabeshima Kaoru, Perkins Dwight H. Under New Ownership: Privatizing China's State-Owned Enterprises [M]. Stanford: Stanford University Press, 2005.

[50] Zhang Jun. Investment, investment efficiency, and economic growth in China [J].Journal of Asian Economics, 2003, 14:713-734.

[51] Zheng Jinghai, Arne Bigsten, Angang Hu. Can China's Growth be sustained? Productivity Perspective [R] Göteborg: Department of Economics, Göteborg University, 2007.

自述之六

把生产率改善与结构变化(structural change)相联系的一个重要概念被经济学家用所谓的"结构红利"(structural bonus)来概括了。该概念是用于描述由于持续的经济结构变化导致生产率持续改善这一重要现象的。毫无疑问,1978 年以来,中国工业在持续的结构改革中经历了强劲的增长和生产率水平的不断提高。我在过去的 10 年里发表了大量与生产率有关的论文,但是与之前我发表的关于生产率问题的文章不同,写作该文的目的是想利用随机前沿生产函数的方法来识别要素的行业再配置(所谓"结构红利")如何影响全要素生产率的变化。为了这个目的,这篇文章基于改革时期 38 个两位数行业的面板数据,估算了分行业的随机前沿生产函数,并对全要素生产率(TFP)进行了估计和分解。文章发现,1992 年以后,全要素生产率增长对工业增长的贡献超过了要素投入。对全要素生产率增长的分解发现,要素的行业重置对全要素生产率增长起到了重要作用,但是这种配置效率(即结构红利)的贡献却在不断降低。在此基础上,我们又对影响结构红利的那些因素进行了考察并利用我们的数据做了计量回归,结果显示,要素市场的改革和行业结构调整主导了要素配置效率的总体走势,并造成了不同行业要素配置效率的差异。

这篇论文的主要贡献是梳理和调整了中国工业部门的行业数据,包括把我与吴桂英和张吉鹏之前对中国省级资本存量数据的估算推广到了最近年份。还有一个贡献是,我们在论文中识别和检验了解释生产率变化趋势和结构红利贡献份额变动的众多因素并把这些因素与中国工业改革战略及其变化的事实联系了起来。这就形成了一个解释全要素生产率变化及其相关因素相对贡献份额变动的概念框架。在之前的文献里,这样的做法和结论并不多见。

很多年以来,对全要素生产率的度量一直是我兴趣不减的一个研究领域。该文是与陈诗一博士和美国布兰代斯大学(Brandeis University) 的 Gary Jefferson 教授合作完成的英文论文 "Structural Change, Productivity Growth and Industrial Transformation in China" 的翻译稿,于 2011 年年初发表于美国的 China Economic Review 第 22 卷 (第

133~150 页)上。需要指出的是,在这篇论文中,我们使用的是两位数的工业部门的数据,而没有使用企业数据。这是本论文的一个遗憾。但我们最近终于获得了大样本的企业数据库,希望很快就能在类似的框架下利用企业的数据来重新研究这个问题。在写出这篇论文之前,我和陈诗一还曾以不同的方法研究了同一问题并基于其结果写出了一篇中文论文,文章以《结构改革与中国工业增长》为题发表于《经济研究》2009 年第 7 期的首篇。

中国的金融自由化是否缓解了
企业的融资约束？ *

一、前言

在发展经济学和转型经济学的文献里,金融自由化(市场化)的含义通常是指一个国家的金融部门的运行和金融资源的分配从主要由政府管制为主转变为由市场力量决定为主的过程。提高金融中介的配置效率,刺激更多的储蓄和投资从而实现"金融深化"则是金融自由化这一手段的主要目的。如果说金融深化更多体现在经济运行层面,那么金融自由化则更多地体现在政策上。推进金融部门的自由化的政策包括很多方面,除了放松利率管制、消除贷款控制之外,还包括了金融服务业的自由进入、尊重金融机构的自主权、国际资本流动的自由化等[①]。自 20 世纪 70 年代末以来,很多发展中国家(甚至包括一些发达国家)都经历了程度不同的金融自由化的过程。

作为一个转型的经济体,中国从 1978 年改革开放以来也逐步开始了通过金融部门的改革而实现金融的自由化进程。但与很多其他的转型经济体相比,中国的金融自由化的速度看上去非常缓慢。中国遵循了渐进主义的金融改革和开放的策略。这种策略当然有它的优点和代价。对中国的金融改革政策的评价超出了本文的研究范围。我们在本文关注的问题是,尽管谨慎和缓慢地推进,在金融部门的改革与开放经历了 20 年之后,中国的金融自由化到底发展到了什么水平？如何测度金融自由化的累积影响？金融自由化的发展是否真正缓解了金融对中国企业投资的约束？

对于金融自由化对经济发展和经济增长的影响,最早的研究有

---

* 与易文斐和丁丹合作。发表于《中国金融评论》2008 年 9 月第 2 卷第 3 期;英文版见同期 China Finance International。本文的初稿曾先后在复旦大学经济学院的双周讨论会、上海交通大学经济管理学院的学术报告会以及北京大学光华管理学院应用经济系的学术报告会上分别报告过,得到报告会参与者的评论和本文赖以修改的诸多意见。作者一并感谢。文责自负。

① 关于金融自由化包括的主要领域可参见 Williamson(1998),Bandiera, et al.(2000)等。

McKinnon（1973）和 Shaw（1973）。他们分别考察了金融自由化主要的组成部分——利率的自由化对发展中国家的储蓄的影响。利率的市场决定是增加了还是减少了一个国家的储蓄？这个问题在经济学家内部是有争议的。McKinnon（1973）和 Shaw（1973）的结论是，金融的自由化可以增进储蓄与经济增长。但最近的一些研究也发现了不同的结果。如 Devereux 和 Smith（1994）则发现，金融自由化可能会减少一个国家的总投资。至于金融自由化对信贷分配效率的正面影响，尽管有少数学者如 Gertler 和 Rose（1994）的研究并不支持，但大多数研究认为金融自由化能够减少信贷分配的扭曲，从而改善信贷的配置效率。Rangan（2005）为我们提供了一个关于金融自由化产生的种种效应的很好的文献综述。

尽管经济学家和金融学家就金融自由化和经济增长之间的正向关系做出了丰富的理论与经验研究，但对于金融自由化是否并且如何缓解对企业的外部融资约束的讨论却是最近正在兴起的学术兴趣。例如，Laeven（2003）对 13 个发展中国家数据的研究发现，金融自由化对企业、尤其是中小企业放松融资约束有所帮助；Koo 和 Maeng（2005）对韩国以及 Ghosh（2006）对印度的研究也得到了类似的结论。中国正在经历着由金融部门的改革而推动的金融自由化的过程，这为我们考察金融自由化是否有助于缓解企业融资约束提供了机会，也为现有文献提供了来自中国的经验发现的内容。

为了考察金融自由化对企业融资约束的可能影响，我们首先需要对金融自由化的变动程度进行度量。金融的自由化程度是一个超越了金融深化范畴的内涵丰富的概念，因此，由 McKinnon 等人提出来的广义货币 M2/GDP 比率，年终信贷余额/GDP 比率，或者银行金融资产/GDP 比率等在实证研究中广泛用来衡量金融深化水平的单一指标无法很好地度量金融自由化程度的变化。事实上，由于金融自由化更多地体现在并且也常常是政策法规的调整与改变的结果，因此，通过整理和分析政策法规随时间变化的线索，并采用相应的数量方法来计算出度量金融自由化程度的指数就成为近年来研究文献中尝试的技术。本文将采用主成分分析（PCA）方法来构造用于更好地度量金融自由化程度变化的指数。

文章的结构如下安排：在第二节我们回顾了有关金融自由化和企业融资约束关系的主要研究文献，并介绍了现有文献中关于企业投资的现金流量模型,为的是寻找金融自由化影响企业融资约束的经济学逻辑和影响机制。然后在第三节我们依赖现有文献中对中国金融部门改革的政策变动的充分信息并采用 PCA 技术构造了中国金融自由化的指数,从而度量了金融自由化程度的发展模式。第四节提供了我们使用 1992~2005 年间沪深两市 547 家上市公司非平衡面板财务数据进行的计量检验和结果。第五节是本文的结论。

二、文献的回顾与欧拉方程投资模型

1.公司融资约束及其缓解

作为一个经典的标准模式,Modigliani 和 Miller(1958)的经典分析给后来者研究公司金融提供了一个逻辑起点和标准模式。根据所谓的 M-M 定理,给定金融市场完美性假设的严格条件,企业的内部融资和外部融资应该是等价的, 公司的投资行为完全取决于投资项目的好坏。在放松了金融市场的完美性假设之后,Myers 和 Majluf(1984)以及 Stiglitz 和 Weiss (1981)的研究指出,借者和贷者之间的信息不对称问题将使得外部债券融资的成本高于内部融资。实际上, 在 Jensen 和 Meckling(1976)、Jensen(1986)等人的研究文章发表之后,人们就已经认识到这种委托—代理问题会破坏金融市场的完美性。而金融市场的不完美性表现在公司层面上就是所谓的"融资约束"。

自 Fazzari, et al.(1988)的经验研究以来,有大量的文献提供了融资约束存在的经验证据。Fazzari, et al.(1988)利用分红率作为衡量公司融资约束的一个指标。他们的基本检验思路是,受到外部融资约束越严厉的公司, 其投资行为对利润的现金流变化就应该越敏感。在 Fazzari, et al.(1988)以后的文献中,以考察现金流和投资行为的关系来检验不可观察的融资约束几乎成为标准方法。在这方面,Bond 和 Van Reenen(1999)以及 Hubbard(1998)提供了一个很好的文献综述。

20 世纪 90 年代以来, 开始有越来越多的研究考察影响公司融资约束的相关因素是什么。比如,Devereux 和 Schiantarelli(1990)考察了公司规模及年限对公司融资约束的影响。Schaller(1993)则是从公司的所有权结构入手来分析融资约束的差异。Bond, et al.(1997)采用跨国数据研究了融资约束,在对欧洲 4 个国家进行比较研究之后,他们发现英国企业面临的融资约束比德国等其他 3 个国家更严重。他们进而讨论了可能的原因。

Love(2003)的研究把一国的金融发展程度以及商业周期和公司的融资约束结合在一起。她从 40 个国家的数据分析中得出的结论是,金融的发展有助于减少对企业的融资约束。她的研究证实了一种假说,即金融深化减少了市场中的信息不对称问题,提高了资金分配的效率。其他的重要研究文献还应该包括 Harrison, et al.(2002)对外商直接投资与公司融资约束的关系的研究、Forbes (2003)对资本管制如何影响小企业的融资约束的研究等。

从更广泛的角度看,公司融资约束的变化应该会受到金融部门改革和自由化进程的影响,这是因为一国的金融自由化政策举措可能通过引进更激烈的竞争等方式促进银行改善其对信贷的监管,减轻信息不对称的程度,改善金融市场的效率,从而缓解公司外部融资的约束。所以,金融自由化对公司融资约束的影响就很自然地成为近年来很多学者关注的问题。在现有的文献里,Laeven(2003)是为数不多的研究金融自由化的进程对公司融资约束影响的研究成果。通过对巴西等 13 个发展中国家的上市公司的面板数据的考察,Laeven 发现, 金融自由化缓解了企业面临的融资约束,但是小公司的融资约束缓解的程度比大公司更显著。

其他一些发现了金融自由化缓解了企业面临的融资约束的经验研究文献还包括:Harris, Schiantarelli 和 Siregar(1994)对印度尼西亚的研究;Gelos 和 Werner (2002) 对墨西哥的研究;Guncavdi, et al. (1998) 对土耳其的研究; Koo 和 Shin (2004) 以及 Koo 和 Maeng (2005)对韩国的研究;Saibal 和 Ghosh(2006)对印度的研究。然而,也有一些文献没有能够发现金融自由化进程缓解企业融资约束的结论。比如,Hermes 和 Lensink (1998)发现,智利的中小企业外部融资约束并没有因为金融自由化改革而得到缓解;Jaramillo, et al.(1996) 对厄瓜多尔的研究也没能发现金融改革显著缓解对小企业的融资约束的结论。

2.企业投资欧拉方程模型

在现有的文献里,为了实证检验金融发展或金融自由化对公司融

---

① Fazzari, et al.(1988)等应用该模型研究了公司融资约束的问题。

资约束的影响，一般使用的公司投资模型是托宾 Q 模型[①]或者欧拉方程投资模型[①]。托宾 Q 模型最早是 Tobin(1969)提出的，并由 Hayashi(1982)拓展为投资模型。在这个模型中，公司利润的现金流变量被添加到托宾 Q 模型中来检验融资约束的程度。但是，托宾 Q 模型的应用对资本市场的效率假设有很高的要求，并且在 Q 值的选取上也存在较大异议。尤其是，鉴于发展中国家证券市场通常存在着效率不高的不争事实，托宾 Q 模型中相关数值的计算就存在更大的争议了。基于这样的考虑，我们在本文采用了欧拉方程投资模型来描述中国公司的投融资行为。

欧拉方程模型是由 Abel(1980)最早提出的，该模型描述了公司最优的投资行为。由于它避免了使用公司股票价格及托宾 Q 值的计算，因而在近年来的文献中应用较多[②]。接下来我们根据 Laeven(2003)、Bond 和 Meghir(1994)发展起来的投资模型对欧拉投资方程做一简单介绍。

首先假设公司经营行为的目标是最大化公司价值，而公司的价值是未来预期红利折现的加总。设 K_t 为公司现在的资本存量，B_t 为公司的净负债，r_t 是无风险利率。由于假设公司外部融资的成本即为债务成本，风险中性的债权人要求一个风险溢价 $\eta_t=\eta(B_t)$，并且 $\partial\eta/\partial B>0$，这可以理解为高负债的公司必须向债权人支付额外的风险升水以弥补由于信息不对称引起的代理成本。这样我们可以假设公司债务的回报利率为 $(1+r_t)([1+\eta_t(B_t)])$。

设 V_t 为公司的价值。公司的利润函数为 $\Pi_t=\Pi(K_t,L_t,I_t)$，其中 K_t，L_t 是投入的要素向量，I_t 是公司在 t 期的投资，公司资本存量取决于当期投资支出 I_t，以及折旧率 δ。支付的红利记为 D_t。设红利存在非负约束。这样一来，公司价值最大化的问题可以写为：

$$V_t = E_t \left[\sum_{j=0}^{\infty} \beta_{t+j}^t D_{t+j} \right] \tag{1}$$

$$\text{s.t:} \quad D_t = \Pi_t + B_t - (1+r_{t-1})[1+\eta(B_{t-1})]B_{t-1} \tag{2}$$

$$K_t = (1-\delta)K_{t-1} + I_t \tag{3}$$

---

① Bond 和 Meghir(1994)以及 Hubbard, et.al(1995)等把这个模型用于对融资约束的考察。

② Laeven(2003)对这些文献作了简单的介绍。

$D_t \geqslant 0$ (4)

这里 $E_t[\cdot]$ 是基于当前信息的预期算子。$\beta^t_{t+j} = \prod\limits_{i=1}^{j}(1+r_{t+i-1})^{-1}$（这里带上下标的 $\prod\limits_{i=1}^{j}$ 是求积算子，与上文中不加上下标的利润函数 Π 相区别）。把方程(2)代入方程(1)中的 D_t，并用方程(3)来消除利润方程 $\Pi_t = \Pi(K_t, L_t, I_t)$ 中的 I_t。构造拉氏函数如下：

$$L = E_t \left[\sum_{j=0}^{\infty} \beta^t_{t+j} \left\{ \begin{array}{l} (1+\lambda_{t+j})\{\Pi_{t+j}[K_{t+j}, L_{t+j}, K_{t+j}-(1-\delta)K_{t+j-1}] \\ +B_{t+j}-(1+r_{t+j-1})[1+\eta(B_{t+j-1})]B_{t+j-1}\} \end{array} \right\} \right]$$

设 λ_t 是红利非负约束方程(4)的库恩塔克算子，该算子可以理解为内部资金的影子价格。

拉氏函数对 K_t 求一阶导数可得方程：

$-(1-\delta)\beta^t_{t+j}E_t[(1+\lambda_{t+1})(\partial\Pi/\partial I)_{t+1}] = -(1+\lambda_t)(\partial\Pi/\partial I)_t - (1+\lambda_t)(\partial\Pi/\partial K)_t$ (5)

(5)式由当期和下期投资的边际利润以及当期资本的边际利润构成，该方程就是所谓的投资"欧拉方程"。

同样，对 B_t 求一阶导数可得：

$(1+\lambda_t) = E_t[(1+\lambda_{t+1})(1+\eta_t+\frac{\partial\eta_t}{\partial B_t}B_t)]$ (6)

从方程(6)可以看出，债务的边际成本取决于 λ_t 和 λ_{t+1} 的关系。

运用互补松弛条件，如果 $D_t > 0$，公司有足够的收入来完成投资并支付为正的红利。在这种条件下，库恩塔克算子 λ_t 为 0。此时欧拉方程(5)就化简为：

$-(1-\delta)\beta^t_{t+j}E_t[(\partial\Pi/\partial I)_{t+1}] = -(\partial\Pi/\partial I)_t - (\partial\Pi/\partial K)_t$ (7)

方程(7)与 Bond, et al.(1994)得出的无融资约束下的标准投资模型一致。接下来我们采用 Bond, et al.(1994)的方法对利润方程再做出进一步的假设：

$\Pi_t = p_t F(K_t, L_t) - p_t G(I_t, K_t) - w_t L_t - p_t^I I_t$ (8)

其中 $F(K_t, L_t)$ 是规模收益不变的生产函数，$G(K_t, L_t)$ 是齐次凸性的调整成本函数，净产出为 $Y_t = F(K_t, L_t) - G(K_t, L_t)$，$p_t$ 是公司产出品的价格，w_t 是投入向量的价格，p_t^I 是投资品的价格。为了允许非完全竞争的情况出现，我们把 p_t 设为净产出 Y_t 的函数，需求的价格弹性为 ε。方程(8)分别对 I_t 和 K_t 求导可得：

$(\frac{\partial\Pi}{\partial I})_t = -\alpha p_t(\frac{\partial G}{\partial I})_t - p_t^I$ (9a)

$$(\frac{\partial \Pi}{\partial K})_t=\alpha p_t[(\frac{\partial F}{\partial K})_t-(\frac{\partial G}{\partial K})_t] \qquad (9b)$$

其中 $\alpha=1-(1/\varepsilon)$。

自 Summers(1981)以来，文献中对调整成本函数 $G(I_t,K_t)$ 的通常假设形式为：$G(I_t,K_t)=\frac{1}{2}bK_t[(\frac{I}{K})_t-c]^2$。我们亦采用该方程。把它代入(9a)和(9b)方程得：

$$(\frac{\partial \Pi}{\partial I})_t=-b\alpha p_t(\frac{I}{K})_t+b\alpha cp-p_t^I \qquad (10a)$$

$$(\frac{\partial \Pi}{\partial K})_t=\alpha p_t(\frac{Y}{K})_t-\alpha p_t(\frac{\partial F}{\partial L}\cdot\frac{L}{K})_t+b\alpha p_t(\frac{I}{K})_t^2-bc\alpha p_t(\frac{I}{K})_t \qquad (10b)$$

根据 Laeven(2003)，并效仿 Bond, et al.(1994)中的做法，我们也用 $w/\alpha p$ 代替要素的边际产出 $\partial F/\partial L$，然后把方程(10a)和(10b)代入方程(7)得：

$$(\frac{I}{K})_{t+1}=c(I-\phi_{t+1})+(1+c)\phi_{t+1}(\frac{I}{K})_t-\phi_{t+1}(\frac{I}{K})_t^2+\frac{\phi_{t+1}}{b(\varepsilon-1)}(\frac{Y}{K})_t$$

$$-\frac{\phi_{t+1}}{b\alpha}(\frac{CF}{K})_t+\frac{\phi_{t+1}}{b\alpha}J_t \qquad (11)$$

其中 $\phi_{t+1}=\frac{p_{t+1}(1+r_{t+1})}{p_t(1-\delta)}$，而 $(\frac{CF}{K})_t=\frac{p_tY_t-w_tL_t}{p_tK_t}$ 代表营业利润（即现金流）与资本存量的比值，$J_t=(\frac{p_t^I}{p_t})\left\{1-\frac{p_t^I(1-\delta)}{(1+r_t)p_t^I}\right\}$ 则为资本的使用成本。式(11)就是公司的基本投资方程。

三、中国金融自由化指数的构造

要从经验上考察金融自由化对企业融资约束的影响，我们需要把金融自由化的发展程度加以量化。这就需要我们去构造能很好地捕捉和度量金融自由化进程的指数。在相关的研究文献中，最简单的构造金融自由化的方法是把样本按时间分为金融自由化前及金融自由化时期两部分。一般的做法是，先从几个不同的领域来考察一国金融自由化的进度，检查在哪一年所有这些领域都完全开放。以该年作为分界点来设虚拟变量，自由化之前为 0，之后取 1。例如，Jaewoon, et al. (2004)区分了 7 个领域来考察韩国金融自由化的发展进程。他们的研究认为,在 1996 年所有金融的领域都基本做到了自由化,于是以 1996 年作为断点来检验金融自由化对韩国企业的外部融资约束的影响[①]。显然,这种做法过于粗略,不能捕捉金融自由化前的初始状态及其演变过程的重要信息。即使对于采用激进式改革策略的国家,这样的做法也值得商榷。更何况中国这样的渐进式改革的国家。

除此之外,还有文献采用评级的方法来度量金融自由化的发展程度。比如 Kaminsky, et al.(2003)把金融自由化分为 3 个方面来考察。它们分别是:资本账户的自由化,国内金融领域的自由化和证券市场的自由化。他们把全世界 28 个国家按照这三个领域分别归类为完全自由化、局部自由化和尚未自由化三种等级。当一个国家至少在两个领域都是完全自由化的话,并且在另一领域里至少做到了部分自由化的时候,就称这个国家的金融实现了完全自由化,并赋值为 1。当一个国家至少在两个领域都处于局部自由化的时候,这个国家就可被称为金融局部自由化,赋值为 2。否则就称该国家处于金融压制中,赋值为 3。不用说,这个方法虽然简便,但此种方法的缺点在于主观性太强,难以精确化。

Bandiera, et al.(2000) 在以更精确的数量方法度量金融自由化上做出了开创性的工作。他们在文章中系统地说明了他们构造金融自由化指数的方法。他们把实现金融自由化的政策分为三大部分 8 个指标:(1)国内金融部门自由化。它包括利率自由化、鼓励竞争的措施、准备金要求、指导性信贷、银行所有权和审慎监管;(2)证券市场自由化,即证券市场上放松管制的措施;(3)国际金融自由化。它包括资本项目和经常项目的自由化。他们把金融自由化分成这 8 个领域后,再进一步将每个领域的自由化程度用一个虚拟变量来表示,如果有重大改革政策措施实施,使得此项领域实现自由化,便在此年度及此后年度将该变量赋值为 1,否则为 0。

为了用一个综合指标来代表这 8 个维度的金融自由化指标,Bandiera 等人用了 "主成分分析法"(Principal Component Analysis)或简称 PCA 来计算其综合指数。该方法是通过原始变量的线性组合,把多个原始指标简化为有代表意义的少数几个指标,以使原始指标能更

---

① 做类似处理的文献还有 Ghosh(2006)等。

集中、更典型地表明研究对象特征的一种统计方法。利用该方法，Bandiera 等人根据 8 个发展中国家 25 年的自由化进程，绘制出了各国的金融自由化指数曲线图。

Bandiera 等人的方法也有一定的缺陷，因为即使在每一个分领域中，自由化程度也应该是一个逐渐累积的值（当然不排除存在后退的可能），使用 0 和 1 两个临界值过于简单。这个缺陷在最新的研究文献如 Jaewoon(2005)中得到了修改，Jaewoon 在每一个领域的赋值上更加精细化，不再只取 0、1 两个值，而是随着各种金融法规的颁布，赋值不断累加，增加值的大小则取决于法规放松管制的力度。

Bandiera 等人提供的计算金融自由化指数的方法为实证研究金融自由化对微观经济的影响提供了有力的工具。Bandiera 等采用自己计算的自由化指数考察了金融自由化对 13 个发展中国家储蓄率的影响。Chun (2002) 以韩国为例，计算了金融自由化对总消费的影响。Jaewoon(2005)则讨论了金融自由化在减少企业融资约束方面对于不同类型的企业的不同效应。

也有不少学者采用了相对简单的方法来构建金融自由化指数，比如 Arturo 和 Galindo,et al.(2002)、Abiad,et al.(2003)、Love,et al.(2003)、Laeven,et al. (2003)等人。以 Laeven,et al. (2003)为例，他构建的指数从 6 个不同维度考察金融自由化的程度，它们分别是利率自由化（存款和贷款）、进入壁垒的降低（对内资和外资银行）、准备金要求的减少、信贷管制的放松（如指导性信贷和信贷上限）、国有银行的私有化（更一般地，政府控制的减少）和审慎性金融监管的加强（如中央银行独立性的增强或巴塞尔协议所规定的资本充足率标准的推行），这 6 个变量的取值取决于六种自由化改革措施，如果某年某项改革措施实现导致自由化程度大大提高，则该维度对应的变量赋值为 1，否则为 0。Laeven 等人所构造的自由化指数就是这 6 个变量的直接加总之和，因此其取值区间为 0~6。利用这个指数，他对 13 个发展中国家企业的截面数据进行了分析，研究金融自由化是否缓解了企业的融资压力。Arturo 和 Galindo 等人 (2002) 的方法与之类似。但是，我们认为，Laeven 等人对金融自由化的度量是对 Bandiera 等人度量方法的一种简化，其优点在于计算简便，缺点在于各维度之间存在严重的相关性，该方法所包含的冗余信息过多，没有 Bandiera 等人的 PCA 方法精确。

在国内的文献中，黄金老(2001) 在其专著中用 8 个指标度量了中国的金融自由化程度,他把每个指标划分成 5 个等级:极低、低、中度、高、极高,分别赋值为 1 、2 、3 、4 、5,然后考察 2000 年横截面上各个领域的发展程度。除了黄金老之外,只有刘毅等人(2002)的文章真正做出了 1978~1999 年中国金融自由化指数的指标。在该文中,刘毅等人考察的对象除了黄金老(2001)的书中设计的 8 个指标之外还加上了一个衡量外汇市场自由化的外汇储备需求程度。文中的取值方法为:当某年发生了有利于自由化的重大改革,则该年度及之后年度取值为 1;如果发生了政策的逆转,则该年度及之后的年度取值为 0。利用这 9 个指标,该文作者使用了 Bandiera 文章中用过的主成分分析法(PCA)来求出综合金融自由化指标。

我们在本文构造金融自由化的方法将综合考虑以上研究文献的优缺点:首先,在指标赋值方法上我们采用累积式,因为金融自由化指数考察的应该是每一次政策变化后的自由化累积起来的程度,而不是政策变化本身;其次,将某项有利于自由化的重大改革之后的所有年份均取值为 1,无法捕捉该年之后所发生的其他重大改革政策对金融自由化所造成的影响。考虑到中国的金融自由化进程存在着逆流倒退或狂飙突进的年份,例如 1994 年的外汇体制发生了重大变革,其力度非前几年可以相比,如果不加区别地赋值为 1,将难以度量中国金融自由化进程中跳跃波折和徘徊反复的历史现实。因此,我们将吸纳 Jae-woon(2005)的修正方法,每一个领域的赋值上更加精细化,不再只取 0、1 两个值,而是随着各种金融法规的颁布,赋值不断累加,增加值的大小则取决于法规放松管制的力度。

我们这里借鉴了 Bandiera 等人(2000)对金融改革政策的标准分类,并使用他们定义的 8 个指标来衡量中国金融自由化进程的 8 个维度(见表1)。我们认为这 8 个指标最能全面概括金融自由化的发展程度。然后,我们根据中国金融改革的有关参考文献,对每一次重大政策或变化根据其变化力度进行酌情赋值。赋值标准如下:代表金融自由化的一般性事件为 0.5,重大事件或一般政策法规为 1,重大政策法规实施为 2,允许合并赋值,若发生与自由化反其道而行的事件或政策,则赋值为负。累加起来后我们就得到 1978~2005 年 28 年来中国的金融自由化在以上 8 个维度上的发展程度值(见表2)。

表 1   中国金融自由化评估指标（括号中为其简称）

指标名称	指标说明
利率自由化（利率）	指政府放松乃至取消对金融机构的利率限制，使利率水平由市场供求决定。
鼓励竞争的措施（竞争）	指降低准入壁垒，减少对金融机构业务创新的限制以及其他有助于提高金融市场竞争程度的措施。
指导性信贷（信贷）	指定向信贷或者政策性信贷的减少甚至消失。
准备金要求（准备金）	指准备金率的降低甚至废除。
银行所有权（所有权）	指降低金融机构的国有化比率，增加非国有产权所占比重。
审慎监管（监管）①	指中央银行独立性的增强和对金融机构审慎性监管的加强。
证券市场（证券）	指证券市场受政府干预的减少和发展规模的扩大。
国际金融自由化（外汇）	指汇率政策向自由浮动方向的发展和经常账户以及资本账户的自由化。

说明：审慎监管一项需要特殊说明。中央银行独立性的增强和对金融机构监管与字面意义上的"自由化"似乎不一致。如果重新对金融自由化的历史进行考察会发现自由化往往伴随着不同程度的金融危机，一个健康的金融自由化过程应该包括谨慎监管一项，金融自由化的过程往往存在反复，见：Barbara(2004)。事实上所列的很多文献都采用了这一指标。如：Jaewoon(2005)，Ghosh(2006)等。

表 2   中国金融自由化进程量化表

年份	利率	竞争	信贷	准备金	所有权	证券	监管	外汇
1978	0	0	0	0	0	0	0	0
1979	0	1.5	0	0	0	0	0	2
1980	0	2.5	0	0	0	0	0	2
1981	0	4	0	0	0	0	0	2
1982	0	4	0	0	0	0	0	2
1983	0	5.5	0	0	0	0	0	2
1984	0	6.5	1	1	0	0	2	2
1985	0	8	1	4	0	0	2	2
1986	1	8	2	4	0	0	2	3
1987	1.5	8	2	4	1	0	2	3
1988	1.5	7	2	4	1.5	0	1.5	3.5
1989	1.5	7	2	4	1.5	0	1.5	3.5

续表

年份	利率	竞争	信贷	准备金	所有权	证券	监管	外汇
1990	1	7	2	4	1.5	0	1.5	3.5
1991	1	7	2	4	1.5	2	1.5	3.5
1992	1	7.5	2	4	2	3	2.5	3.5
1993	1	7.5	2	4	2.5	3	3.5	3.5
1994	1	8	4	4	2.5	4	4.5	7.5
1995	1	9	4	4	2.5	4	6.5	7.5
1996	2	9	5	4	4	4	6.5	7.5
1997	2.5	8.5	5	4	5	4	7.5	9.5
1998	4.5	9	5	5	5	6	9	9.5
1999	7	9.5	5	5	6	6	9	9.5
2000	8	10	5	5	6.5	6	9	9.5
2001	8	10	5	5	7.5	6.5	9	9.5
2002	8.5	11	5	5	7.5	7.5	10	9.5
2003	9.5	11.5	5	5	8.5	9	11.5	9.5
2004	12	11.5	5	5	10.5	9	12.5	9.5
2005	13	11.5	5	5	11.5	10	12.5	10.5

最后，为了得到一个涵盖这8个维度最多信息的综合指标，我们也采取了"主成分分析法"（PCA）来计算中国金融自由化的指数。简单说来，该方法是通过原始变量的线性组合，把多个原始指标简化为有代表意义的少数几个指标，以使原始指标能更集中、更典型地表明研究对象特征的一种统计方法。为了做到这一点，我们需要计算不同线性组合的方差，寻找方差最大的组合。"主成分分析"（PCA）方法的基本原理和操作步骤如下：

首先，我们建立8个领域28个指标的原始数据矩阵 $M_{8\times28}$，其中的元素为 $X_{ij}(i=1,2,\cdots,8; \ j=1,2,\cdots,28)$，并对其进行标准化处理，得到 $M'_{8\times28}$ 矩阵。对正向指标有：$Z_{ij}=(X_{ij}-\bar{X}_j)/S_j$；对逆向指标有：$Z_{ij}=(\bar{X}_j-X_{ij})/S_j$；其中

$$\bar{X}_j=\frac{1}{8}\sum_{i=1}^{8}X_{ij}, S_j=\sqrt{\sum_{i=1}^{8}\frac{(X_{ij}-\bar{X}_i)^2}{8}};$$

其次，我们需要计算指标的相关系数矩阵 R_{jk}：

$$R_{jk}=\frac{1}{8}\sum_{i=1}^{8}\frac{(X_{ij}-\overline{X}_j)}{S_j}\cdot\frac{(X_{ij}-\overline{X}_k)}{S_k}=\frac{1}{8}\sum_{i=1}^{8}Z_{ij}Z_{jk}, 且有 R_{jj}=1, R_{jk}=R_{kj};$$

再次,我们求矩阵的特征值 $\lambda_k(k=1,2\cdots,28)$ 和特征向量 $L_k(k=1,2\cdots,28)$。根据特征方程 $|R-\lambda I|=0$ 计算特征值 λ_k,并列出特征值的特征向量 L_k。

之后,我们计算贡献率 $T_k=\lambda_k/\sum_{j=1}^{28}\lambda_j$ 和累计贡献率 $D_k=\sum_{j=1}^{k}T_j(0<k<28)$,选取 $D_k\geqslant80\%$ 的特征值 $\lambda_1,\lambda_2,\cdots\lambda_m(m<28)$ 对应的几个主成分;在此基础上计算主成分指标的权重 W_j。把第 m 个主成分特征值的累积贡献率 D_m 定为 1,算出 T_1、T_2、$\cdots T_m$ 所对应的新的 T_1'、T_2'、$\cdots\cdots T_m'$,即为主成分指标的权重值。然后计算主成分得分矩阵 $Y_{ij}(i=1,2\cdots,8; j=1,2,\cdots,m)$。

根据多个指标加权综合评价模型 $F_i=\sum_{j=1}^{28}W_jY_{ij}(i=1,2\cdots,8; j=1,2,\cdots,28)$ 计算综合评价值,其中 W_j 为第 j 个指标的权重,Y_{ij} 表示第 i 个区域单元的第 j 个指标的单项评价值,此时 $W_j=T_j'(j=1,2,\cdots,m)$,Y_{ij} 即是主成分得分矩阵 $(i=1,2\cdots,8; j=1,2,\cdots,m)$。

根据上述方法,我们将表 2 中的 8 个指标代入,运算结果公布在表 3 中。由表 3 可以看到,只有因子 1 的特征值大于 1,且计算机报告的累积贡献率已经高达 87.139%,因此选取因子 1 作为主成分因子就足够了。这一点在图 1 的碎石图中也可以看出, 从第 1 个因子到第 2 个因子的特征值变化非常明显, 而在此之后的特征值变化趋于平稳,则说明提取第 1 个因子可以保存对原有变量的信息描述。该主成分因子即为我们所希望得到的金融自由化指数。图 2 描绘了我们得到的 1978~2005 年间的中国金融自由化指数的发展曲线。从中可以清晰看出, 尽管其中存在某段时间的停滞期, 但中国金融的自由化进程在改革开放的 20 多年间基本上一直保持着向前发展的趋势[①]

---

① 20 世纪 80 年代末在经济学家和政府内部发生的对经济体制改革方向的大争论影响了金融自由化改革的进行,这一阶段的金融改革措施少了一些市场成分,而更多地体现了计划的色彩。受"安定团结贷款"的影响,专业银行企业化的步伐实际上停止。金融宏观调控也转向直接的计划管理,已经发展起来的市场化手段被搁置。在这几年间,FLI 指数持续在一个水平上徘徊不前甚至有所倒退,充分反映了这一时期整顿和权力的重新集中的改革特征。

表 3　总方差分解表

因子成分序号	相关矩阵特征值			因子提取结果		
	各因子特征值	各因子方差贡献率（%）	各因子方差累计贡献率(%)	主成分特征值	主成分方差贡献率（%）	主成分方差累计贡献率（%）
1	6.971	87.139	87.139	6.971	87.139	87.139
2	.628	7.850	94.989			
3	.221	2.765	97.754			
4	.091	1.141	98.895			
5	.048	.602	99.497			
6	.019	.241	99.738			
7	.013	.164	99.902			
8	.008	.098	100.000			

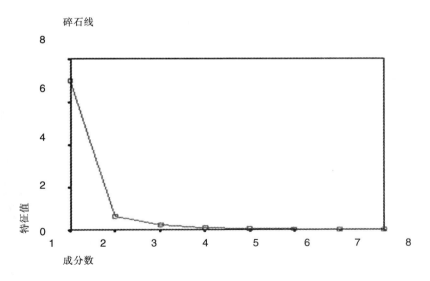

图 1　各成分碎石图

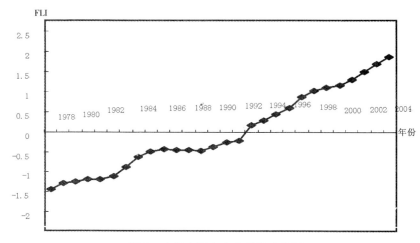

图2　中国金融自由化指数曲线图

四、金融自由化缓解了企业融资约束了吗？

为了从统计上来检验金融自由化是否缓解了企业外部的融资约束,我们需要把第2节介绍的企业投资的欧拉方程(11)进一步改写为如下形式的基本投资模型:

$$\left(\frac{I}{K}\right)_{i,it}=C+\beta_1\left(\frac{I}{K}\right)_{i,t-1}+\beta_2\left(\frac{I}{K}\right)^2_{i,t-1}+\beta_3\left(\frac{Y}{K}\right)_{i,t-1}+\beta_4\left(\frac{CF}{K}\right)_{i,t-1}+f_i+v_{i,t} \quad (12)$$

f_i 代表面板数据的个体的具体效应,$v_{i,t}$ 是白噪声随机扰动项。

Bond, et al.(1994)和Laeven(2003)等文献指出,如果 $\beta_1>1,\beta_2<-1$, $\beta_3\geq0$ 以及 $\beta_4<0$, 那么就可以认为企业的投资行为基本符合理论最优路径,没有面临显著的融资约束,但当其中任何一个条件不能得到满足时,则企业投资行为就不符合最优路径。就 β_4 具体而言,如 $\beta_4>0$,即企业上一期的现金流增加导致企业当期投资的明显增加,这就表明了企业用内部自筹资金进行投资的成本比从外部信贷融资的成本要小,意味着存在外部融资的约束。值得注意的是,β_4 反映的是整个样本时间段上企业融资约束的一个基本的状况,而且它已经包含了金融自由化对企业融资约束的影响。因此,要单独考察金融自由化的过程对企业融资约束的具体影响,我们需要在方程(12)中加入现金流与资本存量的比值$\dfrac{CF}{K}$与金融自由化指数 FLI 的交互项来检验金融自由化变化的动态过程对企业融资约束的影响。基于这样的考虑，我们将有下面投资模型的回归方程：

$$\left(\frac{I}{K}\right)_{i,t}=C+\beta_1\left(\frac{I}{K}\right)_{i,t-1}+\beta_2\left(\frac{I}{K}\right)^2_{i,t-1}+\beta_3\left(\frac{Y}{K}\right)_{i,t-1}+\beta_4\left(\frac{CF}{K}\right)_{i,t-1}$$

$$+\beta_5\left(\frac{CF}{K}\right)_{i,t-1}\times\text{FLI}+f_i+v_{i,t} \tag{13}$$

正如 Laeven（2003）等文献所指出的，$\beta_5<0$ 就意味着，随着金融自由化的进程，企业投资对内部资金的依赖也就越低，亦即外部融资的成本越来越低，从而说明外部融资约束得到了缓解。

更进一步而言，如果还要进一步考察金融自由化对不同类型企业融资约束的影响，我们还需要引入相应的虚拟变量。比如，用 STATE 和 UNSTA 代表国有绝对控股企业和非国有企业；用 LARGE（大企业）、SMALL（小企业）代表公司规模的大小等，从而我们的回归方程变成：

$$\left(\frac{I}{K}\right)_{i,t}=C+\beta_1\left(\frac{I}{K}\right)_{i,t-1}+\beta_2\left(\frac{I}{K}\right)^2_{i,t-1}+\beta_3\left(\frac{Y}{K}\right)_{i,t-1}+\beta_4\left(\frac{CF}{K}\right)_{i,t-1}$$

$$+\beta_5\left(\frac{CF}{K}\right)_{i,t-1}\times\text{STATE}\times\text{FLI}+\beta_6\left(\frac{CF}{K}\right)_{i,t-1}\times\text{UNSTA}\times\text{FLI}+f_i+v_{i,t} \tag{14}$$

$$\left(\frac{I}{K}\right)_{i,t}=C+\beta_1\left(\frac{I}{K}\right)_{i,t-1}+\beta_2\left(\frac{I}{K}\right)^2_{i,t-1}+\beta_3\left(\frac{Y}{K}\right)_{i,t-1}+\beta_4\left(\frac{CF}{K}\right)_{i,t-1}$$

$$+\beta_5\left(\frac{CF}{K}\right)_{i,t-1}\times\text{LARGE}\times\text{FLI}+\beta_6\left(\frac{CF}{K}\right)_{i,t-1}\times\text{SMALL}\times\text{FLI}+f_i+v_{i,t} \tag{15}$$

以方程（15）为例，如果 β_5,β_6 都为负，即两类企业的融资约束都随将金融自由化指数的增加而得到缓解，那么我们可以通过比较 β_5 及 β_6 的绝对值的大小及显著性来判断金融自由化对哪一类企业影响更大。我们把以上出现的各主要变量所代表的数据定义列在表 4 中。

表 4　回归方程中的主要变量说明

变量	变量对应的数据说明
K_t	t 期的资本额(固定资本)
I_t	t 期的投资额(出于 WIND 财务数据中折旧额数据的缺乏,无法按照本期资本额的变化值加上折旧额的方法来计算,因此采用的是长期投资项)
CF_t	t 期的现金流(同理,由于无法按照业务收入加上折旧的方法来计算,采用的是主营业务利润项)
Y_t	t 期的总收入(为了与现金流数据对应,采用的是主营业务收入项)
FLI_t	t 期的金融自由化指数
$SMALL_t$	当企业为小企业时为 1,当企业为大企业时为 0(大小企业判断以 t 期所有企业资本额的中位数为临界值)
$LARGE_t$	当企业为大企业时为 1,当企业为小企业时为 0(大小企业判断以 t 期所有企业资本额的中位数为临界值)
$STATE_t$	当企业为国有控股企业时为 1,当企业为非国有控股企业时为 0(国有与非国有判断以 t 期国有绝对控股比率 51% 为临界值)
$UNSTA_t$	当企业为国有控股企业时为 0,当企业为非国有控股企业时为 1(国有与非国有判断以 t 期国有绝对控股比率 51% 为临界值)

本文利用 WIND 资讯金融数据库提供的沪深两市上市公司的年度财务报表构建了 1992~2005 年的公司面板数据。虽然上市公司不能完全代表中国的所有企业的特征性质,而且对于上市公司而言,在外部融资上面临的约束也许并不典型,但是由于非上市公司财务数据不可获得,再加上我们最终采用的数据样本规模足够大,相信我们的研究仍然会得到一些有价值的结论。

考虑到前述模型所适合的企业性质, 根据证监会颁布的行业标准,我们在沪深股市上千家上市公司中删去了传播与文化、房地产、金融保险、农业、社会服务业、批发和零售贸易等行业的公司,主要采集了制造业等生产型企业的数据。为了在较长时间段内考察金融自由化对企业投融资的影响,我们剔除了财务数据少于 4 年的企业。同时,为了清除数据中的异常值, 我们剔除了所有负值以及 CF/K 值和 I/K 值(定义见表 4)大于 1 的数据,我们认为这些异常值很可能是由于兼并收购或企业重组导致的。这样我们最终得到了由 547 家企业组成的"非平衡面板数据"。

在估计方法上,通常的 OLS 模型有严格的要求条件,如模型中包含所有的相关变量,误差项是同方差且正态分布,实际的经济计量模型估计中这些条件很难满足。但采用广义矩估计(GMM)可较好地处理这些问题。较完善的 GMM 估计是由 Hansen(1982)提出的,在近10年中得到迅速发展。它的流行有两个主要原因:一是 GMM 包容了许多一般的估计;二是它提供了一个相对其他估计更简单的方法,特别是在很难得出最大似然估计的时候。GMM 来源于矩估计方法,同时也可以认为它属于工具变量法的拓展。比较起来,它更具有优点。例如,GMM估计不需要同方差和线性无关假设,也不需要正态分布的假设,可以对异方差和自相关进行调整。我们在本研究中采用GMM 估计,以调整截面数据中可能出现的异方差现象。

在使用 GMM 方法时,我们参考了 Bond(1990)的方法,使用方程右边变量的四阶滞后项作为工具变量。在操作过程中利用STATA8.0软件,我们分别对没有考虑金融自由化影响的基本模型、加入 FLI 后的模型、再加入企业规模后的模型和再加入企业所有制后的模型分别4 次进行回归。回归结果汇总在表 5 中。

表 5 回归结果(被解释变量:I/K)

变量列表	系数	基本模型	加入 FLI 后的影响	加入企业规模的影响	加入企业所有制的影响
C	C	0.0014 (0.0012)	0.0093*** (0.0021)	0.0150*** (0.0008)	0.0146*** (0.0007)
$(I/K)_{t-1}$	β_1	1.0672*** (0.0025)	1.0489*** (0.0025)	1.0190*** (0.0012)	1.0244*** (0.0011)
$(I/K)^2_{t-1}$	β_2	−0.1338*** (0.0007)	−0.1285*** (0.0007)	−0.1181*** (0.0004)	−0.1195*** (0.0004)
$(Y/K)_{t-1}$	β_3	0.0053*** (0.0007)	0.0076*** (0.0006)	0.0057*** (0.0002)	0.0067*** (0.0003)
$(CF/K)_{t-1}$	β_4	−0.0193*** (0.0042)	−0.0316*** (0.0072)	−0.0278*** (0.0034)	−0.0375*** (0.0022)
$(CF/K)_{t-1}×\text{FLI}_{t-1}$	β_5		−0.0181*** (0.0024)		
$\text{LARGE}_{t-1}×\text{FLI}_{t-1}×(CF/K)_{t-1}$	β_6			−0.0047*** (0.0018)	
$\text{SMALL}_{t-1}×\text{FLI}_{t-1}×(CF/K)_{t-1}$	β_7			−0.0262*** (0.0008)	
$\text{STATE}_{t-1}×\text{FLI}_{t-1}×(CF/K)_{t-1}$	β_8				−0.0114*** (0.0016)
$\text{UNSTA}_{t-1}×\text{FLI}_{t-1}×(CF/K)_{t-1}$	β_9				−0.0134*** (0.0007)

变量列表	系数	基本模型	加入 FLI 后的影响	加入企业规模的影响	加入企业所有制的影响
Wald test		0.00***	0.00***	0.00***	0.00***
Hansen test		0.936	0.927	0.938	0.891
1st Correlation		0.00	0.00	0.00	0.00
2nd Correlation		0.377	0.367	0.359	0.364

说明:*** 表示 0.01 显著性水平,** 表示 0.05 显著性水平,* 表示0.1 显著性水平,括号中均为标准差,Wald test 显示的是系数联合显著性检验的 p 值,Hansen test 显示的是过度识别检验的 p 值,1st Correlation、2nd Correlation 分别代表一阶序列相关和二阶序列相关检验的 p 值。

表 5 中的第 1 列显示的是根据方程(12)的基本投资模型得到的实证结果。根据第 2 节我们对投资模型的讨论可知,在没有融资约束的假设下,各系数的值应该分别是:$\beta_1>1$,$\beta_2<-1$,$\beta_3 \geq 0$ 和 $\beta_4<0$。而根据表 5 第 1 列得到的回归结果则可以看出,β_2 大于 -1,不符合上面的假设。这表明中国上市公司的投资行为事实上偏离了上述欧拉投资模型规定的最优路径。第 1 列回归结果还显示 β_4 小于零,这表明总体来讲在我们考察的样本时间段里,上市公司的投资似乎不依赖企业的现金流,该结果与 Laeven(2003)的计量结果相类似。这说明,在我们的样本期间,样本企业的外部融资约束总体上已经得到了缓解。事实上,这可能就是因为金融领域不断增加的自由化程度导致的结果。

为了证实我们的这个解释,我们把金融自由化过程对企业融资约束的效应独立出来以考虑金融自由化过程对企业融资约束的动态影响。为此,我们在方程中增加了金融自由化指数(FLI)与投资对现金流敏感程度(CF/K)的交互项,旨在发现不断增加的金融自由化是否真的降低了企业投资对现金流的敏感程度(CF/K)。表 5 的第 2 列展示了这个结果。我们发现,放入这个交互项之后,FLI 和 CF/K 的交互项显著地小于 0,这显示出企业原来的确存在着外部融资约束,并且不断深化的金融自由化程度让企业的投资对现金流的敏感程度显著下降了,意味着金融自由化程度的发展的确有助于缓解企业的外部融资约束。

在表 5 的第 3 列,我们在基本模型中进一步加入了企业规模虚拟变量与投资对现金流敏感程度(CF/K)的交互项,其目的是为了考察金融自由化对于缓解不同规模的企业外部融资约束的程度差异。我们的结果发现，中位数规模以上的企业的系数 β_6 的绝对值比中位数规模以下的企业系数 β_7 的绝对值要小得多，可以认为金融自由化进程对后者（即小规模企业）的融资约束的缓解更加明显，也就是说，金融自由化让中国上市公司中规模较小的企业的融资约束缓解得更多。

最后，我们来看第 4 列的回归结果。第 4 列的回归模型在基本模型的基础上加入了企业股权结构的虚拟变量与投资对现金流敏感程度（CF/K）的交互项，考察的是金融自由化对不同股权结构的企业外部融资约束的不同影响。第 4 列的结果显示，在加入了企业股权结构的虚拟变量与投资对现金流敏感程度（CF/K）的交互项之后，β_8 在绝对值上与 β_9 非常接近，尽管国有控股企业的系数在绝对值上略小于非国有控股企业的系数。这个结果表明，金融自由化对缓解那些国有股比重大于 51% 的企业的融资约束所起到的作用比对国有股比重小的企业来得小一些。这个发现并不奇怪。国有控股的企业在金融自由化之前受到的金融支持更多，其融资约束程度一开始就比非国有控股企业弱，而金融自由化改革使得这些企业丧失了往日的政策优惠和融资扶助，一定程度上抵消了金融自由化融资环境所带来的改善，因此其融资约束被缓解的程度不如对非控股企业那么明显。但这个结果同时也表明，在 20 世纪 90 年代之后，随着国有企业的所有制和治理结构的改革，国有企业与非国有企业的差别在显著缩小。联系到第 2 列的回归结果，我们可以说，当前影响企业外部融资难易程度差异的可能已不是企业的所有制结构或股权结构的差异，而是企业的规模差异。

五、结论

金融的自由化是否有助于减弱企业面临的外部融资约束是一个在经济学文献里正在受到关注的研究问题。基于现有的研究文献，本文①构造和度量了反映改革以来中国金融改革进程的"金融自由化指数"；②选择了 1992~2005 年间沪深两市 547 家上市公司非平衡面板财务数据，采用广义矩（GMM）估计方法检验了金融自由化对中国企业投融资行为的影响。我们发现金融的不断自由化的确有助于缓解中国企业面临的外部融资约束。在我们进一步将企业的规模和股权结构因素考虑进去之后，我们还发现，金融自由化对国有控股与非国有控股的公司的融资影响略有差异,但对平均规模以上的大公司和平均规模以下的小公司的融资约束的影响程度却表现出显著的差异。该结果表明,中国渐进主义式的金融自由化改革明显缓解了企业(尤其是中小企业)的外部融资约束。这意味着,为了更好地鼓励和发展私人企业部门,特别是中小型本土企业,我们仍需要进一步推进金融领域的改革和金融自由化的进程。

参考文献：

[1] 黄金老.金融自由化与金融脆弱性[M].北京:中国城市出版社,2001.

[2] 刘毅,申洪.中国金融市场化的度量分析[J]财经研究,2002(9):39-46.

[3] Abdul Abiad, Ashoka Mody. Financial Reform: What Shakes It? What Shapes It [R]. Washington D.C.: The International Monetary Fund, 2003.

[4] Abel Andrew B. Empirical Investment Equations: An Integrative Framework [J].Journal of Monetary Economics, 1980, 6:39-91.

[5] Arturo Galindo, Fabio Schiantarelli, Andrew Weiss. Does Financial Liberalization Improve the Allocation of Investment? Micro Evidence from Developing Countries [R].Boston: Boston College Working Papers in Economics. 2002.

[6] Bandiera O., Caprio G., Honoha P., Schiantarelli F. Does Financial Reform Raise or Reduce Saving [J].The Review of Economics and Statistics, 2000(5):239-263.

[7] Bond Stephen, Meghir Costas. Dynamic Investment Models and the Firm's Financial Policy [J].Review of Economic Studies, 1994, 4:197-222.

[8] Bond S., Van Reenen J. Microeconomics Models of Investment and Employment [M]//J.J. Heckman, E.E. Leamer. Handbook of Economics, Amsterdam: North-Holland, 1999, 6.

[9] Bond S.R., Elston J., Mairesse J., Mulkay B. Financial Factors and Investment in Belgium, France, Germany, and the UK: A Comparison Using Company Panel Data [R]. Cambridge: National Bureau of Economic

Research, 1997.

[10] Chun B.C. Effects of Financial Liberalization on Consumption in Korea [R]. Seoul: Bank of Korea, 2002, 6(1):24–41.

[11] Devereux M.B., Smith G.W. International Risk Sharing and Economic Growth [J].International Economic Review, 1994, 35: 535–551.

[12] Devereux M., Schiantarelli F. Investment, Financial Factors, and Cash Flow: Evidence from U.K. Panel Data [M]//R. G. Hubbard. Asymmetric Information, Corporate Finance, and Investment. Chicago: University of Chicago Press, 1990.

[13] Fazzari S., Hubbard G., Petersen B. Financing Constrains and Corporate Investment [J].Brookings Papers on Economic Activity, 1988, 1: 141–195.

[14] Forbes K.J. One Cost of the Chilean Capital Controls: Increased Financial Constraints for Smaller Trade Firms [R].Cambridge: National Bureau of Economic Research, 2003.

[15] Gelos R.G., Werner A.M. Financial Liberalization, Credit Constraints, and Collateral: Investment in the Mexican Manufacturing Sector [J].Journal of Development Economics, 2002, 67:1–27.

[16] Gertler M., Rose A. Finance, Public Policy, and Growth [M]// G. Caprio, I. Atiyas, J. Hanson. Financial Reform: Theory and Experience, Cambridge: Cambridge University Press, 1994.

[17] Guncavdi O., Bleaney M., McKay A. Financial Liberalization and Private Investment: Evidence from Turkey [J].Journal of Development Economics, 1998, 57:443–455.

[18] Harris J., Schiantarelli F., Siregar M. The Effect of Financial Liberalization on Firms' Capital Structure and Investment Decisions: Evidence from a Panel of Indonesian Manufacturing Establishments 1981–1988 [J].World Bank Economic Review, 1994, 8:17–47.

[19] Harrison A., Love E.I., McMillan M.S. Global Capital Flows and Financing Constraints [R].Cambridge: National Bureau of Economic Research, 2002.

[20] Hansen L.P. Large Sample Properties of Generalized Method of Moments Estimators [J].Econometrica, 1982, 50:1029–1054.

[21] Hayashi F. Tobin's Marginal q and Average q: A Neoclassical

Interpretation [J].Econometrica, 1982, 50:213-224.

[22] Hermes N., Lensink R. Financial Reform and Informational Problems in Capital Markets: An Empirical Analysis of the Chilean Experience 1983-1992 [J].Journal of Development Studies, 1998, 34:27-43.

[23] Hubbard. G. Capital Market Imperfections and Investment [J]. Journal of Economic Literature, 1998, 36:93-225.

[24] Hubbard G., Kashyap A., Whited T. Internal Finance and Firm Investment [J].Journal of Money, Credit, and Banking, 1995, 27:683-701.

[25] Jaramillo F., Schiantarelli F., Weiss A. Capital Market Imperfections Before and After Financial Liberalization: An Euler Equation Approach to Panel Data for Ecuadorian Firms [J].Journal of Development Economics, 1996, 51:367-386.

[26] Jensen M. Agency Costs of Free Cash Flow, Corporate Finance, and Takeovers [J].American Economic Review, 1986, 76:323-329.

[27] Jensen M., Meckling W. Theory of the Firms: Managerial Behavior, Agency Costs, and Ownership Structure [J].Journal of Financial Economics, 1976, 1: 305-360.

[28] Kaminsky, Graciela, Schmukler, Sergio. Short-Run Pain, Long-Run Gain: The Effects of Financial Liberalization [R]. Washington D.C.: The International Monetary Fund, 2003.

[29] Koo Jaewoon, Shin S. Financial Liberalization and Corporate Investments: Evidence from Korean Firm Data [J].Asian Economic Journal, 2004, 18: 277-292.

[30] Koo Jaewoon, Maeng Kyunghee. The Effect of Financial Liberalization on Firms' Investments in Korea [J].Journal of Asian Economics, 2005, 16:281-297.

[31] Love I. Financial Development and Financing Constraints: International Evidence from the Structural Investment Model [J].Review of financial studies, 2003, 16: 765-791.

[32] Laeven Luc. Does Financial Liberalization Reduce Financing Constraints? [J]. Financial Management, 2003, 32: 5-34.

[33] Mckinnon Ronaid I. Money and Capital in Economic Development [M]. Washington D.C.: The Brookings Institution, 1973.

[34] Modigliani F., Miller M.H. The Cost of Capital, Corporation Fi-

nance, and the Theory of Investment [J].American Economic Review, 1958(48):261–297.

[35] Myers S.C., Majluf N.S. Corporate Financing and Investment Decisions When Firms Have Information that Investors Do Not Have [J]. Journal of Financial Economics, 1984, 13:187–221.

[36] Rangan Gupta, Karapatakis G. Andreas. Financial Liberalization: A Myth or a Miracle Cure [R]. Pretoria: Department of Economics, University of Pretoria, 2005.

[37] Ghosh Saibal. Did Financial Liberalization Ease Financing Constraints? Evidence from Indian Firm–Level Data [J].Emerging Markets Review, 2006 , 7: 176–190.

[38] Schaller H. Asymmetric Information, Liquidity Constraints, and Canadian Investment [J].Canadian Journal of Economics, 1993, 26:552–574.

[39] Shaw, Edward S. Financial Deepening in Economic Development [M].Oxford: Oxford University Press, 1973.

[40] Summers L. Taxation and Corporate Investment: A q –Theory Approach [J].Brookings papers on Economic Activity, 1981, 1:67–127.

[41] Stiglitz J., Weiss A. Credit Rationing in Markets with Imperfect Information [J].American EconomicReview, 1981, 71:393–410.

[42] Tobin J. A General Equilibrium Approach to Monetary Theory [J].Journal of Money, Credit, and Banking, 1969, 1:15–29.

[43] Williamson John, Mahar Molli. A Survey of Financial Liberalization [J]. Essays in International Finance, 1998, 211.

附录：金融改革重大事件列表

本文构造和度量中国金融自由化进程所依赖的原始资料信息涵盖8个大的金融改革领域。每一个领域的信息由重要的改革事件构成。这些事件代表了发生在金融领域的政策法规的改变事实。对这些事件的赋值标准设定如下：发生与金融自由化方向一致的代表性事件，赋值为0.5；一般政策法规的调整，赋值为1；重大法律或政策的实施，赋值为2。允许合并赋值。若发生与金融自由化反其道而行之的事件或政策，则赋值为负。

	利率	
年份	事件列表	事件赋值
1986	国务院规定专业银行资金可以相互拆借，资金拆借期限和利率由借贷双方协商议定。	+1
1987	人民银行规定商业银行可以以国家规定的流动资金贷款利率为基准上浮贷款利率,浮动幅度最高不超过 20%	+0.5
1990	出台《同业拆借管理试行办法》,首次系统地制订了同业拆借市场运行规则，并确定了拆借利率实行上限管理的原则。	–0.5
1991	银行间同业拆借利率正式放开。	+1
1996	财政部通过证券交易所市场平台实现了国债的市场化发行。	+0.5
1996	贷款利率的上浮幅度由 20%缩小为 10%,浮动范围仅限于流动资金贷款。	–0.5
1997	银行间债券市场正式启动，同时放开了债券市场债券回购和债券交易利率。	+0.5
1998	改革再贴现利率及贴现利率的生成机制，放开了贴现和转贴现利率。	+0.5
1998	放开了政策性银行金融债券市场化发行利率。	+0.5
1998	金融机构对小企业、农村信用社、县以下金融机构的贷款利率浮动幅度扩大，并将所有中型企业和小企业贷款利率同等对待。	+1
1999	财政部首次在银行间债券市场以利率招标方式发行国债。	+0.5
1999	对保险公司大额定期存款实行协议利率。	+0.5
1999	县以下金融机构、中小企业、大型企业贷款利率浮动幅度再次扩大。	+1.5
2000	实行外汇利率管理体制改革,放开了外币贷款利率。	+1
2002	扩大农村信用社利率改革试点范围，进一步扩大农信社利率浮动幅度;统一中外资外币利率管理政策。	+0.5
2003	放开金融机构外币小额存款利率下限。	+0.5
2003	扩大金融机构贷款利率浮动区间。	+0.5
2004	利率改革迈出了最关键的一步，央行不再设定金融机构(不含城乡信用社)人民币贷款上限,至此利率管理已经放松到 "存款利率只管住上限，贷款利率只管住下限"的阶段。并将城乡信用社人民币贷款利率的浮动上限扩大。	+2
2004	央行在调整境内小额外币存款利率的同时，决定放开 1 年期以上小额外币存款利率，商业银行拥有了更大的外币利率决定权。	+0.5
2005	央行扩大了金融机构贷款利率的浮动上限。	+1

竞争

年份	事件列表	事件赋值
1979	恢复分设农业银行、中国银行、建设银行。	+1
1979	开始实施信贷计划差额包干。	+0.5
1980	新的信贷资金管理体制开始运行。	+1
1981	上海市开始试行商业票据承兑、贴现业务。	+0.5
1981	开始发行国债。	+1
1983	分设中国人民保险公司,人民银行专门行使中央银行职能,分设工商银行。	+1
1983	开始实施信贷全利润额留成制度。	+0.5
1984	开始专业银行的商业化改革,允许四大银行交叉经营。	+1
1985	正式允许外国金融机构在经济特区设立营业性分支机构。	+1
1985	开始实行"实贷实存"的信贷资金管理体制。	+0.5
1988	对信托投资公司进行重整兼并,信托投资公司数量大幅减少;银行票据承兑与贴现基本停止;同业拆借市场也大大萎缩。	−1
1992	友邦保险在上海分设分公司,开始保险业对外开放试点。	+0.5
1994	允许北京、沈阳等 11 个内陆城市设立营业性外资金融机构。	+0.5
1995	颁布《商业银行法》,拓宽商业银行业务为 12 大类。	+1
1997	央行批准了 9 家外资银行在浦东试办人民币业务。	+0.5
1997	受东南亚金融危机影响,国债品种大幅减少,国债发行方式也从招标、拍卖等市场化方式退回到政府分配的轨道。商业银行不允许持有国债,使得中央银行依靠公开市场业务调控货币供应量成为空谈。	−1
1998	又决定增加 8 家外资银行在上海浦东经营人民币业务试点,并批准深圳为第二个外资银行准入城市。	+0.5
1999	批准农村信用社、证券投资基金和证券公司进入银行同业拆借市场。	+0.5
2000	批准第二批 5 家证券公司进入全国银行间同业市场。	+0.5
2002	中行正式推出开放式基金代销业务；央行将债市准入审批制改为备案制。	+0.5
2002	施行《中华人民共和国外资金融机构管理条例》,对外资银行的市场准入体现审慎监管的原则,对外资银行实行国民待遇原则。	+0.5
2003	银监会调整银行市场准入管理的方式和程序。	+0.5

信贷

年份	事件列表	事件赋值
1984	"拨改贷"将国家无偿调拨的资金变成企业必须支付利息的有偿贷款。	+1
1986	对固定资金贷款之外的贷款,不再用指令性计划控制,而改行指导性计划。	+1
1994	成立三家政策性银行——国家开发银行、中国农业发展银行和中国进出口银行,以剥离商业银行政策性贷款业务。	+2
1996	央行《贷款通则》施行,规定根据借款人的人员素质、经济实力、资金情况、履约记录、经营效益和发展前景等因素,评定借款人的信用等级。	+1

准备金

年份	事件列表	事件赋值
1984	存款准备金制度建立,按存款种类核定了存款准备金比率。	+1
1986	央行改变按存款种类核定存款准备金率的做法,大幅降低法定存款准备金,平均下调 20%,一律调整为 10%。	+3
1998	存款准备金改制方案出台,同时下调存款准备金率 5 个百分点	+1

所有权

年份	事件列表	事件赋值
1987	第一家由企业集团发起的银行——中信实业银行成立;第一家地方金融机构和企业共同出资的区域性商业银行——深圳发展银行成立。	+1
1988	第一家股份制保险公司——深圳平安保险成立。	+0.5
1992	批准《上海外资保险机构暂行管理办法》,友邦保险在上海分设分公司,开始保险业对外开放试点。	+0.5
1993	上海浦东发展银行成为自《公司法》、《商业银行法》和《证券法》颁布实施以来国内首家由央行、证监会正式批准的股份制商业银行上市公司。	+0.5
1996	首家主要由非公有制企业入股的全国性股份制商业银行中国民生银行成立。	+1
1996	第一家在中国市场上经营财产险业务的外国公司瑞士丰泰在上海开业;第一家中外合资人寿保险公司——中宏人寿成立。	+0.5

续表

年份	事件列表	事件赋值
1997	中国光大银行完成股份制改造，成为国内第一家国有控股并有国际金融组织参股的全国性股份制商业银行。	+1
1999	首家投资银行——中国国际金融公司获准入市。	+1
2000	新华人寿成为中国首家向外资招股的保险机构。	+0.5
2001	通过《外资保险公司管理条例》;通过《中华人民共和国外资金融机构管理条例》。	+1
2003	首家民营保险公司——民生人寿保险公司开业。	+1
2004	银监会公布《境外金融机构投资入股中资金融机构管理办法》,规定所有中国境内批准设立和监管的各类中资金融机构都可成为外资入股对象。	+1
2004	首家民营银行:浙江商业银行宣告开业。	+1
2005	颁布实施《国务院关于鼓励支持和引导个体私营等非公有制经济发展的若干意见》,允许非公有资本进入金融服务业,允许非公有资本进入区域性股份制银行和合作性金融机构。	+1

证券

年份	事件列表	事件赋值
1991	深圳证券交易所成立,股票市场正式形成。	+2
1992	成立国务院证券委员会和证监会,证券市场初步纳入法制化轨道。	+1
1994	在经过审批的前提下,允许企业境外上市。	+1
1998	正式颁布《证券法》,证券市场发展走上法制化、规范化的道路。	+2
2001	证监会允许国内自然人进入 B 股市场,使得 B 股市场对国人开放。	+0.5
2001	证监会宣布发行核准制正式实施。	+0.5
2002	《证券公司管理办法》和《上市公司治理准则》正式实施。	+1
2004	通过《证券投资基金法》,标志着证券投资基金业纳入了法制化的轨道。	+0.5
2005	开始股权分置改革,"国九条"实施。	+1

监管

年份	事件列表	事件赋值
1984	人民银行开始专门行使中央银行的职能。	+2
1988	对信托投资公司进行重整兼并,信托投资公司数量大幅减少。	−0.5
1991	证监会正式成立。	+1
1993	按照国务院《关于金融体制改革的决定》,央行进一步强化金融调控、金融监管和金融服务职责,划转政策性业务和商业银行业务。	+1
1994	决定大部分人行再贷款由总行发行,停止中央政府从人行直接借款或透支;对所有银行实行限额下的资产负债比例管理。	+1
1995	颁布《中国人民银行法》,央行职能得以实质性确立;颁布《商业银行法》拓宽商业银行业务为 12 大类。	+2
1997	央行建立货币政策委员会,《中国人民银行货币政策委员会条例》正式颁布。	+1
1998	人行管理体制实行改革,撤销省级分行。	+1
1998	保监会正式成立。证券、保险市场的监管职能从央行职能中剥离出来。	+0.5
2002	金融机构加入全国银行间债券市场由准入审批制改为准入备案制;《外资金融机构管理条例》施行。	+1
2003	银监会成立。	+1
2004	《银行业监督管理法》,《中国人民银行法》,《修改商业银行法》施行。	+1

外汇

年份	事件列表	事件赋值
1979	形成外汇管理体制及汇率形成机制。	+2
1986	外汇体制由钉住"一篮子"货币变为有管理的浮动制。	+1
1988	外汇调剂中心公开市场业务形成外汇调剂市场汇率,与官方汇率并存。	+0.5
1994	对外汇管理进行重大改革:1.实行单一的、有管理的浮动汇率;2. 取消外汇留成制度,实行外汇收入结售汇制度;3.建立全国统一外汇市场,建立银行间外汇市场,改进汇率形成机制;4.实行经常项目下有条件可兑换。	+4
1997	从上年末起接受国际货币基金组织协定第八条款的有关义务,实现人民币经常项目可自由兑换。	+2
2005	人民银行发布关于完善人民币汇率形成机制改革的公告。	+1

自述之七

金融的自由化是否有助于减弱企业面临的融资约束是一个在经济学文献里正在受到关注的研究问题。一般来说,经济学家处理这类问题的基本方法是在企业的欧拉投资方程中加入反映金融自由化程度的变量。具体来说,也就是在欧拉投资方程中,作为解释变量,加入企业现金流比率与金融自由化指数的交互项。而这样一来,就需要构造出反映中国金融自由化程度随时间变化的指数来。

因此,要能回答本文的题目所提出的问题,即中国的金融自由化是否缓解了企业的融资约束这一问题,构造能够反映中国金融自由化程度变化的指数是关键,也是本文的贡献。尽管在跨国研究中,经济学家一般使用 M2 占 GDP 的比重作为对各国金融自由化程度的度量指标,但对我们的研究而言,这一做法并不适用,因为对中国而言,金融自由化程度的变化是金融改革政策的综合结果,所以如果能找到一个方法去衡量金融改革政策层层推进和逐步放松金融管制的政策变化的取向和程度,应该是对金融自由化程度变化的最好度量。因此,我们收集和梳理了有关金融改革政策的基本信息并使用主成本分析(PCA)的方法对这些政策进行了合成,形成一个能反映政策变化中包含的一个基本自由化取向的综合指标。

本论文是一篇典型的经验研究的论文。它吸收了现有研究文献的方法,设定了用于计量回归的欧拉投资方程。然后我们选择了 1992~2005 年间沪深两市 547 家上市公司的财务数据,构造了一个非平衡面板财务数据库。尽管使用非上市公司的数据对我们的研究更好,但是却很难获得非上市公司的财务数据。这是一个暂时无法克服的问题。在回归技术上我们采用广义矩(GMM)估计方法,检验了金融自由化对中国企业投融资行为的影响。实证结果表明,中国渐进主义式的金融自由化改革总体上有助于缓解企业的外部融资约束。同时发现,平均规模以下的小公司比平均规模以上的大公司融资约束得到缓解的程度更大,但这种缓解效应的差异在国有控股与非国有控股的公司之间却不明显。这意味着持续的金融改革对于中国中小企业的发展具有显著而积极的作用。

这篇论文是我与我的学生易文斐和丁丹合作完成的。进行这个研究的最初想法形成于 2006 年夏我在联合国大学经济发展研究院(UNU–WIDER,芬兰赫尔辛基)访问研究期间。那时我阅读的一篇论文让我产生了研究中国的金融改革和企业融资约束的动机。论文写出后,我先后在北京大学光华管理学院、上海交通大学安泰管理学院以及复旦大学经济学院报告过,最后以中文和英文两个版本发表于牛津大学出版社出版的《中国金融评论》(英文刊名是 China Finance International)2008 年 9 月第 2 卷第 3 期(第 1–28 页)上。该文还获得《中国金融评论》2008 年度最佳论文一等奖。

改革以来中国的官员任期、异地交流与经济增长：来自省级经验的证据 *

一、引言

改革以来中国的经济增长表现为一个分散化的和自下而上的过程（Qian and Xu,1993; Naughton,1994）。这意味着它的政治体制和政府组织内存在着对增长的非常正面的激励模式。过去 10 多年来让经济学家兴趣不减的问题一直是，中国地方政府官员推动经济增长的激励究竟来自何处。

其实，即使在主流经济学的文献里，强调经济增长中的政府质量或治理效率（governance）的重要性的文献也越来越受到关注（例如，La Porta, et al.,1999）。

20 世纪 90 年代以来，经济增长和转型的跨国经验学开始注重政治组织、政府治理、法律秩序等制度因素对于解释国家间经济绩效差异的重要性（如 Barro,1990; Acemoglu, et al.,2001）。Li(1998)也把国家的官僚体制的效率和质量视为影响经济发展的一个更根本的因素。而 Shleifer(1997)在比较了转型后的俄罗斯和波兰的经济表现之后，也格

　* 本文所依赖的研究得到教育部国家重点研究基地重大研究项目"财政分权、金融发展与中国地区经济不平衡增长的实证研究"（批准号：05JJD790076）和复旦大学国家哲学社会科学中国经济国际竞争力研究创新基地地区竞争力研究项目"金融深化、财政分权和中国的地区经济发展"的慷慨资助，作者深表感谢。作者感谢丁丹、阳桦、周正清、桂林和王世磊等在收集、整理和输入中国省部级官员的有关数据上作出的贡献。感谢复旦大学中国社会主义市场经济研究中心提供的中国省级经济增长的数据库。作者也分别感谢加拿大女王大学政策研究学院（School of Policy Studies, Queen's University）和赫尔辛基商学院（Economicum）为作者从事研究和写作本文所提供的优良条件。文责自负。

外看中政府体制的转型在经济转型中的中心地位[①]。

近年来,那些试图揭开中国经济增长谜团的经济学家(包括政治学家)逐步发展了两个侧重点有所不同的理论解释。一种解释强调政府间的财政分权(所谓"有中国特色的财政联邦主义")对维护市场改革和推动地方经济增长的重要性 (如 Qian and Weingast,1997; Blanchard and Shleifer, 2001)。而另一种解释则力图回答在中国政府官员致力于经济增长的激励来自何处 (如 Li and Zhou,2005; 周黎安,2007)。根据后一解释,中国地方官员之间围绕 GDP 增长而进行的"政治锦标赛"是理解政府激励与经济增长的关键线索。政治锦标赛可以将关心仕途的地方政府官员置于强大的激励之下。

这些理论对于我们理解中国的经济增长无疑是重要的文献。而且,正如一些经济学家指出的那样,在中国,财政上的高度分权体制需要与官员治理的中国模式相结合才能更好地解释地方政府官员的作为和中国的经济业绩(Zhuravskaya, 2000; Blanchard and Shleifer, 2001; Bardhan, 2006)[②]。例如,Blanchard 和 Shleifer(2001)认为,中国共产党(党中央)拥有绝对的权威并继续任命地方的官员,因而有能力奖励和惩罚地方官员的行为;而俄罗斯功能紊乱的民主体制不仅无法使中央政府有力贯彻其目标,也没有能力来影响地方政府的所作所为。

---

① 俄罗斯战略研究中心主席德米提也夫(2006)指出,在 20 世纪 90 年代,公共行政体制改革在俄罗斯只是一个优先度较低的议题。虽然当时进行了公共行政方面一些最紧迫的变革,主要包括"权贵阶层"控制体系的废除及预算和货币当局的改革,但是改革却使得地方政府改进其绩效和效率的激励减弱了。行政管理上零敲碎打的改革未能取得任何重大进展,公共行政的效率整体上急剧恶化了。到 20 世纪 90 年代末,低效的公共行政体制成了俄罗斯经济成功转轨的主要制度障碍。2000 年普京当选总统后才进行了公共行政体制改革。这些改革包括政府行为的所有主要方面,比如公共管理、财政、联邦和地方政府的组织结构等。地方长官的直接选举制度被废止,由中央任命体系取代。

② Pranab Bardhan 教授在最近的文章中写道,中国和印度都经历了相当程度的分权,但两个国家经历的分权的性质却大相径庭。在印度,分权采取了在地方上不断选举的形式,但至今向地方政府下放的真实的权威和征收收入的权力却微不足道。大部分地区的乡村和区所选举出来的官员的真正角色是攫取来自上级资助项目 (如就业项目或信贷项目) 的好处。在很多邦,对穷人意义非凡的资源却通过官员与地方上有势力的人物之间的合谋被转移到了非目标人群。而在中国,地方上党政部门拥有实际的权威并分享当地的收入,从而驱动地方官员在地方的经济发展中担任领导的角色。与中国不同的是,在印度,当地的经济发展并未走上地方政府的议事日程(Bardhan, 2006, p.12–13)。

　　但是，在现有的文献里，对中国官僚体制和官员治理(中国所谓的"干部人事制度")的经验研究并不多见。对于一个由中央保持政治集中和绝对权威的体制来说，人们通常只是先验地假定这是一个没有效率的治理结构，而缺乏对这个治理体制的更多了解。近年来随着数据的不断改进，考察中国经济增长中的政治影响和官员治理成为可能。Li 和 Zhou(2005)是现有文献里较早地考察中国的官员晋升和相对绩效考核机制的研究文献。他们的研究发现，中国地方官员的相对绩效的确对官员的晋升概率有显著的正的影响。这个研究帮助解释了中国地方官员面临的推动经济增长的激励部分地来自于官员晋升的目标。

　　无疑，官员对晋升机会的追求以及晋升职位是中国官僚体制运行中非常重要的一个环节。但是与西方的政治不同的是，在中国，为了保障官僚系统有条不紊地运作和克服治理的障碍，"上级"扮演着格外重要的角色。它担当着对下级官员的遴选、考核、监督、任期以及调动等职能。在一个官僚等级分明的结构里，处于最上级的"中央"则掌握着对高级官员(在中国称为"省部级")的控制与治理。

　　Huang(2002)对 1978 年以来的中国的官员治理体制有过一个研究。他发现，在中国，中央对地方官员的治理通常包含着显性和隐性两个方面。显性治理往往通过可度量的经济发展的指标(如当地的 GDP 增长率，吸引落户的 FDI 等)体系来实现，而防止官员腐败和不忠等难以监控的事项则更多地依赖隐性治理。中央对同时管理多个行业、部门和地区的高级官员，比如省(市)委书记或省(市)长，则更多地依赖隐性治理。根据他的分析，隐性治理的手段包括兼任中央政治局委员、中央直接任命、任期控制以及异地任职等。

　　我们认为，从制度建设的角度来看，对中国的官僚系统和治理模式产生深远影响的是 1982 年建立的官员退休制度以及 1990 年建立起来的高级官员异地任职制度(官方文件称之为"官员交流"，为了不引起概念上的歧义，我们在本文仍使用"交流"一词)。实行官员强制退休制度实际上限制了高级官员的任期，而实行官员异地交流制度不仅客观上限制了官员在同一地方的任期，而且被认为有助于克服地方官员的惰性，减少腐败，有助于改善政策和政府的效率，而且也强化了中央对官员任免的决定权(例如，浦兴祖，1999；Huang，2002)。

　　由于地方官员的权力、对经济政策的影响以及施政经验等因素都将最终影响当地的经济发展业绩，因此，有必要在大样本的条件下考察一下官员的任期限制和异地交流是否实质性地影响了地方的经济增长？是如何影响的？任期的长短重要吗？官员的异地交流是积极地还是消极地影响经济的业绩？这些因素的影响力在地区之间有差别吗？

本文利用 1978~2004 年间在各省(西藏除外)任职的省(直辖市、自治区)委书记和省长(包括直辖市长、自治区主席)的详细信息以及省级经济增长的数据库,从经验上证实,在中国的官僚治理体制下,官员的任期限制和异地交流制度对经济增长有相当正面的影响。我们的研究发现,即使在中国也存在着官员任期与经济增长关系的倒 U 型特征,也就是说,官员在任时间的长短对辖区内的经济增长的影响是非线性的。我们的研究还发现,官员的异地交流对经济增长也有积极的影响,但这个影响在地区之间(尤其是东西部之间)存在着明显的差异,在东部的影响大于西部。

本文的结构安排如下:在第二节,我们对改革以来中国的官员治理体制和有关文献做了一个简单的回顾。第三节提供了我们对数据来源和对不同观察值样本形成的具体说明。基本计量模型的设定、回归结果以及对回归结果的讨论安排在了第四节。在第五节,我们还讨论了更复杂的情况,并且为了控制可能的内生性问题,我们使用了工具变量法(IV)并对不同的样本进行了回归以增强我们结论的稳健性。第六节是本文的结论。

二、中国官员治理制度的改革与文献回顾

毫无疑问,中国的官僚系统是如何运作的,中央如何治理其党政官员是一个非常复杂的现象。在中国被称为"干部人事制度"。政治学家对它的了解多于经济学家。介绍和讨论中国的官僚体系与官员治理制度不是本文的目的。本节着重介绍改革以来中国高级官员的任期限制与异地调动在制度上是怎么形成的,并对现有的研究文献做一简单回顾。

1978 年改革开放以来,中国官员治理制度虽然总体上延续了毛泽东时代的基本框架和体制特征,但这一体制也随着经济的改革开放在不断地进行着改革和变化。20 世纪 80 年代以来,有两项"干部人事制

度"的改革举措对建立形成今天的限制官员的任期和异地交流的制度起了决定的作用①。

首先就是 1982 年年初中央颁布的《中共中央关于建立老干部退休制度的决定》。这是对改革的领导人邓小平先生提出改进干部的任期制度和选拔干部的"四化"(即：革命化、年轻化、知识化、专业化)方针的一个正式接纳与落实。根据这个决定,通过设立中央顾问委员会、提高退休干部待遇等方式妥善安置了大量在岗的革命老干部,官员队伍很快实现了"年轻化"和"知识化"的目标。这种在政治上大幅度更新人力资本的做法部分地保障了中国经济体制转型的成功②。这次的干部人事制度改革同时也形成了省部级干部 65 岁"退居二线"的惯例,这个惯例也就在客观上和事实上限制了高级官员的任期,增强了中央对高级官员的控制能力。在任命省级官员时,各省党委书记(省长)经中央提名后由省级党委(省人大)选举产生,目前实行等额选举。所以,强制退休制度的建立使得中央在高级官员的任免上有了完整的决定权。毫无疑问,中央的人事任免权对地方官员的激励具有重要的影响。

其次是官员的异地交流制度的形成。邓小平先生早在 20 世纪 80 年代初就倡导高级干部的异地交流制度,但这个想法在当时并没有真正得到落实③。尤其是,1983 年 10 月《中共中央组织部关于建立省部级后备干部制度的意见》的实施,更是鼓励了大部分省份从本省提拔的年轻后备干部中选任官员。直至 1990 年 7 月中共中央颁布《中共中央关于实行党和国家机关领导干部交流制度的决定》之后,官员异地交流才被正式制度化。

这个决定指出,中央党和国家机关各部委、各省、自治区、直辖市

---

① 实际上,中国的官员任期制度和异地交流制度的形成过程是相互联系着的。这可以从中央颁布的多项干部人事制度改革的文件文本都同时提及"任期"和"交流"这两个关键词加以佐证。

② 在《转轨中的政府》一文中,Shleifer (1997)对俄罗斯和东欧转型经验进行了比较和讨论后也发现,"无论是对经济还是对政治而言,如何更新过时的人力资本也许都是转轨的中心问题。"

③ 根据我们获得的资料发现,1962 年中共八届十中全会也曾通过《中央关于有计划有步骤地交流各级党政主要领导干部的决定》。但是由于"文化大革命"的爆发,该决定没有真正执行。

的省部级领导干部,可以在中央与地方之间进行交流,也可以在不同地区之间进行交流,还可以在中央各部门之间进行交流,尤其要注意从经济比较发达的地区交流一部分领导干部到经济相对落后的地区任职。在我们收集的 1978~2004 年期间 302 个省(市)委书记和省(市)长的样本里,我们根据官员的任职简历来确定他(她)在该地的任职是否属于异地交流①。从地区分布来看,东部地区的任职官员②属于异地交流的比例为 44.7%,而中西部地区为 47.9%。图 1 显示,由于特殊的原因,跨省交流的省级官员在 20 世纪 80 年代经历了持续的下降局面,而 1990 年之后随着异地交流制度的建立开始出现持续增长趋势③。

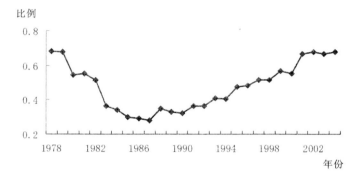

比例

图 1　中国省级官员异地交流的比重变化(1978~2004 年)

---

①　在本文,我们把从中央和外省(市)调入的省(市)委书记和省(市)长或者自治区主席定义为异地交流的官员。如一官员先被调入一个地方任副职超过一届才转任正职,他(她)就不算入交流干部;如官员被调入其他地方锻炼,但期间很短,且在五年内又回原地工作,我们也没有计算他为交流干部。

②　东部定义为北京、天津、河北、辽宁、上海、山东、江苏、浙江、福建、广东和海南 11 个省市;中部地区包括河南、山西、安徽、江西、黑龙江、吉林、湖北、湖南等 8 个省份;西部地区包括内蒙古、广西、四川、重庆、贵州、云南、陕西、甘肃、青海、宁夏、新疆等 11 个省市。

③　由于数据口径上的原因,该图需要我们谨慎解读。在 1983 年废除干部职务终身制以前,高级官员异地交流的比例也比较高,但这主要是因为"文化大革命"后很多官员集中复出并被分配到各省担任职务的缘故。许耀桐(2004)提到,老干部复出使得职位安排过多加上年龄老化等问题,使得中央不得不在 1982 年进行机构改革和考虑老干部退休制度。各省市随之开始多从本地提拔年轻干部,异地交流的比例开始下降。90 年代实行官员异地交流制度之后,官员异地交流的比例又开始上升。

在我们搜索到的研究中国党政的大量文献中，没有找到针对官员任期限制的有关研究文献，但大多数研究党政的文献对官员的异地交流制度都给予了充分的肯定。例如，陈云（1986）以及陈绪群和赵立群（1996）就认为这样的制度能阻止宗派主义，也使地方官员能更好地贯彻落实中央的方针政策，在一定程度上防止腐败；官员异地交流为官员提供了一个新的环境，摆脱因循守旧和人际关系的束缚，有利于领导干部工作思想和工作方法的不断更新，能改善官员的工作动力。有的学者强调，官员异地交流能使地方官员更有动力加强跨地、跨部门合作。东部地区的官员到西部任职能引入东部经济发展的经验（浦兴祖，1999；刘本义，1998）。Huang（2002）还认为，被异地交流的官员能向中央传递当地全新信息，因为前任可能会向中央隐瞒当地的不利信息，而继任者可能会逐步了解实际情况，有利于中央解决信息不完全的问题。

当然，也有对官员异地交流持怀疑态度的观点（例如，顾万勇，2006）。这些观点一般认为，官员的异地交流很可能造成官员行为的短期化。比如，官员往往把交流到另一个地区任职看成是过渡性任期。另外，被异地交流的官员在到任初期可能因为不熟悉当地的环境而难以提高工作效率，这些都可能会对当地的经济增长产生不利的影响①。不过，这些党政研究的文献只是论述性的，不是研究性的，没有提供给我们任何经验的证据。

在文献里我们没有找到更多的信息和研究文献来帮助回答如何决定被异地交流的官员、哪些因素是决定性的、出于什么目的、交流至何处等问题。中央在 1990 年、1999 年和 2006 年颁布的干部异地交流制度的文件给出的异地交流的理由只是：推行干部交流优化领导班子结构，提高领导干部的素质和能力，加强党风廉政建设等。在确定交流对象时并没有强调要按能力筛选被异地交流的官员，而是强调工作需要、锻炼能力以及出于回避等因素（见人民网 www.people.com.cn）。我们的经验观察是，除了大多数按照制度每年正常进行官员的异地交流之外，也存在策略性的和出于政治考虑的官员异地调动与异地任职。

---

① 邓小平先生曾指出，一个干部在一个地方待久了，"有好处，也有缺点。天天在一起，都习惯了，有些事情不容易察觉，有些事情就麻痹了，该提的问题、该批评的问题也就马虎了，新的感觉也就比较少了"（《邓小平文选》第 1 卷第 321 页）。

对于这样的情况显然包含着非常复杂的政治过程。本文没有足够的信息来做区分。因此，总的来说，我们在本文把官员的异地交流处理为"外生变量"。

在西方的经济研究文献里，要找到研究官员任期制度对经济增长影响的文献并不难，但很少有讨论官员交流的文献。大多数已有的文献主要是讨论官员的任期限制对其执政行为的影响。Rogoff(1990)建立了一个理论模型，在这个模型里，他发现，如果存在连任的可能，那么在任官员就会试图用财政变量发送其能力的信号和建立声誉，以增加连任的机会。如果实施任期的限制，不再可能连任，那么官员的这种行为就会改变，从而产生道德风险问题：在任者不再从连任中获得利益的话，那么他就只关注自己当前的利益，做出悖于选民利益的行为。

Besley 和 Case(1995)分析了 1950~1996 年间美国州长的行为，从经验上检验了 Rogoff(1990)的政治声誉模型。想继续执政的官员必须充分考虑选民的利益以再次当选。他们的发现是，当州长面临任期限制时，税收会显著上升。他们还考察了任期限制对州的经济增长是否有负面的影响。结果显示，任期限制对州的人均收入有显著为负的影响。不过，他们在结论中指出，任期限制看似对经济发展有不良影响，但任期限制能减少政治中的自保行为，长期任职的官员可能通过积聚威权政治以致最后摧毁选举规则的效率。于是任期限制的引入长期来说可能是有利的。Johnson 和 Crain(2004)用了 48 个民主国家的跨国数据研究了任期限制对政府财政绩效的影响。他们发现，一届任期制的国家，其政府支出比两届任期制度或无任期限制的国家增长得更快。Drazen(2000)和 Economides 等(2003)都发现，由于选举结果的不确定性，使得当前政府不会把当前政策的负面效应完全内部化。而Buchanan 和 Congleton(1994)则发现，如果官员认为他们会留任，那么他们就倾向于偏离选民的偏好。Garcia-Vega 等(2005)建立的模型认为任职期限与经济发展的关系是非线性的。

由于政治体制上的原因，研究官员交流对经济发展的英文文献屈指可数。在大多数西方国家里，地方是分选区的，候选人只在本选区范围内参选地方领导人，不存在中央政府将其交流到其他地区任职的问题。我们仅发现的 Abbink(2004)对德国的研究针对的是联邦政府公职人员的部门交流制度。这是一篇实验经济学的论文。在德国联邦政府中，政府职员交流是预防腐败的公共管理手段之一。为了研究这个政策的效果，他做了一个实验，把潜在的行贿者和官员进行随机重新配对，并将结果与原先固定不变的配对比较。得到的结论是：公职人员交流后能显著地减少贿赂程度和无效决策的频率。

与西方政治体制下的官员任期制度根本不同的是，中国的官员任期制度相对而言比较隐性和不稳定，因为官员在任期内可以被异地交流或者晋升到更高的职位上去。这就使得中国官员的任期时间往往是连续的正数，而西方国家官员的任期大都是非连续的整数。这样一来，地方官员面临的激励与西方国家的官员也就有很多不同的地方。中国的地方官员会为晋升而努力。这就使得中国可能比西方民主体制下存在任期限制上的更强的激励制度。正是这个高能激励推动着中国"自下而上"的经济增长。但是，中国官员的任期制度中也存在一些与西方民主选举体制不同的问题。在西方民主选举体制下，业绩不佳的官员难以再当选，而在中国，政绩好坏虽然会显著影响官员的晋升概率，但并不决定官员是否会在当地连任（类似西方民主体制下的"再当选"）或终止当地的任期。所以，它虽然有奖"优"的激励，但却没有罚"劣"的另一种激励[1]。

从中央对地方官员的任免经验来看，的确，政绩好的官员被晋升的概率高，绩效一般的官员则可以继续留任。中途被撤换的官员并不是因为政绩不佳。在未获晋升而被撤换的高级官员中，除了年龄和健康原因离职以外，大多数官员是因为腐败而被免职的，如北京的陈希同、海南的梁湘、江西的倪献策等。另外也有因本地出现重大事件而被撤换的（如福建的项南、重庆的蒲海清、山西的孙文盛等）。因此，如果中国的官员接近 65 岁的年龄限制和在当地任职已满一届，那么他或她希望晋升的激励就显著衰退，其行为模式会发生改变。由于这个原因，基于我们的数据，图 2 所显示的中国省级官员的任期长短与经济增长率的关系也就呈现微弱的非线性性质[2]。

---

① 事实上，这个问题在后面的计量回归中已经得到验证。由于留任了经济业绩一般的官员，使得 IV 法回归中的在任年数（tenure）的系数比 OLS 回归的系数小，即存在向下偏误。详见 251 页脚注②。

② 图 2 的纵坐标为各省 GDP 的相对增长率，它是各省的 GDP 增长率减去相应年份的全国 GDP 的增长率。这个做法类似于去均值，其目的主要是想控制 GDP 增长率中存在的周期性年度效应。

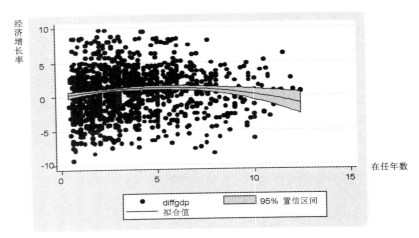

图2　官员在任年数与经济增长率的关系

三、数据与样本形成

我们的数据库包括了 1978~2004 年间在中国省级党政层面任职的省(自治区和直辖市)委书记和省长(自治区主席和直辖市市长)①的个人和任职经历的详细信息（包括个人简历和任职与职务变动的经历）。2002 年中共"十六大"后就任的省级党政正职官员因任职时间较短而未加入。所有这些官员的数据来源于《中共第一届至十五届中央委员》一书和人民网(www.people.com.cn)。有关经济增长方面的数据来自复旦大学中国经济研究中心的数据库。我们的数据涵盖了 30 个省市自治区(不包括西藏)。

表1 给出了基本变量的统计描述。表1 显示出,在我们的数据中,按照官员的人数来统计,我们可以获得的观察值为 302 个,如果展开为逐年数据则为 1413 个观察值。逐年观察值的计算从 1978 年开始,到 2004 年为止。但海南和重庆分别从 1988 和 1997 年开始计算,这是因为海南是 1988 年建省的,而重庆是 1997 年建直辖市的。在一些省

①　本文以后出现的"官员"或者"干部"均仅指省级党政正职,即省(自治区和直辖市)委书记和省长(自治区主席和直辖市市长)。除特殊情况外,后文出现的"省"均包含了直辖市和自治区在内。

份,书记和省长是在 2003 年或以后就任的,因为观察值的时间过短,我们没有纳入样本。这样,我们的样本共包括了 30 个省市自治区和 26 年的时间,每个省市自治区分别有书记和省长(市长和主席)两位,逐年样本观察值共 30×26×2=1560,扣除海南和重庆建省(市)前的年数以及 2003 年后就任的官员,有效观察值实际为 1413 个,为混合横截面数据。

表 1　变量及统计描述

变量	观察值	均值	标准差	最小值	最大值
在任年数/tenure	1413	3.532	2.393	0.4	12.4
本省籍贯/birthplace	1413	0.322	0.467	0	1
交流干部/rotation	1413	0.475	0.499	0	1
在任时年龄/age	1413	59.252	5.376	42	75
中央背景/central background	1413	0.223	0.416	0	1
教育程度/education	1413	0.581	0.494	0	1
各省实际 GDP 增长率/pgdp	1413	10.273	4.612	−9.1	40.2
各省人均实际 GDP 期初值/rpgdppc	1413	1265.9992	1273.485	144	11132.22
干部任职年数/tenureyear	302	4.774	2.526	0.5	12.4
干部就任年龄/initialage	302	57.597	5.859	42	73
干部任职时实际 GDP 加权增长率/pwgdp	302	10.070	2.973	0.25	21.9

我们已经说过,在表 1 里,我们把总共 11 个变量的样本分割成了两个分样本,分别是按照每年和按照每个官员两个维度来分割的。前 8 个变量是按照逐年的方式来获得观察值的。逐年观察值把书记、省长在某省的工作时间进行年度展开,即:假如某官员在该省工作 N 年,就有 N 个观察值。对于每个省,每年都有书记和省长的各自观察值(书记兼任省长情况除外,我们另做计算)。再比如,"交流干部"(虚拟变量)的观察值 1413 是这样获得的:在每一年,上任的官员如果属于异地交流的,那么在他的任期内,"交流干部"变量的值就取 1。如果上任的属于非异地交流的官员,那么"交流干部"变量的值就取 0,然后各自逐年累加,就获得了该变量的全部观察值。"本省籍贯"(虚拟变量)的观察值的获得方法也是如此。

表 1 中的最后 3 个变量是按照每个官员的方式获得观察值的(共 302 个)。比如,302 个官员就有 302 个"任职时间"(tenure)的观察值。任职时间是指该官员在同一省同一级职位上从上任至离任的年数。但是如果我们把 302 个官员展开到 1978~2004 年期间的逐年数据中,那么每个官员就有好几个年份的观察值。如果逐年来分割样本的话,那么对每个官员而言,在任年数(tenure)就表示该官员从上任至观察值当年在同一省同一级职位上的工作年数。举例来说,逐年分割样本的话,那么,假如一官员 1991 年年初开始任职,那么在 1991 年年底,他的"在任年数"为 1 年,1992 年年底为 2 年,假如他工作到 1995 年年底离职,那么在 1995 年年底,他的"在任年数"就计算为 5 年。而当我们按照每个官员来分割样本时,该官员的"任职时间"就是 5 年(1991~1995 年)。

我们以年度和官员两个维度分割样本的原因是,我们希望从两个视角来观察和考察官员在任年数的长短对当地经济增长的影响。首先对于逐年获得的样本来说,我们可以把"在任年数"的样本切割成在任年数小于 5 年和大于 5 年两个子样本,进一步考察官员任期的长短是否对经济增长有不同的影响。例如,一官员的任职时间超过了 5 年,这时该官员的逐年观察值(在任年数 1 年,2 年直到 6 年,7 年)就被分割成了两段,在任年数 1~5 年的逐年观察值被分配至"在任年数小于 5 年"的样本中,而在任年数大于 5 年的逐年观察值则被分配至"在任年数大于 5 年"的子样本中。

第二个角度是按照每个官员来分割样本。这样我们可以获得"任职时间"大于 5 年和小于 5 年的两类官员的样本。假如该官员的任职时间小于 5 年,附属于他的观察值被分配至"任职时间小于 5 年"的子样本中;同理,假如一官员的任职时间大于 5 年,那么附属于他的观察值都被分配至"任职时间大于 5 年"的子样本中。

以上两个角度都是把每个分样本分割成两个子样本。以年度来分割样本时,"在任年数"变量获得的观察值就只考虑了任期的长短,不考虑具体的官员。其优点是比较直观。而按照每个官员来分割分样本时,那么,官员的"任职时间"变量形成的就只是每个官员的任职长短的样本。其优点是样本的观察值具有连续性,因为针对每个官员的观察值都被归类于同一个分样本中了。当然,我们这样分割样本的另外一个考虑是为了增加计量结果的稳健性①。

我们逐年计算获得的"在任年数"的样本是官员在同一省份、同一级别职位的任职时间，这意味着在该样本数据中，在同一省份先任省(市)长后任书记的官员，我们合并计算了他的任职时间。举例如下：黄菊曾先后任上海市市长和市委书记。在我们计算形成样本观察值中，我们把他的市长和市委书记的任职时间合并起来了。即1991年任市长，1994年升任书记。在任年数是从1991年开始计算，在1994年他转任书记时，我们并没有从头开始计算他的任职年数，而是继续按1993年开始算，那么1994年就算在任年数第4年了。而任职时间也是从1991年计算到2002年②。我们这么做的考虑是，对于担任省(市)长几年后再升任省(市)委书记的官员，其施政理念和政策导向相对于不同的人来说应该具有较大的延续性。当然，在中国，书记的政治权力通常要比省(市)长大，但对当地经济的影响则并不确定，可能会存在不同的影响。我们在本文对稳健性的讨论中考虑了这种复杂的情况，但并不改变我们的结果。

总之，我们的数据包括了两类分样本的观察值：逐年观察值和逐个官员观察值。逐年观察值数据的优点是样本大，回归结果较稳健，并且可以控制期初的禀赋效应。因此我们在回归中首选该样本数据，之后我们再使用每个官员的观察值数据进行回归，并且可以参照逐年数据的结果进行稳健性的检验。

四、模型设定与回归结果

Besley和Case(2003)对"政体与政策选择"研究领域内的相关文献做了一篇漂亮的综述，同时归纳了一系列的实证研究的方法和技术。本文的经验研究与他们提出的"政体与政策选择"的实证框架相匹配，因此采用他们的框架并运用经济增长文献中常用的动态估计方

---

① 我们注意到，在Li和Zhou(2005)对中国地方官员的晋升激励的经验研究里，他们只是按照年度来形成1978~1995年间的省部级官员的样本观察值的(864个观察值)。

② 如果异地交流的官员先任省长后转任书记，那么我们在计算"交流干部"的观察值时，比较合理的做法是从他(她)担任省长时开始计算。

法,即在回归变量中加入被解释变量的期初值,这样能控制各地经济发展背后存在着的初始禀赋效应,相同的处理方式还可以在 Levine 等(2000)和 Besley 等(2005)中找到。我们使用的计量方程是:

$$y_{it}-y_{it,t-1}=a_0 y_{i,t-1}+\beta'X_{i,t}+\eta_s+\omega_t+\varepsilon_{i,t} \tag{1}$$

或者

$$g_{it}=a_0 y_{i,t-1}+\beta'X_{i,t}+\eta_s+\omega_t+\varepsilon_{i,t} \tag{2}$$

y 是实际 GDP 的对数值,两期对数值相减,(1) 式的左边就代表 GDP 的增长率,于是就有了(2)式。X 代表除 y 的期初值以外的解释变量,η 是省别固定效应,ω 是年度效应,ε 是误差项,下标 i 和 t 各自代表观察数据元和时间,s 代表官员所任职的省份。我们将分别对数据做时期分段、在任时间长短和分地区的横截面回归。基于我们先前的讨论,我们首先使用逐年观察值数据的样本来做回归检验。

1.时期分段

为了更清晰地考察官员的任期长短和异地交流制度对地方经济增长可能产生的影响,我们把全部样本数据在时间上分为 1990 年之前和之后两段分别进行回归。以 1990 年为分界点的基本依据是,1990年中央颁布了《中共中央关于实行党和国家机关领导干部交流制度的决定》,它将高级官员的异地交流制度化了。由于异地交流制度的实施,官员的任期长短也会发生相应的一些变化。

我们为 (2) 式中的 X 选取了以下的核心解释变量:在任年数(tenure), 它表示官员从上任至观察值当年年底的年数并随着在任时间的增加而上升;在任年数的平方(tenuresq);交流干部(rotation)。在现有的文献里,Levitt(1996)、Jones 和 Benjamin(2005)都发现并指出,官员的个人特性对于解释经济增长有显著的意义,所以我们利用样本中所获得的中国官员的个人信息在方程中也加入了其他一些刻画官员个性的变量和虚拟变量:本省籍贯(birthplace),如官员籍贯在任职省份就取 1,否则取 0;中央背景(central background),如该官员曾经在中央党政机关和国家部委工作过则取值为 1,否则为 0。官员的中央工作背景可能为地方省份争取到更多的资源和政策;教育程度(education),学历为大专或以上者取值为 1,否则为 0。$y_{i,t-1}$ 为人均实际 GDP 期初对数值(lrpgdppc),我们用它来测量各地经济发展水平的差异。由于《中国统计年鉴》中只有各省人均 GDP 的当年统计值,因此我们用中国的 GDP 平减指数来消除人均 GDP 中的价格趋势从而得到人均实际 GDP 值。

关于"在任年数"的数据构造,我们需要再做说明。样本中大部分官员是在某年的期中就任的,所以我们对该变量取了小数。对于在年中就任的官员,如果是上半年就任的,我们就从该年计算在任年数。如果下半年就任,我们从次年开始计算。同理,如果上半年离职,我们计算的在任年数到上年期末终止,对于下半年离职的,我们计算的在任年数到本年期末终止。

关于"交流干部"的变量,我们是这样定义的:如果省(市)委书记、省(市)长属于中央或者外省调入的,则赋值为 1,若从本省直接升任,则为 0。我们在处理数据时,谨慎对待了以下两种复杂的情况:第一,观察值中有些书记和省长是调入该省之后先任副省长或副书记,经过短为几个月、长为几年的过渡期之后才升任正职。我们处理时把过渡期在一届任期内(即 5 年以下)的定义为属于交流干部,赋值为 1,否则为 0。第二,某官员原来长期在该省(市)工作,后来到其他省份任职后又调回原省(市)份,这里我们也做如下设定:在外地交流五年以上而返回本省(市)的界定为属于交流干部,赋值为 1,否则为 0。的确,官员离开本省(市)时间较长的,同时也获得了其他地方的工作经验,因此,他们调回本省(市)任职应该作为交流干部处理较为合理。

η 是省别固定效应。我们在回归中控制了各省的固定效应。大量利用中国省级面板数据从事中国经济研究的文献基本上都只是控制地区固定效应[①], 但我们这里加入了省别虚拟变量来控制更细微的固定效应(有类似做法的文献包括 Pande,2003;Besley, et al.,2005)。这样的处理使得结果更稳健,缺点是虚拟变量增加太多会影响核心变量的显著性。不过,我们的逐年观察值数据超过 1000 个,足够大,所以我们在本文考虑加入省别固定效应虚拟变量进行估计,并以北京市为基准省份。

表 2 报告了使用逐年观察值数据的回归结果。所有的回归中我们都加入了控制年度效应和省别效应的虚拟变量。由于年度效应和省别效应虚拟变量较多,我们没有将结果报告出来。为了控制可能存在的

---

① 这是因为许多实证数据只有几百个观察值的缘故,如果对每个省都控制固定效应,那么回归式子中的自由度将大幅度下降。如果整体观察值不多,那么自由度的大幅度下降对结果的显著性会有较大的影响。

异方差,我们在计量结果中报告了异方差稳健标准误。

表 2　逐年样本数据的 OSL 回归

	(1) 1978~2004	(2) 1978~1990	(3) 1991~2004
在任年数	.393***	.596***	.124
/tenure	.117	.257	.113
在任年数平方	−.0396***	−.0604**	−.0123
/tenuresq	.0108	.0296	.0100
本省籍贯	.158	.0501	.755**
/birthplace	.256	.399	.310
交流干部	−.0771	−.250	.660**
/rotation	.245	.396	.297
中央背景	−.174	.146	.211
/central background	.269	.422	.344
教育程度	−.118	.136	.171
/education	.221	.351	.242
人均实际 GDP	−3.282***	−10.85***	−8.476***
期初对数值 /lrpgdppc	.727	1.948	1.997
常数项	36.729***	88.670***	86.148***
	5.210	13.653	17.841
观察值	1413	652	761
R^2	.509	.524	.589

　　注释:所有回归均加入了控制年度效应的虚拟变量和控制省别固定效应的虚拟变量。系数下方的值是异方差稳健标准误,*** 表示在 1% 水平上显著,** 表示在 5% 水平上显著,* 表示在 10% 水平上显著。

　　表 2 的第 1 列为 1978~2004 年全部样本数据的回归结果,第 2 列和第 3 列分别为 1978~1990 年、1991~2004 年的子样本的回归结果。在表 2,第 1 列与先前我们所期望的符号相符,"在任年数"的系数为正,且在 1% 水平下显著;"在任年数的平方"的系数为负,同样非常显著,说明官员任期过短会造成短视性的行为,而官员的任期过长则可能导致其目标函数的改变,影响经济增长。因此,官员的任期对经济增长的影响是非线性的(验证了图 2 的结果)。而且从表 2 的第 1 列我们

还可以计算出官员任期对经济增长的影响由正面转为负面的临界值，它为 4.96 年，这几乎就是一届的任期。

表 2 的第 2 列和第 3 列分时段的回归结果没有改变"在任年数"及其平方的系数的符号和显著性，也呈现非线性关系，而且可以计算出的在任年数的临界值分别为 4.93 年和 5.04 年。另一方面，第 3 列与第 1、2 列对比我们可以发现，在任年数对经济增长的影响在 1991 年以后减弱了。1991 年以后虽然也呈现非线性关系，但未有全部样本和 1991 年之前的样本的回归结果那么显著了。

"本省籍贯"的系数在第 1 列和第 2 列均不显著，只在第 3 列（1991 年后）的样本中显著为正。在第 1 列与第 2 列，"交流干部"的系数都接近于 0 且不显著，只有在第 3 列（即 1991 年后）的子样本中表现为显著异于 0，异地交流的官员比本地官员对 GDP 增长率的贡献多，大约 0.66%，可见官员的异地交流制度正式推行后，官员异地交流制度对经济增长还是发挥了明显的作用。在表 2 的回归中，"中央背景"、"教育程度"等控制变量都居于零值附近，且都不显著。在所有结果中，人均实际 GDP 期初对数值的系数都显著为负，说明 GDP 的增长表现出显著的地区收敛效应。

2.在任时间

前面我们提到，到异地任职的交流官员在短期内可能需要调整状态、了解当地的情况以及适应新的环境与人际关系，因此他们在当地任职的时间长短可能会对当地的经济增长有不同的影响。因此，在这里我们分别对在任年数（tenure）短于（长于）4 年和 5 年的观察值进行回归。进行这样的时间分割是因为从上面分时期的回归中我们可以看出，4~5 年是官员的在任年数对经济增长的边际效应由正转负的临界值。我们取两个分割点为的是便于判断结论是否稳健并进行计量结果间的比较。从前面的图 2 可以得知，官员的在任年数短于（长于）4 年和 5 年的时候，其对经济增长的影响是线性为正的，因此，我们在回归方程中就不再加入在任年数的平方项；同理，因为长于 4 年和 5 年的在任年数对经济增长的影响是线性为负的，所以回归中也不再加入在任年数的平方项。

表 3 报告了我们的回归结果。该结果总体上与表 2 的结果具有一致性。首先，"在任年数"的系数和表 2 的结果基本是一致的。对于全时期（1978~2004 年）的样本，在任年数小于 5 年的，其系数显著为正，而

大于 5 年的却显著为负。这说明,在任年数对经济增长的边际效应随在任年数的增加而呈现由正到负的影响转变,表现为倒"U"型的曲线。与表 2 一样,在任年数的系数在 1991 年之后的样本中仍不显著。这说明,1991 年之后,其他因素变得更重要了。这至少可以从"本省籍贯"和"交流干部"的系数变化中得到部分证实。"本省籍贯"和"交流干部"的系数基本上都是在 1991 年之后才变成显著的。这说明,在 1991 年之后,官员的异地交流对地方经济增长开始有了正面的影响。而与此同时,从本地区提拔年轻干部的做法(本省籍贯)也对地方经济有非常正面的影响。从经验上看,长三角地区在这个方面尤其突出。

在表 3 我们还注意到,在 1991~2004 年,用 tenure≤5 的样本回归出的交流干部的系数(第 3 列)小于 tenure>5 的系数(第 4 列),而且显著性水平均在 10% 以内;同样,在第 5 列与第 6 列,对于 tenure≤4 和 tenure>4 的样本,我们回归出来的结果与第 3 和 4 列是一致的。因此,总体来看,我们可以认为在任年数(tenure)>4(或>5)年的时候,官员的异地交流对当地经济增长的正面影响要比在任年数 (tenure)≤4 (或者≤5)时更大。这个结果意味着,官员的异地交流是有适应和调整成本的。而且,如果官员预期到被交流到新的职位只是一个短期的和过渡性的"跳板",那么他对地方经济的发展就未必有实质性的投入。

表 3　不同在任年数的回归结果

	(1)在任年数 ≤5 1978~2004	(2)在任年数 >5 1978~2004	(3)在任年数 ≤5 1991~2004	(4)在任年数 >5 1991~2004	(5)在任年数 ≤4 1991~2004	(6)在任年数 >4 1991~2004
在任年数	.196***	−.242***	.0710	−.118	.120	−.106
/tenure	.0785	.0895	.0826	.0838	.116	.0680
本省籍贯	.0716	.186	.533	1.042*	.680*	.820***
/birthplace	.301	.589	.397	.595	.410	.488
交流干部	−.0928	.346	.689**	.943*	.709*	.750*
/rotation	.277	.558	.352	.528	.400	.399
中央背景	−.0904	−.321	−.0378	.789	.191	.316
/central background	.361	.544	.456	.546	.505	.388

	(1)在任年数≤5 1978~2004	(2)在任年数>5 1978~2004	(3)在任年数≤5 1991~2004	(4)在任年数>5 1991~2004	(5)在任年数≤4 1991~2004	(6)在任年数>4 1991~2004
教育程度	.0036	.127	.222	.473	−.383	.488
/education	.267	.392	.316	.354	.353	.308
人均实际GDP期初对数值	−3.182***	−5.897***	−9.663***	−7.513***	−9.127**	−7.036***
/lrpgdppc	.838	1.765	3.071	2.015	3.453	2.124
常数项	36.226***	53.290***	91.203***	54.973***	87.038***	63.368***
	6.000	14.130	24.141	16.868	27.086	17.055
观察值	1101	312	536	225	453	308
R^2	.506	.699	.599	.757	.475	.581

说明：所有回归均加入了控制年度效应的虚拟变量和控制省别固定效应的虚拟变量。系数下方的值是异方差稳健标准误，*** 表示在 1% 水平上显著，** 表示在 5% 水平上显著，* 表示在 10% 水平上显著。

3.地区差异

我们接下来继续考察官员的任期和异地交流对经济发展是否存在地区之间的差异。地区的划分参照了王小鲁和樊纲(2004)的方法，把样本划分为东部、中部和西部①。由于中西部地区内部差异较小并且合并后增加了观察值，我们在此仅考察和比较东部地区与中西部地区可能存在的差异。表 4 报告了我们的回归结果。在表 4 中，"在任年数"的系数在东部地区比中西部地区大，而且统计上显著。这说明东部地区的官员在任期内比中西部地区的官员对经济增长所产生的正面作用更大一些。不过，与前面我们的发现一样，每个地区内的官员任期长短仍然表现出了对经济增长的显著的非线性效应，即依然存在着最佳的在任年数。

"交流干部"的系数在全时期(1978~2004 年)样本中均不显著。在

---

① 东部定义为北京、天津、河北、辽宁、上海、山东、江苏、浙江、福建、广东和海南 11 个省市；中部地区包括河南、山西、安徽、江西、黑龙江、吉林、湖北、湖南等 8 个省份；西部地区包括内蒙古、广西、四川、重庆、贵州、云南、陕西、甘肃、青海、宁夏、新疆等 11 个省市。

1991 年之后的子样本中,由于加入了省际虚拟变量,并且数据观察值不够多,结果,虽然东部的"交流干部"的系数仍然大于中西部,但系数都不显著。实际上,从统计上看,中西部地区接受的异地交流官员并不少。我们已经提到,在我们的样本中,东部地区接受的"交流干部"比例为 44.7%,中西部地区为 47.9%。一些经济落后的省份(如贵州、青海等),书记和省长大都是其他省份调入。但从我们的计量结果中可以看出,异地交流的官员在中西部地区发挥的作用不及东部地区,而且在回归中我们已经控制了期初的收入禀赋效应和省级固定效应,因此,这一结果也许就应该从影响交流官员发挥作用的当地体制环境来谨慎解释了。在表 4 中,"本省籍贯"变量的系数在 1991 年以后具有显著为正的系数,而且东部地区也大于中西部地区。这样的结果可能与各省内部自己提拔的官员所具有的成长条件和背景有关。最典型的例子是,江苏、浙江等长三角省份的官员很多都出自本省,与西部地区相比,这些地区的自然地理、人文和经济等条件对本地区官员的成长有较大的影响。

表 4 分地区的回归结果

	(1)东部 (1978~2004)	(2)中西部 (1978~2004)	(3)东部 (1991~2004)	(4)中西部 (1991~2004)
在任年数/tenure	.499**	.309**	.402*	.175*
	.199	.140	.230	.106
在任年数平方	−.0461**	−.0278**	−.0378*	−.0137
/tenuresq	.0197	.0128	.0204	.0099
本省籍贯/birthplace	.148	.303	.892	.741**
	.367	.319	.624	.332
交流干部	−.362	.248	.653	.408
/rotation	.360	.313	.598	.258
中央背景	.151	−.159	.688	−.113
/central background	.360	.368	.688	.227
教育程度/education	−.0404	.0036	−.165	−.200
	355	.265	.531	.260
人均实际 GDP	−2.394***	−6.383***	−2.516	−10.73***
期初对数值/lrpgdppc	.907	1.426	2.169	1.627

	(1)东部 (1978~2004)	(2)中西部 (1978~2004)	(3)东部 (1991~2004)	(4)中西部 (1991~2004)
续表				
常数项	15.708***	16.770***	28.370	68.702***
	3.649	3.228	17.004	9.666
观察值	264	497	264	497
R^2	.529	.452	.616	.567

说明：所有回归均加入了控制年度效应的虚拟变量和控制省别固定效应的虚拟变量。系数下方的值是异方差稳健标准误，*** 表示在 1%水平上显著，** 表示在 5%水平上显著，* 表示在 10%水平上显著。

五、稳健性检验

1.工具变量

上一部分的 OLS 计量结果实际上假设了所有变量都是外生的。不过，基于稳健性的考虑，我们可以考虑尽可能地放松这个假设。对于"交流干部"变量，在第 2 节我们已经提到，没有更多的信息和研究文献能帮助我们弄清楚中央是如何决定哪些官员应被异地交流的。但是我们倾向于认为，经济增长的业绩虽然会显著地影响官员的晋升概率，但似乎并不决定该官员是否应该被异地交流，并且我们有理由相信中央在选拔和决定异地交流的干部时也没有以官员自身的能力高低作为最主要的标准①。所以我们更倾向于把该变量看成是外生的变量。

但是对于"在任年数"的变量来说就可能不同了。一个可能性是，官员的经济业绩或者说"政绩"表现会反过来正面地影响其在任年数

---

① 当然了，正如我们在本文第二节讨论到的那样，这个问题应该主要是一个政治问题，因而非常复杂。假如中央选拔异地交流官员时有能力偏好的话，那将意味着被选拔的交流官员的能力要相对高于留在原省任职的官员。这样的话，在我们计量回归中，"交流干部"变量实际上就衡量了官员的能力。按上述逻辑，从东部地区或中央部委被交流到西部的官员的能力就应该对西部经济发展有显著影响，但我们没有找到证据来支持这个推论。中央颁布的关于干部交流制度的文件中强调的仅是：推行干部交流可以优化领导班子结构，提高领导干部的素质和能力，加强党风廉政建设等。在确定交流对象时没有强调要按能力筛选，而是强调工作需要、锻炼能力以及出于回避等因素。

的长短,即两者之间可能存在双向正效应。Besley 和 Persson(2006)的研究认为,任期限制会间接产生"选择效应",理性的选民倾向于选择业绩和表现高于平均水平的官员。在中国我们似乎也没有理由排除存在这个现象的可能性。所以我们暂时还不能忽视经济增长的业绩对官员在任年数可能产生的方向为正的影响。

为了解决这个可能的内生性的问题,首先我们要找出经济业绩对官员在任年数明显没有影响的情形。除了中央对少数民族地区的官员任期有任满两届的规定(这显然是外生的)之外,我们还考虑到的情形主要包括:第一,因健康原因或者因贪污受贿等原因而终止任期导致在任年数较短的;第二,因年龄限制而在任时间较短的;第三,因为政绩突出得到职位晋升而导致在任年数较短的[①]。综合上述情况,我们可以认为如果官员的在任年数较短(例如 tenure≤5),任职省份的经济增长业绩应该对其在任年数没有什么明显的影响,在这种情况下我们就可以把在任年数(tenure)看成外生变量。

而对于在任年数较长的情形,前期的经济业绩表现对在任年数的影响就比较复杂了:官员可能由于任省(市)长时的经济业绩表现优秀而升任该省(市)的书记,从而延长了在任年数;官员也有可能因为经济业绩一般而未得到晋升机会,但未到退休年龄而继续留任,从而也延长了在任年数。因此,我们暂且考虑,当在任年数大于一届(tenure>5)的时候,变量外生性的假设靠不住了,就需要寻找工具变量来解决这个内生性的问题。

由于中国实行着官员 65 岁强制退休的制度,从而使得我们在这里可以考虑用官员在任时的年龄(age)作为在任年数(tenure)的工具变量。工具变量的第一个要求是,它要与被工具代替的变量在任年数相关,且相关性越大,估计越有效。官员的年龄不仅随着在任年数的上升而逐年增加,而且接近或超过 65 岁这个强制退休年龄的限制时,年龄会"外生性地"阻止在任年数的继续上升。表 1 显示,在我们的样本中,官员任职时的年龄均值为 57.6 岁。最年轻的 42 岁,年龄最大的为 73 岁。较年轻的官员离 65 岁退休年龄限制较远,在任时间长于年长官

[①] Li 和 Zhou (2005)对中国官员晋升机制的研究证明了政绩好的官员更容易获得晋升的机会,从而可能减少政绩表现突出的官员在我们的样本中的"在任年数"的观察值。

员的可能性大。官员如果 55 岁开始任职至 64 岁,那么他的年龄(age)和在任年数(tenure)的样本集就是(56, 1)、(57, 2)、…(64, 9)。而较接近 65 岁的官员,较易受强制退休年龄的限制,如 60 岁开始上任至 64 岁退下,那么他的样本集就为(61, 1)、(62, 2)、…(64, 4)。

图 3 在坐标分别为年龄(age)和在任年数(tenure)的象限里描绘出了每个官员的(年龄,在任年数)的样本集的分布。由于每个官员的样本集都是一条斜线,到达 65 岁左右终止,那么所有这些斜线堆放在一起就形成了一个三角形。但是如果官员比较年轻而不太受强制退休制度的约束,那么官员的(年龄,在任年数)样本集的最终分布则呈现菱形。图 4 是我们使用样本中就任时年龄小于 55 岁的所有官员 (可以看成几乎不受强制退休制度的约束)的(年龄,在任年数)样本集做出的散点图。我们用 tenure 对 age 做回归,发现 age 的系数在 1%水平下非常显著。图 3 和图 4 的拟合线的斜率分别是 0.097 和 0.438。图 3 的斜率小于图 4 的原因是,由于强制退休制度,age 越接近 65,越抑制 tenure 的上升。在 tenure>5 时,由于此时官员的年龄更接近 65 岁,强制退休制度的约束便起作用了,这是 age 对 tenure 的外生性影响的源泉。

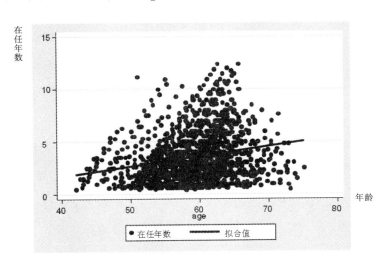

图 3　官员的在任年数与年龄(存在 65 岁年龄限制)

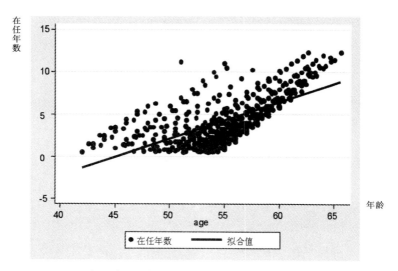

图 4　官员的在任年数与年龄（不存在 65 岁年龄限制）

工具变量的第二个要求是，age 不能直接影响经济的业绩，而且还要与误差项不相关。为了检验官员的年龄是否直接影响经济增长的业绩，我们尝试在表 2 和表 3 的回归方程中加入了年龄（age）变量，结果回归出的 age 的系数始终不显著。这是因为在我们控制了在任年数（tenure）之后，age 实际上是通过在任年数对 GDP 增长率产生正面影响的，这当然对于保证 age 不直接影响经济业绩的要求是重要的[①]。出于篇幅的考虑，我们在这里没有报告这个回归结果，也没有在表 2 和表 3 的报告中加入年龄（age）变量的回归系数，主要是为了在后面与表 5 和表 6 比较。表 5 和表 6 中的变量 age 是用来做工具变量的。如果我们在表 2 和表 3 加入了 age，那么与表 5 和表 6 就不是同一个方程了，这样就无法进行 OLS 和 IV 的回归结果比较了。

那么 age 是否与方程中的误差项（如官员的能力等难以观察的变量）相关呢？很显然，年龄与能力并不完全是等价的和对应的。与 Jones

---

①　Acemoglu 等（2001）在做稳健性检验时，把可能影响被解释变量的相应变量加入方程中，然后检验核心解释变量的系数是否会发生显著变化。如果没有发生显著变化，那么就认为这些后加入的变量对被解释变量没有直接的影响。与此类似，我们在回归中也发现，与之前不放入 age 的回归结果相比，核心变量的系数和显著性几乎没有变化。因此我们认为 age 对 GDP 增长率没有显著影响。

和 Olken(2005)一样，我们也不认为官员就任时的年龄与官员能力等误差项中不可观测的变量之间存在相关性①。这样的话，age 与被工具替代的变量相关，但与 GDP 增长率和误差项不相关，符合作为工具变量的基本条件。

在表 2 和表 3 中我们还注意到，由于对 1978~2004 年的全部样本进行回归时，一些核心解释变量均不显著，因此我们这里只对1991 年以后的样本做回归。

表 5 报告了我们用官员在任时的年龄作为"在任年数"的二阶段最小二乘法的回归(2SLS)结果。第 1 列为使用在任年数大于 5 年的样本进行的回归结果。

我们发现，在任年数的系数由之前OLS 回归时（表3）为负变为正了，但不显著。原因可能是我们选择的工具变量与被工具替代的变量之间的相关性存在一些问题，也可能与样本大小有关。我们发现，虽然 age 对 tenure 回归的显著水平是在 1%以内，但一阶 F 统计量(3.40)并不大，可能明显影响了回归方程中各变量的标准误（使之变大）从而使得变量的系数不显著(Wooldridge,2002)。另外，因为业绩一般的官员更可能留任继而又会影响到后期的经济增长，因此，前面表 3 的 OLS 的回归结果可能存在向下的偏误②。使用工具变量之后，我们发现"在任年数"的系数比之前 OLS 回归时更大了，这说明官员在任年数较长的时候，其对经济增长的实际负面影响没有 OLS 结果中显示的那么大。

---

① 我们注意到，Jones 和 Olken (2005)在一篇考察国家领导人更替与经济增长关系的实证文章中，在没有控制能力的情况下也把领导人的年龄看作与误差项不相关的外生变量。

② 一般而言，官员的前期经济业绩对后期经济业绩的影响系数(β_2)应当为正。在西方民主国家，选民总是希望选择业绩好和能力强的官员连任，见 Banks 和 Sundaram(1998)的讨论。但在中国，由于许多前期业绩好的官员更可能在任职期间被晋升到别的职位从而提前终止任期，而前期业绩一般的官员更可能留任。在我们的 302 个官员的样本中，有 134 人次的官员获得晋升，其中包括 62 人次属于省(市)长晋升为该省(市)书记。换句话说，在中国至少有一半的前期业绩好的官员获得了晋升机会从而终止了当前的任期。因此，在中国，前期经济业绩与在任年数(tenure)之间的相关性符号可正可负。而我们的计量结果显示了在中国两者的相关性似乎为负，即 $\delta<0$ 。根据计量经济学原理，由于 $E(\bar{\beta_1})=\beta_1+\beta_2\delta$ 而且 $\beta_2\delta<0$ ，那么 $E(\bar{\beta_1})<\beta_1$ ，系数估计量的期望值小于系数总体值，即存在向下偏误。

在表 5 中,"交流干部"变量的系数显著为正,且比表 3 的 OLS 回归中"交流干部"大于 5 年(tenure>5)的系数略大,更大于 OLS 回归中"交流干部"小于 5 年(tenure≤5)的系数。这说明官员的异地交流对经

表 5　工具变量法(IV)的回归结果

	(1)IV 在任年数>5 1991~2004	(2)IV 在任年数>4 1991~2004	(3)IV 1991~2004
在任年数/tenure	.0702	.0330	.506
	.283	.173	.379
在任年数平方			−.0517
/tenuresq			.0352
本省籍贯	1.074*	.805*	.755**
/birthplace	.612	.493	.317
交流干部	1.223*	.936**	.532*
/rotation	.686	.447	.292
中央背景	.793	.330	.241
/central background	556	.388	.339
教育程度/education	.614	.588*	−.216
	.415	.333	.243
人均实际 GDP	−5.284***	−7.087***	−8.333***
期初对数值/lrpgdppc	1.918	2.153	2.019
常数项	52.779***	62.550***	86.545***
	17.471	17.219	18.189
观察值	225	308	761
一阶 F 统计值	3.40	4.67	10.89

说明:所有回归均加入了控制年度效应的虚拟变量和控制省别固定效应的虚拟变量。系数下方的值是异方差稳健标准误,*** 表示在 1%水平上显著,** 表示在 5%水平上显著,* 表示在 10%水平上显著。

济增长的影响随着在任年数的增加而上升①。在第 2 列，我们使用了"在任年数"大于 4 年的子样本进行了回归，我们发现"在任年数"的系数为正且不显著，但它的 T 统计量变大了，"交流干部"变量的系数的显著性也上升了，处于 5% 的显著水平，这都与观察值增加后一阶 F 统计值上升为 4.67 有很大关系。我们再把第 2 列"交流干部"变量的系数与表 3 中的第 5 列（tenure≤4）的相应系数进行比较，发现前者远大于后者。

在表 5 的第 3 列，我们进行了另外一种形式的工具变量回归估计。在那里，我们假设在任年数总是外生的，不管在任年数的长短。一旦我们把在任年数的各时段都考虑进去，我们就要在方程中增加在任年数的平方项，然后我们同样也用在任时的年龄（age）作为在任年数（tenure）的工具变量，也就是说我们把 age 和其他外生变量对 tenure 回归后的拟合值及其平方用来作为 tenure 及其平方的工具变量进行回归②。回归结果见表 5 的第 3 列。第 3 列的结果显示，"在任年数"（tenure）对经济增长的影响仍然呈现非线性关系并且其系数接近 10% 的显著水平。"交流干部"（rotation）变量的系数仍然为正且显著。因此，工具变量法强化了我们先前的结论：官员的任期对经济增长的影响呈现出先加强后减弱的倒"U"型的变化模式，而官员的异地交流制度在任职的前期发挥的作用不如后期那么大。

2.采用官员观察值样本的结果

按逐个官员观察值样本做横截面数据回归是为了检验逐年数据样本的回归结果的稳健性。这个样本不对每个官员进行逐年观察，而是观察每个官员的整个任期以及任期内的经济业绩表现。我们用每个官员的观察值数据来考察官员任期的长短对经济增长的影响。在这里

---

① 请注意，表 5 只报告了 IV 法的最终结果。在第一阶段对用工具变量对"在任年数"（tenure）回归时，除工具变量 age 之外，还纳入了"交流干部"和"本省籍贯"等变量。因此在计算"交流干部"对经济增长的最终影响时，我们要合并两个阶段的影响。例如，在表 5 的第一列，在回归的第一阶段，"交流干部"对"在任年数"的影响系数为-1.167，而"在任年数"对 GDP 增长率的影响系数为 0.0702，因此，"在任年数"对经济增长的最终影响应为-1.167×0.0702+1.223=1.141。同理，表 5 中"交流干部"对 GDP 增长率的最终影响经计算应为 0.902。

② 这样的处理增加了观察值的数量，age 与 tenure 的相关性更显著。另外，原来我们把 tenure<4(5)时的 tenure 当做外生变量，现在也看成内生变量并进行工具变量法回归，这种处理使得结果更加稳健。

我们把官员在任期间加权的 GDP 增长率作为被解释变量。由于官员任职的时间大都不是完整统计年,在计算 GDP 加权增长率的时候,如果精确到月份则会使得加权变得复杂化,因此我们做了如下设定:如官员在上半年就任,那么该年的 GDP 增长率计入该官员在任期间的加权增长率中,而如果官员下半年开始任职,则从下一年开始计算加权增长率。同理,如官员的任期在上半年结束,我们的加权年份只到前一年,假如下半年结束,我们就计算到当年。

为了控制地区效应,我们在回归中仍然用东部地区虚拟变量。但我们很难用时间虚拟变量来控制年度效应,这是因为我们的观察值是每个官员,而不是逐年数据,每个官员的任职期与其他干部可能很不相同。我们用官员任职期间相应的全国 GDP 加权增长率来控制年度效应,因为经济的周期震荡会体现在全国 GDP 的增长率中。回归中我们没有加入人均 GDP 的期初值,这是因为每个官员的任职时间并不重合,加入人均 GDP 期初值没有经济含义。根据以上的讨论,我们的计量方程设定如下:

$$g_i = ag_{i,n} + \beta' X_{i,t} + \eta_s + \varepsilon_{i,t} \tag{3}$$

g_i 为每个官员任职时期内所在省(市)份的 GDP 加权平均增长率,$g_{i,n}$ 是相应时期的全国 GDP 加权平均增长率,解释变量向量 X 中包含的核心解释变量与以前一样,只是"在任年数"现在改为"任职时间",它不随时间推移而改变。回归使用了逐个官员的观察值数据。表6 的第 1 列给出了 OLS 回归的结果。我们看到,官员的任职时间长短与经济增长之间仍然存在非常显著的非线性关系(水平值系数为正,其平方系数为负)。"本省籍贯"变量的系数不显著;交流干部的系数(0.406)为较大的正值,但也不甚显著。这和逐个官员的观察值才 302 个而同时我们又控制了 30 个省份的省别效应有关。

在表 6 的第 2 列,我们对任职年数大于 5 年的子样本进行二阶段最小二乘法估计(2SLS),发现交流干部变量的系数显著为正,且远大于第 1 列中该变量的系数,这是很难得的,这与一阶 F 统计值较大有关,为8.60。说明了 OLS 回归存在向下偏误,这更加强了我们的结论,即官员的异地交流制度对经济增长有非常正面的影响。

表6　逐个官员样本的回归

	（1）逐个官员观察值	（2）IV 任职年数>5
在任期间/tenure	.493**	.364
	.240	.411
在任期间平方	−.0347*	
/tenuresq	.0186	
本省籍贯	.249	.127
/birthplace	.349	.536
交流干部	.406	1.259**
/rotation	.311	.570
中央背景	−.254	.0634
/central background	.375	.439
教育程度/education	.246	−.202
	.290	.382
全国 GDP 增长率	.876***	.515***
加权平均/nwgdp	.0887	.167***
常数项	12.235	51.968
	9.936	17.797
观察值	302	113
R²	225	308
一阶 F 统计值	4.70	8.60

说明：所有回归均加入了控制年度效应的虚拟变量和控制省别固定效应的虚拟变量。系数下方的值是异方差稳健标准误，*** 表示在1%水平上显著，** 表示在5%水平上显著，* 表示在10%水平上显著。

3.进一步的讨论

我们也许想进一步知道，省（市）长升任同一省（市）份的书记后，他（她）的权力更大了，是否对当地经济有更大的影响。如果有，那么我们就不能简单地把省（市）长和省（市）委书记的任期一视同仁，简单相加。在我们的研究过程中，我们设定了一个虚拟变量来处理这个可能性的存在，即把这种省内的职位变动设为1，其余情况设为0。全样本的 OLS 和 IV 回归法的计量结果显示，该虚拟变量的显著性水平远远大于10%，而回归式中的其余变量的系数和显著性几乎没有变化。

另外，书记和省（市）长是否由于实际上的权力大小不同而对当地的经济有显著不同的影响呢？我们也做了一个回归检验，方程中也设定了一个虚拟变量，书记赋值为1，省长为0，结果仍然是该变量的系数不大且不显著,其他变量的系数变化很小。所以,我们更加确信我们在本文对官员样本的数据处理方法是可以接受的①。

为了进一步检验我们的结果的稳健性,我们曾经在表3和表5中均放松了任职年数分割时点为5年的合理假设,因为我们也许不能完全排除这样一种稀有的情况,官员是在两届党代会之间上任的,那么在下一届党代会时,中央可能在他(她)任期不满5年时就因为其政绩表现而决定是否晋升、异地交流或者留任。因此,我们在研究过程中也曾设定分割时点为3年,然后继续做了工具变量回归,并且同表4一样,把样本也分为东部和中西部地区。随着样本大小的改变,变量系数有所变化。然而,变量的显著性水平并没有变化,不影响我们先前使用工具变量法的回归结果。所以,把5年以上的观察值样本扩大到3年以上进行工具变量法回归,更大程度地解决了可能存在的内生性问题,增强了回归结果的稳健性②。

我们上述的计量结果的确也显示出,在都是异地交流干部的属性下,本省籍的官员总体上比非本省籍官员的经济业绩高一些,特别是对于东部地区的官员而言。而在籍贯属性相同的情况下,异地交流的官员比非交流官员的经济业绩更高一些,对于1991年以后的东部地区而言表现得更突出。

我们也许会好奇地问一下,属于异地交流的非本省籍官员与未异地交流的本省籍官员之间,谁对该省的经济发展的贡献更大一些呢?我们对本省籍官员和异地交流的官员进行进一步分析后发现,工具变量回归显示,东部本省籍官员和异地交流的官员对当地经济发展的影响几乎相同。有些还存在异地交流的官员比本省籍官员贡献更大的情况(例如,表5第1、2列和表6的结果所示),这可能真的印证了中国的那句老话"流水不腐,户枢不蠹"。

在研究中,我们还对中西部地区省级官员的逐年数据进行了更深入的分析,我们在回归中进一步加入了是否有东部工作经历这个虚拟

---

① 由于篇幅所限且计量结果并没有实质性变化,回归结果在本文未予列表报告,有兴趣的读者可以向作者索取。

② 对在任年数大于3年(tenure>3)的全时期样本回归结果显示,与表5类似,在任年数(tenure)的系数接近于0且不显著,交流干部(rotation)的系数值均下降,但显著性水平仍在5%。我们进一步把样本分割为东部和中西部地区再回归时,结果仍然是东部地区的交流干部(rotation)系数大且非常显著,中西部的系数小且不显著。

变量①。表 7 的第 1 列报告的回归结果显示，"具有东部工作经历" (eastwork)变量的系数为负，但不显著。而在第 2 列，我们把样本缩小到 1991 年以后，"具有东部工作经历"的系数为负且变得非常显著了。第 3 列给出的是对在任年数 5 年以上的观察值所做的工具变量估计，"具有东部工作经历"的系数还为负，但不显著。从第 2 列和第 3 列的结果似乎可以间接说明，1991 年以后从东部交流到中西部工作的省级官员似乎"水土不服"，这的确是中央的高级官员异地交流制度需要加以研究解决的问题。

表7　中西部官员样本的回归

	(1)1978–2004	(2)1991–2004	(2)IV1991–2004
在任年数/tenure	.311**	.153	−.0854
	.139	.106	.543
在任年数平方	−.0279**	−.0110	
/tenuresq	.0128	.0101	
本省籍贯	.325	.876***	1.212**
/birthplace	.331	.327	.681
交流干部	.244	.570**	.583
/rotation	.327	.254	1.060
教育程度/education	−.0211	−.165	.257
	.265	.250	.633
东部经历/eastwork	−.124	−.790***	−.218
	.268	.209	.588
人均实际 GDP	−6.355***	−10.65***	−13.78***
期初对数值/lrpgdppc	1.431	1.616	3.449
常数项	44.884***	68.131***	89.187***
	7.746	9.603	22.110
观察值	921	497	154
R^2	.443	.577	
一阶 F 统计值			3.53

说明：所有回归均加入了控制年度效应的虚拟变量和控制省别固定效应的虚拟变量。系数下方的值是异方差稳健标准误，*** 表示在 1%水平上显著，** 表示在 5%水平上显著，* 表示在 10%水平上显著。

---

① 我们的样本数据显示，有东部省份工作经历的官员占全部官员样本的 25%。

六、结论

　　1978 年以来中国政治与政府体制的重要变化之一是中央对高级官员的治理制度推行的改革。对中国的官僚系统和治理模式产生深远影响的是 1982 年建立的官员退休制度以及 1990 年建立起来的高级官员异地任职制度。之后,限制高级官员的任期的退休制度和鼓励异地交流的制度已成为惯例。很容易理解,实行官员强制退休制度实际上等于限制了高级官员的任期时间。与此同时,实行官员异地交流制度不仅客观上也限制了官员在同一地方的任期长短,而且在大量的中国党政研究文献里,官员的异地交流一直被认为有助于克服地方官员的惰性,减少腐败,有助于改善政策和政府的效率,当然也会强化中央对官员任免的决定权威。

　　我们在本文利用 1978~2004 年间在各省(西藏除外)任职的省(直辖市、自治区)委书记和省长(包括直辖市长、自治区主席)的详细信息以及省级经济增长的数据库,系统地考察了中央对省级高级官员的任期限制和跨省交流是否以及如何影响了地方的经济业绩。文章从经验上证实,官员的任期限制和异地交流制度总体上对经济增长有相当正面的推动作用。而且这个结论具有比较好的稳健性。

　　我们的研究一致性地发现,在中国,官员任期与经济增长的关系呈现出倒 U 型的特征。通常这个现象多数会在西方民主选举体制下出现。这说明,在中国,官员的任期时间长短也会显著影响其施政行为和策略。如果官员在某一职位任职时间过长或者面临年龄限制而即将终结任期,就会改变目标函数和决策方式,弱化激励水平。限制或缩短任期在一定程度上有助于扭转这个目标函数变化的问题。但另一方面, 如果官员预期的任职时间仅是短暂的或者过渡性的, 那么他(她)也会缩短时间眼界,改变动力组合。我们的研究发现,对中央政府来说,能将高级官员的任职时间维持在 5 年(或者一届)左右,似乎是最佳策略。

　　我们的研究还发现, 官员的异地交流对经济增长也有积极的影响,但这个影响在地区之间(尤其是东部与中西部之间)存在着明显的差异,在东部的影响大于中西部。我们需要进一步来研究产生这个地区差异的原因到底是什么。近年来，东部地区的高级官员被"交流"到中西部地区任职的越来越多，他们是否能充分有效地发挥作用？什么因素影响了他们的业绩表现？这些问题都值得我们继续加以实证性地研究。我们在文章的开始曾经说过，由于客观上我们没有办法识别正常的官员异地交流和非正常的异地调动之间的区别，因此，假设东部地区被"交流"到西部的官员当中有一部分包含着非正常异地调动因素（即带有更多的策略性考虑）的话，那么，我们对官员异地交流在地区之间可能出现的不同影响就需要谨慎解读了。

参考文献：

[1] 陈绪群,赵立群.试论实行领导干部交流制度的理论依据[J].党建研究,1996(3).

[2] 陈云.党的组织工作文选选编 [M].北京：中共中央党校出版社,1986：36.

[3] 邓小平.邓小平文选[M]. 中共中央文献编辑委员会.北京：人民出版社,2004,1.

[4] 德米提也夫.公共行政改革的俄罗斯教训[J].财经,2006(161).

[5] 顾万勇.警惕干部交流的四个误区[J].组织人事学研究,2006(5).

[6] 李稻葵.官僚体制的改革理论[J].比较,2002(7).

[7] 刘本义.党政领导干部的交流与探索[J].组织人事学研究,1998(3).

[8] 浦兴祖.当代中国政治制度[M].上海:复旦大学出版社,1999.

[9] 沈学明,郑建英主编.中共第一届至十五届中央委员[M].北京：中央文献出版社,2001.

[10] 许耀桐.中国行政体制改革的发展与启示[M].北京:华夏出版社,2004.

[11] 王小鲁,樊纲.中国地区差距的变动趋势和影响因素[J].经济研究,2004(1).

[12] 人民网. 中共中央关于实行党和国家机关领导干部交流制度的决定 [EB/OL]. [1990–07–07] http://www.people.com.cn/.

[13] 人民网.党政领导干部交流工作暂行规定[EB/OL]. [1994–04–

11] http://www.people.com.cn/.

[14] 人民网.党政领导干部交流工作规定[EB/OL]. [2006-08-07] http://www.people.com.cn/.

[15] 周黎安. 中国地方官员的晋升锦标赛模式研究[J].经济研究, 2007(7).

[16] Abbink Klaus. Staff Rotation as an Anti-corruption Policy: an Experimental Study [J]. European Journal of Political Economy, 2004, 20: 887-906.

[17] Aeolus D., S. Johnson, J. Robinson. The Colonial Origins of Comparative Development: An Empirical Investigation [J]. American Economic Review, 2001, 91(5):1369-1401.

[18] Banks J. S., R. K. Sundaram. Optimal Retention in Agency Problems [J]. Journal of Economic Theory, 1998, 82(2): 293-331.

[19] Bardhan P. Awakening Giants, Feet of Clay: a Comparative Assessment of the Rise of China and India[R]. Shanghai: International Conference on the Dragon and the Elephant: China and India's Economic Reforms, 2006.

[20] Barro R.J. Economic Growth in a Cross Section of Countries [J]. The Quarterly Journal of Economics,1991, 106(2): 407-430.

[21] Besley T., A. Case. Does Electoral Accountability Affect Economic Policy Choice? Evidence from Gubernatorial Term Limits [J]. The Quarterly Journal of Economics, 1995, 110(3):769-798.

[22] Besley T., A. Case. Political Institutions and Policy Choices: Evidence from the United States [J]. Journal of Economic Literature, 2003, 41(1):7-73.

[23] Besley T., T. Persson, D. Sturm. Political Competition and Economic Performance: Theory and Evidence from the United States [R]. Cambridge: National Bureau of Economic Research, 2005.

[24] Besley T., T. Persson. Economic Approaches to Political Institutions [M]// Lawrence E. B., Steven N. D. The New Palgrave Dictionary of Economics. 2nd ed. Basingstoke: Palgrave Macmillan, 2006.

[25] Blanchard O., A. Shleifer. Federalism with and without Political Centralization: China versus Russia [R]. Washington D.C. : The Interna-

tional Monetary Fund, 2001.

[26] Buchanan J., R. Congleton. The Incumbency Dilemma and Rent Extraction by Legislators [J]. Public Choice, 1994, 79:47–60.

[27] Drazen A. Political Economy in Macroeconomics [M]. Princeton: Princeton University Press, 2000.

[28] Economides G., A. Philippopoulos, S. Price. How Elections Affect Fiscal Policy and Growth: Revising the Mechanism [J]. European Journal of Political Economy, 2003, 19: 777–792.

[29] Maria Garcia–Vega, Jose A. Herce. Does Tenure in Office Affect Regional Growth? The Case of Spanish Regions [J]. Public Choice, 2011, 146:75–92.

[30] Huang Yasheng. Managing Chinese Bureaucrats: An Institutional Economics Perspective [J]. Political Studies, 2002, 50:61–79.

[31] Jones Benjamin F., Benjamin A. Olken. Do Leaders Matter? National Leadership and Growth since World War II [J]. The Quarterly Journal of Economics, 2005, 120:835–864.

[32] Johnson Joseph M., Crain W. Mark. Effects of Term Limits on Fiscal Performance: Evidence from Democratic Nations [J]. Public Choice, 2004, 119:73–90.

[33] La Porta R., F. Lopez–De–Silanes, A. Shleifer, R. Vishny. The Quality of Government [J]. Journal of Law, Economics and Organization, 1999, 15 (1):1113–1155.

[34] Levine R., N. Loayza, T. Beck. Financial Intermediation and Growth: Causality and Causes [J].Journal of Monetary Economics, 2000, 46(1):31–77.

[35] Levitt, Steven D. How Do Senators Vote? Disentangling the Role of Voter Preferences, Party Affiliation, and Senate Ideology [J]. American Economic Review, 1996, 86:425–441;

[36] Li D. Changing Incentives of the Chinese Bureaucracy [J]. American Economic Review, 1998, 88(2):393–397.

[37] Li Hongbin, Li–An Zhou. Political Turnover and Economic Performance: Incentive Role of Personnel Control in China [J]. Journal of Public Economics, 2005, 89:1743–1762.

[38] Naughton B. Chinese Institutional Innovation and Privatization from Below [J]. American Economic Review, 1994, 84(2):266–270.

[39] Pande Rohini. Can Mandated Political Representation Increase Policy Influence for Disadvantaged Minorities? Theory and Evidence from India [J]. American Economic Review, 2003, 93(4):1132–1151.

[40] Qian Y., B.R. Weingast. Federalism as a Commitment to Preserving Market Incentives [J]. Journal of Economic Perspectives, 1997, 11 (4):83–92.

[41] Qian Y., C. Xu. Why China's Economic Reform Differ: The M–Form Hierarchy and Entry/Expansion of the Non–State Sector [J].Economics of Transition, 1993, 1(2):135–170.

[42] Shleifer A. Government in Transition [J].European Economic Review, 1997, 41:385–410.

[43] Wooldridge Jeffery. Introductory Econometrics [M]. 2nd ed. Toledo: South–Western College Publishing, 2002.

[44] Zhuravskaya E. V. Incentives to Provide Local Public Goods: Fiscal Federalism, Russian Style [J].Journal of Public Economics, 2000, 76: 337–368.

自述之八

我曾经对中国与俄罗斯在经济转型和政府治理改革方面的战略差异表现出了极大兴趣。有一些经济学家认为,中国和俄罗斯的经济转型策略之所以会如此不同,主要是因为两者的"国家能力"有很大的悬殊造成。Jeffery Miller 和 Stoyan Tenev 几年前在一篇讨论经济转型与政府角色的文章中对比了转型初期中国和俄罗斯在对待"国家"问题上巨大的意识形态差异。在俄罗斯和中东欧社会主义国家的转型初期,主导的意识形态便是对国家的严重不信任,国家和官僚体系被认为代表的是旧的政权,是经济发展和市场改革的阻碍者,必须尽快被摧毁和取代。这种对国家缺乏信任和敌意的意识形态很大程度上可以用转型前期的苏联(戈尔巴乔夫时期)国家能力被不断削弱和控制能力持续恶化的政治改革的历史来解释。而 20 世纪 80 年代末和 90 年代初为了推行私有化战略发动的一系列政治革命又进一步恶化了国家制度的治理能力。叶利钦自己在 1993 年曾经发表的演讲中就承认:"过去几个月来,俄罗斯经历了深刻的国家危机。所有的政治组织和政治家们都在参与旨在摧毁国家的无聊的斗争中。这样做的一个直接后果是国家权威的整体丧失。在这样的情况下,不可能推进复杂的改革了。"

另外,俄罗斯战略研究中心主席德米提也夫在 2006 年的文章中曾正确地指出,在 20 世纪 90 年代,国家官僚制度的改革在俄罗斯不被重视。国家的能力大大减弱,地方政府的激励也减弱了。到 20 世纪 90 年代末,低效的行政体制成了俄罗斯经济转轨的主要制度障碍。看到了这个局面,2000 年普京当选总统后动手在公共管理、财政、联邦和地方政府的组织结构等方面进行了改革,地方长官的直接选举制度被废止,由中央任命体系取代。当然,国家能力的重建并非朝夕可为之。

如果说在俄罗斯,改革者在转型初期没有去加强和重建国家制度,而是将经济自由化和私有化置于了重建国家能力目标之上,那么,我们在中国看到的就几乎是一个相反的顺序。在中国,总体而言,国家制度和政府在经济转型和经济发展中一直扮演着重要的角色。前苏东国家的党政合法性和国家制度甚至在经济转型之前就摇摇欲坠了,而中国不仅在"文化大革命"结束之后很快回到重建国家制度和用经济发展巩固执政合法性的意识形态上来,而且在推行和维持财政分权的进程中,也意识到改善国家能力、加强中央对地方官员控制对确保政治稳定和组织管理经济改革与发展能力的必要性。我认为,这一点很值得经济学家去重视。

正是这一观察和思考让我对中国的政治体制、财政分权、政府治理与经济增长的关系产生了浓厚的兴趣,带领学生们试图在这一方面进行一些研究。看上去,这些研究应该归类于被称之为"实证的政治经济学"的范畴。其中,研究中国的官僚(组织人事)制度和政府治理也是很多经济学家的兴趣点。由于这类研究需要收集和整理中国省部级和中央委员等大量的党政官员信息,因此,工作量巨大而且耗时较多。如果再把县级官员纳入研究的视野的话(这本来是更重要的工作),工作量就更大了。但即使这样,现在越来越多的研究者开始关注县级官员的研究,因为毕竟县是中国经济发展的基本执行单位。

由于数据的限制,我们的这篇论文还只是以省(部)级官员和省级的经济增长为考察对象。当然,省部级官员是直接由中央选拔和任命的。而 1978 年以来中国政治与政府体制的重要变化之一是中央推行了高级官员治理制度的改革,其中限制高级官员的任期和鼓励异地交流(任职)制度成为惯例。我们感兴趣的问题是,中国的官僚系统和治理模式对当地经济的增长有何影响。我们收集和整理出了 1978~2004 年间在各省(西藏除外)任职的省(直辖市、自治区)委书记和省长(包括直辖市长、自治区主席)的详细信息以及省级经济增长的数据库,利用这些数据,这篇论文考察了对省级高级官员的任期限制和异地交流是否以及如何影响了地方的经济业绩。文章从经验上证实,官员的任期限制和异地交流制度总体上对经济增长有相当正面的推动作用。我们的研究还进一步发现了,官员任期与经济增长的关系呈现出倒 U 型的特征,这意味着,从对当地经济增长的影响来说,官员在地方的任期存在一个最优值,在我们的样本里面,最优值约为 5 年,即一届任期。研究还发现,官员的异地交流对经济增长也有积极的影响,但这个影响在地区之间(尤其是东部与中西部之间)存在着明显的差异,在东部的影响大于中西部。

本篇论文算是这些年来我和我的学生们所做的这类政治经济学研究的一个代表,是由我与我的学生高远合作完成的。在收集和整理出了论文所需要的数据之后,高远投入了大量的精力对数据进行了处理。在我们基本做出经验检验的结果之后,2007 年夏天我把写作该论文的任务带到了加拿大,在皇后大学我写出了论文的中文和英文版。在 2007 年秋,复旦大学中国经济研究中心在复旦大学组织了每两年举办一次的大型国际会议,那一年的主题更多涉及了政府治理与中国的经济发展。会议之后,澳大利亚的 SSCI 经济学杂志 Journal of the Asia Pacific Economy 于 2008 年 8 月出版的第 13 卷第 3 期专门出版了由我和万广华博士担任特邀编辑的专辑 "The Political Economy of China's Robust Performance",组织发表了包括本篇论文在内的一组研究论文,为推动这类研究作出了努力。在此之前,基于同一研究的中文缩写版发表于《经济研究》2007 年第 11 期上。不过,收入本书的是中文的原始版本。

中国基础设施的基础研究：
分权竞争、政府治理与基础设施的投资决定 *

一、导言

对于那些 30 年前来过中国而在过去 10 年里又重访中国的客人来说，中国基础设施水平所发生的变化的确让他们惊诧不已。是的，中国的基础设施和城市面貌(尤其是沿海地区)的改善可谓日新月异。也许在 15 年前，没有人敢于奢望基础设施在今天所达到的水平以及它的持续的更新速度。回到 20 世纪 80 年代，即使生活在城里的中国人也必须忍受着在通讯、能源使用、公共交通和旅行上的极大不便。而今天，每天乘坐大巴行驶在漂亮的高速公路上的人数高达数百万，更不用说城市基础设施上的变化给中国人的生活带来的福祉。

作为一种公共资本的存量，良好的物质基础设施水平对一国的经济增长和经济发展发挥着重要的基础性作用。但同时，基础设施水平的持续提高也是中国经济增长的一个重要的内容。在评价中国经济增长的一些文献里，很多学者似乎还是倾向于贬低"硬件"而更多强调"软件"的重要性。这在中国与印度的"双棒讨论"中表现得尤其突出。虽然中国在基础设施上远远胜于印度是不可否认的事实，可是大多数文章还是更看重印度的"制度资产"。我们认为，在讨论和对比不同经济增长绩效的文献里，把"硬件"与"软件"分开评价的做法并不合适。印度基础设施的严重滞后并不说明印度可以很快地赶上中国的水平，而基础设施这个硬件的改善绝不是一件可以孤立谈论的事情，也更不简单。

基础设施的建设表现为高速公路、轨道、通讯电缆、机场、车站以

* 与傅勇、高远和张弘合作。发表于《经济研究》2007 年第 3 期首篇。本文所依赖的研究项目得到教育部重点研究基地重大研究项目(批准号：05JJD790076)和复旦大学中国国际竞争力研究院资助项目"中国区域竞争力研究"的慷慨资助，作者表示感谢。我们还要感谢王世磊、丁丹、阳桦、周正清，他们为收集和准备数据付出了大量的辛苦劳动。陈诗一、罗长远、章元、詹宇波和方红生等参与了与本研究有关的多次讨论。

及城市公用事业这些物质条件的改变，但却远远超出这些物体本身。这些基础设施水平差异的背后更多地反映了政治治理和政府作为的差异。毋庸置疑，一个没有作为的政府体制是"造"不出这些"硬的"东西来的。大量的经济学研究文献发现，一个国家的基础设施的水平是它的政府治理的水平、政治的管理模式以及分权的效率的典型体现。高质量的基础设施被包含在了那些度量政府质量或治理水平的指标体系中。

在转型经济中，由于政治属性和政府治理转型上的差异，转型经济中的政府在作为上表现出显著差异(Shleifer and Vishny，1997)。财政的分权与不同政治管理模式的结合也产生出了经济增长和发展的不同绩效(Blanchard and Shleifer，2000)。正如很多研究所观察到的那样，俄罗斯、印度与中国在 20 世纪 90 年代之后出现的经济成绩效果的差异不是财政分权上的差异而是政府治理上的差异造成的(Bardhan，2006；Zhuravskaya，2000)。这些因素为我们寻求对基础设施的投资激励的差异提供了制度上的背景。

乍看上去，投资于基础设施是典型的"扶持之手"的政府行动。但这是否意味着中国的地方政府更懂得如何去实现公共利益呢？或者中国的政治管理模式是否更有利于基础设施的改善呢？对这些问题的回答必须考虑政府官员面临的激励才有希望。这意味着我们需要从事经济学的分析。

我们的观察是，相对于研究与开发(R&D)方面不成功的商业模式而言，中国在改善基础设施问题上却演化出了一个成功的模式。自 20 世纪 80 年代以来，中国的城市建设和基础设施的改善多是地方政府所为。在理论上，基础设施的投资周期长，私人回报低，折旧快，市场的解决办法不能保证足够的投资。以此而论，假如没有确保投资基础设施之外的可观的回报和承诺，单纯依赖市场机制应该无法来解决中国基础设施严重短缺和投资不足的问题。那么，什么是政府可以给市场投资者参与投资基础设施提供的可观的回报和承诺呢？由于存在土地的政府所有权和复杂而普遍的政府管制，政府可以给市场投资者提供的回报机会当然就应该包括基础设施本身的经营特许权，土地的协议转让、房地产开发以及对本地市场的进入许可等。在中国，政府管制的放松和变迁常常就是与市场进行互利交换的结果。

问题是，为什么中国的地方政府在改善基础设施问题上会变得那么有"市场头脑"呢？在这个问题上，我们常会对政府有完全相反的假设。但在理论上，经济学家一般并不假设"扶持之手"的政府随处可见，而是把政府的"公益"行为更多地解释为官员的逐利行为的结果。重要的不是什么性质的政府，而是它的官员们面临什么样的激励。经济学家看待和解释这些现象的理论基础仍是建立在"个人选择"的经济学逻辑之上的。这意味着我们需要把那些持续改善基础设施的政府努力与约束条件下的官员选择行为联系起来。这样的结合是揭开中国为什么拥有良好的基础设施之谜的关键。

在本文我们将提出，中国在投资和更新基础设施上的出色成就是中国式财政分权模式和政府成功转型的一个可以解释的结果。这个分权模式成功的地方在于中央政府用"标尺竞争"取代了对地方政府的政治说教。中央自上而下的政治管理基于地方经济发展的可度量的标尺（简称"政绩"）。在这个政府间的政治治理模式下，不仅当地基础设施的改善有助于"招商引资"，从而实现更快的经济增长，而且显著改善的基础设施本身也最容易度量、从而能最好地满足地方官员的"政绩"需要。

过去 10 年来，大多数经济学家对转型经济的研究时常忽视对政府自身的治理转型的关注。实际上，为了实现向市场扶持型的政府治理模式的转变，从而支持和利用市场的作用，政府官僚的技术化、职业化、政府职能的转变以及更新政府的人力资本是至关重要的战略。1996 年，因为亲身经历了俄罗斯与东欧的经济转型过程，美国的经济学家施莱弗和维什尼教授才注意到了政府转型在经济转轨中的重要性。在《转轨中的政府》一文中，他们强调，"无论对经济还是对政治而言，如何更新过时的人力资本也许都是转轨的中心问题"。（施莱弗和维什尼，中文版，第 213 页）我们认为，中国在这些方面也走在了俄罗斯的前头。在地方层面上，政府治理模式向"发展型"政府的成功转型有助于改善政府官员对基础设施的投资激励，因为这有利于官员的政治仕途。

本文的结构安排如下：在第二节我们将对基础设施的概念加以定义和分类；然后在第三节我们提供了关于基础设施的经济学研究文献的系统综述和评论；第四节是对改革以来中国的财政分权、政治管理和政府治理转型的一个综合讨论，目的是为理解地方政府投资基础设施的动力与激励模式提供一个制度的背景。在第五节，我们描述和分析了改革开放以来中国基本建设和基础设施投融资的增长状况、基础设施存量在东部和中西部地区的差异模式。第六节构造了关于基础设施投资决定的回归模型并利用中国 29 个省(市)1988~2001 年的面板数据进行了统计检验。第七节是本文的结论。

二、基础设施的概念、定义与分类

从经济学的文献来看,最早关于物质基础设施(以下简称基础设施)的研究可以追溯到亚当·斯密[①],他在论述国家职能时指出,国家应该具有三个职能,一是保护国家安全,二是尽可能保护社会上每个人的安全,三是"建设并维持某些公共事业及公共设施,其建设与维持绝不是为某些极少数人的利益"。在这里,斯密特别强调,"这些事业与设施,若由社会经营,则其利润常能补偿其费用而有余,而若由个人或少数人经营,则决不能补偿其费用"。无疑,斯密描述的国家的第三个职能其实就是要提供基础设施[②]。

而在斯密以后, 虽然很多经济学家的论述中也提到基础设施,但大都没有明确将基础设施作为一个专门的研究题目并开展经济学研究。基础设施真正进入经济学家的研究视野是第二次世界大战以后因为发展经济学的繁荣。在此之后,对于基础设施的研究一直与"经济发展"这个题目密切相连。本节我们首先讨论发展经济学文献里对于基础设施所给出的各种定义以及世界银行使用的定义,然后对本文的研究范围、指标选取以及对这些指标的处理方法——主成分分析法(PCA)做简单介绍和说明。

1.发展经济学文献中的"基础设施"

最早正式提出基础设施这一概念并对其进行深入研究的,是第二次世界大战以后以 Paul Rosenstein-Rodan,Ragnar Nurse 和 Albert Hirschman 等为代表的一批发展经济学家。在他们那里,基础设施被称

---

① 这里要指出的是, 虽然有些学者认为基础设施的研究始于重农学派的魁奈所说的"原预付",但是按照我们的理解,魁奈所说的"原预付"与我们今日的基础设施概念相差甚大,而斯密的这一论述则具有我们当今所说的基础设施的含义。

② 〔英〕亚当·斯密:《国民财富的性质和原因的研究》,商务印书馆 1974 年版,第253 页。

为"社会管理资本"(social overhead capital)①。

我们发现，是 Rosenstein-Rodan 最早正式提出了基础设施的这一概念并将基础设施定义为社会管理资本。社会管理资本包括诸如电力、运输或者通信在内的所有基础产业，它所提供的服务具有间接的生产性，而其最重要的产品就是在其他产业中被创造出来的投资机会，它构成了整个国民经济的先行成本。Rosenstein-Rodan 指出，社会管理资本的特点在于：首先，它是不可分的，在配置上具有大规模的集聚性，投资规模巨大；其次，基础设施具有较长的酝酿期，即建设周期长。这些特点决定了"这些产业必须局限于那些能够更快产生收益的、具有直接生产性的投资"，以便为增加能更快地产生收益的直接生产性投资铺平道路；同时，供给上的不可分割性也是产生规模经济的重要源泉。关于如何改善基础设施，Rosenstein-Rodan 认为必须以政府干预和实现计划化来主导基础设施的投资和建设②。

Ragnar Nurse 对于基础设施的认识则比 Rosenstein-Rodan 前进了一步，他注意到了教育和公共医疗卫生事业在经济发展中的重要作用，认为社会管理资本不仅包括公路、铁路、电信系统、电力、供水等，还包括学校和医院。他认为，社会管理资本的作用在于它能够提高私人资本的投资回报，并指出："我们已经注意到，在缺少这些基础设施时……私人资本的投资效益小得令人失望。"对于如何发展基础设施，Nurse 与 Rosenstein-Rodan 观点一致，也认为应该由国家来提供③。

Albert Hirschman 将基础设施的定义进一步扩展，从狭义和广义两个方面定义了基础设施，并具体给出了判断一项经济活动是否满足被称为基础设施的条件。他认为社会管理资本"包括那些进行一次、二次及三次产业活动所不可缺少的基本服务"。一项属于基础设施的活动必须满足以下条件：第一，这种活动所提供的劳务有利于或者在某种程度上是许多其他经济活动得以进行的基础；第二，在所有国家中，这些劳务实际上都是由公共团体或受官方控制的私人团体所提供的，

① "social overhead capital"有多种译法，如"社会间接资本"、"社会先行资本"、"社会分摊资本"、"社会管理资本"等，本文统一使用世界银行《1994 年世界发展报告——为发展提供基础设施》中的译法："社会管理资本"。

② 转引自唐建新和杨军(2003)，第 6~8 页。

③ 转引自唐建新和杨军(2003)，第 6~8 页。

它们都是免费提供或是按照公共标准收费;第三,这些劳务不能从国外进口;第四,这些劳务所需要的投资具有技术上的不可分割性和较高的资本–产出比。Hirschman 将满足前三个条件的社会管理资本称为"广义社会管理资本",法律、秩序及教育、公共卫生、运输、通讯、动力、供水以及灌溉、排水系统等所有的公共服务都可以归到广义社会管理资本中来。而第四个条件则将广义与狭义的社会管理资本区分开来,排除了法律、秩序及教育、公共卫生等[①]。

其他一些发展经济学家,如 P.H.库特纳和 W.W.罗斯托[②]等,也非常重视基础设施对于经济增长的重要作用并对基础设施的概念给出了自己的理解,但就其实质而言,并没有超出以上几位定义的范围,这里不再赘述。但还需要单独提及的是 Schultz 和 Becker,他们延续了 Hirschman 对于基础设施的广义与狭义区分处理,不同的是,他们主要从不同种类的基础设施对于不同直接生产要素的作用角度着手,将基础设施划分为核心基础设施和人文基础设施。核心基础设施主要指交通和电力,其作用是增加物质资本和土地的生产力;而人文基础设施则主要包括卫生保健、教育等,其主要作用是提高劳动力的生产力。这一对基础设施的宽泛定义和分类方法自此被学者和政策制定者及执行者广泛接受[③]。

2.世界银行的定义

以帮助发展中国家发展经济为其宗旨的世界银行一直将基础设施作为一个重要的研究领域。20 世纪 80 年代末开始,世界银行组织了一系列关于基础设施的研究工作,并在 1995 年集中发布了其研究成果——《1994 年世界发展报告:为发展提供基础设施》。在这份报告中,世行着重研究了经济基础设施,并定义其为永久性工程构筑、设备、设施和他们所提供的为居民所用和用于经济生产的服务。这些基础设施包括公用事业(电力、管道煤气、电信、供水、环境卫生设施和排污系统、固体废弃物的收集和处理系统),公共工程(大坝、灌渠和道路)以及其他交通部门(铁路、城市交通、海港、水运和机场)。该报告认为,虽然基础设施(或者发展经济学家所称的社会管理资本)都没有十分明

---

① 〔美〕艾伯特·赫希曼(1991),中文版,第 73~75 页。

② 〔美〕W.W.罗斯托(1988),中文版,第 3、第 17 和第 298 页。

③ 转引自邓淑莲(2003),第 3 页。

确的定义,但都始终贯穿着两个特征:技术比重特征(如规模经济)和经济特征(如使用者向非使用者的扩散)①。

该报告发布以后,世界银行组织的经济学家对与基础设施有关的相关问题,如基础设施与经济增长、收入差距和贫困的关系、改进基础设施供给效率的可行途径等进行了持续深入的研究,并取得了一系列成果。

在 Prud'homme(2004)提交给世界银行的政策研究报告中,对狭义的基础设施所具有的特征进行了总结:

第一,基础设施是一种资本投入品;但是它本身单独并不能直接用于消费,而需要同其他资本投入品或者劳动投入品结合起来,提供服务。它所提供的服务一般是资本密集型服务,并且具有一定规模经济的特征。第二,基础设施一般比较笨重,而且建设周期长。这意味着很难根据需求的波动随时调整其供给。只有基础设施的整个工程完全完成,其功能才能得到发挥。第三,基础设施一旦建成,则其使用时间也较长,一般为几十年甚至上百年。第四,基础设施的建设需要投入大量的固定成本,具有空间依存性。一旦一项基础设施投资在 A 地发生,则它很难被转移到 B 地;同时,一旦一项基础设施的投资已经发生,则很难将其用于其他用途。第五,基础设施的供给一般情况下是与一定的市场失灵相联系的,这种市场失灵或者产生于规模经济,或者产生于公共品性质。第六,基础设施既可以直接为居民提供服务,也可以为厂商提供服务,其中为厂商服务是作为生产过程中的一种投入物品。

显然,如上所述,基础设施是与所提供的某种服务联系在一起的。Prud'homme(2004)根据各种不同的基础设施所提供的服务种类不同,将基础设施划分为以下几类(如表 1 所示)。

如果说世界银行 1994 年的报告对于经济基础设施的定义是原则性的,那么 Prud'homme(2004)则细化了判断一项活动是否属于经济基础设施的特征。

在本文,我们将采用世界银行和 Prud'homme(2004)的定义来构造指标。

①　世界银行(1995),中文版,第 2 和 第 13 页。

表1　世界银行以提供的服务项目种类定义的基础设施

服务项目	基础设施
交通	公路,桥梁,铁路,隧道,港口等
供水	大坝,蓄水池,水管等
水处理	下水管道,污水处理车间等
灌溉	大坝,水渠等
垃圾处理	垃圾箱,垃圾焚化炉等
供热	集中加热设备、供热管道等
电信服务	自动交换机,电缆等
能源	发电厂等,输电线,煤气管道等

资料来源:Prud'homme(2004)。

3.本文的研究范围与指标选取

本文关注于狭义的基础设施,即世界银行所定义的"经济基础设施"。我们认为,基础设施的发展状况应该可以从流量和存量两个方面来衡量。以中国为例,存量指标主要衡量全国或者各地区各年度基础设施的现有水平,实际上反映基础设施在过去积累起来的投资水平与发展状况;而流量指标指的是各年度全国或者各地区对基础设施的投资水平。在本文,我们主要以世界银行的定义为基础,并结合数据的可得性,选取恰当的指标来度量全国或者各地区的基础设施的水平和发展状况。

在存量方面,我们主要选取了4个方面的指标:一是交通基础设施,二是能源基础设施,三是通讯基础设施,四是城市基础设施。其中前3个指标是以其功能进行分类的,而最后一个指标则比较特殊,专指城市系统的基础设施,这主要是因为:第一,该指标在统计年鉴是作为一个单独的项目报告的,可以得到十分明确的数据;第二,该项目中所包含的各个子指标都包含在世界银行的定义中;第三,在讨论基础设施投资与外商直接投资(FDI)的相互关系时,城市基础设施更是一个需要特殊关注的方面,因为外国投资者大多数投资于中国的城市。

交通基础设施由3个指标组成,即铁路营运里程、内河航道里程和等级公路里程。其中等级公路是指高速公路、一级公路和二级公路

273

的总里程数。能源基础设施由电力消费量和能源消费量两个指标组成。通讯基础设施在统计年鉴中可获得的数据较多,涵盖了邮政、电信和互联网 3 个方面。其中,邮政基础设施由邮政局所个数和总邮路长度两个指标衡量,电信基础设施由长途电话、无线寻呼用户、移动电话用户、长途自动交换机容量、本地电话局用交换机容量、移动电话交换机容量和长途光缆线路长度来衡量,而互联网基础设施主要包括互联网人数和长途微波线路长度。城市基础设施指标主要包括:城市用水普及率、城市燃气普及率、每万人拥有公共交通车辆、人均拥有道路面积、人均公共绿地面积、每万人拥有公共厕所。显然,这些指标也都包含在世界银行的定义中。我们在第五节将对这些基础设施的存量指标进行处理以更好地从总体上来刻画基础设施建设水平的变动趋势和地区间的不平衡发展的模式。

除了观察基础设施的存量水平变动之外,我们在本文也研究基础设施的流量变化及其决定因素。我们希望使用基础设施的资本形成或政府对基础设施的投资来反映其流量变动。但是,现有的统计资料来源无法按照存量的构成指标提供一一对应的投资数据。幸运的是,我们在《中国统计年鉴》中可获得以下 3 类资本形成的概念:①电力、煤气及水的生产和供应行业;②交通运输仓储以及邮电业;③水利、环境和公共设施管理业资本的形成。这 3 类投资的指标在相当大的程度上涵盖了我们在前面定义的基础设施的概念,因此作为衡量基础设施投资的流量指标并不算离谱。

在本文,我们将讨论地方政府对改善基础设施的投资激励受到哪些因素的影响。

三、关于基础设施研究的文献回顾

1.基础设施对经济发展有多重要?

除了发展经济学的文献之外,在主流的经济学文献里有关基础设施的研究只是最近 20 年的事情。虽然 Arrow 和 Kurz(1970)的一篇题为《公共投资、回报率和最优财政政策》的经典论文最早把公共资本存量(public capital)①纳入了总量生产函数②,不过,由于模型的均衡具有不确定性,一段时间里并没有引起很大的注意,理论发展一度就此停滞。经济学家对基础设施的真正热情始于 20 世纪 80 年代末。Aschauer (1989a,1989b,1989c,1993)出色的实证工作展示了基础设施投资对经济发展的极端重要性,虽然这种重要性后来被证明很可能被他高估了。美国经济在 20 世纪 70 和 80 年代生产率出现了明显的下降趋势,而 Aschauer 把它归因为先于生产率变动的基础设施投资的下降。他的做法是将公共资本作为一个独立的要素加入柯布–道格拉斯式的总量生产函数之中加以估计,实证结果令人吃惊:公共基础设施投资的边际生产率高出私人投资边际生产率 3~4 倍之多,商业部门对所谓公共核心基础设施(public core infrastructure)投资的产出弹性大约是 0.4,这是私人投资的两倍。Aschauer 的研究表明,相对于消费而言,美国的投资,尤其是公共基础设施投资严重地供给不足,这意味着资金应该从消费转到公共投资中去。

继 Aschauer 之后,Munnell(1990)支持了前者的基本结论。然而,在随后很多的经济学家看来,这样的回报率被认为是令人难以置信的(Aaron, 1990; Schultze, 1990)。对基础设施回报率和产出弹性的估计充满了争论〔对于早期的争论,Gramlich(1994)做了出色的综述〕。

第一波研究兴趣是建立在用总量的时序数据估计柯布–道格拉斯生产函数的基础之上的,这种方法一般会得到 Aschauer 相似的结论(Munnell,1990;Holtz–Eakin,1988)。然而,总的说来,这种方法得到的结论被批评为"太好了而难以置信"(World Bank,1994,p.15)或者"太大了而不可信"(Munnell,1992,p.192)。随后的争论交织在生产函数的设定、估计技术以及内生性等方面,并得到了进展。在生产函数方面,使用最为广泛的方法是在一个成本最小化的框架中考查投入和产出

---

① 在概念上,公共资本(public capital)是相对于私人资本而言的,主要是指由政府投资形成的资本,两者共同构成了总资本存量。显然,公共资本(尤其是生产性的公共资本)中最重要的组成部分就是基础设施,有些研究将两者是等同的。因而,我们的文献综述有相当一部分研究的直接对象是公共资本。从后文可以看到,为了估计基础设施的回报率和产出弹性,在设定生产函数时,不少的研究是从总的资本存量中扣除基础设施存量获得私人资本存量。

② 当然了,我们也可以把主流经济学的研究理解为对发展经济学文献的复兴(Murphy,Shleifer and Vishny,1989;Justman,1996)。

（比如 Lynde and Richmond，1992；Morrison and Schwartz，1996；Nadiri and Mamuneas，1994）；另外一些研究则用更灵活的超越对数（translog）生产函数形式代替最初的柯布-道格拉斯生产函数。使用这一函数对公共资本效应的估计通常比 Aschauer 的结果低得多。比如，Nadiri 和 Mamuneas（1994）对美国 12 个产业的考察发现，公共基础设施平均的社会回报率为年 7.5%，而远远小于私人资本的回报率为 12.5%。其他的研究者使用了一阶差分的性质进行了估计，甚至发现社会资本有负效应（比如，Evans and Karras，1994；Holtz-Eakin，1994；Tatom，1991）。特别是，Evans 和 Karras（1994）以及 Holtz-Eakin（1994）的工作相当令人信服地指出，Aschauer 发现的高回报率反映的是收入增加导致政府活动有一个更高水平的程度，而不是反映基础设施对私人生产率的贡献。尽管如此，上述作者承认他们的发现并不表示基础设施是非生产性的。相反，他们认为，他们的文献使用的总量数据有基础设施组成的贡献，因为可能有一部分基础设施的作用是生产性的（Holtz-Eakin，1994，p.20）。

基础设施研究的一个特征是最初的经验研究主要局限于美国。然而，如果在美国基础设施具有极高的回报率并且存在投资不足的话，这种情况在那些基础设施方面与美国相差甚多的国家可能就会更加显著。最近，越来越多的文献用各种方法对其他国家进行了研究（Berndt and Hansson，1992；Lynde and Richmond，1993；Otto and Voss，1996；Conrad and Seitz，1994；Feltenstein and Ha，1995；Shah，1992）。特别是，Wylie（1996）的研究用加拿大的经验支持了 Aschauer 和 Munnell 的结论，即基础设施投资的回报率很高，并且基础设施尤其是公共基础设施对国民经济增长及其生产率有着显著的正效应。并且，产出弹性甚至高于 Aschauer（1989a）和 Munnel（1990）对美国的估计结果。作者认为，这表明基础设施在加拿大比在美国发挥着更大的作用，原因在于加拿大的地理特征以及其经济对基础设施的需求。加拿大人口增长更快，而人口的密度较低，气候环境也与美国迥异，这些因素表明加拿大对基础设施的需求强度可能要高于美国，并放大了基础设施对产出和生产率的贡献。

然而，考虑到这些研究所使用的方法不同，它们所得到的有关各个国家的结论就不能轻易地用于比较。因而，在同一个框架下研究公共资本的作用就显得十分必要。这个框架必须能够发现国际上的系统性差异。例如，一种较为合理的推测是，对公共资本的需求强度和经济发展的阶段可能呈反向的关系。显然，这种一致的答案就有着更为明确的政策含义。在这方面，研究也取得了一定的进展。

Demetriades 和 Mamuneas(2000)为对公共资本回报提供了一个国际视角，本文朝着这个方向做出了第一步的努力。运用有着丰富动态结构含义的跨期利润最大化框架，作者使用 12 个 OECD 国家的面板数据进行了联立方程的估计。他们假定生产者在公共资本给定的情况下使预期利润最大化，同时假定私人资本因有调整成本（用产出损失来衡量）而是半固定的(quasi-fixed)。这使得他们可以从 3 种不同的时间维度估计产出、就业和资本对公共资本的弹性：短期，这时私人资本假定是固定的；中期，这时私人资本开始调整；长期，这时所有的私人资本都已经调整到最优水平。他们的结论是，公共基础设施资本对利润有显著的正影响。这个结论对所有时期和所有国家都是正确的。这意味着公共基础设施有节约成本的作用，而在一些条件下节约成本等价于利润的提高。具体而言，他们发现，平均来说基础设施的短期回报很低，而长期回报很高，这意味着在大多数国家从短期来看基础设施供给过少，而从长期视角看，基础设施又供给太多。然而，在样本的后一时期，他们发现，样本中的所有国家长期投资不足的缺口不是已经不存在就是显著地缩小了。这些发现也与此前的国别研究结论基本一致。如 Berndt and Hansson(1992)对瑞典的研究发现，瑞典公共基础设施资本供给过度；Nadiri and Mamuneas(1996)对美国的研究则发现美国高速公路的投资不足在 20 世纪 80 年代末得到显著的缓解。另外，他们对美国基础设施回报率的估计显著地低于 Aschauer 的估计，他们发现 1988 年总的公共资本回报率是 21.5%，这仅仅约是 Aschauer 的 1/6。

在经验研究的同时，理论工作也重新有了实质性进展。在 Arrow 和Kurz(1970)之后，巴罗(1990)构建了一个包含政府公共开支的内生经济增长模型并讨论了实现最高增长率的所得税税率。与阿罗和库兹的模型不同，巴罗假定直接进入总生产函数的是公共投资流量，而不是公共资本存量。在巴罗看来，产出不仅与私人部门的物质资本水平有关，而且政府通过公共开支在基础设施、研究开发以及教育方面的投入也会对产出水平产生积极作用，所以他将税收支持的政府公共支出纳入到内生经济增长模型中。他所给出的结论有力地建立了生产型政府支出与经济增长之间的联系:在柯布-道格拉斯的生产函数下,政府活动能够弥补分散化储蓄的不足并推高稳态增长率。虽然 Barro 只是把基础设施支出看做是政府支出中的一个组成部分,但从中我们可以窥见基础设施在经济实现"内生"增长中的作用。

此后一些理论工作在更复杂的经济增长模型中探究了基础设施的作用(比如, Holtz-Eakin and Schwartz, 1994)。但是这些模型的共同问题是没有解释基础设施的具体作用。相反,通常是假设基础设施或公共资本是另一种单独的生产要素,并与私人物质资本一起直接进入总量生产函数。但这个问题还是被后续的研究提了出来。把基础设施更直接地放在内生经济增长理论框架下并讨论了其具体作用的工作是 Bougheas, Demetriades 和 Mamuneas (2000)完成的。作者把基础设施作为节约成本的技术引入了 Romer(1987)的内生增长模型中。他们证明,基础设施能够促进职业化和长期经济增长,但基础设施对长期经济增长的作用是非单调的。具体而言,基础设施可视为一种能够降低中间投入品固定生产成本的技术,随着分工和中间投入品的数量的拓展,经济获得内生增长动力。但基础设施的投资需要减少用于生产最终物品的资源。因而,即使基础设施的积累可以通过职业化而促进经济增长,但是由于其所用资源的机会成本而对经济增长也起着抑制作用。这两种力量的权衡导致了最终物品投入到基础设施建设的比重与经济的稳态增长率之间的关系是非单调性的。

他们的论文的实证部分提供了对理论模型推论的两方面证据支持。利用美国制造业普查的数据,作者的实证表明分工程度(用四位数制造企业的数量来衡量)与核心基础设施正相关,这与模型的结论一致。同样的结论在跨国研究中也得以发现。使用世界银行公布的对基础设施的度量,他们在控制其他影响经济增长的重要因素并处理了内生性问题之后,发现基础设施与经济增长之间存在着稳健的非单调关系。

另外,众多文献的一个标准假设是公共基础设施通过中性的方式将平均生产(成本)函数向上(下)移动。然而,实际上至少有一些公共基础设施既不在私人部门企业的直接控制之下,也不能被私人劳动和资本要素方便地替代。这意味着这类基础设施资本不应该被作为生产函数的一个独立投入而直接进入生产函数并决定私人产出。对此,Delorme, et al.(1999)做了较为合理的处理。他们认为基础设施的作用并不在于可以成为与资本、劳动力并列的一种生产要素,而是在于基础设施降低了私人经济中的总的技术低效率。作者使用独特的随机前沿方法来构造总量生产函数以检验假说。方法是,先估计随机生产前沿的一阶差分形式,然后再用公共资本–劳动比率的变化率对其做单边残差回归。实证的结果显示,公共资本并不直接影响私人产出,而是能够降低私人部门的低效率,从而证实了他们的推论。这些结论的一个政策含义是,增加公共资本存量不能被用作反周期的政策工具以熨平私人产出的周期性以及就业的不足。相反,公共基础设施投资倒可以成为一个稳定性的政策以降低私人部门生产中的技术低效率。

总结来说,基础设施作为公共支出的一部分,在新古典经济学家看来,通常具有提高利率并挤出私人投资的效应。而对于由新凯恩斯主义和内生增长理论家所倡导的公共资本假说,基础设施对私人部门的产出、生产率以及资本形成有显著的正效应,也就是说,基础设施可能通过提升私人资本回报率而具有挤入私人投资并促进经济增长的效应。

从生产的概念出发,基础设施至少对总产出有 3 种效应。第一,基础设施作为可以度量的最终产品将直接增加产出。例如,油气、水和电力就包含在国民账户计算时的相应产业部门的构成中,而交通和电信则包含在服务部门。第二,作为中间投入品,基础设施间接地提升了所有其他投入品的生产率。土地、劳动和物质资本的生产率都将因基础设施投资方便了商品的流通和能源的供给而提升。第三,在新近发展起来的新增长理论中,基础设施的这些间接作用能够增加正的外部性,考虑到这种外部性,长期的经济增长将会因此而加速。

考虑到如何看待公共支出的作用涉及宏观经济学的根本立足点,分歧仍然激烈,不过基础设施对于成功的经济增长至关重要还是演变成了共识。当然,对于研究基础设施与经济增长关联的学者来说,必须回答的是,两者之间的显著正相关关系到底是说明基础设施提升了私人的产出还是私人产出的增加提升了对基础设施的需求。这个问题虽然被 Eisner(1991)提及并被 Holtz-Eakin(1994)强调,但是仍然很难回答,因为要发展出精确的方法来解决因果关系的方向是很困难的(Wang,2002)。不过,在后文介绍的文献中,不少学者通过联立方程估计较好地处理了内生性问题。

2.有关中国的为数不多的经验研究

虽然,国外有关基础设施与经济增长的文献不在少数,但是基于中国的经验研究还十分贫乏。Démurger(2000)是少数的例外之一。这篇文献试图发现基础设施对中国日益扩大的地区差距的显著解释力。正如作者所指出的,中国地域宽广,由于区位和资源禀赋上的差别,即便是同样的政府发展政策也会带来极为不同的回报,因而,地区之间出现一定程度的差距是很自然的。为了弥补这些客观差异,基础设施对于帮助内陆地区接受沿海地区的辐射就显得极为重要。作者所用的样本涵盖了 1985~1998 年的面板数据。在中国目前的 31 个省份中,海南、青海和西藏数据不全,重庆归入四川,另外,考虑到省份面积对考察交通作用的可能影响,京津沪三大直辖市也没有进入样本。作者的基础设施包括交通和通讯两项内容,都是存量概念(我们在下文将专门讨论基础设施的存量)。其中,交通包括公路、铁路和内陆航运(在回归时,是对这三者加总看每平方公里的公里数),通讯用电话装机数度量。

Démurger 在回归中控制了一系列 Barro 框架下的经济增长变量(许多变量对有关中国地区差距的研究中已经得到验证),并对所有的变量进行了 3 年的加权平均(对较近的年份给较大的权重)。回归使用了固定效应和随机效应(虽然 Hausman 检验支持固定效应)。为了控制内生性并得到一致性估计,作者还使用了两阶段最小二乘法。实证结果发现交通和通讯地区经济增长有着显著影响。通过对各省增长率的进一步分解,Démurger 发现基础设施(尤其是交通)解释了东部地区成功和中西部地区落后中的相当大的部分,并且基础设施对地区差距的影响看上去还有强化的趋势。应该指出, 这个结论与张军和金煜(2005)的发现并不一致。他们发现公路里程与地区经济增长有着显著的负相关。他们给出的解释是,虽然高的公路里程意味着高的基础设施水平,这有利于经济效率的提高;另一个方面,高的公路里程也可能代表省份面积广阔,如中西部地区的一些省份,这实际上可能提高运输成本,不利于经济发展。他们的结论表明,在省级层面上后者的作用似乎更显著。这种分歧表明基础设施的存量对经济增长的影响仍是一个有待深究的课题。

另外,为了考虑随着经济发展基础设施与增长可能出现的非线性关系,Démurge 还对交通加上了平方项。结果显示出了一个倒 U 型的曲线。作者指出,虽然落后省份能够从交通网络的数量扩张中获得好处,但是发达省份可能更应该采取提升现有基础设施质量和更新存量的策略。最后,作者认为,考察基础设施对经济增长的影响,还应该区分开放效应和拥挤效应。前者通过单位土地上的基础设施的密度可以解决,但是后者要考虑人口的密度。作者加入了人口密度和基础设施密度的交互项,但系数显著为负。这意味着,更发达的基础设施能够降低人口拥挤并促进经济增长。

除了以上这篇论文之外,我们注意到的最近一篇文献则考察了基础设施对中国农村经济发展的影响(Fan and Zhang,2004)。在研究中国农业快速增长的源泉时,最早的研究比较多地关注了投入品和耕作制度变化的影响,其后也有文献又考虑了研发投入的影响。与研发投入相类似,政府在道路、电力、教育和其他公共品上的投资也可能是农业增长的重要动力。Fan 和 Zhang(2004)认为,忽视这个公共投资的因素,将会导致有偏估计。中国农业发展的一个重要特征是非农产业的发展,资本和技术固然可以解释其中的一部分,但是基础设施显然也是重要的解释维度。另一方面,中国的地区差距日益加剧,基础设施的地区差距好像是一个被大部分研究所忽视的因素。

利用新近得到的农业普查资料和其他的官方数据,Fan 和 Zhang分别估计了中国农村中的农业和非农部门的生产函数,并分解出地区间生产率差异的源泉,特别估计了基础设施对地区间生产效率差异的解释程度。我们知道,农业普查资料(报告的是 1996 年的截面数据)与年度的统计年鉴有不少的差异。在农业普查资料中,只有 15 个省市的县级数据,即北京、天津、陕西、黑龙江、上海、江苏、浙江、福建、江西、山东、湖南、四川、西藏、山西和宁夏。该文使用的基础设施数据涉及每千人拥有的乡镇公路里程、人均电力使用量和每千人的电话门数。从普查资料提供的数据直观地来看,经济发展水平和基础设施的发展水平非常一致。除去京津沪三大直辖市(重庆归入四川)以外,基础设施东西部差异明显而巨大。另外,在教育水平和研发投入上,农业普查资料也揭示了类似的地区分布特征。

作者用了联立方程组对农业部门的生产函数和非农部门的生产函数进行了联立估计,其中生产函数使用的是柯布–道格拉斯生产函数,同时在控制了土地、劳动力、灌溉、施肥、机械等变量之后,度量基础设施的变量都是统计显著的。在分解地区生产率差异的过程中,Fan 和 Zhang 解释的是各个省份劳动生产率与全国平均水平的差异。

他们发现道路对东部农业地区的解释力远远小于通讯,在农业生产部门道路的贡献甚至为负,在非农部门也几乎没有解释力。基础设施的作用主要是通过通讯渠道起作用的。其中在农业部门对东部地区的贡献为20%,在非农部门对东部地区劳动生产率的贡献为54%。从总的农业部门来看,基础设施解释了40%以上的地区劳动生产率的差异,但对西部地区则只能解释它的10%。应该指出,这些发现与Démurger(2000)有较大差异,并且基础设施对中部地区的反常解释力以及巨大的残差项表明这项估计还很不完善。

骆许蓓(2004)应用静态比较均衡模型,着重讨论"需求拉动"对中国经济发展的作用。以省份 i 为例,根据重力模型,假设其对省份 j 的进口量与省份 j 的经济规模(以省份 j 的国民生产总值为衡量标准)成正比,与两省份间的运输成本成反比。进一步,两地间运输成本不仅取决于其实际距离,而且取决于其基础设施发达程度。一般而言,以交通网络密度(包括公路密度和铁路密度)作为衡量交通运输便利程度的标准,调整后的两地距离更能反映运输成本。据此,作者定义了省份 i 的国内调整需求。随后,作者以全国 28 个省份(排除海南和西藏,重庆并入四川)1990~1998 年的面板数据,控制了人口规模和人口质量之后,发现外部需求(包括国内伙伴省份需求和国外需求)对沿海省份经济发展的促进作用强于对内陆省份的促进作用。

最后,作者模拟分析了各省提高 10%的交通运输网络密度对全国经济发展的影响以分析其对整体经济的拉动作用并进一步细分了交通分别对沿海地区、内陆地区和西部地区经济发展的影响。模拟数据分析结果表明,交通运输设施的改善对全国经济的促进作用主要集中于沿海省份本身。作者指出,基于中国沿海内陆间既有的发展差距,沿海省份相对于内陆省份持续的高速发展必将扩大地区发展的不平衡状况,对整体经济的长远稳定健康发展容易造成不良影响。

此外,范九利、白暴力(2004a,2004b)以及范九利、白暴力、潘泉(2004)用中国全国总量数据和地区数据进行了基础设施与经济增长关联的一系列检验。他们所使用的基础设施包括如下 5 个部门或行业:电力、煤气及水的生产和供应业;交通运输、仓储及邮电通信业;地质勘察和水利管理业;城市市政公用设施(未含煤气、水的供应和生产,计入电力等行业);国家机关、政党机关和社会团体。农、林、牧、渔业、采掘业、制造业等11个部门被定义为非基础设施部门。限于存量数据的可得性,他们根据投资流量数据和永续盘存法分别构造物质资本和基础设施资本存量,并从总资本存量中扣除基础设施资本获得其他物质资本存量。通过建立一个二级三要素(基础设施资本、其他物质资本和劳动力)的 CES(固定替代弹性生产函数)生产函数,他们利用 20 世纪 80 年代以来数据估计了有关生产要素对 GDP 的影响以及基础设施对其他生产要素的替代弹性。他们得到的实证结论是,与 As-chauer(1989)早期的研究结论相似,中国基础设施资本具有显著的增长推动效应,其产出弹性大约为 0.695,大于非基础设施资本和人力资本的产出弹性,并且,包含基础设施资本要素的生产函数表现出显著的规模报酬递增特征;最后,基础设施对其他要素有很强的替代弹性。

不过,联系到我们对国外文献的回顾,他们的结论同样是"太好了而不可信"。总而言之,由于忽略了内生性等许多重要问题,经验的研究还需要进一步深入。另外,因为研究的薄弱,经济学家对过去 20 年来中国在基础设施投资、水平和地区分布上的变化等问题知道得还不够多。最近 10 年来,与印度、巴西和俄罗斯相比,中国毫无疑问大大改善了基础设施水平。但是,实现这个改善背后的机制是什么? 是什么因素导致了基础设施投资的快速增长? 这些问题需要我们去关注并研究基础设施投资的决定因素。

3.基础设施投资决定的政治经济学

在评论 Aschauer 关于基础设施高回报率时,Gramlich (1994)写道:"如果公共投资真的如此有利可图,那么私人部门不会叫嚷着要求公共部门通过税收或者发行债券去建造公路、铁路和下水道以便产生这样高的净回报吗? ⋯⋯然而,这种压力还很少看到,即便计量的结果表明回报率非常之高。"实际上,虽然刺耳的叫嚷不多见,但是有很多研究的确已经发现证据表明存在一些较为安静的游说活动。更为重要的是,很多时候,政府在进行基础设施投资时,效率并不是唯一的考虑,基于公平甚至是政治方面的考虑意味深长。

正像我们在前面提到的,由于内生性问题,近来的许多文献更多地使用了联立方程组,尤其是利用一国地区的面板数据的研究成了主流①。在这些文献中,焦点有可能仍然是估计基础设施的产出弹性和回报率,但是基础设施的决定也是其一个重要的副产品。并且,有一些重要文献直接研究了基础设施投资的决策过程。

虽然有一些更早的文献②,不过我们还是更愿意从 Cadot, Röller 和 Stephan (1999)开始,因为他们直接而全面地研究了基础设施投资的决策过程,并有力地影响了后续的研究工作的方向。在这项针对法国的研究中,Cadot 等人考虑的视角是,有大量沉没成本的企业对这个地区的基础设施水平有很大的利益关系,这些企业因此就会比沉没成本较小的企业更有积极性去游说政府维护和更新基础设施。有 3 个方面的理由。其一,有大量沉没成本的企业通常为远处的市场生产更多的产品并需要大量的原材料,因而对基础设施有更强烈的需求。其二,有大量沉没成本的企业通常总部设在巴黎,这样更方便游说。其三,大企业的集体行动的能力要大于许多小企业的集合。另一方面,从政府决策的角度,其中的机制可以看成在位的政府官员把基础设施卖给当地的游说者, 游说者则通过竞选活动的捐赠来支持其竞选作为支付。另外一个影响基础设施决策的因素是政治属性。如果地方政府碰巧和国家政府执政党在政治倾向上是一致的话,那么地方政府就能更有效地为选民代言,从而对基础设施的需求就更容易得到实现,基础设施投资就可能增加。

作者用两个指标来表示游说的效应。一个是每个地区大企业的数量,另一个更重要的指标是哑变量:当地方政府议会的多数派和国家执政党政治倾向是一致的话(即同是左翼或者同时右翼),就等于 1,否

---

① 就我们所掌握的文献而言,Duffy-Deno 和 Eberts(1991)是这方面较早的研究。他们考虑到了公共投资和个人收入的关联,并认为公共投资可以通过地区生产过程影响个人收入。同时他们认为,公共基础设施的水平取决于中位家庭效用函数中消费品的多少。因而,他们认为公共投资和个人收入应该被联立估计才对。他们用这两个方程联立起来对美国 28 个大城市 1980~1984 年的数据进行了回归。结果显示,公共投资以及公共资本存量对私人收入有正的影响,同时个人收入对公共投资也有正的影响。

② 在分析公共投资决定的文献中, 需要提到的有,Holtz-Eakin 和 Rosen (1989,1993) 以及 Petchey, et al.(2000)等。但是这两个文献都是研究总投资支出决定的,与研究支出在地区间配置关联不大。另外,使用美国 1978~1988 年的数据,Crain 和 Oakley (1995)研究了政治制度和政治过程是如何影响公共资本和公共投资的。他们发现,诸如任期限制、公民的热情以及预算程序等是决定州公共资本存量和公共投资的重要因素。

则为 0。在基础设施方面，该文仅涉及交通基础设施，其中包括铁路、高速公路、水运基础设施。虽然，机场建设的数据理应加入，但是由于数据可靠性问题作者并没有这样做。因为缺乏地区层面的存量指标，作者使用投资流量的数据用永续盘存法构造了存量数据。另外，为了减少误差，作者把原始流量数据追溯到了 1975 年。作为误差的验证，他们用估计出来的地区基础设施存量数据加总之后与国家总量数据相比较，发现两者的差别微小。文中使用的样本是 1985~1991 年法国 22 个地区中的 21 个地区(因数据质量问题而丢弃了一个地区)。

实证的结果显示，游说效应的两个变量都在统计意义上是显著的，并且系数很大，这意味着，游说活动的确是跨地区交通基础设施投资配置的重要决定因素。同时，即便是控制了不同地区政策影响力的大小，或者强加了一个地区生产率水平收敛的外生假定之后，这项研究也没有发现什么证据表明对基础设施投资的效率考虑(即最大化基础设施支出的经济回报)是重要的决定因素。

不难想象，基础设施的投资与财政分权或者财政联邦制(fiscal federalism)有关。不过长期以来，关于财政联邦制对基础设施政策影响的文献基本上讨论的是基础设施在不同层级政府供给的最优原则(比如，Hulten and Schwab, 1997)。然而，正如 Cadot, Röller 和 Stephan (1999)所指出的，现实中的基础设施的决策是否是基于这样的效率标准的考量仍然是一个悬而未决的问题。Kemmerling 和 Stephan (2002) 采用 Cadot, Röller 和 Stephan (1999) 以及 Crain 和 Oakley (1995)的方法将基础设施的生产率效应及其决定与财政联邦主义的政治经济学分析结合了起来，实证考察了决定基础设施投资的其他潜在决定因素并将它们与传统的效率主张相比较。

Kemmerling 和 Stephan 假定影响基础设施投资决策的因素有三个方面：一是议员为利益群体争取地方建设经费，从而影响基础设施投资决策，这与投资所在地企业的影响力有关。二是由于不同层级的政府的政治派系(affiliation)的异同而造成的基础设施投资的拨款在不同政府间的配置扭曲。三是由选民立场的摇摆而对投资拨款资金配置的扭曲。所有这些影响使得地方基础设施投资决策最终有可能显著偏离最大化社会福利所要求的最优配置结构。

例如，在德国，60%的公共基础设施是由地方政府而不是联邦政府或者州提供的。因而，该文使用的地区数据(实际上是城市数据)有足够的理由。德国市一级的基础设施投资由两部分组成：自主投资和对上级政府的拨款投资。自主投资取决于市政府的决策，而拨款则主要由联邦政府决定。后一部分投资所占的比重越来越大，作者分别对这两部分投资的决定用联立方程方法进行了回归。具体而言，为了考察基础设施投资、政府拨款资金、地区制造业产出、政策和游说变量之间的关系，Kemmerling 和 Stephan 用 1980 年、1986 年和 1998 年德国 87 个城市的数据对 3 个方程进行了联立估计。首先是生产函数：

$$Q_{it}=f(t,K_{it},L_{it},G_{it}),(\ i=1,\cdots\cdots,N,\ t=1,\cdots\cdots T)$$

其中，Q 是产出，t 是时间哑变量，K 是私人资本，L 是劳动力，G_{it} 是城市的基础设施存量。

其次是基础设施投资的决定方程。其中，上级拨款资金也同时进入方程，作者想检验的关系第一是，上级的拨款与城市政府自主投资之间的关系是互补的、替代的还是中性的呢？虽然，拨款中的大部分是配套资金，但是拨款和地方政府投资之间并不一定就是正向的（互补的），因为，考虑到上级政府对项目的划拨资金，地方政府或许会减少自主投资。这样，每种关系都可能出现。第二个问题是：城市政府的基础设施支出也应该反映城市居民的偏好。比如，有更多车主的城市可能更多地投资于交通基础设施。第三个假设是要检验地方政府在基础设施上的支出对政府间的转移支付的增加更敏感还是对自己税收的增加更敏感。第四个假设源于 Cadot, Röller 和 Stephan（1999），即检验制造业企业的数量对基础设施投资的决定，因为，制造业对基础设施有更大的需求，并可能有更大的游说能力。第五个决定基础设施投资的假设是，城市议会中的政府多数派的稳定性。如果地方政府想要收买地方"立场摇摆的投票人"（swing voters）的支持，那么市议会中多数派越小，则支出在基础设施上的投资越多。基础设施投资的第六个可能影响因素是，基础设施投资对当地产业预期生产率的效应。如果政治家的确在意基础设施项目的效率，那么就应该发现在基础设施项目的预期生产率效应和基础设施的实际支出之间就应该有一个正向的关系。

最后是中央政府拨款分配函数的决定。第一个可能的影响因素是政府间资金的划拨是基于效率标准还是基于公平标准。相应地，作者在模型中用预期的基础设施项目的生产率效应作为效率标准，并加入了收入变量考查再分配即公平这个维度。政府官员配置拨款也可能完全出于自利的考虑，即上级政府官员配置拨款时最大化自己再次当选的概率。第二个影响拨款给地方政府进行基础设施建设的因素就是考察上下级政府的政党的派系差异。因为，性质相同的政党至少能够节约上下级之间的谈判成本。第三个影响因素是，考虑边际选票的价值。如果一个城市在选举中的地位越重要，则它将获得越多的拨款，也就是，如果有大量的选民对两个政党都没有特别的倾向，那么他们就可能被拨款所收买。作者用上一次选举中两党在一个城市中的得票数来考虑，如果两党所得的选票更加接近，则这个城市将从上级政府获得更多的拨款。最后，制造业企业的数量也是影响拨款的一个待定因素。

显然，同其他研究一样，Kemmerling 和 Stephan 的工作同时涉及基础设施的存量和流量。固定效应的面板分析发现：公共资本是地方产出的重要投入；一个城市议会中的多数与其上级政府的多数有相同的政党性质时，该城市获得更多的基础设施建设的拨款；边际投票者对城市选取有决定作用的城市既没有进行更多的基础设施投资也没有获得上级政府更多的投资拨款，相反，政府中的多数派越大，支出在基础设施上的越多；上级政府出于公平角度考虑的配置拨款也是重要的，然而，出于效率的考虑（把资金投到生产率最高的地方）显得相对次要；上级政府的拨款没有引致更多的自主投资，因而两者之间没有互补效应；地区之间在人均基础设施上并没有一个趋同的态势。

因而，地方利益集团的影响力确实是拨款在政府间配置的重要决定因素，这使得政策结果有可能显著地偏离最优情况。但是，利益集团的政治影响力因素并没有在法国（Cadot, Röller, and Stephan, 1999）和美国（Grossman, 1994）明显地被发现。虽然政党的同一性有一定的解释力，但"立场摇摆的投票人"这种机制在实证中并不显著。这意味着拨款在更大程度上被州政府用作奖励它们的政治选民，而不是赢得选举的策略性工具。地方政府的稳定性与所获得拨款数额之间的正向关系更加支持了这一推论。最后，值得强调的是，许多研究公共资本生产率效应的文献把基础设施作为产出的一个内生因素，并忽视了基础设施政策形成过程中的政治经济学因素。然而，联立实证的结果是，两者是相互促进的。

下面我们来关注更直接地研究基础设施投资在地区间配置的文献。显然，政府在将基础设施投资在地区间分配的时候，通常比在其他方面有更大的决定权和自由度。因而，基础设施投资在地区间的配置更容易受到政府目标的左右。一般而言,政府可能遵循的标准是:基础设施投入所带来的联动效应,或者政府倾向于将基础设施投资到产出水平更低的地方以促进公平。这是基础设施投资决策中的效率与公平的决策。当然,政府对基础设施资金的配置很可能仅仅是出于政治上的考虑。这些标准之间显然通常并不一致,如果能够计算出各地方的生产率的话,以促进效率为目标的政府就应该把基础设施投资到效率最高的地方;而如果地方政府有平衡地区经济的目标,就应该把基础设施投资到较为稀缺的地方。这是传统经济学对政府目标的善意假定。可是,正像前面的文献所表明的,我们没有理由作这样的假设。那么,政府在决定基础设施的地区分布时到底对三者分别赋予怎样的权重呢?

Castells 等人(2005)最近的研究考察了公平效率之间的权衡以及政治因素这 3 个维度在决定基础设施投资地区分布中的作用。这个最新的文献讨论了基础设施在地区间分布的决定,尤其是从政治过程加以阐释。他们通过可以观察的基础设施的配置来考查其背后的政治动机所起到的作用。Castells 等人从在各个地区进行基础设施投资的政治生产率(politic productivity)入手来考查政治动机,政治生产率高是指基础设施投资能够赢得"立场摇摆的投票人"的选票,帮助在位者再次当选或者获得晋升[1]。为了考查这种政治上的考虑,作者假设了 CES 形式的社会福利函数来表示社会选择规则:

$$W_t = [\sum_i N_{it} \Psi_{it} (Y_{it}/N_{it})^{\Phi}]^{1/\Phi}$$

其中,Φ 表示对不公平的厌恶程度,其取值范围是 $-\infty$ 到 1。当其趋于负无穷时,政府实行完全的公平做法,而当它等于 1 时,政府只关心效率,中间状态是取 0,即是柯布-道格拉斯形式。Ψ 可以因为地区的不同而不同,取决于各地区本身的特征。Ψ 参数反映了地方政府对公平效率权衡这个维度的偏离程度。因而,这个参数的大小是文章关注的重点。如前所述,这种偏离的大小主要决定因素是,基于基础设施投资的政治生产率考虑的对投票的影响。因而,这个目标函数同时反

映了政府在公平效率之间的权衡以及出于政治因素而对这个权衡规则的偏离。作者假设了下面的生产函数：

$$Y_{it}=P_{it} \cdot f[K_{it}, L_{it}, T(X_{it}, Z_{it})]。$$

其中，Y 是产出，P 是技术（希克斯中性的），K 是资本，L 是劳动力；T 是交通为一个地区内部提供的服务，而交通服务作用的大小取决于政府的基础设施的投入 Z 和交通工具的多寡 X。i 表示地区，t 表示时间。

在用西班牙的面板数据(1987~1996)所做的实证研究中，作者检验了决定基础设施投资分布的主要决定因素。文中的基础设施局限于交通基础设施，包括公路、铁路、港口和飞机场，涉及投资流量和资本存量两个方面。选择交通基础设施有两个理由：它几乎占据了西班牙统计账户中所包含的生产性基础设施的 70%，并且现有文献对西班牙生产函数的分析表明，交通基础设施对产出的作用最大。基于这样的理论框架，作者估计了两类不同的方程，一类针对了总的交通投资，包括对公路、铁路、港口和机场的投资，另一类仅针对公路，公路占据了交通投资的一半以上[①]。

文章关键性的政治变量分为选票的生产率(electoral productivity)和党派支持(partisanship)两类。有待检验的假说是，政府将把投资分配给边际选票所得较高的选民。在文章中，作者假设一个地区的选票生产率由以下 4 个因素决定：一是该地区增加一张选票成为决定性选票的概率（在中央基础设施投资方程中由一个哑变量来表示，有关键性选民的地区取 1；在地区基础设施投资方程中，该概率以地方政府中主要政党的比重与 50% 之差的绝对值衡量）；赢得或者失去关键性选票的概率；参选率（参选人数占总人口的比重）以及对立场不坚定的投票人的影响程度（当产出改变时，选民改投选票的概率）。这 4 个变量依次以 g、r、t、f 表示，并作如下处理：

$$\ln \Psi_{ik}=\beta_j \ln(g_{ik} \times r_{ik} \times t_{ik} \times f_{ik})=\beta_j[\ln g_{ik}+\ln r_{ik}+\ln t_{ik}+\ln f_{ik}]$$

第二类是党派支持变量，如果政治考虑是重要的，那么政党会把更多的资源配置给它们获得更多支持的地区。显然，这个可以用在位

---

① 回归时的被解释变量有中央政府(或地方政府)进行的交通投资除以上一年的基础设施的存量；中央政府(或地方政府)进行的公路投资除以上一年的基础设施的存量。

者从各个地方所得到的选票来度量。除此之外，作者还控制了地方政府的预算约束以及政党的左右性质等控制因素。为了克服内生性问题，计量技术上使用了广义矩方法(GMM)并用滞后的水平变量作为工具变量。

结果显示，无论是在中央政府还是在地方政府都希望在分配基础设施投资时去平衡公平和效率。地方政府似乎更加在意效率维度，虽然这个结果可能是因为，在样本期间，西班牙的中央政府一直被左派政党掌控，而在地方左派并没有完全控制地方政府。一些技术条件(比如，产出-车辆比，对基础设施的使用水平)同样影响交通基础设施的产出效应。然而，政府对公平与效率的权衡并不是故事的全部。在配置地区基础设施的投资过程中，选民规模也是重要的决策变量，并且政府在选票生产率更高的地区会进行更多的基础设施投资。这些结论与Cadot，Röller 和 Stephan(1999)对法国的研究有不少相同之处，但是也有明显的区别。最大的区别在于西班牙的政府似乎更加关注公平和效率这些"正当"标准。

此外，Mizutani 和 Tanaka(2005)提供了对日本的一个经验研究[①]。这项研究试图回答如下问题：公共资本是否增加私人部门的产出？诸如政治游说等因素是否影响公共基础设施投资的分布？如果政治因素的确影响公共资本投资的区位，那么哪些又是主要的因素？文章使用的联立方程组对涵盖日本 46 个县的面板数据进行了回归。回归方程包括生产函数，中央政府公共基础设施投资函数以及县政府公共基础设施的投资函数[②]。样本期间从 1975~1995 年，并且每 5 年分成一个时段，总共有 5 个时段，这样整个样本数为 230 个。

文中的公共基础设施包括公路、港口、飞机场、堤岸以及水坝。铁路和发电厂被排除在外，因为在日本它们是由私人部门建造的。其中，公共资本存量的变量包括 4 个产业公共资本存量的总和：公路、港口和机场、农业(比如农业、林业和捕渔业的公共设备)以及土地的固定

[①]　此外，Kamada, Okuno 和 Futagami (1998)也研究了日本影响公共投资地区间配置的因素。他们用日本的十个地区从 1955 到 1986 年间的数据做了研究。使用的解释变量有人口增长率、人均收入的增长率以及地区收入不平等指数等。他们发现，地区收入不平等是决定公共投资的一个重要因素。

[②]　方程设定与 Kemmerling 和 Stephan(2002)相似，详细内容省去。

投资(比如大坝和堤岸)。国家层面和地区层面的基础设施存量的定义是一致的。数据来自相关的统计年鉴。流量用政府投资表示,国家和地方政府的投资分别也是上述4个方面的投资总和。数据来自日本建设部的报告。

实证结果发现:首先,公共资本存量对生产率有稳定的促进作用;其次,公共投资和私人生产率之间的关系在中央政府和地区政府之间是不同的,中央政府可能更倾向于效率导向的投资,而地区政府似乎更倾向于公平导向的投资;第三,公共投资和人均公共资本方面的结果正好相反,中央政府更考虑公平因素,而地方政府更在意效率导向;第四,国家和地区政府私人投资具有互补性;第五,关于游说因素,没有发现一致性的结论。不过,建筑行业的游说因素能显著地刺激中央政府的投资。在中央政府层面未能发现清楚的政治因素对公共投资的作用,但是在地区政府的投资函数中,政治因素对投资有正的影响。最后,中央政府基础设施建设资金促进了地区政府的投资。

如前所述,针对发达国家的研究基本确认了基础设施能够开拓新的市场、降低私人部门生产的成本、节约交易费用并能促进竞争,对经济增长有重要意义,同时在决定基础设施投资规模和区位分布时,虽然各种因素交织在一起,但是不少研究还是发现政治因素常常导致投资偏离最优分配的结构。那么,发展中国家的情况是怎样的呢?虽然越来越多的证据表明对基础设施的公共投资对经济发展具有持续的重要性,但是越来越多的文献表明,在欠发达国家,基础设施投资并没有达到最优水平。在一篇长达84页的工作论文中,Randolph,Bogetic和Hefley(1996)使用1980~1986年涵盖27个落后和中等收入国家的面板数据和时序数据研究了决定基础设施投资的各种因素。

他们的被解释变量是政府在交通和通讯上的人均支出(用1980年的美元计算),文中涉及大量决定政府基础设施投资的解释变量。一类是描述经济特征的变量。它包括:①现有基础设施的存量。它对人均基础设施支出可能有两个方向相反的效应。一方面,因为基础设施支出的回报递减,因而,政府从中得到的好处会随之下降,会导致现在的支出减少。另一方面,较高的存量要求要有后续的弥补折旧的支出,因而两者之间可能存在互补性。最终的结果需要计量来检验。他们使用了两个存量指标,一是公路与铁路的总里程与人均GDP(1980年美元价值)的比重。二是用永续盘存法估计出来的总的资本存量(其中包括私人资本）。②人口密度。用每平方公里的人口表示。人口密度低要求要有更多的交通和通讯的投入,然而,密度不高时,诸如下水道和医疗设施的投入可能并不需要,从而节约基础设施投资。最后,规模经济因素使得人口密度更大的国家会有一个更高的最优基础设施的水平。③城市化水平。如果基础设施供给的规模效应显著的话,那么,城市化水平越高人均基础设施可能越低。但也可能有相反的效应,即基础设施投资可能会随着城市化程度的提升而上升。另外,考虑到通常存在的城市倾向,城市化高会提高人均基础设施的支出。④城乡结构。城乡之间的差异推动人口在城乡间转移,并影响政府增加城市的基础设施支出。另外,政府为了限制人口向城市的过快转移会通过增加基础设施投资来提升农业生产率,从而抑制农村人口的流出。这些都意味着城乡差距越大,基础设施支出水平应该越高。作者用城乡人口流动率(即城市人口增长率减去总的人口增长率)、农业人均 GDP、农业占 GDP 的比重这 3 个指标表示城乡结构的动态转换。⑤劳动参与率。该变量用劳动力人口除以总人口表示。公共基础设施支出会影响企业对劳动力的需求和每单位有效劳动的工资。劳动参与率和公共基础设施支出的关系取决于劳动和基础设施投资之间是互补关系还是替代关系。

其他反映经济结构的指标包括:①经济发展阶段。用人均实际 GDP 或者实际收入表示。基础设施通常都是正常品,而经济发展的升级也会提升基础设施投资的回报率,并且它和基础设施支出是正向关系。②国内财政平衡。③国际账户平衡。④对外部门的规模。用进出口占 GDP 比重衡量。在有些发展中国家关税是政府的重要财税来源,因而,对外部门大意味着政府有能力提供更多的基础设施。另外,基础设施能够提升国家竞争力,从而扩大出口。这样,对外部门应该与基础设施支出成正向关系。⑤贸易条件。⑥政府的债务规模。⑦制度。他们用公民实质性地参加政治的程度和公民能自由地表达观点两种自由来度量。但它们与基础设施支出的关系并不明确。一方面,较完善的制度降低了交易费用,从而增加了私人供给基础设施的可能性;另一方面,制度的完善促进了私人经济发展,从而增加了对基础设施的需求。出于世界银行的政策考虑,作者还考察了政府目标的指标,即减少贫困努力的影响。政府减少贫困的政策会增加基础设施支出,但是如果是通过健康、教育或增加社会的安全等方式减少贫困的话,则基础设施支出也可能是减少的。

他们的结论是：人均基础设施支出对经济发展阶段、城市化水平和劳动参与率最为敏感。它们的系数都很大。这3个因素中，劳动参与率对基础设施的支出水平的影响最大。用人均GDP衡量经济发展水平，则基础设施支出与之成正向关系。如果人均GDP用购买力平价进行比较的话，两者的关系是严格线性的。较高的城市化水平和劳动参与率与较低的人均基础设施支出相联系。对外部门的规模、城乡结构以及基础设施的存量水平也是人均基础设施支出的重要决定因素。对外部门越大，人均基础设施支出水平越大。城乡结构反映了人口转移的水平，它增加了人均基础设施水平。基础设施存量越大，人均基础设施支出越高。更高的人口密度与更低的基础设施支出相连。制度越完善，中央政府基础设施支出越大，但是，当基础设施水平较低时，基础设施支出会随着制度的完善而下降。预算赤字不影响中央政府的基础设施支出，但是却与预算支出有正向的关系。中央政府基础设施支出显著地与外向的经济相关联，但是中央政府基础设施支出和外向的程度大小没有明显的关联。最后，中央政府反贫困的努力影响着它在基础设施支出上的规模。

或许我们还应该从更宽阔的视角考量基础设施的决定问题。毕竟，基础设施不仅仅是现代社会的专利。North和Thomas（1973）以来的政治学家和经济学家的研究都发现，政府对不干预私人产权方面的承诺是一个国家长期经历资本投资的关键。正是从这个角度，Henisz（2002）使用100多个国家长达两个世纪的数据研究了基础设施投资的决定。这里的关键基础设施指的是电话装机数以及发电量的兆瓦。文章中使用的政治约束是指政策改变的可能性，也就是说，任何一个部门的偏好改变在多大程度上能够改变政府的政策，这可以用那些拥有否决权的政府部门的数目来代替。

结果表明，政治环境是解释国家间关键基础设施投资差异的重要决定因素。这意味着，政治环境不仅在近代是重要的，而且在19世纪也是重要的。回归的结果显示，把制度环境加入回归模型之中，显著地改进了模型对下列事实的解释能力：为什么有的国家首次投资基础设施的时间比其他国家早？为什么基础设施投资会持续增长？

另外还有一组与发展中国家基础设施投资相关的文献。新近的一些研究发现，有时政府会主动地做一些事情，会十分积极而且清廉地帮助私人部门提高生产率并进入国际市场，比如在东亚的韩国和中国台湾。这种政府在文献里被称为"发展型政府"(developmental states)。Evans(1992)认为,国家官僚的职业化是政府成为"发展型政府"的必要条件。Evans 发展了一些可供实证的指标,公务员考试的比重、报名者的通过率以及官员的平均任期。官员职业化可能有两个方面的影响。其一,它抑制了政府对经济发展的负面影响(限制寻租活动)。其二,政府任期的延长以及职业化能够改善政府提供基础设施的激励,因为这样有助于仕途(career building)。一些作者实证检验了第一个方面,而 Rauch(1995)主要研究了后一方面。具体而言,他研究了美国在 20 世纪的前 20 年政府支出中用于道路和供水这些受益周期比较长的支出的比重。

在作者构造的一个简单城市增长模型中,经济增长仅仅取决于城市政府的决策。投资于新的基础设施会吸引可贸易部门私人资本的投入并吸引劳动力迁移和就业,从而推动城市发展。假定利息和工资不变。城市官员可以从城市生产过程中在投入和产出两方面获得好处。投入方面的好处是指派工作和回扣,产出方面的好处是选民的满意度以及威望和权势的提升。假定政府当期的收入完全来自现有公共服务所收取的费用。需要研究的问题是,在能带来当期好处(警察、火灾防范)的支出和投资基础设施之间,政府怎样分配其收入呢?

美国在这个所谓的"进步时代"出现的 3 种变化是,第一种是文官制度的出现。城市公职人员必须要通过考试,这是官员职业化的核心。第二种是委任制政府的出现(1901 年),通常由 5 个接受委任的人取代市长、市议会以及其他的被选举出的官员,他们每人在自己的权辖内同时有行政权和立法权。第三种改革是城市管理者政府的出现(1908 年)。在这种体制下,城市管理者被城市议会指派并对其负责,总揽城市大权。显然,实行文官制度的政府和后两类政府是有重大区别的。在 Rauch 看来,"进步时代" 这 3 种制度的并驾齐驱提供了一个天然的试验田。

文中的基础设施变量是道路和饮用水以及下水道上的支出占总支出的比重。加入时间哑变量之后的城市固定效应模型的回归结果显示,实行文官制度的城市,其基础设施投资的比重要高于没有实行文官制度的城市,改革的结果提升了用于基础设施投资的比重,同时提升了城市经济的稳态增长率。后两种政府治理模式则完全反过来。这表明,政府任期时间越长,越有可能把更大比例的政府资源投入基础设施这样的项目中。

另外,决定政府进行周期长的基础设施投资的另一个因素是政府的时间偏好,或者是在评价项目时所采用的折旧率大小。Arrow 和 Lind (1970)认为,由于政府分散了公众的风险,因而政府应该采用一个较低的折旧率,这将导致更多地投资于基础设施这种时间跨度大的项目。再有一个解释是,政府所采用的折旧率反映了利益集团的偏好(Weingast, et al., 1981)。

与这组文献相对的一个政治学视角是考虑基础设施决定中的策略性考虑和行为。Glazer(1989)认为,与个人决策不同,理性的投票人在公共领域会更加偏好基础设施的投资并不是因为风险规避、利他主义、收入差距抑或是利益集团的影响,而是出于下面两种原因①。首先是承诺效应。假设对于当期关键投票人来说,在当期进行持久的基础设施投资与在当期和下期分别进行两项短期投资(不形成固定资产)是无差异的,但是两项短期投资的成本要小于进行基础设施的投资。显然,当期投票人的最优选择是,在两期分别进行两项短期投资。然而,他预期如果本期选择短期投资,那么下期的短期投资将可能被否决,这时,他在当期可能进行一个次优的选择:投资于基础设施,以避免最坏情况的出现,即下期不能投资。

其二是效率效应。假设当期关键投票人在第一期对于进行基础设施投资还是短期投资是无差异的,而他预期如果当期进行短期投资,则第二期投票人将选择继续进行一次短期投资。如果投资具有规模经济性质的话,即一次基础设施投资的成本小于两次短期投资的成本,那么,即便当期投票人认为当期进行基础设施投资是不经济的(成本大于收益),他也还是会进行偏向基础设施投资的选择。显然,承诺效应和效率效应所造成更多地投资于基础设施而不是短期的公共支出,并且,这种扭曲是由于公共选择中的策略行为导致的,不会成为个人理性决策的决策,因而是次优的。延续 Glazer(1989)的思路,Crain 和 Oakley(1995)考虑了策略性的财政政策,即当期的投票者考虑后来的投票者可能作出的选择,这也将影响政府的基础设施投资决策。

---

① Glazer(1989)的模型十分正式,这里的表述主要转引自 Crain 和 Oakley(1995)的一个注释。

总而言之,与纠缠于基础设施的产出弹性、是否供给不足以及基础设施与经济增长因果方向的传统的经济学研究文献相比,研究基础设施的决定因素显然意义更加丰富和重要。即便是基础设施投资是内生于经济增长的,对于经济学家而言,重要的任务就是要解释这个"内生"过程是如何发生的。有关经济学和政治学的交叉研究的文献越来越关注了这个"内生"过程,这些文献深信,基础设施的投资决策(包括更一般的经济政策的制定)应该从在位政府官员最大化其目标函数中来寻求解释。这就要求把政策的制定看作是一个内生的而不是控制变量。实际上,经济学家面临的问题不是什么是应该要去做的,而是政府官员实际在做什么以及为什么要这么做。

四、中国的财政分权、政治管理和地方政府面临的激励

改革开放以来,尤其是 20 世纪 90 年代之后,中国的基础设施水平发生了翻天覆地的变化。交通运输、通讯、能源供给和城市的基础设施等日新月异。基础设施水平的持续改善本身就是中国经济发展的一个重要内容,也是对增长的一个非常重要的测度。以交通为例,就在 15 年前,似乎还没有人敢于奢望今天的基础设施所达到的水平以及更新的速度。在 20 世纪的 80 年代,甚至到 90 年代初的时候,中国人出门旅行还必须依赖破旧不堪的火车,并要为买到火车票而大伤脑筋。而今天的根本不同却是,每天乘坐大巴而行驶在高速公路上的人数可以高达数百万。

为了更好地解释中国基础设施的改善缘由,我们需要研究基础设施投资的决定因素。从前文我们对现有文献的回顾中可以看出,基础设施投资的决定是一个需要联系到政治过程的问题,这大概是因为基础设施的性质决定了对它的投资决策多为政府做出并且与公共财政相连。因此,研究基础设施投资的决定,必须研究决策得以做出的制度激励和政府治理的模式。一句话,需要从政治经济学的视角寻找解释的线索。在本节,我们将讨论那些影响基础设施投资决策的体制环境和政府治理模式。

可是,必须指出的是,研究中国基础设施投资决定的政治经济学

与现有文献对欧美国家的研究有一个显著的不同。对欧美发达国家而言，由于政治分权和财政分权的体制高度成熟和稳定，因而经验研究更多地关注公共财政资源向基础设施领域的分配如何受到选民或者党派行为的影响。这在我们前面对西方现有经验研究的文献回顾中体现得非常明显。但是，对我们的研究而言，我们考察的是一个特定的转型经济体，它经历了经济分权和财政分权的过程，但在政治上它又是高度集中的。另外，与现有的文献还有所不同的一点是，在地方上，基础设施的投资决策似乎更多地与实现经济增长的目标而不是再分配问题联系在一起。因此，要深入讨论基础设施投资的决定因素，我们就必须从观察和解释财政分权体制下地方政府激励和政府行为入手。

首先我们从中央政府与地方政府之间的关系来描述一下自20世纪80年代初开始的财政分权是如何改变投资决策环境的。中国政府间财政体制的改革和演变大致可以描述为两个阶段[①]。在第一阶段（1978~1993年），行政分权型财政包干体制取代了1978年以前的中央集权型统收统支体制，1994年之后则进一步实行了中央与地方政府的分税体制。值得注意的是，在分税制之后，中央的收入比重从1993年的22.0%上升到1994年的55.7%，而地方财政支出的比重则在财政包干和分税制改革期间一直处于稳步上升的状态，1981年为45%，2004年已高达72.3%。从这个意义上讲，中国的地方政府已获得了不断增强的财政支配权力（陈诗一和张军，2006）。

在现有的经济学文献里，向地方政府的财政分权对经济增长的影响是正面的还是负面的，虽然也有不同的理论和证据，但总的来说，Tiebout（1956）的"公共支出理论"和 Oates（1972）的"财政联邦主义理论"赢得了更多的认同，成为之后对财政分权问题进行经济学研究的基础性文献。Tiebout（1956）和 Oates（1972）分别强调了政府间的竞争和地方政府的信息优势对改善公共品的供给和提高经济效率的正面影响。而过去10年来，在研究"转轨经济"的文献里，财政联邦主义的思想再次受到重视，发展出了许多的理论和经验研究。这些研究强调财政分权对维护市场改革和改善效率的积极影响（例如 Qian and Weingast，

---

① 胡书东（2001）对中国自20世纪50年代以来政府间财政制度和中央-地方关系的变迁做了系统的记录和分析。

1997；Qian and Roland, 1998；Cao，Qian and Weingast，1999 等）。

这些文献对本文关于基础设施投资决定因素的研究自然具有高度的关联。这些针对转型经济的财政分权或者财政联邦主义的模型在理论上认为，中央政府将更多的权力转移给地方政府，产生了类似于联邦制的地区分权制度，地方政府为了引进私人资本（包括外资）发展地方经济而展开激烈的相互竞争，会提高资金使用的成本，从而有助于预算约束的硬化，从而对经济增长产生正面的影响。在经验研究方面，Lin 和 Liu（2000）的实证研究支持了财政分权有利于经济增长的结论。张军和金煜（2005）通过省际面板数据的研究得出，在分权的财政体系下，地方政府的财政支出显著地提高了全要素生产率的增长率。陈诗一和张军（2006）还进一步发现，财政分权（特别是分税制）也显著改善了中国地方政府的财政支出的效率[①]。

但是，一些对俄罗斯经济转轨的经验研究却发现财政联邦主义的体制并没有产生类似于中国的经济绩效（Shleifer，1997；Zhuravskaya，2000）。Zhuravskaya（2000）把俄罗斯和中国的财政分权和中央与地方政府间的关系进行了比较分析。

作者发现，在中国，地方政府相对于上级政府在财权上的独立性和地方政府提供公共物品的效率与激励之间存在正向关联。而在俄罗斯的财政分权体制下，地方政府的平均财政激励极其微弱，当地方政府的收入增加时，上级政府将削减对其的转移支付并降低其财政收入分享的比重。所以，俄罗斯的地方政府没有真正获得独立的财政地位。相反在中国，地方政府分享到的财政收入的比重比俄罗斯的情况高得多，财政上独立性更强。因而，在俄罗斯，财政的联邦主义安排事实上限制了私人工商企业的建立和抑制了地方政府对公共物品的有效供给激励。财政分权在某种程度上变成了阻碍市场的联邦主义（market-hampering federalism）。

---

① 当然，也有一些经济学家的研究不支持财政联邦主义的结论。例如，Young（2000）和 Poncet（2002）的实证研究认为中国的财政分权实际上导致了不断的市场分割，总体上说并不利于国内统一市场的形成和增长效率的改善。陈抗等人（2002）的研究认为中国的财政分权（尤其是 1994 年的分税制）使地方政府从"援助之手"变成了"掠夺之手"。平新乔和白洁（2006）的研究则发现中国预算外收入扩大了地方政府的规模，而预算外支出的增长则导致资金的配置效率恶化。

Shleifer(1997)①在更早一些的研究里也对比了俄罗斯和波兰的经济转型的过程。他的研究也注意到了上下级政府间的财政关系和政治激励对解释转型和增长的重要性。他的研究发现，俄罗斯与波兰的经济绩效的反差主要是由政府治理(或者政府表现)的差异决定的。在俄罗斯，上下级政府之间没有发展出一套经济和政治的激励来促进地方政府的行为转型，从而没有改变地方政府阻碍地方经济发展的"掠夺性质"。而且，在讨论对地方官员的激励问题上，Shleifer认为俄罗斯与波兰的重要差别之一是，波兰更加系统地推行了选举制度，尤其是地方一级的官员都是由选举产生的，而在俄罗斯，选举的约束和激励作用都很弱。

可是，Shleifer(1997)对选举制度为地方官员制造的约束和激励的强调没有能够为解释中国和俄罗斯的地方政府的不同表现提供什么帮助。诚然，地方政府的官员是任命的还是在当地被选举出来的，对官员的行为具有不同的约束和激励效应。现实是，中国地方政府的官员是上级任命的而不是基层选举出来的。这是中国的政治体制决定的，而且这个体制在经济决策上实现了分权化和财政体制上推行了向下级政府的分权之后依然没有变化。与财政分权形成对照的是，政治上是高度集中的，党的中央拥有任命地方官员的政治上的绝对权威。因此，对比俄罗斯和中国的政府官员的行为与表现，显然需要考虑政治集中的因素。事实上，Blanchard 和 Shleifer(2000)很快就意识到了这个问题。他们提出，中央是否保持政治上的集权对于解释为什么俄罗斯的财政分权导致地方政府的掠夺行为是重要的。他们认为，中国的中央政府(党)拥有绝对的权威并任命地方的官员，因而有能力奖励和惩罚地方官员的行为；而俄罗斯功能紊乱的民主不仅无法使中央政府贯彻其目标，也没有能力来影响地方政府的所作所为。

类似地，印度的财政分权和地方政府的作为与中国也形成了强烈的反差。著名的印裔经济学家 Pranab Bardhan 教授在最近的文章中写道，中国和印度都经历了相当程度的分权，但两个国家经历的分权的性质却大相径庭。在印度，分权采取了在地方上不断选举的形式，但至今向地方政府下放的真实的权威和征收收入的权力却微不足道。大部

---

① 该文收入了施莱弗和维什尼编辑的中文版著作《掠夺之手》(中信出版社 2004 版)的第 11 篇。

分地区的乡村和区所选举出来的官员的真正角色是攫取来自上级资助项目(如就业项目或信贷项目)的好处。在很多邦,对穷人意义非凡的资源却通过官员与地方上有势力的人物之间的合谋被转移到了非目标人群。而在中国,地方上党政部门拥有实际的权威并分享当地的收入,从而驱动地方官员在地方的经济发展中担任领导的角色。与中国不同的是,在印度,当地的经济发展并未走上地方政府的议事日程(Bardhan, 2006, p.12–13)。

在中国,由于地方官员是上级任命的而不是地方选举出来的,因此地方政府在获得了财政分权的好处的同时, 又必须服从中央政府的权威和保持目标的一致。当中央政府确立了更快的经济发展目标的时候,自下而上的经济增长不仅符合财政分权体制下地方政府的利益,而且事实上成了上级政府奖罚地方政府官员的有效的考核指标。在中国的地方政府官员那里,一种被称为"政绩观"的概括非常流行,它反映了地方政府官员面临的政治激励与推动地方经济增长激励之间的完美兼容性[①]。

与早期那些讨论中国经济增长的文献过于注重增长的投入要素不同,近年来的一些文献越来越重视了"对政府的有效激励"的重要意义。哈佛大学的帕金斯教授在这方面提供了一个很好的评论(帕金斯,中文版,2005)。他在《从历史和国际的视角看中国经济增长》一文中深入地讨论了中国问题。不过,他认为仅仅从跨国的角度通过讨论储蓄、积累、投入要素和地理禀赋等条件如何有利于中国的增长是弄不懂中国所实现的增长现象的。他在文章的结尾处这样写道:"跨国比较仅给我们提供了关于中国为什么在1978年以后加速增长这一问题的非常概括的描述。基于这些比较分析的基本结论是,中国做了在此之前其他经济成功的国家所做的事情。然而要真正地理解为什么中国做得这么好,我们就必须更加深入地研究中国所采取的具体政策以及这些政策达到的具体结果。这些成就中大部分来自于中国特有的经历,而不仅仅是其他国家的情形的复制。"在我们看来,中国的这个特有经历就是它独特的分权方式和政治管理模式所改变的对地方政府的有效的

---

① Li 和 Zhou(2005)对中国地方官员的"政绩"如何影响官员的晋升概率做了很好的实证研究。

激励。对经济学家而言,"搞对政府的激励"是公共部门经济学文献的一个重要问题[①]。与"后华盛顿共识"所主张的"把价格搞对"的信念和转型战略有所不同的是,在经济增长的目标上,中国式的财政分权无疑把对地方政府的激励搞对了头。

具体而言,对地方政府的激励改变来自于两个方面的原因。第一,中国所经历的政府多级财政分权和单一政治集中相结合的分权模式把公共部门的"多任务目标"治理变成了地方政府之间的简单的"标尺竞争"的机制[②],它以一个自上而下而不是自下而上的高度分权的结构制造了政府间"为增长而竞争"的发展共识和强大激励。中国的经济增长就是这个机制的产物。而对于地方政府而言,标尺竞争的重要策略就是为地方经济 "招商引资", 尤其是竞相吸引外商直接投资(FDI)(张晏和夏纪军,2005)。这就派生了对改善地方基础设施的来自竞争的激励。

第二,中国自上而下的政治管理模式推动了地方政府向"发展型"政府治理模式的转变。其中最重要的内容就是改革了公共部门的结构和管理、提高了政府部门的职业化水平、加速更新了政府的人力资本并坚持了垂直集中的政治管理体制和官员的任命制。我们前面提到,如果没有中央政府独特的政治集中管理体制和对地方政府官员的任命权,财政分权并不保证地方政府有充分的激励去推动经济发展和支持市场转型。中国的政治管理模式的优点就是有效地创造了地方政府官员的"政绩观"和官位升迁的仕途目标。而如果没有大规模的政府官员的人力资本更新过程和公共部门向职业化的技术官僚结构的转变,市场转型过程中的政府转型也难以想象。

在有关文献上,传统观点认为同级政府之间的横向竞争往往是分权能改善政府治理的重要原因。但 Treisman(2000)对有关财政分权能

[①] 与私人部门不同,因为多目标和多任务、绩效度量的难度以及代理人的异质性等组织特征,对政府部门的激励机制的研究最近 20 年已成为经济学家非常活跃的一个研究领域。王永钦和丁菊红(2006)最近提供了一个关于公共部门的激励机制的很好的文献综述。

[②] 在工业组织的文献里,所谓"标尺竞争"(yardstick competition)是指一个企业的竞争政策是通过观察其他企业的表现来选择的。在政治领域或者公共部门,标尺竞争是指,当上级政府可以用其他地方政府的作为和绩效来考核和评价一个地方政府的时候,地方政府之间就会形成相互模仿的竞赛。有关的文献,可参考 Besley 和 Case(1995)。

够有效规范政府行为的结论提出了挑战。作者认为分权可能对政府治理水平造成以下各种负面影响。在通常实行分权的大国中,中央政府很难监督低层政府,地方政府更容易受利益集权的影响,形成串谋;不同层级政府之间的垂直竞争使得政出多头,并竞相征税和抽租,推诿提供公共服务的责任。从这个意义上讲,没有对政府系统本身的改革和转型,中国的财政分权体制的演变并不保障"把激励搞对"。

实际上,经济学家对转型经济的研究一直以来都集中于经济部门的改革和转型,时常忽视公共部门或政府自身的治理转型。为了实现政府向市场扶持型的转变(政府转型),从而支持和利用市场的作用,有效的公共部门和更新政府的人力资本是至关重要的。在 1996 年,正是因为介入并亲身观察了俄罗斯与东欧的经济转型过程,Shleifer 和 Vishny 才注意到了政府转型在经济转轨中的重要性。在《转轨中的政府》一文中,他们发现,俄罗斯和波兰经济转型和经济增长的最大差异是公共部门的效率和地方官员的激励不同[①]。他们强调,"无论对经济还是对政治而言,如何更新过时的人力资本也许都是转轨的中心问题。"(施莱弗和维什尼,2004,中文版,第 213 页)

由于改革开放以来中国加速了党和政府官员(包括中央和地方)的人力资本的更新速度,中国较好地实现了地方政府转型和向职业化的技术官僚结构的变迁[②]。这是中国的地方政府比印度和俄罗斯的地方政府在市场"亲善化"和鼓励经济增长方面的作为表现出色的重要体制原因[③]。

而中国所经历的这个政府的转型在一定意义上对应了经济学文献里的所谓"发展型政府"的定义。官僚系统职业化和行政管理职能的转型是政府治理转型的重要内容。我们在第三节讨论有关文献时提到,国家官僚的职业化是政府成为"发展型政府"的必要条件(Evans,

---

[①] 该文收入了他们编写的论文集(Shleifer and Vishny, 1998)。参见其中文版《掠夺之手》(施莱弗和维什尼,2004)。

[②] 在中国,为了尽快克服"左"的意识形态的束缚和破除旧体制的影响是邓小平先生推动的重要的思想解放运动和干部人事制度改革的重要内容。他提出了加快干部的年轻化和知识化的政治管理目标与战略工程。在中文文献里,陈东琪(2000)总结了改革以来中国的政府体制改革与提高政府行政效率的经验。

[③] Bardhan (2006) 在最近的论文中也对中国和印度的政治制度和政府治理的差异做了对比的分析。

1992)。官员的职业化对政府的治理和政府效率有两个方面的正面的影响。其一是它有助于抑制政府官员的寻租活动。其二,官员的职业化也能够改善政府提供基础设施和其他公共品的激励,因为这样有助于官员的仕途(career building)。很显然,在中国,得益于政府官员人力资本的加速更新,地方政府行政管理的职业化和治理水平获得了迅速的提高。

总之,由于面临财政分权和垂直政治集中的双重激励,中国的地方政府被驱动的方向更多的是经济增长而不是收入的再分配[①]。因为这样的原因,地方政府的支出在性质上往往有利于经济增长而不是妨碍经济增长[②]。事实上,一些研究在比较东亚经济和拉美经济发展的经验时就发现,亚洲的政治治理模式导致了政府支出对经济增长的正的影响, 而在其他经济里这个影响往往为负 (Przeworski and Limongi, 1993)。这意味着,中国的政治集中管理模式自 20 世纪 80 年代以来与财政分权体制的结合不仅创造了地方政府间的典型的"标尺竞争",而且推动了政府系统向发展型政府治理模式的转型。本文认为,这是理解中国近 20 年来基础设施水平得以持续和显著改善的重要线索。

五、改革开放以来中国物质基础设施水平的总体变化与区际差异

如图 1 所示,改革开放特别是 20 世纪 90 年代以来,中国各地区基础设施的投资发展得非常迅速,这是经济高速增长的重要原因之一(Demurger,2001)。但在现有文献中,对中国各地区基础设施的发展状况进行过总体的描述和度量的文献极其稀少。当然,就基础设施的存量水平而言,构成基础设施的成分在单位和量纲上不能简单加总可能阻止了这样的工作。在我们前面提到的那些为数不多的经验研究文献里,研究者多以公路铁路里程等少数或者单项指标来代表基础设施的

---

① Haggard(1990)的研究发现,与民主制的政府不同,政治集权的政府往往不面临利益集团的压力或者再分配的压力。

② 我们基于中国 29 个省市 1987~2001 年间的面板数据的计量回归发现,在控制住其他因素之后, 政府的支出比重的增长对全要素生产率的增长有正面的影响 (张军、金煜, 2005;张军,2006b)。

存量水平,这么做不能完全反映基础设施对经济增长和其他投资回报的实际影响,存在低估基础设施贡献的缺憾。本文,我们首先从投资流量的角度来考察基础设施的变化模式,然后在描述基础设施水平的地区分布差异时,我们尝试使用"主成分分析"(PCA)方法。

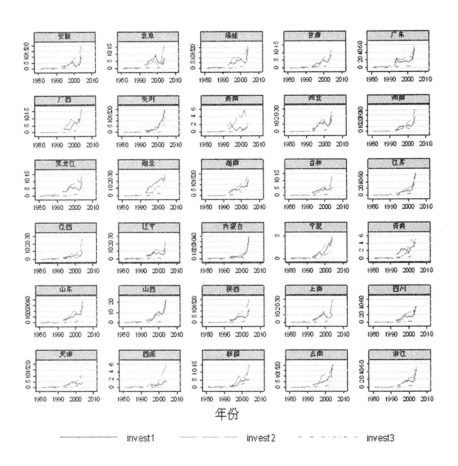

图1　1981~2004年中国各省基础设施投资变化图(单位:10亿元)

注:①invest1指电力、煤气及水的生产和供应业投资;invest2指交通运输仓储和邮电业投资;invest3指水利、环境和公共设施管理业投资。②重庆市1997年及以后的数据并入四川。

众所周知,在改革开放以前的20年,中国政府偏向并选择了重工业化的经济发展战略，并且从 20 世纪 60 年代末开始强调省份的自给自足。这对中国的基础设施投资影响很大，尤其是交通运输的投资。为了配合重工业化，铁路得到了格外的重视。铁路从 1952 年的 22900 公里扩展到 1978 年的 48600 公里，增加了一倍以上。即便如此，中国在那个阶段的交通基础设施仍然十分落后，而其他的基础设施的投资更是严重不足。从 20 世纪 80 年代实行经济分权和财政分权的改革开始，中国在能源和基础设施的投资得到了显著改善，但是在 80 年代交通和电信仍然只占固定资产投资的 10%，而能源部门占了 20% 左右[①]。在这种情况下，交通的短缺和城市的拥挤日益严重。但是 90 年代中实行中央和地方政府之间的"分税制"改革之后，基础设施投资似乎进入了繁荣的时期，而且地区间的差距也开始明显地扩大。

首先，随着财政分权和中国经济体制的变革，基础设施投资模式经历了令人瞩目的变迁。更值得注意的是，各地区在这一变迁过程中表现出明显的地区分野，而基础设施投融资模式上的差异必然对基础设施的投资水平产生影响。在计划经济体制下，基础设施建设实行的是中央政府大一统的投融资体制，中央项目占据了绝对地位。随着财政分权体制的确立，地方政府开始逐渐获得地方基础设施的投资决策权，地方项目越来越多。正如图 2 所示，经过十几年的演进，中央项目和地方项目在基建投资中的地位已经发生了明显的互换。

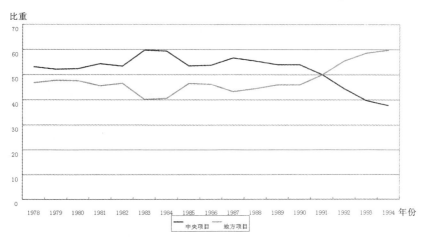

图 2　改革以来中国基本建设投资中中央和地方项目的比重变化

---

① 　详细参见 Démurger(2001)的论述。

魏新亚(2002)对中国基础设施投资构成的地区差异做了一般性描述。中央项目的比例在1991年之前一直在50%以上，而到1999年仅占32.5%，这表明中国对基础设施建设的投入开始转入以地方投资为主的阶段。然而，东西部地区转变的程度是显著不同的。新疆、甘肃等经济欠发达省(区)市，中央项目的比例普遍高于全国水平，新疆甚至在1998年达到了55.9%；而海南等沿海经济发达地区，中央项目的比例不到15%。这种差异意味着，在中央和地方明确划分事权和财权之后，中国的经济发达地区投资地方基础设施建设的积极性得到了充分调动。

其次，基础设施融资的方式出现了显著的变化和地区差异。除了国家预算内资金外，国内贷款、外资、自筹资金等开始在基础设施建设中发挥重要作用。但不同资金来源在总投资中所占的比例在不同地区却有着很大的差异。国家预算内资金已从1987年的32.6%迅速下降到现在的10%左右；外资比例从1987年的10.3%到1999年的9.0%，有不升反降的趋势；国内贷款受银行体制改革的影响，其比例近年来一直在23%~25%之间徘徊；相对而言，自筹和其他投资在近几年来一直占据了半壁江山。因为自筹和其他投资已经成为中国基础设施建设资金来源的中坚力量，而国家预算内资金、外资、国内贷款都只是基础设施投资资金的补充来源，这样一来，东部地区再次明显走在了前面就不足为怪了。最后，由于过去10多年来基础设施投融资模式的显著变化和地区上的差异，由过去的投资累积起来的基础设施的存量水平也就越来越有了地区差异。

在现有的文献里，李伯溪、刘德顺(1995)较早地度量和研究了中国基础设施存量水平的地区差异。同时，就我们掌握的资料而言，这也是到目前为止唯一一篇较详细考察中国地区基础设施存量的文献。文中所讨论的基础设施包括交通运输、邮电通讯、能源供给、环境保护设备、学校教育设施、卫生保健设施和社会福利设施。其中因为数据缺乏，城市给/排水和文化娱乐设施没有涉及。

文章选取的存量指标丰富，具体为：交通运输包括铁路、公路、水运、航道。铁路指标用铁路运营里程度量；公路用公路运营里程和民用汽车数来度量；水运用航道里程数、机动船舶数和港口码头泊位数度量；航运用职工人数度量。邮电通讯包括邮件、电话、电报、电传等。选用的原始数据有邮电局(所)数、邮运工具拥有量、载波电报机数、电话机数、传真机数。能源供应选用的数据是工业部门电力消耗量、工业部门能源消耗量。环境保护选用的数据有环保系统人员数、工业固体废物综合利用率、燃料燃烧废气排放经过销烟除尘的比例、废水处理回用量、废水处理总投资数。学校教育用高等教育人口比重，高等学校在校人数、中专（原文为中等专业）学校在校学生人数、中小学在校人数、高等学校数等来度量。卫生保健用卫生机构数目、床位数和卫生技术人员数等来度量。社会福利保障用老年人服务设施数、残疾人服务设施数、农村社会保障基金会数等来度量。

为了加总这些指标的信息以供地区比较研究使用，他们从小类到大类层层向上计算。例如，他们分别计算出中国 30 个省、市、自治区的铁路设施的存量水平之后，再与公路、水运、航空设施水平综合计算出交通运输设施的综合水平指标。而在计算出所有 7 类基础设施水平的衡量指标后，再根据一定的公式计算出整个基础设施的综合水平衡量指标。根据这个方法，他们计算出了中国 30 个省、市、自治区的基础设施水平并将计算结果标准化，其中数值最大的省份定为 100，其他地区根据比例类推。

在上述 7 类基础设施中，作者将交通运输、邮电通讯和能源供给称之为经济性公共基础设施，其指标称为经济性指标；而将另外 4 类基础设施（环保设施、卫生保健、文化教育、社会福利）归为社会性公共基础设施，其指标称为社会性指标；再将 7 类基础设施作为一个整体考虑时，其指标称为综合指标。经济性指标的计算方法是取交通运输、邮电通讯和能源供给 3 类指标的几何平均值；社会性指标的计算方法是取环保设施、卫生保健、文化教育、社会福利 4 类指标的几何平均值；综合指标的计算方法是取上述 7 类基础设施指标的几何平均值。

他们的研究结论表明，虽然各类基础设施的区域差异状况各不相同，但就整体而言，中国各地区间的基础设施存量差异巨大，东部地区的优势明显。其中，区域差异最大的基础设施是邮电通讯、交通运输和教育，其均值分别是 20.98、23.78 和 25.10，最大值与最小值的比例分别是 16.26、15.13 和 7.63。另外，经济性指标与社会性指标相比，几乎在所有的省、市、自治区都是后者大于前者（北京市除外），而且这两个指标的均值分别是 27.15 和 48.82，离差系数分别是 0.80 和 0.40。这说明经济性基础设施（交通、通讯和供能）的区域差异比社会性基础设施（环保、教育、卫生、福利等）要大得多。

但是,他们的论文如此度量地区基础设施的存量在技术上至少存在两个较大的问题。第一,指标的选取过于随意庞杂,没有一个严格的选择定义和标准;第二,对指标的处理过于简单,各个指标之间没有权重之分,其最终得到的综合指标可能并不能最好地反映原始数据的信息。我们在本文将克服这些缺点以更好地度量基础设施的存量水平以及地区的差异模式。

首先,我们使用狭义的基础设施,即世界银行所定义的"经济基础设施"的定义来衡量物质基础设施的存量水平。存量是静态指标,主要衡量全国或者各地区各年基础设施的现有水平,实际上反映了基础设施在过去的投资状况。考虑到数据的可得性,我们在本文主要选取了4个方面的指标:一是交通基础设施,二是能源基础设施,三是通讯基础设施,四是城市基础设施。其中前三个指标是以其功能进行分类的,而最后一个指标则比较特殊,专指城市系统的基础设施,这主要是因为:第一,该指标在《中国统计年鉴》中是作为一个单独的项目报告的,可以得到十分明确的数据;第二,该项目中所包含的各个子指标都包含在世界银行的定义中。各项指标的具体说明如下:①交通基础设施:铁路营业里程(公里),内河航道里程(公里),等级路(公里),1985年起;②能源基础设施:电力消费量(亿千瓦小时),能源消费量(万吨标准煤),1985年起;③通讯基础设施:邮政局所(处),邮路总长度(公里),长途电话(万次),1985年起;无线寻呼用户(万户),移动电话用户(万户),互联网人数(万人),长途自动交换机容量(路端),本地电话局用交换机容量(万门),1998年起;移动电话交换机容量(万户),2001年起;长途光缆线路长度(公里),长途微波线路长度(公里),1995年起;④城市基础设施:城市用水普及率(%),城市燃气普及率(%),每万人拥有公共交通车辆(标台),人均拥有道路面积(平方米),人均公共绿地面积(平方米),每万人拥有公共厕所(座),1985年起。所有的数据来源于《中国统计年鉴》和《中国能源统计年鉴》,1993年能源消费量和电力消费量数据为1990和1995年的平均值。

度量基础设施存量的各种指标有着不同的单位,我们无法简单地进行算术相加,而我们又希望得到一个综合指标来考察总体的变动模式。因此,我们在本节采用两种方式来观察基础设施水平的变动模式。首先,为了获得全国层面上基础设施水平的变动趋势,我们从本文选取的四大指标中分别选出一个代表性指标,然后在每年加总各个省

(市)的同一指标得到总量指标。最后把这个指标转换成指数系列。

具体而言,我们在交通、能源、邮电和城市公共设施中各选取了一个代表性的指标。分别为公路里程(万公里),能源消费总量(标准万吨煤),邮路总长度(公里)和人均拥有铺装道路面积(平方米)。为了观察随时间的变化趋势,我们把交通、能源、城市公共设施的加总数据转换成以 1981 年为基期的指数,而邮电则以 1985 年为基期。虽然个别年份存在数据缺失,但并不十分影响我们观察整体变化的趋势。另外,在处理人均拥有铺装道路面积(平方米)这个指标时,2002 年之前和之后统计口径发生了变化。如 2000 年数据在《中国统计年鉴 2001》中为 9.1 平方米,而在《中国统计年鉴 2003》中为 6.1 平方米。这样,我们把 2002 年(7.9 平方米)及 2003 年的数据(9.3 平方米)依照 2000 年数据的比例(9.1/6.1)向前调整为 11.8 和 13.9 平方米,以保证数据口径统一。我们把这个处理的结果描述在图 3 中。

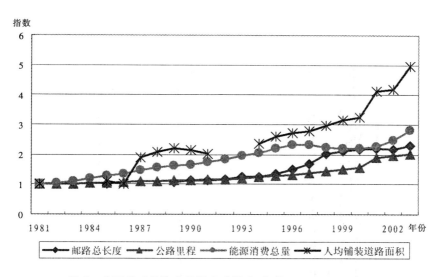

图 3　中国基础设施水平的变动模式(指数,1981~2003 年)

资料来源:根据《中国统计年鉴》和《中国能源统计年鉴》的原始数据计算而得。

其次,为了观察基础设施存量水平在地区之间的变动差异,我们需要把本文定义的基础设施的所有指标信息都加以利用来测算基础设施的存量值。但是因为这些指标有不同的单位,不能简单加总,我们在这里采用了"主成分分析法"(PCA)来克服这个加总的问题。

首先我们认为各种指标的线性组合 F 是能反映总体情况的综合指标 $X_1, \cdots\cdots, X_P$,但线性组合有无穷多组,而如果我们使该组合的方差 $\mathrm{Var}(F)$ 最大,线性组合 F 就会包含变量 $X_1, \cdots\cdots, X_P$ 最多的信息。对于基础设施存量而言,也就是要找到能够最大限度反映其总体模式的线性组合。这样得到的 F 我们记为 F_1,然后我们再找 F_2, F_1 与 F_2 无关,依此类推,直到我们找到了一组综合变量 $F_1, F_2, \cdots\cdots, F_m$,其由大到小的特征值 $\lambda_1, \cdots\cdots, \lambda_m$ 占所有特征值之和 $\sum_{i=1}^{P} \lambda_i$ 的累计百分比大于或等于 95%。因为特征值占所有特征值之和的比重代表了解释整体指标的程度,所以累计百分比大于 95% 表示这组综合变量 $F_1, F_2, \cdots\cdots, F_m$ 基本包含了原来变量的所有信息,我们称 F_1 为第一主成分,F_2 为第二主成分,$\cdots\cdots, F_m$ 为第 m 主成分[①]。把相应的特征值做权重,我们得到 $E = \sum_{i=1}^{m} \lambda_i F_i$,这就是基础设施存量的主成分原始值。随着电信业在中国的迅速发展,我们从 1995 年开始逐步加入了反映移动通信和网络基础设施的指标,因此不同年份的主成分分析有不同的特征值向量和综合变量,其结果无法直接比较。现有不少文献用评分法进行跨期比较,如鲁明泓(2002)、杨永恒(2005)[②]。但我们在这里把各省原始值相加,把它当成占全国基础设施存量的原始值,然后计算各省原始值占全国原始值的比重,我们称为权重法。我们之所以采用权重法,是因为评分法无法反映出最高省份的基础设施存量的跨期变化,因为评分法让它的各年分值都是 100,而权重法则可以反映跨期变化。另外,

---

① 数学步骤为:$X = (x_1, \cdots, x_p)$,设 $F = a_1 x_1 + \cdots + a_p x_p = a'X$,找到系数 $a(aa'=1)$,使 $\mathrm{var}(F)$ 最大,即 $\mathrm{var}(F) = \mathrm{var}(a'X) = a'\mathrm{var}(X)a = a' \sum a$ 最大。设 $\sum$ 的特征根为 $\lambda_1 \geqslant \lambda_2 \geqslant \cdots \geqslant \lambda_p > 0$,对应的标准正交基为 $u_1, u_2, \cdots, up$。则 $\mathrm{var}(F) = \lambda_1, a = u_1$,记 $F_1 = u_1'x$,F_1 与 F_2 无关,$F_2 = u_2'x$,依此类推。

② 评分法的原理是,将每年的原始最高值定为 100 分,最低为 0 分,其他按(原始分值–最低值)×100/(最高值–最低值)来计算得分。

权重法也可以和评分法有几乎一致的省际比较①。在图 4 中，我们计算了 1985 年、1988 年、1990 年、1993 年、1995 年、1998 年、2001 年、2003 年各年的主成分分析结果，并对东中西 3 个地区做了比较。

比重

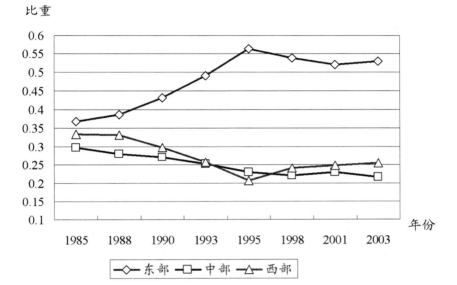

图 4　改革以来中国基础设施存量水平的地区差异

资料来源：作者的计算数据。

从图 4 可以看出，东部基础设施存量至 20 世纪 90 年代中期呈现不断上升的趋势，之后在高位徘徊。西部在 20 世纪 90 年代中期前基础设施存量所占比重一直下降，之后略有上升。而中部所占份额基本的趋势是温和但持续的下降。接下来我们再来分析具体省份的变化。如表 2 所示，从 1988~2003 年，基础设施存量水平在全国所占比重增加的省份按增加大小依次有北京、广东、天津、浙江、福建、海南、辽宁、上海以及西部地区的宁夏、青海和新疆，东部的江苏和山东的比重几乎没变化（虽然在 1988~1998 年间的比重有一定程度的提高）。

---

①　权重法也有个缺点，如果原始值为负值，则权重法不适用。采用评分法的话，两个省之间的相对值为（原始分值 i −最低值）/（原始分值 j −最低值），而采用权重法则为原始分值 i/原始分值 j。一般而言，最低值/原始值 i 或 j 越小，两种方法的结果约趋于一致。在我们的数据中，宁夏为原始值最小的省份，而几乎所有省份的原始值都是其 5 倍以上。

表 2　中国各省市基础设施存量占全国的比重及排名（PCA 方法）

省市	1988 年		1993 年		1998 年		2003 年	
	比重	排名	比重	排名	比重	排名	比重	排名
北京	1.42%	25	2.26%	23	2.87%	16	4.73%	6
天津	1.04%	26	1.09%	27	1.50%	24	1.39%	26
河北	3.57%	12	3.75%	12	3.31%	12	2.78%	17
山西	2.92%	20	2.49%	20	2.45%	21	2.31%	21
内蒙古	3.46%	14	2.62%	19	2.12%	23	1.91%	23
辽宁	3.31%	18	4.75%	6	5.18%	5	3.94%	7
吉林	2.70%	22	2.40%	21	2.67%	18	1.83%	24
黑龙江	3.67%	9	3.84%	10	3.07%	14	2.81%	16
上海	3.45%	16	3.81%	11	3.67%	10	3.55%	10
江苏	5.86%	2	6.41%	3	6.19%	4	5.81%	3
浙江	3.58%	11	4.36%	7	4.92%	6	5.24%	4
安徽	3.57%	12	3.19%	15	2.52%	19	3.51%	11
福建	2.72%	21	3.74%	13	4.29%	7	3.71%	8
江西	3.45%	16	2.74%	18	2.49%	20	2.95%	14
山东	5.08%	5	5.73%	4	6.26%	3	4.89%	5
河南	3.72%	8	3.95%	9	3.91%	8	3.59%	9
湖北	4.98%	6	4.34%	8	3.48%	11	3.05%	13
湖南	5.83%	3	4.84%	5	3.90%	9	3.49%	12
广东	5.13%	4	8.93%	1	12.16%	1	14.12%	1
广西	3.46%	14	2.77%	17	2.90%	15	2.73%	18
海南	0.71%	27	1.66%	26	1.07%	27	0.85%	27
四川	9.60%	1	6.90%	2	6.53%	2	7.47%	2
贵州	2.45%	23	1.81%	25	1.45%	25	2.08%	22
云南	4.51%	7	3.48%	14	3.27%	13	2.91%	15
陕西	3.62%	10	3.03%	16	2.35%	22	2.73%	19
甘肃	2.95%	19	2.39%	22	1.40%	26	1.68%	25
青海	0.66%	28	0.50%	28	0.65%	28	0.73%	28
宁夏	0.39%	29	0.35%	29	0.60%	29	0.54%	29
新疆	2.19%	24	1.87%	24	2.83%	17	2.68%	20

资料来源:作者的计算数据。

对各省基础设施存量占全国比重进行排名可以更清楚地观察到变化的模式。我们发现，在1988年，传统的人口和面积大省排名居前，四川省排第一位①，边疆省份也排名比较靠前（如云南、黑龙江）。20世纪90年代初开始，沿海省份基础设施增长加快，广东省一举成为比重最大的省份。各省市排名的格局大致在20世纪90年代初之后逐步形成。

根据表2的排名和比重值，我们把中国各省基础设施的变动模式分为以下几种组类：①上升组类。如北京、辽宁、上海、浙江、福建、广东、天津。这些地方都是沿海地区。从20世纪90年代初开始，由于开放政策等因素，地方政府大力改善了基础设施，使得这些地区超越了许多原来排名靠前的省份。②下降组类。如河北、山西、内蒙古、吉林、黑龙江、湖北、湖南、云南、海南。这些大多是中部和东北省份。也许这些地方的政府缺少向东部那样大力改善基础设施的动力与激励。这只是猜测，是否如此，需要我们在后文专门研究。而海南在20世纪90年代中期房地产泡沫和投资热潮消退后，基础设施相比其他沿海省份改善得相对滞后了。③稳定组类。比重和排名基本上没有很大变化。这包括江苏、河南、广西、宁夏。④先下降后上升组类。安徽、江西、四川、贵州、陕西、甘肃、新疆、青海。可以看出，大多数西部省份呈现先下降后上升的趋势，直接的原因应该是中央政府在1998年提出了"西部大开发战略"，并对西部基础设施投资给予了资金上更多的优惠条件和直接投资，导致西部省份基础设施投资的加速形成，显著改善了当地的基础设施水平。

六、标尺竞争、政府治理与基础设施投资的决定

1.解释的理论依据

从上一节我们提供的对中国基础设施水平变化的基本描述中可以发现，第一，中国的基础设施的建设水平在改革开放之后经历了显著的加速增长。第二，基础设施存量的水平在以东、中、西为划分的地区之间存在着相对比重的显著差别。这反映了影响基础设施投资的主

---

① 由于1997年重庆才为直辖市，之前的四川省存量包括重庆市，为了数据口径的一致和便于比较，我们把1997年之后的重庆并入四川省。

要因素在不同时间对不同地区发生的影响变化。从表2可以看出,东部地区的大部分省市在20世纪90年代之后基础设施的增长加快了,其相对排名迅速上升。当然,即使是相对排名不变或者下降的省份,其基础设施的绝对水平也是持续改善的。

毫无疑问,要更好地理解中国基础设施水平的增长和变化模式,我们必须考虑20年来中国政府间管理体制的变化以及由此改变的地方政府官员面临的激励约束和行为模型的变化。本文的第四节为我们提供了一个更好地理解这种激励体制变化的基本制度框架。在那里我们强调指出,为了更有效地驱动地方政府的投资行为和"标尺竞争",中国在保留了高度集中的政治管理体制的条件下加快了财政分权和地方政府治理水平的改善进程。因此,可以说,财政分权以来地方政府持续改善当地基础设施和城市建设的激励是由地方政府"为增长而竞争"的独特分权体制激励内生出来的。根据现有的相关文献和我们在第四节对分权体制变革特征的基本分析,我们在本文强调影响基础设施投资的3个变量:

(1)地方政府开展"标尺竞争"的主要途径是开放和吸引外商直接投资(FDI),而提供和改善当地的基础设施是地方政府"招商引资"的竞争手段。在已有的研究文献发现,通过越权减免税和提供优良的基础设施以招商引资(主要是FDI)是地方政府间竞争的主要途径和策略(张晏和夏纪军,2005;张军等,2005)。张晏和傅勇(2006)最近对中国财政分权体制下地方政府的支出结构的经验研究也发现,由于地方政府为经济增长而相互竞争,过多的财政预算支出在了基本建设上而不是教育、卫生和其他社会服务项目上。

在本文,我们使用地方实际利用的FDI多少来间接衡量政府间的"标尺竞争"的程度。这是因为地方政府的标尺竞争集中体现在吸引外资的主导战略上。当然,税收竞争也是地方政府在吸引外商直接投资上的竞争手段。用各地区对外商投资企业的相对税率作为竞争的代理变量,众所周知,外商投资企业长期以来享受着超国民待遇,所负担的实际税率与名义税率差别很大。但是因为数据上的种种残缺[①],

---

① 我们注意到,在现有的文献里,张晏和傅勇(2006)仅用了1994年之后的数据。事实上,提供其原始数据的《中国税务年鉴》是从1992年才开始记录这些数据的。因此我们无法获得1988年以后外商投资企业的实际赋税水平的省级数据。

我们在这里主要用各省实际吸收的 FDI 作为度量地方竞争力度的代理变量。

（2）政府的治理转型。"好的政府"在当地提供良好的社会和市场秩序，有助于当地私人和外资企业的成长和经济的发展，而后者增加对基础设施等公共品的需求，"好的政府"会对这种需求做出敏感的反应。在已有的文献里，对政府治理水平的度量通常都把基础设施和其他公共服务的供给水平以及对腐败的治理（如反腐败）作为衡量政府治理水平好坏的一个指标。这并不是偶然的。政府的治理水平或者政府的质量自然影响着政府公共支出的结构和提供公共品的效率。

我们承认，衡量政府治理水平或政府质量的指标非常复杂。在现有的研究文献上，PLSV①（1999）是较早度量政府治理的经济学家。但是在跨国研究中，大部分对政府治理水平的度量是用了复杂的指标体系。例如，PLSV 发展了以下 5 组指标。世界银行研究院（World Bank Institute，WBI）的国际项目主任丹尼尔·卡夫曼领导的一个研究小组在所发布的全球的政府治理报告中度量政府治理时所使用的变量达数百个。这些度量指标都包含了政府提供的公共品的质量和基础设施的水平等。这是典型地用政府治理的结果反过来度量政府作为的做法。这样的度量服务于特定的研究目的。它假设所谓"好的政府"就是更清廉的、不被私人部门俘获的、能提供更好的公共服务和基础设施的政府以及能克服官僚主义或办事效率更高的政府。我们当然可以用许多"好"的指标来度量"好的政府"。这么做的一个潜在的问题是，这些被选择用来度量政府治理水平的诸多指标之间可能存在着因果关系。比如，一个政府是否更愿意投资于基础设施，就可能受到政府的官员是否有更明确的仕途目标（或者政绩观）的影响，也会受到腐败的机会以及政府治理腐败的决心与承诺大小的影响。因此，我们关心的问题是，假如一个政府比另一个政府在职能和人力资源上更有效率，或者一个政府比另一个政府更廉洁，那么这是否意味着前者将比后者更可能投资于基础设施呢？至少对于基础设施投资而言，对前一问题的回答也许是肯定的，但对后一问题的回答则并不肯定。这就牵涉到官员的腐败

---

① 指的是四位联袂发表一系列重要论文的经济学家：R. La Porta, F. Lopez-de-Silanes, Andrei Shleifer 和 R. Vishny。

机会到底如何影响对基础设施投资的问题。我们对两种效应尝试了分离。一方面,政府效率的提高应当会促进基础设施投资,另一方面,反腐败力度的加强会抑制一些有更多腐败机会的基础设施投资。当然,政府治理的改善也能在一定程度上起到反腐败的效果,但在计量方程中,这就是所谓的多重共线性问题,并不影响系数的有偏性。

(3)官员腐败的机会。在前面我们对现有研究文献所做的评述中提到,经验表明,政府官员"腐败"或者"设租"的机会大小在政府提供的公共品当中是不同的。在公共部门,相对投资于人力资本(如基础教育、公共卫生等)或者其他社会公共服务,在物质基础设施和城市建设上的投资活动更容易给潜在的竞标人创造"寻租"和政府官员腐败的机会。值得指出的是,官员的腐败或者政府官员的受贿行为并不一定与政府的作为相悖。我们不能排除这样的可能性,即地方政府在考虑公共支出时也可能会将贿赂的机会考虑在内。很明显,相对于教育、医疗等支出而言,政府进行基础设施投资更有可能获得额外的个人好处。因而, 政府对基础设施投资的支出决策往往会与腐败的发生频率更多地联系在一起。Mauro(1998)对其他国家的经验实证研究也发现,腐败对政府用于教育支出的比重有显著的为负的影响。他发现,由于从不同支出中获取贿赂的难易程度不同,腐败能够显著地降低政府公共支出中用于教育的比重,原因是教育支出并不像其他的领域那样容易滋生腐败。同时 Mauro 也发现,腐败程度越高,政府支出在交通等基本建设投资上的比重越大。

Tanzi 和 Davoodi(1997)也认为,经济学家通常支持政府进行公共投资以促进经济增长,政府官员却可能出于不同的目的。实际上,严重的腐败经常与大型项目的投资相联系。政府官员对于新建道路、桥梁、港口这些容易识别的基础设施投资有很高的积极性,并倾向于人为扩大这些项目的规模、增加其复杂程度;却对于运营和维护那些先期建设的设施并不愿意作合理规模的投入, 因为由此获得的政绩并不显眼。运用类似 Mauro 的腐败指标,Tanzi 和 Davoodi 的跨国研究发现,腐败的程度越高,政府公共投资的规模越大,但是基础设施的质量和运营以及维护的支出越小。这项研究相当有力地揭示了腐败在基础设施投资中所起到的扭曲作用。

2.计量模型、变量说明与结果报告

计量模型的设定重点是为了检验地方政府为吸引外商直接投资

(FDI)而展开的竞争、地方政府的治理改善（如提高政府的职业化水平、治理腐败）以及官员腐败的机会对基础设施投资的影响。正如Rauch(1995)指出的那样，基础设施的投资有显著的长期特征，它的工程周期至少有计划准备期和建设期两部分，通常情况下都超过一年。基础设施投资的持续性使得政府很难在未完成旧工程之前开始新工程。处理这种持续性的计量方法是在方程中加入基础设施投资的滞后项作为解释变量。考虑到这个特征，这里我们参考 Rauch 的标准模型，把基本的计量方程设定如下：

$$y_{i,t}-y_{i,t-1}=\alpha_0 y_{i,t-1}+\beta' X_{i,t}+\eta_i+\varepsilon_{i,t} \tag{1}$$

y 是人均实际基础设施投资的对数值，两期对数值相减，等式的左边就代表人均实际基础设施投资的增长率。X 代表除了 y 的滞后值以外的其他解释变量集，η 是省别效应，ε 是误差项，下标 i 和 t 各自代表省份和时间。对(1)式进行差分，从而消除省别效应，我们就得到：

$$(y_{i,t}-y_{i,t-1})-(y_{i,t}-y_{i,t-2})=\alpha_0(y_{i,t}-y_{i,t-2})+\beta'(X_{i,t}-X_{i,t-1})+(\varepsilon_{i,t}-\varepsilon_{i,t-1}) \tag{2}$$

在(2)式中，我们需要控制滞后的人均基础设施投资变量潜在的内生性问题，固定效应估计和随机效应估计在此时得出的结果都会是有偏的，因为滞后解释变量($y_{i,t}-y_{i,t-2}$)会与误差项($\varepsilon_{i,t}-\varepsilon_{i,t-1}$)相关。另外，我们所关注的"外商直接投资"(FDI) 等解释变量也可能是内生的，这些都需要我们利用工具变量进行处理。基于对这些问题的考虑，我们在本文采用 GMM(广义矩)方法，该方法可以比较好地克服上述问题。本文我们运用了两种 GMM 面板估计，分别为差分 GMM 估计和系统GMM 估计，它们都是用解释变量的滞后期观测值作为工具变量。

差分 GMM 估计由 Arellano 和 Bond(1991)提出，在经济增长的研究中被广泛地使用，如 Easterly(1997)。它先对回归方程进行差分(即我们的等式 (2))，消除由于未观测到的省别效应造成的遗漏变量偏误，然后对右端的变量(原回归式的差分值)进行工具替代以消除由于联立偏误造成的潜在的参数不一致性。但是，滞后期的水平变量作差分的工具变量可能不是很有效(如果两者相关性不大或者差分变量值接近于 0)，这就导致了弱工具变量问题，会造成有限样本的偏误、系数很不精确甚至影响渐近性。Bond(2002)用蒙特卡罗模拟显示，在中小样本中，差分 GMM 估计带来的工具变量的弱性质会产生有偏的系数①。因此，我们在这里也同时使用了系统 GMM 估计（Arellano and Bover(1995)、Blundell and Bond(1997)提出）来增强差分估计中的工具变量的有效性，通过增加原始水平值的回归方程(即式(1))来弥补仅仅回归差分方程的不足和解决弱工具变量问题。

系统 GMM 相对于差分 GMM 估计在有效性和一致性上都有了很大的改进，所以我们认为系统 GMM 进行估计结果应当是最优。另外，Bond(2002)认为，GMM 估计的一致性取决于工具变量的有效性，两个识别检验是必要的。第一，Sargan 过度识别检验，它检验工具变量的有效性；第二，差分误差项序列相关检验，是否一阶序列相关，而二阶序列不相关。

计量模型的数据为面板数据，大部分数据来自复旦大学中国经济研究中心数据库。我们的数据涵盖中国 29 省(西藏和重庆除外)，时间跨度为 1988~2001 年。我们的被解释变量是人均基础设施投资增长率。基础设施投资所选取的指标为电力、煤气及水的生产和供应业；交通运输仓储和邮电业；水利、环境和公共设施管理业的基本建设投资。其中水利、环境和公共设施管理业在 2002 年以前的统计指标为地质勘探和水利管理。Prud'homme(2004)以提供服务的种类划分的基础设施包括交通、供水、水处理、灌溉、垃圾处理、供热、电信服务和能源，我们选取的这 3 个基础设施投资指标能涵盖这些方面。数据均来自《中国统计年鉴》《中国工业经济统计年鉴》，经过各地区固定资产投资价格指数平减，由于统计年鉴中只有 1991 年以后的指数，因此我们利用了张军等(2004)计算的分省固定资产投资的价格指数。

基于我们在本文的讨论，我们选取了以下出现在 X 中的主要解释变量：人均基础设施投资期初值(loginfinvpc_1)、人均外商直接投资(logrfdipc)、政府职业化水平(logdmexpp)、官员腐败的指标(anticorrpp)以及人均城乡储蓄存款（loglocalsavpc）和人均实际 GDP(logrgdppc)，log 表示进行了对数化处理，pc 表示人均化处理。其中关键的解释变量包括：①人均外商直接投资；②地方政府的治理水平；③官员腐败的机会。

———————

① 在他的文章中，他对 100、250、500 三种观测数量进行了蒙特卡罗模拟，结论显示 100 和 250 的观测值在差分 GMM 情形下会造成有偏，而我们样本的观测数在差分 GMM 情况下为 281，系统 GMM 为 341。

关于人均外商直接投资，我们先用各年人民币对美元的平均汇价（中间价）进行折算，再用美国 GDP 平减指数作为价格指数。相似的处理方法有魏后凯(2002)。如前文所说，吸引外商直接投资(FDI)是地方政府竞争的主导策略。地方政府改善基础设施条件的重要激励是为了更好地吸引外资落户。外资的落户又对地方的基础设施产生更多的需求。外商直接投资与基础设施的这种双向影响关系在许多研究中多有阐述，是影响基础设施投资的重要因素。在图 5 中，我们基于 29 个省（重庆和西藏除外）1988~2001 年的面板数据进行的简单统计分析也能发现，一个地方的人均 FDI 的水平与该地区人均基础设施的投资水平之间存在显著的正向关系。

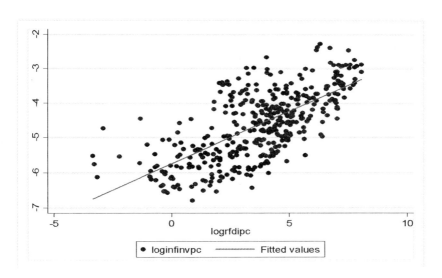

图 5　人均实际基础设施投资与人均实际FDI 的相关性（对数值，29 个省的面板）

关于地方政府的治理水平以及官员腐败的机会，我们需要做些说明。由于数据的可得性约束，我们对这两个变量的选取不得不做一定的妥协。在这种情况下，我们从现有的统计资料中择取了地方政府的行政管理费支出并把它单位化（即除以公职人员的数量）来衡量地方政府治理的水平，因为我们认为行政管理支出的增长大体反映了政府机构和职能部门的发展与治理能力的改善。的确，如图 6 所示，我们发现，建立在 29 个省 1988~2001 年的面板数据的基础上，公职人员平均的行政管理费支出与人均实际基础设施投资之间有着高度的正相关关系。

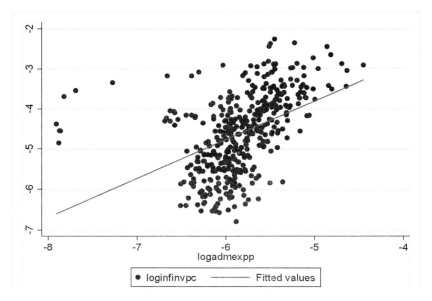

图 6   人均实际基础设施投资与公职人员人
均行政管理费支出的相关性(对数值,29 个省的面板)

　　另外,因为数据的可得性问题,我们也难以获得关于按地方划分的官员腐败的数量或比重的数据。虽然"清廉国际"(IT)提供了度量中国的"清廉指数",但迄今为止尚未在文献里出现过对中国地方政府治理水平的系统研究和度量,更没有成为面板数据的任何可能性。但是,我们有幸发现了一些资料,从中可以获得各地方政府官员贪污贿赂案件立案数的时序数据。

　　具体而言,我们用单位公职人员的行政管理费支出来度量政府治理水平。但行政管理费用不包括公安检察司法支出,这是因为公检法支出对基础设施投资的影响不容易确定,一方面它与反腐败密切关联从而存在抑制效应,另一方面它又必然对政府治理水平的改善有正的效应。在计量上把它排除在外也有利于降低多重共线性问题。因此我们在这里的行政管理费支出不包括公检法支出是合理的。数据来源于

《新中国五十年统计资料汇编》和《中国财政年鉴》[①]，公职人员数量来自《中国统计年鉴》，我们用了中国 GDP 平减指数来消除价格趋势。Rauch(1995)曾使用在多大程度上采用公务员制度(提高了政府职业化水平)的数据来度量政府治理对基础设施投资的影响，得出了显著的结论。

而关于官员腐败的指标，我们在现有的统计资料中没有办法获得官员腐败的分省面板数据，可是我们获得了地方政府官员贪污贿赂案件立案数的分省数据。但是根据我们前面的讨论可知，如果官员的腐败机会对基础设施投资可能有正面影响的话，那么，政府治理腐败的诚意和力度自然有助于减少官员腐败发生的概率，因为反腐败的惩治措施提高了官员腐败的成本。因此，对于基础设施投资的激励来说，腐败的影响就可以从反腐败的影响中间接识别出来。考虑到中国的地方政府在治理腐败的力度上存在的差异，我们期望这种差异会影响地方基础设施投资在增长上的差异。

我们用"每万公职人员贪污贿赂案件立案数"来度量各省的反腐败力度。是否较高水平的人均立案数代表反腐败力度越大抑或是该地区腐败程度越高呢？我们认为是前者。谢平、陆磊(2005)一书中发表了中国金融腐败指数，该指数显示：各地区高低顺序为：西部(5.85)、华南(5.79)、华北(5.74)、华中(5.32)、华东(5.00)、东北(4.45)。这个结论和我们对数据的解读很吻合，例如，根据我们的数据，华南的"广东、海南、广西"3个省人均立案数较低，反腐败力度应该理解为较小，与谢平、陆磊(2005)度量的华南金融腐败程度较高的结论比较吻合。华东和东北人均立案数最高，对应的金融腐败程度也较低。另外，"清廉国际"(IT)关于中国 1988~1992 年之间的清廉指数比 1992 年以后要高，说明这段时期反腐败力度较大[②]，而我们的数据也显示，这段时期全国各省人均立案数在各年中最高。因此，我们可以认为，人均立案数可以部分地反映地方政府对官员腐败的治理力度。

---

① 事实上，《新中国五十年统计资料汇编》提供的行政管理费用中也不包括公检法支出，甚至无公检法支出的纪录。《中国财政年鉴》则把两者分列统计，但仅仅统计了 1992 年以后的数据。因此，数据上缺失较多也使得我们无法在行政管理费支出中涵盖公检法支出。

② 1992 年之后，中国的清廉指数出现下降的趋势，而 1992 年之后的时期中国基础设施的投资开始了加速增长。看起来两者之间的关系并不是偶然的。

对于该数据我们还要做以下的说明：首先，"贪污贿赂案件立案数"数据来自《中国检察年鉴》(1989~2003)中的分省《人民检察院年度工作报告》。"公职人员数量"来自《中国统计年鉴》各年中"分行业职工数"项。两种相除即得"每万公职人员贪污贿赂案件立案数"。其次，1997年分省《人民检察院年度工作报告》中大多省份只报告5年(1993~1997年)的经济案件总的立案数，虽然我们有5年中前4年的数据，但倒推后得到的数据与前4年数据相比差异较大，使得倒推得出的1997年数据不可信赖，因此我们的数据中未包括该年数据。最后，某些省在有些年份仅提供总经济案件立案数，而没有具体的贪污贿赂案件数。这时假设在相近年份贪污贿赂案件数占总经济案件立案的比重基本保持不变，这时我们可以用当年总的经济案件立案总量乘以相近年份贪污贿赂案件数占总经济案件立案的比重来推算出当年的贪污贿赂案件数。在总的观测值中，按此方法推算出来的观测值只占15%。

除了以上3个关键的解释变量之外，我们还在回归中置入了其他一些变量。如人均基础设施投资期初值、人均城乡储蓄存款和人均实际GDP。人均基础设施投资期初值是上一年的基础设施投资额。该变量考察是否存在落后地区对发达地区在基础设施投资上的追赶效应。加入人均城乡储蓄存款是为了考察各省拥有的金融资源是否对基础设施投资有显著的影响。数据均来自《中国统计年鉴》。我们用了中国GDP平减指数来消除价格趋势。而人均实际GDP度量人均收入，为了检验是否基础设施投资存在收入效应(收入低的地方受到更多的国家转移支付，从而有更多的投资)，曾经运用该指标的研究有Kemmerling和Stephan(2002)。我们同样使用了中国的GDP平减指数来消除人均GDP中的价格趋势。

最后，在回归中我们还加入了4个年份虚拟变量（Dummy 89、Dummy 90、Dummy 93、Dummy 94）。这些变量分别在当年取值为1，其他年份取值为0。Dummy 89、Dummy 90用来控制1989年上半年的政治风波对于基础设施投资的负面作用。Dummy 93用来考察1993年的经济过热是否带来了更高速度的基础设施投资。考虑到基础设施投资过热的时滞效应,我们也加入了 Dummy 94[1]。同时加入的还有 Dummy 99,这个变量在 1999 年之前取 1,之后年份取 0,因为该年是西部大开发开始的第一年,也是东亚金融危机之后对中国产生滞后影响的时期,看看对基础设施投资是否有正的还是负的冲击效应。

估计结果报告在表 3 中。第 1 列包括所有的解释变量的系统 GMM 估计,人均实际 GDP 和人均城乡储蓄两个变量都不显著[2]。在第 2 列中,我们除去了不显著的变量重新进行系统 GMM 估计。第 3 列、第 4 列与第 2 列做比较对照,第 3 列为差分 GMM 估计,第 4 列为工具变量随机效应估计。从估计结果中可以看出,各种估计方法的系数符号都是一致的,这很符合我们的理论解释。但最优的估计方法显然是系统 GMM 方法,它得出的结果最优,核心变量系数均显著,且通过了 Sargan 检验和差分方程中的误差项本身一阶序列相关,二阶序列不相关的原假设。差分 GMM 方法在反腐败这个指标上不显著,这是因为前面所述的原因,反腐败指标变化程度小,滞后变量作差分的工具变量不是很有效;更为致命的是,Sargan 检验不能通过,这说明它拒绝了工具变量与误差项不相关的原假设,没有很好地解决内生性问题。IVRE 方法在人均行政费支出变量上不显著,且反腐败指标没有系统 GMM 方法显著。这些说明了我们采用的系统 GMM 估计方法较好地解决了内生性问题和估计的有效性问题。下面我们就根据第 2 列的回归结果做几点解释。

表 3 估计基础设施投资的决定因素(被解释变量:基础设施投资增长率)

	(1)SYS– GMM	(2) SYS– GMM	(3)DIF– GMM(2)	(4) IVRE(3)
基础设施投资期初值	−.140 ***	−.119***	−.465 ***	−.107 ***
对数/loginfinvpc_1	.0394(1)	.0304	.0649	.0380
人均外商直接投资	.0349**	.0395***	.0996***	.0372**
对数/logrfdipc	.0161	.0124	.0241	.0167
单位公职人员行政费	.100**	.0932*	.304**	.0649

[1] 从统计上看,全国总量水平的基本建设投资的增长率在 1993 年和 1994 年达到了顶峰,分别为 53.2% 和 39.5%,1995 年才回落到低于 15% 的水平。

[2] 我们用了两个变量中的任何一个放入方程中,发现系数仍然不显著,且不改变其他变量结果。

	(1)SYS–GMM	(2) SYS–GMM	(3)DIF–GMM(2)	(4) IVRE(3)
支出对数/logdmexpp	.052	.0496(4)	.104	.0576
单位公职人员贪污	–.0027**	–.003***	–.0008	–.0032**
贿赂立案/anticorrpp	.0013	.0012	.0019	.0014
人均实际 GDP 对数	–.0580			
/logrgdppc	0.100			
人均城乡储蓄/	.0831			
loglocalsavpc	.0794			
Dummy1989	–.0181	–.0323	–.0567	
	.0837	.0826	.0873	
Dummy1990	.0081	.0072	–.0203	.0064
	.0786	.0786	.0796	.0850
Dummy1993	.164**	.157**	.0906	.163**
	.0711	.0709	.0647	.0742
Dummy1994	.124	.119	.0921	.0735
	.0710	.0704	.0644	.125
Dummy1999	–.0693	–.0562	–.147**	–.0509
	.0597	.0582	.0699	.0628
常数项	.318	.128		.0341*
	.709	.328		.388
Sargan 检验值	0.175	0.194	0.000	
差分误差项 $\varepsilon_{i,t}-\varepsilon_{it-1}$ 的				
一阶序列相关检验	0.000	0.000	0.000	310
二阶序列相关检验	0.989	0.972	0.902	
观测值	341	341	281	

说明：①系数下方的值是标准差,*** 表示在1%水平上显著,**表示在5%水平上显著,* 表示在10%水平上显著。②在 GMM 估计中,我们仅指定单位公职人员贪污贿赂立案数和虚拟变量为外生变量,其他变量我们均考虑作为内生变量以控制内生性问题。③Hausman 检验 P 值为0.11,没有拒绝 IVFE 与 IVRE 的系数没有系统性差异的原假设,所以我们采纳 IVRE,报告其结果。这里将基础设施投资、外商直接投资和行政管理费支出的滞后一期作工具变量。④单位公职人员贪污贿赂立案数的 P 值,在第1列中为0.046,在第2列中为0.06,差异很小。

　　首先，基础设施投资具有显著的追赶效应(catch-up effect)，4 种估计方法都在 1% 的显著水平上显示了这一点。原来基础设施投资较少的地区(西部、中部)投资增长率超过了东部。这意味着中西部的地方政府很重视基础设施投资，这也从另一个角度说明西部大开发等措施是有效的。

　　第二，外商直接投资对基础设施投资的拉动是显著为正的，确实验证了我们的现象观察和理论假说，现有的基础设施能一定程度上吸引外商直接投资企业，而外商投资企业进入后，他们对政府的基础设施建设作为是否继续追加投资的重要考虑因素之一，这就促使投资地政府履行承诺不断地改善当地的基础设施，以便留住原有的企业和进一步吸引更多外资企业进入，这是一种互相推动的良性循环。

　　第三，我们发现，公职人员的人均行政费用支出显著正向地影响了对基础设施的投资。Evans(1992)认为政府机构的职业化水平是一国成为"发展型"政府的必要条件。Rauch 和 Evans(2000)指出引入公务员制度、提高公务员工资、内部提升都是提高政府职业化水平和政府效率的方式。公职人员行政费用支出的上升增加了公务员工资和福利，并在一定程度上提高了政府的职业化水平，"发展型"政府乐意于建设更多的基础设施促进经济增长。

　　第四，反腐败指标很有意思地对基础设施投资的影响为负，这说明反腐败力度的提高，在边际上会减少对基础设施的投资。Tanzi 和 Davoodi(1998)跨国实证研究表明腐败对基础设施投资有正的影响，并解释为基础设施投资很容易被有寻租权力的官员操控。Mauro(1998)也开篇指出："腐败官员会对容易获取贿赂的公共投资项目支出更多，并认为基础设施投资比教育等公共支出更容易寻租。"Tanzi 和 Davoodi(1998)进一步分析认为，腐败会减少对原有基础设施的维护费用，并且会使得基础设施投资的质量下降，使得基础设施投资工程支出金额上升，并可能使腐败成本计入基础投资额中。因此，从这个意义上说，反腐败力度的加强也可能抑制一些腐败机会驱动的基础设施投资，总体上对基础设施也可能有正面效应。这个问题比较复杂，需要做进一步的研究。

　　最后，我们发现，所有虚拟变量的系数符号都符合我们的预期，表明这些虚拟变量能控制那些宏观波动的影响。当然，只有 1993 年和 1994 年的虚拟变量在统计上是显著的，其余虚拟变量的回归系数不显著,但在系数符号上仍然符合经济逻辑。

七、结论

在经济发展的研究文献里,基础设施对经济增长的贡献一直被给予了关注。如何测度基础设施对经济增长或生产率的边际贡献一直吸引着经济学家的眼球。但是,另一个值得关注和研究的经济学问题是,基础设施作为有显著溢出效应的公共品,什么因素决定或者影响着对它的持续投资?为什么有的政府比另外一些政府在基础设施的建设上更有作为?对这些问题的思考自然需要把我们的注意力转移到政府和政府治理方面上来。在大部分西方国家里,由于建设和更新基础设施的投资和融资涉及政府的公共财政、政府间的财政关系,涉及民主政治的性质、约束政府行为的复杂的政治体制和选民行为,因此在现有的文献里,这样的研究常常就变成了典型的实证的政治经济学研究。

基于现有的研究文献,我们在本文的研究以中国的经验为案例,试图对过去 20 多年以来中国的物质基础设施的变化做出描述并给出解释。从现有文献上来说,中国在改革开放以来的经验在不同程度上包含着现有的发展经济学文献里所涉及的几乎所有的信息。这不仅是因为中国在 20 世纪 80 年代中就实行了政府间的财政体制的改革和放权与分权的尝试,而且也因为中国的政治模式和政府治理在这期间发生着有趣的变革。中国有 31 个省级政府(下有将近 3000 个县级政府),这样一个样本的规模可以让我们利用中国的数据来从事那些需要在国家间进行的研究。中国现有的统计资料和质量基本上提供了我们研究中的所需。与跨国研究相比,唯一不足的是那些涉及政府和政治的定性概念的定量化数据库的积累和建设还非常落后。这往往阻止了一些有价值的基础研究工作。

即使依然存在着数据的残缺和其他技术性的问题,但许多研究还是可以基于中国的省份数据展开。本文充分地利用了现有的数据资料,试图弥补在经济学文献里对改革开放以来中国的基础设施水平的变动及其投资决定的研究不足。我们的研究可以得出的基本结论包括:

(1)改革开放以来,尤其是 20 世纪 90 年代之后,中国的基础设施水平和对基础设施的投资模式发生了巨大的变化,地方政府在基础设施的投资上扮演着非常重要的角色。我们的研究表明,没有分权和对地方政府正确的激励,很难想象中国今天能够获得如此良好的基础设施的水平。毫无疑问,良好的基础设施支撑了中国的直接生产性投资和经济增长。

（2）过去 20 年来,中国基础设施的水平表现出沿海与内地之间的显著落差,尤其是中部地区的相对"落后"地位除了 20 世纪 90 年代上半期之外,基本上没有改变的趋势。这可能是因为西部一直得到中央政府的转移支付和基本建设投资的支持,而改革开放使东部更好地进入了基础设施建设与经济增长的良性互动。但我们在研究中发现,基础设施投资具有显著的 "追赶效应"。只要中西部地区的政府继续作为,这个相对差距会逐步缩小。

（3）在控制了经济发展水平、金融深化以及其他因素之后,地方政府之间在"招商引资"上的竞争和政府治理的转型是解释中国基础设施投资决定的重要因素,这意味着分权、开放、政府体制的改革与政府职业化水平的提高对政府致力于建设和改善基础设施是至关重要的。这个结论不仅符合了现有经济学文献对其他经济或跨国研究的发现,而且对于其他转型经济和发展中的经济具有参考价值。

（4）一般认为,由于基础设施投资比政府提供教育等其他社会服务可能包含着更大的官员腐败机会,所以在现有的研究文献里,政府官员的腐败程度往往与基础设施的投资表现出正相关的关系。本文的研究的确发现,我们使用的反腐败指标对基础设施投资的边际影响为负,这说明政府反腐败力度的提高,在边际上会减少对基础设施的投资,这意味着官员的腐败机会对基础设施（比如交通和城市建设）的投资增长有正面的影响。不过,考虑到反腐败也可能对提高基础设施的建设质量有正面的影响,所以这个结论的含义也许需要我们进一步斟酌和研究。

参考文献:

[1] 陈东琪.论政府高效行政与政府体制改革[J].财贸经济,2000（3）:5-12.

[2] 陈抗,Arye L.Hillman,顾清扬. 财政集权与地方政府行为变

化——从援助之手到攫取之手[J].经济学(季刊),2002,2(1):111-130.

[3] 陈诗一,张军.财政分权改善了地方财政支出的效率吗[J].中国社会科学,2008(4).

[4] 邓淑莲.中国基础设施的公共政策[M].上海:上海财经大学出版社,2003.

[5] 赫希曼.经济发展战略[M].北京:经济科学出版社,1991.

[6] 胡书东.经济发展中的中央与地方关系[M].上海:上海人民出版社和上海三联书店,2001.

[7] 纳克斯.不发达国家的资本形成问题[M].北京:商务印书馆,1966.

[8] 世界银行.1994年世界发展报告[M].北京:中国财政经济出版社,1994.

[9] 唐建新,杨军.基础设施与经济发展:理论与政策[M].武汉:武汉大学出版社,2003.

[10] 王永钦,丁菊红.公共部门内部的激励机制:一个文献述评——兼论中国分权式改革的动力机制和代价[J].世界经济文汇,2007(1).

[11] 魏后凯.外商直接投资对中国区域经济增长的影响[J].经济研究,2002(4):19-26.

[12] W.W.罗斯托.从起飞进入持续增长的经济学[M].四川:四川人民出版社,1988.

[13] 谢平,陆磊.中国金融腐败的经济学分析[M].北京:中信出版社,2005.

[14] 亚当·斯密.国民财富的性质和原因的研究[M].北京:商务印书馆,1974.

[15] 张军.中国的信贷增长为什么对经济增长影响不显著[J].学术月刊,2006(7).

[16] 张军.印度和中国增长的政治经济学[J].北大商业评论,2006(22).

[17] 张军,金煜.中国的金融深化与生产率关联的再检测:1987—2001[J].经济研究,2005(11).

[18] 张军,吴桂英,张吉鹏.中国省际物质资本存量估计:1952—2000[J].经济研究,2004(10).

[19] 张晏,夏纪军.税收竞争理论评介——兼对我国地方政府减免

税竞争行为的分析[J].经济学动态,2006.

[20] Acemoglu D., S. Johnson, J. A. Robinson. The Colonial Origins of Comparative Development: An Empirical Investigation [J].American Economic Review, 2001, 91(5): 1369–401.

[21] Acemoglu D., S. Johnson, J. A. Robinson. Reversal of Fortune: Geography and Development in the Making of the Modern World Income Distribution [J]. Quarterly Journal of Economics, 2002, 117 (4): 1231–1294.

[22] Arrow K. J., Kurz Mordecai. Public Investment, the Rate of Return and Optimal Fiscal Policy [M]. Baltimore: The Johns Hopkins University Press, 1970.

[23] Aschauer D. A. Does public capital crowd out private capital? [J]. Journal of Monetary Economics, 1989, 24: 178–235.

[24] Aschauer D. A. Is public expenditure productive? [J]. Journal of Monetary Economics, 1989, 23: 177–200.

[25] Aschauer D. A. Public investment and productivity growth in the group of seven [J]. Economic Perspectives, Federal Reserve Bank of Chicago, 1989, 13: 17–25.

[26] Aschauer D.A. Infrastructure and macroeconomic performance: Direct and indirect Effects [R]. Paris: OECD, 1995.

[27] Bardhan P. Awakening Giants, Feet of Clay: A Comparative Assessment of the Rise of China and India [R]. Shanghai: International Conference on the Dragon and the Elephant: China and India's Economic Reforms, 2006.

[28] Barro R. J. Government spending in a simple model of endogenous growth [J]. Journal of Political Economy, 1990, 98:103–125.

[29] Barro R. J. Inequality and Growth in a Panel of Countries [J]. Journal of Economic Growth, 2000, 5:5–32.

[30] Barro R. J. Economic Growth in a Cross Section of Countries [J]. Quarterly Journal of Economics, 1991, 106(2):407–430.

[31] Besley T., A. Case. Incumbent Behavior: Vote–Seeking, Tax–Setting, and Yardstick Competition [J]. American Economic Review, 1995, 85: 25–45.

[32] Blanchard O., A. Shleifer. Federalism with and without Political Centralization: China versus Russia [R]. Cambridge: National Bureau of Economic Research, 2000.

[33] Bond. Dynamic panel data models: a guide to micro data methods and practice [J]. Portuguese Economic Journal, 2002, 1:141–162.

[34] Bougheas S., P. O. Demetriades, T. P. Mamuneas. Infrastructure, Specialization, and Economic Growth [J]. Canadian Journal of Economics, 1999, 33(2): 506–522.

[35] Castells A., S. Albert. The regional allocation of infrastructure investment: The role of equity, efficiency and political factors [J]. European Economic Review, 2005, 49(5):1165–1205.

[36] Cadot O., R. Lars–Hendrik., A. Stephan. A political economy model of infrastructure allocation: An empirical assessment [J]. London: Centre for Economic Policy Research, 1999.

[37] Davoodi H., Zou H. Fiscal decentralization and economic growth: A cross–country study [J]. Journal of Urban Economics,1998, 43: 244–257.

[38] D.A. Aschauer. Why is infrastructure important? [R]. Boston: Federal Reserve Bank of Boston, 1990.

[39] Charles D. Delorme Jr.,Herbert G. Thompson Jr., Ronald S. Warren Jr. Public Infrastructure and Private Productivity: A Stochastic– Frontier Approach [J]. Journal of Macroeconomics, 1999, 21(3):563–576.

[40] Demetriades P. O., T. P. Mamuneas. Intertemporal Output and Employment Effects of Public Infrastructure Capital: Evidence from 12 OECD Economies [J]. Economic Journal, 2000, 465:187–712.

[41] Démurger S. Infrastructure Development and Economic Growth: An Explanation for Regional Disparities in China? [J]. Journal of Comparative Economics, 2001, 29:95–117.

[42] Easterly W., R. Levine. Africa's growth tragedy: policies and ethnic divisions [J]. Quarterly Journal of Economics, 1997, 112:1203– 1250.

[43] Fumitoshi M., Tomoyasu Tanaka. Productivity Effects and Determinants of Public Infrastructure Investment [R]. Kobe: Kobe Universi-

当代华人

ty, 2005.

[44] Glaeser Edward L., Rafael La Porta, Florencio Lopez –de –Silanes, Andrei Shleifer. Do Institutions Cause Growth? [R]. Cambridge: National Bureau of Economic Research, 2004.

[45] Haggard Stephan, Robert R. Kaufman. The Politics of Economic Adjustment: International Constraints, Distributive Conflicts, and the State [M]. Princeton: Princeton University Press, 1992.

[46] Henisz W. J. The institutional environment for infrastructure investment, industrial and corporate change [J]. Oxford Journals, 2002, 11(2):355–389.

[47] Holtz–Eakin D., H. Rosen. Municipal construction spending: An empirical examination [J]. Economics and Politics, 1993, 5:61–84.

[48] Holtz–Eakin D., Public–sector capital and the productivity puzzle [J]. The Review of Economics and Statistics, 1994, 76:12–21.

[49] Justman M. Infrastructure, Growth and the Two Dimensions of Industrial Policy [J]. Review of Economic Studies, 1995, 62(1):131–157.

[50] Kaufmann Daniel, Aart Kraay, Massimo Mastruzzi. Governance Matters III: Updated Governance Indicators for 1996–2002 [R].Washington, D.C.: World Bank, 2003.

[51] Kaufmann Daniel, Aart Kraay, Pablo Zoido–Lobatón. Governance Matters II: Updated Governance Indicators for 2000 –2001 [R]. Washington, D.C.: World Bank, 2002.

[52] Kaufmann Daniel, Kraay Aart, Massimo Mastruzzi. Governance Matters IV:Governance Indicators for 1996–2004 [R]. Washington, D.C.: World Bank. 2005.

[53] Kemmerling A., A. Stephan. The Contribution of Local Public Infrastructure to Private Productivity and Its Political Economy: Evidence from a Panel of Large German Cities [J]. Public Choice, 2002, 113(3–4): 403–424.

[54] La Porta R., Lopez–De–Silanes F., Shleifer A., Vishny R. The Quality of Government [J]. Journal of Law, Economics and Organization, 1999, 15(1): 1113–1155.

[55] Li Hongbin, Li–An Zhou. Political Turnover and Economic Per-

formance: Incentive Role of Personnel Control in China [J]. Journal of Public Economics, 2005, 89:1743–1762.

[56] Mauro. Corruption and the composition of government expenditure [J]. Journal of Public Economics, 1998, 69: 263–279.

[57] Munnell A.H. Why has productivity growth declined? Productivity and public investment [J]. New England Economic Review, 1990:3–22.

[58] Munnell A.H. Policy watch: infrastructure investment and economic growth [J]. Journal of Economic Perspectives, 1992, 6:189–198.

[59] Oates W. E. An Essay on Fiscal Federalism [J]. Journal of Economic Literature, 1999, 37(3):1120–1149.

[60] Przeworski A., L. Fernando. Political Regiems and Economic Growth [J]. Journal of Economic Perspectives, 1993, 7(3):51–69.

[61] Rauch J. E. Bureaucracy, Infrastructure, and Economic Growth: Evidence from US Cities during the Progressive Era [J]. American Economic Review, 1995, 85(4):968–979.

[62] Rauch J. E., P. B. Evans. Bureaucratic structure and bureaucratic performance in less developed countries [J]. Journal of Public Economics, 2000, 75:49–71.

[63] Rémy Prud'homme. Infrastructure and Development [R]. Annual Bank Conference on Development Economics, 2004.

[64] Rosenstien–Rodan P. N. Problems of Industrialization of Eastern and South–Eastern Europe [J]. Economic Journal, 1943(6–9).

[65] Susan Randolph, Zeljko Bogetic, Dennis Hefley. Determinants of Public Expenditure on Infrastructure Transportation and Communication [R]. Washington, D.C.: World Bank, 1996.

[66] Tanzi, Davoodi. Corruption, Public Investment, and Growth [R]. Washington D.C.: The International Monetary Fund,1997.

[67] Tanzi, Davoodi. Roads to Nowhere: How Corruption in Public Investment Hurts Growth [R].Washington D.C.: The International Monetary Fund,1998.

[68] Tiebout C. A Pure Theory of Local Expenditures [J]. Journal of Political Economy, 1956, 64 (5):416–424.

当代华人

[69] Treisman, D. Decentralization and the Quality of Government [R]. Los Angeles: University of California, 2000.

[70] Vijaya G. D., C. Saltzman, L. R. Klein. Infrastructure and productivity: a nonlinear approach [J]. Journal of Econometrics, 1999, 92: 47–74.

[71] Wylie P. J. Infrastructure and Canadian Economic Growth 1946–1991 [J]. Canadian Journal of Economics, 1996, 29(1): 350–355.

[72] Wang Eric C. Public infrastructure and economic growth: a new approach applied to East Asian economies [J]. Journal of Policy Modeling, 2002, 24:411–435.

[73] Zhuravskaya E. V. Incentives to Provide Local Public Goods: Fiscal Federalism, Russian Style [J].Journal of Public Economics, 2000, 76: 337–368.

自述之九

    2003 年的深秋,我应邀在伦敦参加会议之后,还在伦敦 Middlesex 大学执教的姚树杰教授开车把我送到牛津去看望在那里学习的我的学生们。一路上我再也找不到 22 年前我第一次搭车穿梭在英格兰高速公路上的感觉,甚至没有觉得英国的高速公路有什么特别值得描述的地方。对大多数今天驾车行驶在中国境内高速公路上的中国人来讲,也许同样不再会有什么新鲜感。然而,在印度旅行中,因为没有高速公路而忍受的颠簸和疲倦却让我们对中国的基础设施建设的成就感到自豪。中国今天的基础设施的水平可谓日新月异。在 20 年前,没有人敢于奢望今天的基础设施所达到的水平以及更新的速度。在 20 世纪 80 年代,甚至到 90 年代初的时候,出门旅行还必须依赖破旧不堪的火车,并要为买到火车票而大伤脑筋。而今天的根本不同却是,每天乘坐大巴而行驶在高速公路上的人数可以高达数百万。

    基础设施水平的持续提高应该是中国经济发展的一个最重要的成就之一,也是对经济增长的一个非常重要的测度。但在评价中国经济增长的文章中,多数人还是倾向于贬低"硬件"而更多强调"软件"的重要性。这在中国与印度的"双棒讨论"中表现得尤其突出。虽然中国在基础设施上远远胜于印度是不可否认的事实,可是大多数文章还是更看重印度的 "制度资产"。我记得 2004 年的某一期 Far East Economic Review(《远东经济评论》)中有黄亚声教授关于印度和中国对比的一篇短文。文章说,世界银行的一个研究报告根据 2000 年的数据测算了中国和印度在财富创造上的差异。根据黄教授文章提到的数据,按收入来衡量,中国的人均收入是印度的两倍,而如果按照所享受和拥有的财富来衡量, 中国人仅比印度人多富裕 37.6%(中国的人均财富为 4208 美元,而印度为 3738 美元)。接着,黄教授进一步认为,如果按照无形资本来度量,中国人倒显得格外的"贫穷"了。他所说的这个无形资本包括了教育、法制环境以及其他经济制度的那些"软因素"。我没有读到世界银行的这个报告,但我相信黄教授的理解。我同样深信不疑的是,比印度人在财富上多富裕出来的那一部分里面,中国人享受的高水准的基础设施一定是占了较大的比重的。

在讨论和对比不同经济增长绩效的文献里,把"硬件"与"软件"分开评价的做法并不合适。印度基础设施的严重滞后并不说明印度可以很快地赶上中国的水平。对于经济发展而言,制度的细节与健全的法制固然是重要的决定因素,但基础设施这个所谓硬件的改善并不是一件孤立的事情,也更不简单。基础设施的建设表现为高速公路、轨道、通讯电缆、机场、车站、整洁的城市容貌和高楼大厦这些物质上的改变,但却远远超出这些物体本身。当我们对比印度与中国的经济发展时,我们一定会在两国的那些软的体制上去寻求硬的基础设施差异的原因。毋庸置疑,一个没有作为的体制是造不出这些硬东西来的。看上去,投资于基础设施是典型的"扶持之手"的政府行动。那这是否意味着中国的地方政府更懂得如何去实现公共利益呢?或者中国的政治治理模式是否更有利于基础设施的改善呢?

这需要由研究作答。于是我决定组织我的学生一起去回答以上这些问题。不过,虽然写作这篇论文的动机早在 2003 年就已产生,但是我由于公务缠身,一直到 2005 年下半年才开始对这个问题的研究工作。参与这个研究的我的学生包括傅勇、高远和张弘三人。他们分工收集文献和数据,然后我们每周一次举行讨论,汇报研究的进展并就研究的框架和解释思路进行分析与推敲。有了这些基础工作之后,我大约花了两个月的时间写出了长达 4 万字的论文,或许因为我在本论文的写作中劳累过度,我的眼睛之后出现严重问题。回想起来,这可能是我们花费最多精力的一篇论文。本论文的简约版以《中国为什么拥有良好的基础设施?》为题发表于《经济研究》2007 年第 3 期的首篇。

就内容而言,本篇论文在中国的政治经济体制的框架内描述和解释了改革以来,尤其是 20 世纪 90 年代以来中国在建设和改善物质基础设施上所取得的显著成就及其原因。依据现有的研究文献和省级面板数据,文章不仅度量了改革以来中国的基础设施的存量变化和地区差距,而且运用 GMM 方法检验了可解释基础设施投资支出变动的重要变量。本文发现,在控制了经济发展水平、金融深化以及其他因素之后,地方政府之间在"招商引资"上的标尺竞争和政府治理的转型是解释中国基础设施投资决定的重要因素,分权、政府间的 Tiebout 竞争、向发展式政府的转型对改进政府对基础设施的投资激励是至关重要的。这意味着中国在投资和更新基础设施上的出色成就是中国的政府转型和政治治理模式变迁的一个可以解释的结果。在中国的政治治理模式下,对官员的正面激励很好地把市场因素与政治因素合成在了一起。这个激励的核心被称为基于经济发展的政治表现(简称"政绩")。这非常重要。不仅基础设施的改善有助于实现当地更快的经济增长,而且显著改善的基础设施本身就是最容易度量、从而能最好地满足中央对地方官员的"政绩"考核的目标。

就贡献而言,本论文是对基础设施的定义(包括世界银行给出的定义)和相应的统计口径进行了核对与匹配,形成了一个与中国现行的统计口径较为一致的基础设施的分类。然后我们对分项的基础设施进行了存量上的加总,利用主成分分析法构造出了一个度量全部基础设施存量的程序,并对地区之间的基础设施存量的差异进行了度量。文章的另一个贡献是首次利用中国的数据估计了影响基础设施投资的制度因素,发现了政府间的竞争和政府的治理水平(governance)对基础设施投资的正面影响。

这篇论文发表之后,引起了学术界的极大关注,也成为相关研究领域里引用次数较多的论文。经过评委会严格的评审,该文还在 2010年荣获"第三届张培刚发展经济学奖"。

朱镕基可能是对的：理解中国经济快速发展的机制 *

一、引言

应 David Greenaway 主编的邀请，今天能够在 The World Economy Annual China Lecture 上跟大家分享我对中国经济转型和发展模式的一些认识我非常荣幸。正是这个邀请让我在过去几个月里不得不去认真整理一下我这些年来所做的有关中国经济增长与发展方面的研究片段。事实上，在 2008 年，时值中国经济改革和开放 30 周年之际，我受邀曾在诺丁汉大学、斯德哥尔摩经济学院和大阪工业大学等地就如何诠释中国的经济发展做过几次演讲。在那些演讲的基础上，今天我才能够更系统地展现给各位一个框架，而且我认为这个框架有助于更好地诠释中国经济快速发展的机制，从而帮助人们理解中国经济在过去 20 年来的经济发展的经验。

就在前不久，也就是 2011 年 7 月 26 日，纽约大学的 Nouriel Roubini 教授在上海交通大学高级金融研究院做了一个演讲。他在演讲中提到，中国经济过去的高速增长是靠出口和巨大的固定资产投资支撑的，而且他说高储蓄和低消费是一个不可持续的增长模式。这也是当下非常流行的看法。但我想指出的是，这一说法并不像它看上去的那么正确。例如，尽管中国的出口值相对于 GDP 超过了 30%，但平均而言，净出口（net exports）占 GDP 的份额过去 10 年平均仅有 3.3%，这几年更是在 2% 以下。更有意思的是，Roubini 教授把经济增长的源

* 本文是根据我 2011 年 11 月 4 日在 The World Economy Annual China Lecture（The World Economy 年度中国讲座）上的英文演讲经整理、修改和补充而成的。演讲在英国诺丁汉大学（宁波校区）举行。我要感谢英国诺丁汉大学校长、The World Economy 杂志的主编 David Greenaway 教授的盛情邀请，也要感谢诺丁汉大学中国研究院的姚树洁教授为促成这次讲座所做的努力。我还要感谢我的学生范子英、陈诗一、罗长远、方红生、刘晓峰和唐东波在数据准备和处理上给予的协助。感谢出席讲座并对演讲提出问题和评论的所有人。文责自负。本文英文版将发表于 The World Economy，中文版将在《比较》上发表。

泉归结于需求的构成,显然这不是经济学家应该有的理解长期经济增长的方法。需求因素,特别是消费需求,并不能作为解释长期经济增长的源泉,相反,它最好被理解为经济增长的结果。因此,站在需求方,断言中国经济过去的高速增长依靠了过度出口和过度投资,忽略了消费,是无益于揭示 20 年来中国经济发展的逻辑与机制的。这种似是而非的言论之所以大行其道,大概皆可归因于当下导源于美国和欧洲的全球经济危机。由于过于强调消费需求对经济发展的重要性,储蓄再一次被诅咒而不再被视为美德。①尽管这种分析短期经济波动和商业周期的逻辑并不能用于对长期经济增长的解释和预测,然而,令人匪夷所思的是,那些著名的经济学家为什么今天也随波逐流?

那么,要阐释经济发展的机制,我们应该从哪开始呢? 什么才是经济发展的核心问题呢? 还是让我们听一下 Arthur Lewis 在 1954 年怎么说的吧。他在著名的论文 "Economic Development with Unlimited Supply of Labor" 中写道: "The central problem in the theory of economic development is to understand the process by which a community which was previously saving and investing 4 or 5 percent of its national income or less, converts itself into an economy where voluntary saving is running at about 12 or 15 percent of its national income or more. This is the central problem because the central fact of economic development is rapid capital accumulation (including knowledge and skills with capital) ." (Lewis, 1954, p.416) 〔在经济发展的理论中,核心的问题是要弄清楚一个经济体从前的储蓄和投资仅占其国民收入的 4%~5%,甚至更少,是如何能将其自愿储蓄提高到占其国民收入的 12% 或 15%,甚至更高的。之所以这是核心问题,那是因为经济发展的核心事实是快速的资本积累(包括资本中包含的知识和技能)。〕

毫无疑问,中国现在的高投资率反映的是中国目前的国民储蓄率仍处于较高水平这一阶段性事实。这没有错。消费占比的下降只是相对于 GDP 的比重下降,并不是绝对水平的减少。遗憾的是,中国的统计当局没有能够在统计上处理好家庭的服务消费和 "推断租金"(im-

---

① 例如,在最近的一篇论文中,Chen and Yao(2011)就使用了 "The Cursed Virtue: Government Infrastructural Investment and Household Consumption in Chinese Provinces" 作为题目。

puted rents)的问题,从而对家庭消费开支的核算存在系统性的低估。①
但即使这样,中国在20世纪90年代之后20年也一直保持着消费的
较快增长,扣除通货膨胀因素的复合增长率达8.6%,而同一时期世界
经济整体的消费增长率则不到3%。②另外还需要指出,中国在过去20
年来消费占比的下降并不是国民储蓄率升高的必然结果,因为过去20
年,中国的国民储蓄率升高主要是公司部门和政府的公共储蓄得以提
高的结果,家庭储蓄率的变化其实并不显著。③而非居民部门储蓄率
提高(从而投资–GDP比率的上升)的一个重要原因是过去20年来年
劳动报酬占国民收入的比重(所谓的"劳动份额")持续下降(罗长远和
张军,2009 a, b;白重恩和钱震杰,2009)。那么,为什么会出现这一现
象呢?

包括我在内的不少经济学家做了各种努力,试图找到答案。在我
们的一个研究中,我们把全国层面的劳动报酬占国民收入的比重分解
到了中国的各个省份,于是就发现了这个现象背后的有趣规律。利用
地区的资金流量表,我们计算发现,上海的劳动报酬占比是全国最低
的,而经济贫穷的贵州和广西则是全国最高的 (罗长远和张军,
2009b)。④这似乎是说,农业份额大的省份,劳动报酬占比就往往比较

---

① 自从中国在20世纪90年代末放弃福利分房制度并启动住房市场化改革之后,家庭
必然为购买住房而储蓄。如今在城乡房屋私有化率高达近90%的情况下,国家统计局不得不
承认,由于缺乏足够可靠的历史资料来估算"推断租金",国家统计局只是使用家庭缴纳的维
修基金和物业费以及房屋装修开支等粗略估计家庭用于住房消费的开支。根据这一估计,中
国普通家庭住房消费占家庭消费开支的比重仅为7%左右,显然低估了家庭在住房消费上的
支出水平。另外,国家统计局利用现有的官方社保、医疗、金融、保险等部门的统计资料进行推
算家庭服务支出的做法也低估了家庭在教育、医疗以及金融中介服务等方面的实际开支。

② Arvind Subramanian(2011)在最近出版的著作"Eclipse: Living in the Shadow of Chi-
na's Economic Dominance"中使用"佩恩表"(Penn World Tables)的购买力平价数据计算发
现,在与东亚经济高增长的相似阶段,中国人均消费的增长也显著快于日本、中国香港、新加
坡、韩国和中国台湾等。顺便提一下,这个比照结果不仅说明中国在过去20年人均消费的增
长有较好记录,而且对那些指责中国一直实行重商主义政策的言论也有申辩之义。

③ 中国的家庭储蓄率(占GDP)大约维持在20%左右。而过去20年以来公司部门的储
蓄率增长较快并且已经超过了家庭部门的储蓄率。

④ 例如,在2000年,上海的劳动收入份额是34.99,而广西和贵州分别是64.33和
60.85。

高,而工业化程度和城市化水平比较高的省份,劳动报酬占比就比较低。为什么这样?这不难解释,因为农业部门的资本–劳动比率大大低于工业部门。因此,劳动份额的持续下降趋势反映的实际上是中国经济结构的升级过程,也就是说,在过去 20 年,越来越多的省份实现着经济结构的升级,经历着工业化和城市化的进程。在这个结构变化过程中,农业在 GDP 中的份额在下降,而制造业和服务业的份额则在上升,这样一个结构变化很大程度上导致了我们观察到的劳动报酬在 GDP 中的占比出现下降的趋势。

所以我认为,上述现象的出现主要是经济结构变化造成的。这是一个非常积极的信号,因为结构变化是经济发展的一个非常重要的机制。经济发展是经济结构不断升级的过程,在这个过程中,劳动力、资本和土地等要素开始从传统部门逐步被配置到生产率更高的现代部门,从而实现人均收入的不断提高。不用说,过去 20 年,中国正处于快速工业化的发展阶段,制造业在 GDP 中的份额持续增加,而将来,随着服务业在各个省的经济结构中变得越来越重要,全国层面上观察到的劳动报酬在整个国民收入当中的份额就会止跌回升。这意味着,随着劳动份额的提高,未来中国的国民储蓄占 GDP 的比重也就会随着经济发展进入到更高阶段和人均收入水平的提高而逐步下降。东亚四小龙在 30~40 年前都是世界上储蓄率最高的经济之一,但今天不是。但是他们早期经济发展的成功经验告诉我们,如果能在储蓄率高的阶段推进有效的资本形成,人均收入就可以获得更快的增长,从而成功缩小与发达国家的收入差距。[①]

因此,过去 20 年来中国工业化(和城市化)进程在地方间不平衡的推进是解释劳动报酬份额的下降和国民储蓄率提高的主要因素。不难理解,工业化显著提高了一个地区的劳动生产率,而中国的农村释放出来的巨大规模的劳动供给量又使得非技能工人的工资增长相对

---

① 北京大学的蔡洪滨教授做了一个研究,他用上百个国家的统计样本,讨论了哪些因素会影响一个中低收入的国家成功实现向高收入的跨越。在他的回归方程中,消费率、投资率、出口占 GDP 的比重、基尼系数等变量都被作为了影响因素。他的回归结果显示,这些结构变量在统计上都不显著。换句话说,从长远来说,这些变量并不是决定这些国家能否成功跨越所谓“中等收入陷阱”的因素,因为它们会随着经济发展阶段的改变而发生变化(蔡洪滨,2011)。

缓慢。这就让资本的回报和政府的收入获得了更快的增长。我的这一解释幸运地得到了卢锋（2006）的一项研究的证实。卢锋发现，在1978~1990年间，中国制造业的劳动生产率的年均增长率仅有1.85%，但在进入20世纪90年代之后，随着资本积累和工业化的加速，制造业的劳动生产率增速开始大幅提升，其中1991~2004年间的年均增长率达到13.1%，而1994~2004年间的年均增长率则达到15.5%，均大大高于同期人均GDP和工资的增速。

二、过去20年工业化与资本积累的几个典型事实

你也许留意到了，刚才我多次提到工业化和资本积累是在过去20年里得以加速的。你会感到好奇，中国经济的改革始自1978年，为什么工业化（城市化）是从20世纪90年代之后开始加快的呢？为了回答这个问题，我先陈述一下20世纪90年代中期以来我们可以观察到的关于工业化和资本积累加速的几个典型事实：

第一个典型事实是，资本形成的速度在20世纪90年代中期之后显著加快。在1979~1993年，实际资本存量的增长率只有一位数，而之后开始加速，平均达到每年大约13%的增长率。如图1所示，这使得实际的资本产出比率从1994年前后开始上升。

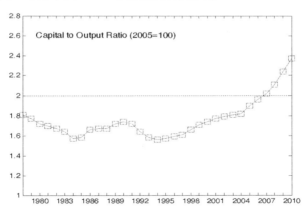

图1 中国资本产出比的演变

说明：资本存量数据是31个省级资本存量的加总，该数据系列来自于Zhang（2008），陈诗一将该数据系列推广到了2010年。在形成本图时，作者用2005年为基期的投资品价格指数和GDP隐含价格指数分别对资本和GDP做了价格缩减。

第二个典型事实由图 2 给出。在图 2 我们可以清楚地观察到,也是在 20 世纪 90 年代中期之后,用于公共基础设施的投资几乎在所有省份都经历了跳跃式的增长,成为资本积累加速的重要助推器。从那以后,以交通、通讯、能源和城市公共设施为代表的中国基础设施的水准得以前所未有的持续的改善。[①]

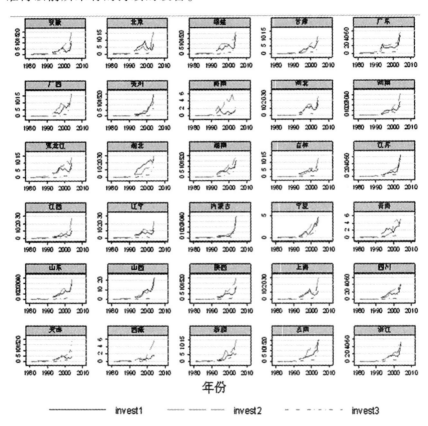

图 2 1981~2004 各省基础设施投资变化(单位:10 亿元)

说明:invest1 指电力、煤气及水的生产和供应业投资;invest2 指交通运输仓储和邮电业投资;invest3 指水利、环境和公共设施管理业投资。另外,重庆市 1997 年及以后的数据并入了四川省。

资料来源:张军等(2007)。

----

① 张军(2011)提供了过去 20 年来中国在基础设施的投资及融资方式演变的详细介绍。在另一个经验研究中,张军等(2007)解释了为什么中国拥有了良好的基础设施。

　　第三个典型事实是,来自地方政府的资本支出在这一时期的资本形成中扮演着重要角色。每年平均大约40%的资本支出是来自政府的,尤其是地方各级政府。而中央政府在基本建设投资项目中的资助比例则持续下降,过去10年平均只有10%左右(如图3所示)。地方政府的资本支出主要不再是对国有企业的资本投入,而是用于公共基础设施以及其他社会公共资本(social overhead capital)的建设。事实上,

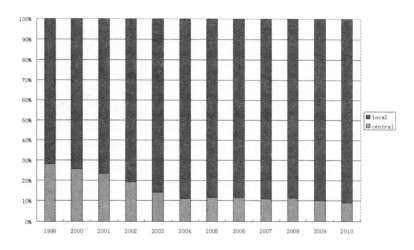

图3　固定资产投资的中央–地方比例

　　资料来源　国家统计局:《中国统计年鉴》,北京,中国统计出版社,2011。

各级地方政府开始成为资本积累的积极鼓励者和有力推动者。

　　第四个典型事实是,尽管在20世纪90年代之后工业化和资本积累加快了,但资本的回报并没有出现恶化趋势(Bai, Hsieh and Qian, 2006)。这在很大程度上得益于20世纪90年代后期政府对国有部门的结构改革使得资本和劳动要素的跨地区和跨部门流动变得更加容易,资本的分配效率在这一时期得到不断改善(Chen, Jefferson and

Zhang, 2011)。①因此,工业化和资本积累在 20 世纪 90 年代之后的加速是过去 20 年来中国实现经济快速和持续增长的引擎。

以上这四个典型事实提醒我们,发生在 20 世纪 90 年代之后的加速工业化现象不应该理解为中央政府自上而下制定和实施工业化战略和选择性产业政策的结果,正相反,经济的市场化和各级地方政府成为工业化和资本形成加速的有力推动者。正是后者让 20 世纪 90 年代之后的工业化道路与之前 40 年的工业化道路有了显著的区别,这也是理解 20 世纪 90 年代之后资本积累和经济发展机制的关键。在相当长的时期内(至少在 50 年代到 80 年代中),中国的工业化和资本积累一直是靠自上而下执行产业政策并在计划投资的体制里推进的,其教训是,自上而下执行产业政策的后果往往导致对基础设施等公共投资的严重不足,也导致更多的资本最先被配置到经济相对落后的内地省份而不是去帮助东部发达地区的经济起飞。不妨大胆设想一下,如果 20 世纪 90 年代之后的这种工业化进程(从而资本积累)是在选择性产业政策的框架里自上而下执行的,中国似乎难以避免再度发生因过度工业化和丧失经济效率造成的经济衰退。以此推断,20 世纪 90 年代之后工业化进程的加速和资本的深化不可能是集权计划决策体制的结果,不是自上而下执行产业政策的结果,更像是市场、分权和政府

---

① 虽然经济学家中对中国的投资效率和投资回报率持批评态度的并不少见,但对投资回报率做出估计的并不多见。在 2006 年前后,世界银行、清华大学和北京大学的研究小组几乎同时开展的独立研究没有在总量层面上发现中国的投资回报率有明显的恶化趋势。那些批评中国投资过度的经济学家往往指出中国的产能过剩问题。尽管某些产业或者产品的产能过剩是完全可能的,但这并不足以证明存在结构性的产能过剩问题,否则就难以与过去 20 年中国经济高速增长的经验事实相吻合。也有较多经济学家用增量资本产出比率(Incremental Capital Output Ratio, 或 ICOR,它等于投资率与 GDP 增长率之比)的上升来证明中国投资效率有恶化的趋势,理由是,中国的投资率(投资占 GDP 的比率)比 20 年前高了很多,但经济增长速度并没有更快。需要指出的是,ICOR 对经济的短期波动非常敏感,因此,在计算 ICOR 时,必须使用较长时间跨度的平均值才有意义。根据我们的计算,中国在 2001~2010 年 10 年间的平均 ICOR(平均投资率除以平均增长率)是 4.06,与 1981~1990 年间 3.86 的平均 ICOR 只是略有上升,而这种上升其实是非常正常的。随着经济发展水平和人均收入的提高,一个国家的 ICOR 一般也会上升。事实上,发达国家的 ICOR 要远高于中国的水平。根据世界银行的数据,高收入国家作为一个整体在上述两个 10 年间的 ICOR 分别是 6.32 和 12.62。所以,不能简单地用 ICOR 来判断一个国家的投资效率。如果一定要用这个指标的话,那么中国的投资效率就几乎位于世界的最前列了(朱天和张军,2012)。

间竞争导致的结果，因为没有以竞争为基础的有效的资本分配和让地方政府自主的激励机制，中国经济不可能在20世纪90年代之后因为工业化的加速和资本深化而保持持久的快速增长势头。

可是，作为提高地方政府自主性改革的内容之一，中央政府在财政上和决策上向地方政府的放权和分权早在20世纪80年代就完成了，而且地方政府之间的竞争在20世纪80年代也就因此而存在，为什么工业化和资本积累的加速发生在90年代之后？众所周知，在中国经济改革的头10年，农业改革和乡村的工业化（以所谓的乡镇企业的崛起为特色）无疑是经济增长的最大贡献者。在这一时期，原有的计划经济的管理体制基本没有改变。但为了调动地方政府的积极性，中央政府尝试了向地方政府的财政分权，以财政承包制的形式将更多的财政收入留给了地方。然而，整个20世纪80年代，虽然实行了财政承包并给予了地方更多的自主权，但城市的工业化和资本积累速度依然缓慢。财政分权引发得更多的是地区之间的市场封锁与分割等严重的地方主义和保护主义的行为，重复建设损害了资本分配的效率，国有企业受到保护，并最终在宏观上导致反复不断的恶性通货膨胀，经济大起大落，经济增长的基础非常脆弱并极易波动。[①]而所有这一切在20世纪90年代之后都趋于消失不见了。所以，仅仅看到了财政分权和向地方的放权还不够，还需要更周密地考虑发生在20世纪90年代之后的更重要的制度变化，方能解释地方的工业化和资本积累加速的现象。

过去20年里，那些把财政分权与经济增长相联系的文献（所谓中国式的财政联邦主义）在试图解释改革以来中国经济增长的现象时常常并不考虑20世纪90年代与80年代在制度改革和增长机制上的差异，而仅仅关注和强调这种财政联邦主义总体而言对经济增长的好

---

① 2000年4月，在一篇题为"Redistribution in a Decentralized Economy：Growth and Inflation in China under Reform"的论文中，Brand and Zhu证实了财政分权是1981~1993年间中国频繁出现通货膨胀的根源（Brandt and Zhu, 2000）。2005年，在另一篇也是讨论中国的财政分权与宏观不稳定的论文中，作者Feltenstein and Iwata也发现，中国不断发生的通货膨胀是财政上向地方政府分权的一个不可避免的结果。地方政府不断获得的财政自主权经过一个传导机制最后推动了货币创造，使货币供给常常失去控制，从而通货膨胀总是频繁地发生。按照他们的说法，中国的经济分权对实物产出有显著的正面影响，但财政分权却不利于物价的稳定（Feltenstein and Iwata, 2005）。

处,忽略了财政分权在 20 世纪 80 年代为地方政府追逐严重地方主义行为提供的强大激励。①的确,对中国而言,分权的好处很大。中国有2860 多个县,30 多个省,有 600 多个城市,将近 300 个地级市,不仅这个经济在行政管理体制上被分割成了最小的行政单位,而且在一个行政的区划内,几乎所有的资源都控制在地方政府的手上。这跟大多数西方经济很不一样,在西方,经济资源多数为私人部门或者家庭拥有,经济决策和经济活动多由这些私人部门来做出和安排,跟地方政府没有直接的关系;而在中国,所有的经济资源都在地方政府手上,经济增长需要层层的分权并调动了基层政府的积极性之后才能发生。张五常(Steven Cheung,2009)先生一直强调"县"非常重要,因为所有的土地资源都在县一级政府手里,因此一个省要实现增长的话,就要确保县(市)一级的增长。②可是,虽然这种组织架构对于分权的潜在收益来说非常大,但也意味着分权的潜在成本和风险同样很大,因为在这种组织架构内,要确保上下级政府的"激励兼容"和协调有冲突的利益也会变得十分困难。在分权体制下,地方政府倾向于过度追逐地方主义的目标,如果缺乏有力的协调机制,势必导致全国层面上出现经济混乱和宏观经济的高度不稳定。实际上,这个"激励不兼容"的问题非常困扰中国。不仅在计划经济时期,而且在 20 世纪 80 年代的改革方案中,中央政府也未能解决好这个问题。那时候的改革只有对财政分权的考虑而没有设计好处理"激励不兼容"和协调问题的方案,结果宏观经济一直摆脱不了大起大落和恶性通货膨胀反复发生的顽症。③

那么,20 世纪 90 年代到底发生了什么使得中国的财政分权体制在保留了财政联邦主义的好处的同时又大大限制了地方政府追逐地方主义和保护主义目标的能力呢?Blanchard and Shleifer(2001)似乎把原因归结为了中国的政治集权,认为是政治的集权体制削弱了地方政府对局部目标的追逐。他们写道:"……it has been neglected in the

---

① 关于中国的财政分权与经济增长的研究文献,可参见 Zhang and Zou(1998),Lin and Liu(2000)以及 Jin, Qian and Weingast(2005)等。

② 张五常说:"今天的中国,主要的经济权力不在村,不在镇,不在市,不在省,也不在北京,而是在县的手上。理由是,决定土地使用的权力落在县之手。"(Cheung, 2009, p. 63)

③在 20 世纪 80 年代,前东德的经济学家访问中国时曾经对中国的经济改革政策评价道,已有的改革尽是微观的改革,看不到任何宏观层面的改革。

recent discussions of China praising the decentralization benefits of federalism. As best we can tell, the economic benefits of decentralization obtained from federalism rely crucially on some form of political centralization. Without such centralization, the incentives to pursue regionalist policies are too high, and cannot be eliminated solely through clever economic and fiscal arrangement." (p.178) 〔近来关于中国财政联邦主义的讨论中，在褒扬分权的好处时是有所忽略的。我们所能说的是，财政联邦主义带来的分权的好处很大程度上取决于某种形式的政治集权。没有这种集权，地方政府追逐地方主义的动机就会过大，而且仅仅通过巧妙的经济与财政的安排是很难消除的。〕我不得不说，这一解释并不令人信服，因为同样是集权的政治和中央对地方高官的任命制在 20 世纪整个 80 年代却没能有效克服地方主义行为的流行，相反，这一行为在 20 世纪 80 年代后期愈演愈烈，最后导致宏观经济的严重失衡和经济生活的混乱。显然，那个使得财政分权的体制在保留了财政联邦主义的好处的同时又大大约束了地方政府的地方主义行为的改革应该出现在 20 世纪 90 年代初，而我认为，那就是中央政府 1993 年定型的在中央与地方的财政关系上用"分税制"取代收入分享制的方案。

得出这个结论似乎是显而易见的，因为分税制的出台原本就是中央政府针对 20 世纪整个 80 年代的财政分权导致的地方主义行为泛滥和宏观经济不稳定做出的一种制度性回应，旨在解决中央与地方政府之间的"激励不兼容"。但我认为分税制的影响远不止这些，我在后面会进一步说明，正是分税制帮助加速了中国经济的市场化、工业化和资本积累的进程。这或许是分税制的积极推动者、时任国务院副总理的朱镕基先生当初意想不到的结果。而如果是这样，那就真是通过"clever economic and fiscal arrangement" 改变诱导地方主义行为的那种激励机制了。

三、分税制改革如何改变了增长的激励

我曾经强调说，在中国经济改革的 30 年里，1993~2003 年这 10 年非常重要。为什么？答案很简单，这 10 年中国完成了针对计划体制和

国有部门的几乎所有的结构性改革，建立起了中国经济的市场基调（market fundamentals）。[1]在此之上，政府的经济政策（包括应对1992~1993年的恶性通货膨胀以及1997年的亚洲金融风暴）也基本上没有大的偏误。这确保了中国经济的宏观平稳和国民财富的快速积累。在那些观察和研究中国经济改革的经济学家当中，1993年总是被界定为一个分界线。不少经济学家在总结那段时期的改革时总是说，1993年之后，中国开始真正加快了市场化改革的步伐，更坚决地朝向市场经济体制转轨。有些人甚至认为中国的改革战略在1993年前后有了可以观察到的显著改变。例如，Barry Naughton（2008）把1993年之后的改革战略的改变归结于邓小平在党内面对的政治阻力的消除。这没有错。但是，经济学家似乎更希望知道的是，1993年之后的中国政府为了构建邓小平设想的市场经济体制的基调到底做了什么，为什么那么做可能是对的。当然，那10年也正是朱镕基先生担任副总理和总理的10年。[2]这解释了我为什么选择"朱镕基可能是对的"作为我今天的演讲题目。接下来我要讨论1994年开始实施的分税制改革如何改变了地方政府的约束和激励机制，并且如何让地方的恶性竞争变成了实现经济增长而展开的良性竞争，导致工业化和资本积累的加速。

1980年以后，中央与地方的财政关系进入一个以"划分收支、分级包干"为特征的体制。[3]实行财政包干体制的目的是为了激励地方政府的积极性，让地方政府可以从自身努力中获得好处。为此，在中央与地方政府签订财政承包合同时事先确定了地方财政收入的留成比率和上缴比率，所以这种财政体制也时常被称为"分灶吃饭"。由于各地区的经济发展水平和初始的财政条件差异很大，在实际执行过程中各地

---

[1] 实现宏观经济的稳定需要进行国有经济部门（包括企业、银行、财政与社会福利）的结构性改革，因为国有经济制度是宏观不稳定的体制根源。1993年之后，中国真正开始了针对国有企业、银行、公共财政体制以及社会保障为代表的所谓结构性改革。没有这些改革，要长期保持宏观稳定是不可能的。关于这一时期结构性改革的有关政策，也部分反映在朱镕基先生刚刚出版的《朱镕基讲话实录》第2~3卷中。参见朱镕基（2011，第2卷，第3卷）。

[2] 朱镕基是1949年新中国成立以来的第5位总理。他在担任副总理期间（1991~1998年）负责经济改革工作。即使在担任总理期间（1998~2003年），经济的稳定与增长也还是他的主要职责。

[3] "包干"或者"承包"二字是中国民间对"固定租约"（fixed rental contracts）或按固定比例分成合约的俗称。

区的包干方案是有所不同的。根据钟晓敏(1998)的说法,在1980年到1985年间,大概有4类方案在不同的地区得到了执行,但一半以上的省份实行的是按设定比例上缴中央收入的最标准的固定比率分享合约。在当时的改革设计中,中央政府本来只是想把这种"分灶吃饭"的体制作为过渡体制,准备实行5年,之后改为按照税种划分中央与地方各自财政收入范围的"分税制"。但后因情况的变化,中央政府反而在1988年决定要将这个财政包干的体制继续执行下去,并且向更大的范围做了推广。结果,财政包干体制最终覆盖了37个省、直辖市、自治区和计划单列城市。如表1所示,由于更多地考虑到地方经济发展

表1   1988~1993年中央与地方的财政收入分享合约类型

	收入递增包干		总额分成	总额分成加增长分成		上解递增包干		定额上解(亿元)	定额补助(亿元)
	合同规定的增长率(%)	地方流成率(%)		总额分成比例(%)	增长分成比例(%)	上解额(亿元)	递增包干比例(%)		
北京	4	50							
河北	4.5	70							
辽宁	3.5	58.3							
沈阳	4	30.3							
江苏	5	41							
浙江	6.5	61.5							
宁波	5.3	27.9							
河南	5	80							
重庆	4	33.5							
哈尔滨	5	45							
天津			46.5						
山西			87.6						
安徽			77.5						
大连				27.7	27.3				
青岛				16	34				
武汉				17	25				
广东						14.1	9		

	收入递增包干		总额分成	总额分成加增长分成		上解递增包干		定额上解(亿元)	定额补助(亿元)
	合同规定的增长率(%)	地方流成率(%)		总额分成比例(%)	增长分成比例(%)	上解额(亿元)	递增包干比例(%)		
湖南						8	7		
上海								105	
黑龙江								2.9	
山东								3	
吉林									1.1
江西									0.5
陕西									1.2
甘肃									1.3
福建									0.5
内蒙古									18.4
广西									6.1
西藏									9
宁夏									5.3
新疆									15.3
贵州									7.4
云南									6.7
青海									6.6
海南									1.4

说明:本表的广东包括广州市,陕西包括西安市;武汉和重庆从湖北和四川分离出来后,这些省从向中央提供净税收变为了从中央得到净补贴的省份。它们的收支差额由武汉和重庆向省上缴的收入作为中央给地方政府的补贴加以弥补。武汉和重庆上缴给所在省的百分比分别是 4.6% 和 10.7%。

资料来源　中国财政部预算管理司和 IMF 财政事务局编:《中国政府间财政关系》,北京,中国经济出版社,1993,第 26~27 页;钟晓敏(1998),第 137~138 页。

程度的差异和财政条件,财政包干的安排实际上有 6 种之多。

理论上说,财政包干体制作为一种固定比例的收入分享(revenue-sharing)机制,它的实行在边际上应该有助于显著改变地方政府的激励,提高地方政府对增加财政收入的努力,从而推动工业化和经济发展。但有意思的是,在这一体制下出现的反而是财政收入的增长相对于 GDP 的增长不断下降的趋势。这显然是中央与地方政府缺乏互信而选择策略性行为的结果,也就是说中央与地方政府陷于一种典型的"囚徒困境"(prisoners' dilemma)之中:由于信息不对称,中央并不完全知道地方政府的具体收入状况,因而地方政府可以很容易地隐瞒自己的收入,比如将预算内的收入转移到预算外或"小金库"中,或者干脆降低征税的努力, 从而减少上缴中央的收入。[1]同样由于信息不对称,即使地方政府不隐瞒收入,中央政府也会采取策略性行为,在年终修改年初的分享比例以尽可能增加中央的收入。比如, 在 20 世纪 80年代中央政府就曾以不同的形式向地方政府"筹借"过大量的资金,而这些借款从来都没有归还。一旦地方政府预期到中央政府的承诺不可信或者行为不一致性,自然就更加倾向于隐瞒地方收入了。[2]

把预算内的收入转移到预算外,或者私设"小金库"在那个时期其实已经成为地方政府的重要收入来源。预算外收入的构成和来源并没有固定的模式,但都是地方政府自收自支不纳入预算管理的收入。根据国家统计局的数据,由于预算外资金的增长,到 1992 年全国预算外资金的规模高达 3855 亿元,占到了当年预算内财政收入的 97.7%(黄肖广,2001)。

无论是地方政府隐瞒真实收入还是征税努力不足,基于财政包干合同的收入分享制的推行最终导致全部财政预算收入的增长持续落

---

① 在《分权的底线》一书中,王绍光教授说:"如果地方政府不遗余力地加大征税力度,它们有理由担忧,中央会在下一轮谈判中调高它们的上缴比重。所有地方政府都知道它们与中央达成的分成合同会在几年之内重新讨论,而中央政府则背着'鞭打快牛'的坏名声;财政收入快速增长的省份,基数可能调低,上缴比重可能调高。事先预料到中央的这种事后机会主义,地方政府的响应是自己的机会主义,即征税努力程度上留一手"(王绍光,1997,第 8章)。

② 黄佩华(Wong, 2005)提到,中央为了扩大在财政收入总额中所占的份额,采取多种措施频频从地方财政"抽调"资金。她列举的事件包括:从 1981 年起,国家每年发行国库券,并向地方借款;1983 年起开征能源交通重点建设基金, 并将骨干企业收归中央;1987 年,发行电力建设债券;1988 年取消少数民族定额补助递增规定。除此之外,中央还陆续出台一些被戏称为"中央请客,地方拿钱"的增收减支措施,致使财政包干体制变得很不稳定,挫伤地方积极性。

后于 GDP 的增长,使得财政收入占 GDP 的比重从 1984 年的 22.8%下降到 1993 年的 12.3%;同时,中央财政收入占全部财政收入的比重也出现持续下降的趋势,从 1984 年的 40.5%下降到 1993 年的22%。这两个比重的持续下降表明,财政的分权大大削弱了中央政府对于经济的控制力,而同时地方政府的预算外收入则获得了快速的增长。中央的财力虽然下降很快,但事权(支出)并没有太大变化,中央政府依然负担着相当大的公共支出和资本建设,中央政府在完成本级政府支出后,已经没有财力协调地方政府的行为并对宏观经济的波动进行有效调控,这无疑为宏观经济的不稳定和通货膨胀埋下了种子。而且,由于过度分权和地方政府的财务势力的扩张,中央政府自上而下的结构性改革方案也很容易遭遇地方政府的阻挠。

1993 年 11 月,中共第十四届三中全会通过了《关于建立社会主义市场经济体制的若干问题的决定》,明确提出了整体推进的改革战略,其中包括要从 1994 年起建立新的政府间财政关系,用明确划分中央与地方(包括省和县)的税种和征管范围的"分税制"取代原来的财政收入分享制以扭转中央收入占比下降的局面。1993 年 12 月 15 日国务院颁布了《关于实行分税制财政管理体制的决定》,对分税制的方案进行了详细的说明,并决定从 1994 年开始用分税制取代之前的收入分享制。

分税制改革方案的主要内容包括:(1) 中央和地方明确划分各自的政府事权和财政支出的范围;(2) 中央和地方明确划分各自税收征收的范围,明确划分了中央税、地方税和中央与地方共享税;(3)建立中央和地方税收征管机构,负责各自的税收征管;(4)建立中央对地方的转移支付制度,以税收返还和专项补助来帮助实现地区平衡;(5)推行以增值税为主体的间接税制度,统一个人所得税。在这一制度下,中央与地方共享的预算收入主要来自增值税和资源税,其中增值税部分,中央分享 75%,地方分享 25%。资源税按不同的品种划分,陆地资源税全部作为地方收入,海洋石油资源税作为中央收入。证券交易印花税在 1994 年的时候确定为中央与地方均成,但 2002 年起改为中央分享 97%。

由于分税制改革是对之前财政过度分权的一个纠正,所以分税制无疑是一种财政再集权的努力。①这种努力当然会遭遇地方政府的阻碍。为了赢得地方,特别是富裕省份的支持,中央采取了保障地方不少于 1993 年收入基数的过渡政策。中央政府从专享税和分享税中取得的收入如果超过了 1993 年中央税改前的收入,就将多出的部分返还给地方政府,以保障地方政府在实行分税制后的实际收入不低于该地区 1993 年的水平。这个承诺确保了分税制在 1994 年如期推行。为此,时任副总理的朱镕基付出了极大的努力,与地方政府的官员进行了多次苦口婆心的解释、恳谈和说服。②

由于分税制最终取代了财政承包制,中央财力下滑的趋势得到了明显的纠正。首先,如图 4 所示,分税制后,中央预算收入占全部预算收入的比重下降趋势得到扭转,该比重在 1994 年后开始上升并稳定在 50%~55% 的范围内。另外,如图 5 展示的那样,由于 20 世纪 80 年代的过度分权导致中央与地方的激励不兼容,中国的财政收入占 GDP 的比重一直处于下降趋势,而在实行分税制后不久,该比重便止跌回升。③这意味着中央和地方政府在增加财政收入上是激励兼容的。

---

① 正如我在本演讲中将要说明的那样,就对经济增长的激励而言,中国财政再集权的努力显然是成功的。在经历了财政分权带来的一系列不利后果之后,俄罗斯也试图实行了财政的再集权,但与中国不同,俄罗斯的财政再集权直接导致了公共部门的扩大以及联邦政府对整个经济控制能力的加强,这使得地方政府对促进经济增长的政策缺乏兴趣。财政的再集权之路及其后果在中国与俄罗斯之所以大相径庭,很大程度上是因为中国政府的财政压力远远大于依靠石油收入过日子的俄罗斯(Parker and Thornton, 2007)。

② 朱镕基 1993 年 9 月率领中央政府部门官员 60 余人先后在广东省和新疆维吾尔自治区与地方政府官员进行了面对面的解释和沟通。详细内容,参见《朱镕基讲话实录》,第 2 卷,第 357~374 页。

③ 这个问题也常常用另外的方式来提出,即分税制后为什么税收的增长超过 GDP 的增长。

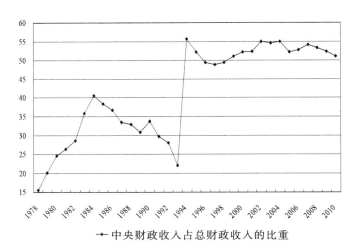

图 4　中央财政收入占总财政收入的比重演变

资料来源　国家统计局:《中国统计年鉴》,北京,中国统计出版社,2011。

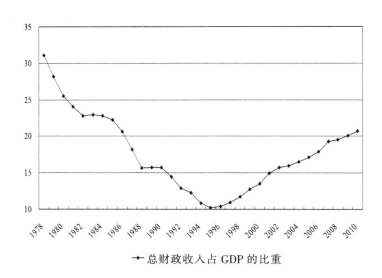

图 5　财政收入占 GDP 的比重演变

资料来源　国家统计局:《中国统计年鉴》,北京,中国统计出版社,2011。

　　中国的财政收入占 GDP 的比重在实行分税制之后止跌回升,在很大程度上要归因于分税制中的内存机制,是这种机制保证了政府间的激励兼容性(incentive compatibility)。首先,与之前的财政包干体制不同,在分税制下,中央和地方政府各自拥有独立的税种和税收征收机构(新设国税局以与地税局对应),由于税收收入分开征收,中央的税收并不会对地方政府扩大税收的努力和激励产生冲突和负面作用;其次,在分税制下,政府间分享的是以增值税为代表的税收而不是财政收入,而且因为对增值税的征收相对于财政收入而言更加透明,不同级政府对于税基的了解也较相似,因而相对于财政收入的上缴,地方政府隐瞒增值税收入的动机要小得多;最后,由于中央与地方分享的是增值税,而该税税基的扩大一定与地方政府发展经济的努力程度成正比,因此,地方为扩大增值税而推动经济增长的努力也就同时增加了中央政府的收入。

观察一下在实施分税制之后地方政府的预算外收入占比的变化,应该可以为我们验证分税制中内存的上述机制有助于实现政府间的激励兼容性提供一个粗略的证据,这是因为预算外收入可以很好地作为地方政府与中央政府激励不兼容的一个代理变量(proxy)。图6给出了基于省级数据计算的地方政府的预算外收入占财政收入的比重(extra/revenue)在1987、1994、1998和2001年等4个年份的核密度分布(Kernel density)。很显然,相对于1987年的双峰分布,1994年以及之后的年份,不仅核密度分布曲线变成单峰曲线,而且持续向左移动,表明预算外收入在地方政府收入中的比重在持续下降。

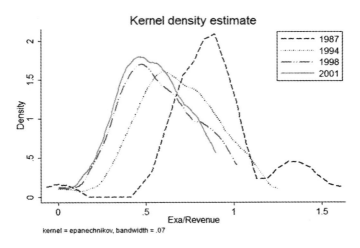

图6 预算外收入占预算收入的核密度分布变化

说明:该密度分布所使用的数据为省级数据。其中,1987和1994年的数据不包含重庆,1987 年不包含海南。

资料来源 中国财政杂志社 (编):《中国财政年鉴》,1988、1995、1999 和 2002 年卷。

分税制解决了中央与地方政府之间在激励上的不一致性,而且中央政府开始从地方政府的增值税增长中获得更大的分享比例,使得中央政府的财力不断改善,不仅对实现宏观经济稳定的调控能力大大加强,而且有助于奖惩地方政府的作为以及对结构改革的失利者进行补贴。实际上,也是因为实行了分税制,地方政府扮演的角色开始发生变化。既然地方政府被赋予了独立的税源和可分享的增值税,那么,它们自然就要从国有企业的所有者和补贴者的身份转变成对企业的征税者。地方政府这一角色的改变让中央政府自上而下的结构改革和国有企业的大规模私有化变得容易多了。这部分解释了中国在 20 世纪 90 年代后期为何如此迅速地完成了对国有部门的结构性改革。在这一结构改革中,除保留了极少数中央控制或者在重要行业的国有企业之外,地方政府原来拥有的大多数中小型国有企业都被私有化了;国有银行部门也迅速实现了资产重组和治理结构的改革,并实行了引进战略投资者等所有权的多元化。随着国有企业的私有化,对原有社会保障体系以及就业和住房制度的改革也得以迅速推进。总而言之,在实行分税制之后的差不多 5~6 年时间里,中国以一种比较激进的方式完成了被早先的改革计划一再推迟的重要内容。

更重要的是,分税制改革带来的地方政府行为的变化也是解释 1994 年之后中国经济的市场化和工业化进程得以加快的关键。这就引出我接下来要讨论的中国经济发展的机制了。在我看来,中国经济的市场化和工业化进程的加快是地方政府追逐财政收入最大化的结果,而分税制驱动了地方政府对财政收入最大化的追逐。为了理解这一点,我需要强调指出分税制方案中的一个不对称性:分税制改革只涉及了收入方面,仍然保留了之前的那种让地方政府扮演中央政府的支出代理人角色的支出责任体制。因此,分税制改革必然使得地方政府相对中央政府的支出比例大幅度提高。例如,在 2002 年,地方政府在全部预算收入中的比重大约为 45%, 但却负担了全部预算支出的

70%。①这就意味着，分税制改革实际上强化而不是弱化了地方政府的预算约束。在支出责任与收入权利不对称的情况下，地方政府不得不尽可能追求财政收入的最大化以确保完成本级政府的支出责任。这是地方政府对快速工业化的鼓励和支持的逻辑起点。

具体而言，地方政府对快速工业化的极大鼓励很大程度上导源于增值税对地方财政收入的重要性这一事实。在分税制改革之后，增值税成为中央财政收入中贡献最大的税种，而其中25%的增值税由地方政府分成。尽管在边际上地方政府从每增加一元的增值税中只能获得四分之一的份额，但是因为增值税是流转税并且主要与投资和加工活动相关联，因而与GDP的联系更紧密。地方政府领导人明白，唯有当地的经济（GDP）增长了，归属地方所有的其他税种，特别是与运输、建筑、房地产以及其他服务业相关联的营业税才能有更大的增长。②这是因为工业投资对运输和建筑业等生产性服务具有显著的"溢出效应"，并且一旦当地的经济增长了，人口就会流入，就会派生出对住宅和商业地产项目的需求增长，因而增值税的增长也往往伴随之后营业税更快的增长。图7清楚地显示，在实行分税制之后，政府的增值税收入占GDP的比重从1995年的4.3%快速上升到了2007年的大约6%。而根据《中国统计年鉴》的数据计算，营业税占GDP的比重在1994年仅有1.4%，之后这一比重则持续上升，到2007年就已超过2.5%。这也是为何20年来中国税收收入的增速快于GDP增速的原因。③因此，为了扩大增值税和营业税的税基，地方政府将扩大收入的努力策略性地集中在了工业化方面。地方政府越是努力促进工业化，增值税和营业税的增长越快。毋庸置疑，过去20年中国的经济发展就是以快速的工业化和资本积累推动的。尽管没有充分的理由认为在经济发展的战略上中

①　如果用地方政府的支出占全部政府支出的比重来衡量，中国可能仍然是世界上最分权的国家。

②　在分税制改革方案中，交通运输、建筑等部分服务业实行上缴营业税而不是增值税的政策，房地产部门也被征收营业税，而营业税全部上缴地方政府。在20世纪90年代末之后，随着经济增长和人口向东部沿海地区流入数量的激增，东部地区的房地产市场开始兴旺起来，营业税开始快速增长，成为地方政府财政收入中最大的来源。

③　1994年之后财政收入的增速快于GDP的增速，征管效率的改善也被认为是一个重要原因。当然，提高征管效率也源于地方政府的财政压力和对财政收入最大化的追逐。

国一定最适合发展制造业，但是 1994 年之后形成的经济体制却让工业化在中国的经济发展中扮演了更重要的角色。

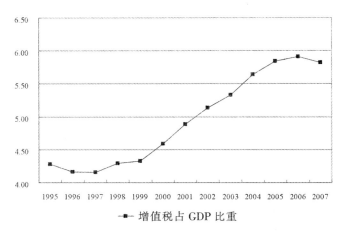

图 7　增值税占 GDP 的比重演变

资料来源　中国财政杂志社(编)：《中国财政年鉴》，2011。

　　值得强调的是，尽管各地方政府具有很强的动力去鼓励和推动地方的工业化和资本积累，但与 20 世纪 80 年代流行的地方保护主义和恶性竞争不同，它们的努力却推动着整个经济朝市场化的方向不断发展而不是相反。1994 年之后，虽然地方政府参与经济发展的程度加深了，但中国经济反而越来越开放，市场化程度越来越高。[①]这个看似矛盾的现象是地方政府开展的为"增长而竞争"的结果。在理论上，政府间的这个竞争过程类似 Tibout(1957)给出的那个机制，不同的仅仅是，在 Tibout 那里，是社区民众的"用脚投票"(自由迁徙)机制导致了地方政府之间的竞争，从而确保了地方政府在公共支出上的有效供给水平；而在中国，"用脚投票"的机制是由那些生产性投资者(包括 FDI)对投资目的地的选择显示出来的。由于工业化和资本形成可以扩大地方的增值税税基，在中国，地方政府把"招商引资"视为推动地方经济发展的重要手段并成立相应的政府机构来负责。因而，地方政府必然为吸引更多投资者落户而展开横向的竞争。这种竞争保证了地方政府致

---

① 樊纲、王小鲁和朱恒鹏(2010)系统编制了衡量中国市场化程度变化的指数。

力于提供公共服务、制订城市规划、投入和改善公共基础设施以及降低政府官僚主义作风等方面的有效努力水平,也大大改善了政府公共支出的效率(陈诗一和张军,2008)。因此,在1994年之后,工业化和资本积累的加速是地方政府追逐增值税而进行Tibout式竞争的结果。这种竞争局面的形成与其说来自于财政分权还不如说来自于财政的再集权。是1994年的分税制解决了中央与地方激励不兼容的问题,改变了地方政府的行为模式。同时,由于增值税可以间接衡量地方政府致力于经济发展的努力程度,因而这一竞争模式也很好地服务了中央政府对地方官员政绩考核的政治目标。①

四、地方政府的角色与土地财政

尽管普遍认为中国与东亚经济在经济发展的战略上有诸多相似之处,但其实两者的经济发展机制存在很大的不同。在东亚四小龙那里,政府的产业政策是推动经济发展的重要机制(The World Bank, 1993; Amsden, 1989, 2001),而过去20年推动中国经济发展的最重要力量是地方之间的竞争(regional competition)。而且,与东亚四小龙在经济发展初期大多拥有美国援助或美元贷款的初始条件不同,中国的地方政府要推进工业化和加快资本积累,需要靠自己解决投资资金短缺的问题。也因为这样,"招商引资"这个模式就流行了起来。

的确,"招商引资"这四个字很好地刻画了地方政府推动资本积累和工业化过程的方式。为了成功地招商引资,地方政府不仅制定优惠的税收政策,更重要的是致力于改善公共基础设施和公共服务的水平。这是为什么我说中国地方政府之间的竞争是Tibout式竞争的原因,是外部投资者"用脚投票"的偏好显示机制确保了地方政府公共支出的有效水平。而且确实如此,物质基础设施的持续改善和拥有良好的基础设施正是中国过去20年在经济发展中取得的巨大成就。可是,在1994年分税制之后,地方政府面临了更严厉的公共财政和金融约

---

① 那些关注政绩的考核制度、官员晋升和政治锦标赛的学者试图要找到官员晋升与当地经济增长绩效之间的正向关系(如 Chen et al., 2005; Li and Zhou, 2005)。实际上,我们很容易发现,官员在晋升和政治锦标赛模型中的策略性选择与追求财政收入最大化模型的选择是一致的。

束。因此,一个非常现实的问题是,地方政府用于公共资本形成的资金(funds)从何而来?

早在中国第一个经济特区深圳即将开始建设的 1980 年,大规模基础设施的建设(所谓的"四通一平")就面临严峻的资金短缺,除了来自银行的 3000 万元贷款之外,财政上不能拿出更多的资金。在当时,特区政府能想出的唯一办法也就是出让土地了。在开发深圳罗湖小区时政府曾经估算,至少有 40 万平方米的土地可作为商业用地,而按照每平方米 5000 港币计算,政府可以获得 20 亿港币的收入。在那个时候,这是一个非常大胆的设想,因为政府拥有的土地在《宪法》上是被禁止买卖的。但深圳特区政府出于无奈并得到邓小平先生的默许,率先尝试了有偿使用国家土地的制度。1982 年,深圳颁布了《深圳经济特区土地管理暂行规定》,对划拨土地进行了有偿、有期使用的改革。规定还说明了各类划拨用地的使用年限及土地使用费的标准。其中,工业用地最长年限为 30 年;商业用地 20 年;商品住宅用地 50 年;教育、科技、医疗卫生用地 50 年。

随后在 1987 年,深圳和上海部分借鉴了香港的经验,率先实行土地出让或批租的制度。在这个制度下,取得土地的投资者或者开发商,为了获得一定年限的使用权,需要交纳一笔出让金。[①]在总结土地有偿使用和土地出让试验经验的基础上,《深圳特区土地管理条例》于 1988 年 1 月 3 日正式实施。条例明确规定,土地使用权和所有权相分离。政府拥有土地的所有权,但土地的使用权不但可以出让,而且可以转让、抵押、出租。就在同年的 4 月,中国的《宪法》进行了再次修改,其中将"土地使用权可以转让"写入了《宪法》,追认了深圳土地制度改革的合法性。在土地批租制度 (the land leasehold system)下,批租的是土地的使用权,不改变土地的所有权。承租人取得的只是某一块土地在一定年限内的使用权,而当批租期限届满,承租人要将这块土地的使用权连同附属其上的建筑物全部无偿地归还给土地所有者即政府。

对政府而言,为了"招商引资",致力于改善当地的投资环境,特别是进行基础设施的建设,将是巨大的公共投入,而公共储蓄不足是一个严

---

① 1987 年的下半年,深圳特区曾分别将三块土地先后以协议、招标和拍卖的方式出让使用权,获得的地价款 2000 余万元。1988 年 7 月,上海虹桥一块 1.29 公顷的土地通过招标获得 2805 万美元(折合 1.0416 亿元人民币)的转让收入。

厉的金融约束。这个问题是任何一个中国的地方政府在经济发展的初期都面临的问题。深圳和上海的个案经验之所以在1994年之后变成流行模式，成为各级地方政府用于基础设施投资和公共资本形成的重要资金来源，就是因为它确实为地方政府突破这个金融约束找到了出路。

看上去，中国是幸运的，因为地方政府可以获得来自批租土地的收入这个事实是与土地的政府所有制不可分的。在经济发展的早期文献里，土地的私人所有制或者私人可以购买土地被认为是对储蓄的吸纳器。因为私人购置土地会减少生产性的投资资金，从而对投资具有负面的影响（Rosenberg, 1960; Nichols, 1970）。基于这样的看法，Rosenberg（1960）发现，在很多欠发展的经济中，之所以资本积累不足，一个主要的原因就是土地的私有制减少了生产性的投资。从这个意义上说，在中国，土地的政府所有制对地方政府克服公共资本形成和经济发展中所面临的金融约束发挥了重要的作用。可是，在建国之后将近半个世纪的时间里，土地的政府所有制反而禁止了土地的交易，让土地成为免费品，导致土地无法按照级差地租来决定它的用途，从而难以通过被使用到最佳用途上去来实现其价值，造成土地的错配、浪费和闲置惊人。所以，在土地政府所有制的局限条件下，深圳和上海率先实行的这个土地使用权与所有权相分离的批租制度是具有划时代意义的，它大大提高了土地的使用和配置效率，并使土地批租收入成为地方政府公共储蓄的重要来源。

在中国的土地制度下，土地的国有制是由各级政府所有制构成的。根据这一制度，城市市区的土地属于国家（地方政府）所有，农村和城市郊区的土地则属于农民集体所有。除了兴办乡镇企业，修建村民住宅、乡（镇）村公共设施和公益事业建设可以被允许使用农民集体所有土地以外，其他任何单位和个人需要使用土地进行投资或基本建设时，都只能申请使用国有（政府）的土地，包括原本就属于国家（政府）所有的土地以及政府征收的原属于农民集体所有的土地。除了少数情况下投资者可以获得政府划拨或租赁的土地，绝大多数情况下地方政府是依赖转让土地使用权（简称为"土地出让"）向投资者提供土地的。例如，在过去的10年，有偿转让使用权的土地面积占政府全部土地供应面积的70%。这使得土地出让金成为地方政府可以获得的土地供应收入的主要来源。地方政府出让土地的方式有招标、拍卖、挂牌和协议四种方式，但地方政府多以协议出让的方式向生产性的投资者或企业

(工矿企业以及仓储)转让土地,而以"招拍挂"的方式转让土地给商业和住宅开发商。如图 8 所示,协议转让的土地价格是远远低于土地的"招拍挂"价格的。在一些情况下,为了"招商引资",地方政府不仅会制定短期的税收优惠政策,而且会"赠送"土地给企业家或其他的生产性投资者。这是政府间的竞争导致的策略性结果。这样做符合地方政府将增值税税基最大化的目标。由于地方政府通过协议或者"招拍挂"方式在土地出让时一次性获得的土地出让金实际上可以解释为未来地租流量的现值,因此,随着土地的租金或价格随经济发展而不断上升,特别是 20 世纪 90 年代末,随着房地产市场的形成和城市化进程的加快,地方政府来自土地批租的收入便获得了快速的增长,成为政府财政收入之外的重要的政府收入。在 1999 年,土地出让收入占财政收入的比重还只有大约 10%,到了 2003 年,这一比重上升到了 55%,之后有所回落,但今天依然保持在 35% 左右。[①]

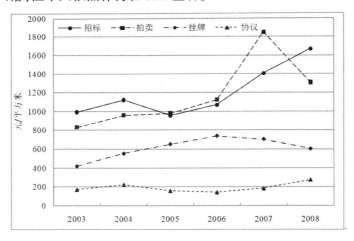

图 8　土地的协议出让和"招拍挂"价格

资料来源　中华人民共和国国土资源部 (编):《中国国土资源统计年鉴》,2000~2009 年各卷。

---

　　①　地方政府通过市场机制或者所谓的"招拍挂"方式在土地出让时一次性获得的土地出让金实际上可以解释为未来地租流量的现值,这与西方发达国家通过房产税间接获得的方式从理论上讲是等价的。在房地产市场上,与西方国家征收房产税的制度相比,中国的土地制度和出让方法使得中国的房价相对较高,而持有房屋的成本相对较低。中国至今没有在全国范围内征收房产税,因为地方政府从土地出让金中实际上已经一次性征完了,换句话说,在中国的土地制度下,未来 70 年的房产税是购房者在购房时一次性预交的。

除了土地批租这个机制之外，土地作为地方公共储蓄功能的另一个机制是地方政府建立起来的融资平台，也就是我们熟知的地方政府的开发公司或者城投公司等。这些公司在功能上类似于"特殊目的的公司"（SPV）。地方政府成立这些公司的目的是为了筹措用于基础设施建设的资金。政府通常以少许的财政资金和划拨土地等政府资产作为城投公司的资本金，而城投公司则利用对一些基础设施的定价权（如公用事业费、公路桥梁的收费权等）或者依赖政府未来财政收入流量来发行建设债券或者直接向银行借款。由于基础设施的建设和更新有助于地方的招商引资和促进经济增长，从而会增加地方政府未来的增值税，同时，地方政府又拥有可开发的土地储备以及营运的大量公共基础设施等实物资产，因此，城投公司的负债通常来说被认为是安全和有信誉的，颇受银行等金融机构的青睐。总的来说，20多年来，地方融资平台的运行颇为成功，成为地方政府投资建设公共基础设施和大量公益项目的主要融资渠道。之所以地方融资平台没有出现系统性的债务危机，一方面因为大多数基础设施的投资项目日后形成了较为优质的资产，另一方面也因为基础设施的形成对地方的经济发展具有显著的外溢效应，确保了地方财政收入的增长和财政状况的稳健。

五、结束语

至此，我大致描述并讨论了1994年的分税制改革之后中国经济发展的基本机制。的确，要解释过去20年中国经济何以获得如此快速的增长，揭示出这个机制的经济学逻辑是至关重要的。我们看到，这个经济快速发展的机制是1994年的分税制改革和财政再集权的结果，其核心是地方政府对增值税和财政收入最大化的追逐，由此导致了地方政府之间的Tibout竞争。由于地方之间的竞争，地方政府开始更多地扮演招商者的角色，不再去创办国有企业，而是致力于推进当地公共资本的形成和改善投资环境以吸引外部的私人投资者落户。我相信，政府的公共资本支出对私人部门的生产性投资的"挤入效应"（crowing-in effect）是保证中国经济发展成功的重要经验。[①]而所有这

---

① 在为数不多的经验研究中，郭庆旺和赵志耘（1999）以及刘溶沧和马栓友（2001）都证实了这一挤入效应的存在。

一切在中国变得可能，不是因为中国的地方政府拥有雄厚的财力，而是因为土地的公共所有制使得土地的再配置和基于土地的公共融资变得相对容易。在任何国家，早期的经济发展都离不开对土地的开发和再配置，区别在于难易程度。一般来说，土地私有制下，对土地的开发和土地的再配置要困难得多，不仅如此，正如我们前面提到的那样，在发展中国家，私人拥有土地还往往因为吸纳掉了过多的私人储蓄而对资本形成有负面影响，这构成经济发展的制度性阻碍。而在中国，当国有的土地被允许转让使用权（批租）之后，依靠竞价的机制，那些没有得到有效使用的土地或者被错误配置的土地通过土地批租的机制进行再配置以得到更有效率的利用。而地方政府也因为竞争性地转让土地使用权获得可观的公共收入以用于基础设施的建设。在竞争条件下，土地使用权的转让价格包含了土地未来的租金收入流，并且后者随着经济增长而不断提高。从这个意义上讲，在土地使用权的竞争性转让制度下，政府使用类似金融市场的方式将土地未来的收入流量在时间轴上做了很好的平移，从而克服了金融的约束。这是中国经济发展机制中非常重要的一环。

可以推测，由于地价会随经济增长和收入水平的提高而上升，所以地价的变化应会调节资本的再分配。在中国，企业家都明白，随着沿海地区（比如珠三角和长三角）的地价和生产成本的上涨，把制造业迁往内地是不可避免的，因为这样做可以降低成本以保持竞争优势。的确，中国经济发展的巨大空间优势就是地区之间经济发展水平和地价的差别为地区间的产业转移创造了条件，从中长期来说，它也将促进经济发达地区的产业升级与技术进步。这个区域发展的模式似乎比东亚地区更吻合 Kaname Akamatsu 于 40 年前提出的 "经济发展的雁行模式（flying geese pattern of economic development）"。[①]事实上，过去的5 年里，我们发现中国沿海地区的制造业资本正在向中西部转移。这是农村的年轻劳动力向东部沿海地区的流动开始放缓的原因，这进一步导致沿海地区的工人工资持续上升。而中西部地区的经济这些年以每

---

① 据说，Akatmastu 在 20 世纪 30 年代就提出了关于发展的雁行模式的概念，但限于日语的局限而不为西方经济学家所知晓。到了 20 世纪 60 年代，他用英文重新发表了有关这一概念的论文，从而成为经济学家讨论东亚经济发展和工业化的一个重要概念。参见 Akatmastu（1962）。

年超过 10% 的速度增长,很大程度上得益于资本的这种跨地区的再分配。确保成功承接来自东部沿海地区的生产性投资和企业的转移,已经成为中西部地区经济发展的重要战略。①过去 20 年间,得益于快速的资本积累和工业化,沿海地区成为引领中国经济发展的火车头。而今天,中西部地区的生产率正因为资本积累的加快而不断提高,与沿海地区的差距有望不断缩小。我深信,中国地区内部的"追赶"对于中国从整体上缩小与发达经济之间的差距至关主要。对经济学家而言,这符合 Simon Kuznet(1966) 假设的模式,这也是邓小平先生在中国经济改革初期设想并希望遵循的经济发展模式。

然而,在中国,上述经济发展的机制,特别是土地出让金对地方政府的重要性常被人冠之以"土地财政"而备受诟病,因为人们认为是这个土地批租制度导致了住房价格的过快上涨。尽管房价的确在中国的一些沿海城市涨得离谱,但我并不认为"土地财政"与房价两者之间存在直接的因果关系。②事实上,房屋市场上的泡沫存在于任何国家的任何时候。在今天的印度,即使土地制度和公共财政制度与中国完全不同,依然在一些大城市出现严重的房地产泡沫。对于一个经济快速发展的国家,房价的上涨更多源自预期收入和需求的过快增长。③谁让这个经济增长这么快呢? 这是增长的烦恼。

在今天的演讲中,我并不希望对中国的经济发展机制做出优劣的评价,也不讨论中国在快速经济发展中面临的问题和未来的挑战。毫无疑问,与很多其他快速发展中的经济体一样,中国经济也面临发展中的诸多问题,比如,收入差距、社会保障、环境恶化,特别是快速的老龄化问题。坦率地说,中国面临的这些问题多数是经济发展太快而不

---

① 这些年来虽然出现一些跨国公司在中国沿海地区的投资撤出中国而转向东南亚地区的案例,但更多的投资和制造业企业迁移到了中西部地区。

② 在况伟大和李涛(2012)最近的研究中,他们使用 35 个大中城市 2003~2008 年的数据证实,在中国,地价由房价决定。这意味着高房价不是土地"招拍挂"制度的必然结果,而应由需求增长过快来解释。

③ 人们经常以中国当前的房价收入比与美国做对照来评论中国的房价是否过高。但这样的对比是假设了两个国家未来的收入增长率相同。事实上,由于购房的开支是用未来几十年里的收入来偿还的(银行的按揭就是要用未来几十年的收入来偿还的),所以,未来收入的增长趋势对动态计算房价收入比就有显著的影响。陈凌(2009)讨论了在两个经济增长率完全不同的经济里如何动态计算房价收入比的方法。

是太慢造成的。对这些问题的讨论超出了我今天的主题范围。我今天的演讲是希望回答这样的问题：为什么中国经济在 20 世纪 90 年代之后会实现这么快速而持续的增长？是一个什么样的制度和机制提供了增长的驱动力？这样的制度是怎么来的？这些问题之所以很重要，是因为 20 年前，中国几乎陷入了"局部改革的陷阱"（partial reform trap），悲观情绪弥漫，经济萧条，市场混乱，腐败盛行，宏观失衡，通货膨胀挥之不去。从那时起的 10 年、20 年，中国经济还能不能涅槃重生？几乎没有人看得清楚。然而，奇迹还是很快发生了。时任国务院副总理的朱镕基先生承担起经济改革的重任，大刀阔斧地推行了一系列的制度改革，很快实现"拨乱反正"，将经济推向了快速发展的轨道。从那以后，20 年来，中国经济实现了长期的宏观稳定，保持了平均每年超过 9% 的增长速度，而且无论是中国的城市、乡村还是普通家庭的生活都发生了巨大的和实质性的变化。中国经济今天已经成为世界第二大经济体。这似乎印证了中国人常说的一句话，叫"乱中取胜"。我希望我今天的演讲能为各位理解中国经济的这个"取胜之道"提供一个有益的线索。

参考文献：

[1] 白重恩,钱震杰.国民收入的要素分配:统计数据背后的故事[M].经济研究,2009(3).

[2] 蔡洪斌.中国经济转型与社会流动性[J].比较,2011(2).

[3] 陈凌.也谈房价收入比之国际比较（未发表的打印稿）.2009.

[4] 陈诗一,张军.财政分权改善了地方财政支出的效率吗 [J].中国社会科学,2008(4).

[5] 中国财政部预算管理司和 IFM 财政事务局. 中国政府间财政关系[M].北京:中国经济出版社,1993.

[6] 中国国土资源部.中国国土资源统计年鉴[M].北京:地质出版社,2011.

[7] 中国财政杂志社.中国财政年鉴[M].北京:中国财政出版社,2011.

[8] 国家统计局.中国统计年鉴[M].北京:中国统计出版社,2011.

[9] 郭庆旺,赵志耘.论我国财政赤字的拉动效应[J].财贸经济,1999(6).

[10] 黄肖广.财政资金的地区分配格局及效应[M].苏州：苏州大学出版社,2001.

[11] 樊纲,王小鲁,朱恒鹏.中国市场化指数[M].北京：经济科学出版社,2010.

[12] 况伟大,李涛.土地出让方式、地价与房价[J].金融研究,2012(8).

[13] 刘溶沧,马栓友.赤字、国债与经济增长关系的实证分析——兼评积极财政政策是否具有挤出效用[J].经济研究,2001(2).

[14] 罗长远,张军.经济发展中的劳动收入占比——基于中国产业数据的实证研究[J].中国社会科学,2009(4).

[15] 罗长远,张军.劳动收入占比下降的经济学解释：基于中国省级面板数据的分析[J].管理世界,2009(5).

[16] 王绍光.分权的底限[M].北京：中国计划出版社,1997.

[17] 张军.中国基础设施的发展及评价[J].中国市场,2012(29).

[18] 张军,高远,傅勇,张弘.中国为什么拥有了良好的基础设施[J].经济研究,2007(3).

[19] 钟晓敏.政府间财政转移支付论[M].上海：立信会计出版社,1998.

[20] 朱镕基.朱镕基讲话实录[M].北京：人民出版社,2011.

[21] 朱天,张军.三驾马车之说可以休矣[N/OL].经济观察报,2012.

[22] Alice Amsden. The Rise of "The Rest": Challenges to the West From Late –Industrializing Economies [M]. Oxford :Oxford University Press,2001.

[23] Alice Amsden. Asia′s Next Giant: South Korea and Late Industrialization [M]. Oxford :Oxford University Press,1989.

[24] Andrew Feltenstein, Shigeru Iwata. Decentralization and Macroeconomic Performance in China [J].Journal of Development Economics, 2005, 76:481–501.

[25] Arvind Subramanian. Eclipse: Living in the Shadow of China's Economic Dominance [R].Washington: Peterson Institute for International Economics, 2011.

[26] Athur Lewis. Economic Development with Unlimited Supply of Labor [J].The Manchester School of Economic and Social Studies, 1954,

47(3):139–191.

[27] Barry Naughton. A Political Economy of China's Economic Transition [M]//Loren Brandt, Thomas Rawski. China's Great Economic Transformation. Cambridge: Cambridge University Press. 2008.

[28] Binkai Chen, Yang Yao. The Cursed Virtue: Government Infrastructural Investment and Household Consumption in Chinese Provinces [J]. Oxford Bulletin of Economics and Statistics, 2011, 73(6):856–876.

[29] Charles Tiebout. A Pure Theory of Local Expenditure [J].Journal of Political Economy, 1957, 64:416–424.

[30] Chong–En Bai, Chang–Tai Hsieh, Yingyi Qian. The Return to Capital in China [R]. Cambridge: National Bureau of Economic Research, 2006.

[31] Christine Wong. Can China Change Development Paradigm for the 21st Century? Fiscal Policy Options for Hu Jintao and Wen Jiabao after Two Decades of Muddling Through [R].Berlin: Stiftung Wissenschaft und Politik, 2005.

[32] Donald Nichols. Land and Economic Growth [J].American Economic Review, 1970, 60(3):332–340.

[33] Elliott Parker, Judith Thornton. Fiscal Centralization and Decentralization in Russia and China [J].Comparative Economic Studies, 2007, 49(4):514–542.

[34] Hehui Jin, Yingyi Qian, Barry Weingast, Regional Decentralization and Fiscal Incentives: Federalism, Chinese Style [J]. Journal of Public Economics, 2005, 89: 1719–1742.

[35] Hongbin Li, Li –An Zhou. Political Turnover and Economic Performance: The Incentive Role of Personnel Control in China [J].Journal of Pubic Economics, 2005, 89:1743–1762.

[36] Jun Zhang. Estimation of China's Provincial Capital Stock Series (1952–2004) with Application [J]. Journal of Chinese Economic and Business Studies, 2008, 6(2):177–196.

[37] Justin, Yifu Lin, Zhiqiang Liu. Fiscal Decentralization and Economic Growth in China [J]. Economic Development and Cultural Change, 2000, 49(1):1–21.

[38] Kaname Akamatsu. Historical Pattern of Economic Growth in Developing Countries [J].The Developing Economies, 1962, 1, 3–25.

[39] Loren Brandt, Xiaodong Zhu. Redistribution in a Decentralized Economy: Growth and Inflation in China under Reform [J]. Journal of Political Economy, 2000, 108(2):422–439.

[40] Nathan Rosenberg. Capital Formation in Underdeveloped Countries [J]. American Economic Review, 1960, 50(4):706–715.

[41] Oliver Blanchard, Andrei Shleifer. Federalism with and without Political Centralization: China versus Russia [R]. Cambridge: National Bureau of Economic Research, 2000.

[42] Shiyi Chen, Gary Jefferson, Jun Zhang. Structural Change, Productivity Growth and Industrial Transformation in China [J]. China Economic Review, 2011(22): 133–150.

[43] Simon Kuznet. Modern Economic Growth, Rate, Structure and Spread [M]. New Haven: Yale University Press, 1966.

[44] Steven Cheung. The Economic System of China [M].Beijing: China Citic Press, 2009.

[45] Tao Zhang, Heng –fu Zou. Fiscal Decentralization, Public Spending, and Economic Growth in China [J]. Journal of Public Economics, 1998, 67:221–240.

[46] World Bank. The East Asian Miracle: Economic Growth and Public Policy [M]. Oxford: Oxford University Press, 1993.

[47] Ye Chen, Hongbin Li, Li–An Zhou. Relative Performance Evaluation and the Turnover of Provincial Leaders in China [J].Economics Letters, 2005, 88:421–425.

自述之十

当《朱镕基讲话实录》（四卷本）于 2011 年秋出版的时候，我十分兴奋，在自己的微博上说，这对于我多年潜心研究的中国经济转型和增长的论题是非常有价值的。实际上，早在 2008 年中国经济改革 30 周年之际，我就决定要写一部以 1993~2003 年这 10 年的改革经历为素材的经济学著作。事实上，从更早的几年开始，我就一直努力并收集了大量的相关文献和数据，试图写一部经济学的著作来讲述和总结朱镕基先生担任副总理和总理期间推行结构改革和宏观稳定化方案以及塑造中国经济发展机制上的重要成就与经验。为此，我做了精心的前期准备，并形成了一个基本的写作框架。在 2008 年我还分别在斯德哥尔摩经济学院、大阪孔子学院和诺丁汉大学做了三场应邀演讲，内容都是围绕朱镕基时期的改革内容和改革策略展开的，目的也是为了演习一下这个框架的得失。

选择 1993~2003 年这 10 年，我是有考虑的。1993 年之后，中国开始加快了市场化和经济改革的步伐，更坚决地向市场经济体制转轨了。这是公认的事实。而改革战略和增长机制在 1993 年之前和之后也有显著改变，这也是经济学家大都认同的现象。当然，这 10 年正是朱镕基担任副总理和总理的时期。朱镕基在这一时期推动的对国有部门的结构改革和对政府间财政关系的再造奠定了中国经济的市场基调和基本的经济体制。因为坚定推进了国有企业、银行和金融部门、公共财政体制以及社会保障等为代表的所谓结构性改革，才确保了中国经济的宏观平稳和国民财富的快速积累。即使今天人们对这个经济体制和政府角色的副作用（side effect）有越来越多的批评意见，但必须看到，给定了 20 世纪 90 年代初中国面临的那些约束条件，朱镕基的分税制改革所形成的这个快速增长的机制来之不易。没有它，很难想象 20 年后的中国能够取得今天的经济实力和发展水平。

2011 年夏天的某一天，我收到了英国诺丁汉大学校长、同时也是著名的经济学期刊 The World Economy 的主编 David Greenaway 教授的邀请信，希望我担任第三届"The World Economy Annual China Lecture"（The World Economy 年度中国讲座）的主讲人。之前的两届讲座分别由牛津大学的经济学家 Tony Venables 教授和英国《金融时报》的著名专栏作家 Martin Wolf 先生担任主讲人。我无法拒绝这个邀请,因为我意识到这是一个绝好的机会,可以向海内外的同行阐述一下我对朱镕基时期形成的基本经济体制演进过程的认识。经过反复考虑,我最终决定以 1994 年的分税制为中心展开我的讨论。在我的观察之中,以中央与地方实行分税制取代过去的财政承包制对中国的经济发展具有深远的意义。我甚至认为,分税制的实施是朱镕基时期中国经济体制转型中的最重要一环,有了它,中央与地方才在分权与集权的循环中实现了激励的一致性。这也是确保中国这个大国实现持续经济增长的基本机制。于是,我就以《朱镕基可能是对的:理解中国快速发展的机制》(Zhu Rongji Might Be Right: Understanding the Mechanism of Fast Economic Development in China)为题开始为那次讲座做了充分的准备。这当中,我的学生范子英、陈诗一、罗长远、方红生、刘晓峰和唐东波在数据准备和处理上给予了大力协助。

讲座于 2011 年 11 月 4 日晚上在英国诺丁汉大学 (宁波校区)举行,David Greenaway 校长亲自主持了讲座。讲座用英文进行。在讲座之后的半年,我对英文讲稿进行了修改和补充,形成了一个英文论文,将作为首篇发表于 The World Economy 上。在英文稿的基础上,我又写出了这个中文版,并且依然保留了演讲的格式和语言。全文将发表于吴敬琏先生主编的《比较》上。

我估计,这篇文章发表之后,会很快引发经济学界同行的不同意见,并可能引起一些争论。这当然都是很正常的,争论可以改善我们对很多问题的认识,包括对分税制的评价在内。两个月前,在看到了这篇中文稿的初稿之后,上海世纪出版集团的陈昕总裁很是兴奋,他甚至建议我能很快将它扩展为一本类似于《里根经济学》那样的学术著作,并写出英文版在海外出版。他非常希望该书能早日完成并尽快安排出版。这当然也是我的心愿。